◎ 新编高职高专特色系列教材

活动与会议主持

李志强　编著

合肥工业大学出版社

图书在版编目(CIP)数据

活动与会议主持/李志强编著.—合肥:合肥工业大学出版社,2010.9(2020.7 重印)

ISBN 978-7-5650-0278-6

Ⅰ.①活… Ⅱ.①李… Ⅲ.①活动—组织管理学—教材②会议—组织管理学—教材 Ⅳ.①C931.47

中国版本图书馆 CIP 数据核字(2010)第 173263 号

活动与会议主持

编著 李志强　　责任编辑 朱移山 郭娟娟

出 版	合肥工业大学出版社	版 次	2010 年 9 月第 1 版
地 址	合肥市屯溪路 193 号	印 次	2020 年 7 月第 4 次印刷
邮 编	230009	开 本	710 毫米×1000 毫米 1/16
电 话	总 编 室:0551-62903038	印 张	22.25
	市场营销部:0551-62903198	字 数	423 千字
网 址	www.hfutpress.com.cn	印 刷	安徽联众印刷有限公司
E-mail	hfutpress@163.com	发 行	全国新华书店

ISBN 978-7-5650-0278-6　　定价:35.00 元

如果有影响阅读的印装质量问题,请与出版社市场营销部联系调换

总　序

我国高等职业教育从上个世纪80年代初开始起步，到90年代末发展进入了快车道。在高等职业教育快速发展的同时，教育部适时推出了促进高职内涵发展的政策，一是开展高职学院人才培养工作水平评估，二是开展示范性高职学院建设。这两项工作分别于2003年、2006年启动，对于提高高等职业教育的办学水平起到了极为重要的促进作用。30年来，特别是近10年的发展，我国高等职业教育取得了举世瞩目的成就。各高等职业院校认真贯彻中央和教育部关于职业教育的一系列方针政策，加强内涵建设，教学质量不断提高，为社会培养了一大批技能型、实用型人才。

一般说来，高等职业教育质量的高低，起决定作用的，主要有两个因素：一个是师资，一个是教材。两者相较，教材的作用更大。这是因为，师资的多少与良莠，往往受办学主客观条件的限制，而教材一旦完成，就可以直接嘉惠于学子。进一步说，一部好的教材，不仅可以满足教学需要，培养人才，而且可以拥有一定的学术含量，推动高等职业教育的研究与发展。高职高专教材作为体现高职高专教育特色的知识载体和教学的基本工具，直接关系到高职高专教育能否为一线岗位培养符合要求的高技术应用型人才。自上个世纪80年代，我国开办高等职业教育以来，高职教育界一直重视教材的建设，高等职业教育研究空前繁荣，高等职业教育方面的书籍大量问世，教材在其中占了很大比重。这些教材，覆盖了高等职业教育的方方面面，经过出版家和众多作者的长期努力，门类和品种基本配套齐全，为我国的高等教育事业作出了重要的贡献。品种繁多的教材，各有特点，各有优势，当然也各有自身的限制，存在这样那样的问题。教材建设仍远远满足不了高职高专教育的发展需要。为此，在众多系列教材中新编出一套具有鲜明特色、针对性强的教材，能够为高等职业人才培养尽绵薄之力，就成为我们编写此套教材的初衷。

安徽广播影视职业技术学院作为一所具有鲜明特色的高等职业院校，有责任有义务在传媒人才培养方面发挥主力军的作用。学院的主持与播音、新闻采编与制作、影视动画、广播电视技术等专业，具有较长的办学历史、较强的师资力量，以及较好的辐射影响。近年来，安徽广播影视职业技术学院积极推行“工学结合、前堂后台”人才培养模式改革以及基于工作过程的项目教学改革，在借鉴国内外知名院校先进教学经验的基础上，经过多年的教学实践，逐步总结出一整套行之有效的教育教学方法，为教材建设打下了良好的基础。即将出版的这套“新编高职高专特色系列教材”是我院教师们多年来教学改革成果的浓缩，当然也记录了我们对高职教育与实践的不懈探索。反过来，学院通过加强教材建设，不仅提高了教师的学术水平，而且也推动了教学改革，使专业改革、课程改革、课程建设取得了丰硕的成果，这些成果又促进了教学质量的提高。

这套高职高专特色系列教材包括了三个系列，一是艺术设计传媒系列，一是电子信息系列，一是公共基础课系列。参与教材编写的都是具有多年教学经验的教师，在撰写过程中，他们本着学术性、艺术性、示范性、实用性多方面兼容的主旨，广泛借鉴国内外相关资料，针对学习者的需求，多次征求国内外同行专家的意见，对教材进行了反复的编选修改与完善。在确保了教材质量的前提下，教材内容深入浅出、简繁有度、通俗易懂。

本套教材依据教育部高职高专有关专业人才培养方案，体现以学生为主体的思想，强调学生的能力训练，突出了高职教育的特色。教材既注重市场需求，体现超前性、指导性，又适应专业变化，突出职业性、应用性。教学思路明晰，结构科学合理，项目教学、案例教学资料丰富，使教学的系统性得到较为全面的展现。本套教材既可作为高等职业院校相关课程的专业教师授课教材，又适用于在校大学生和自学者学习。

合肥工业大学出版社经过精心策划，推出这套系列教材，是具有前瞻眼光的。在这里，我谨代表编委会和全体作者向合肥工业大学出版社表示由衷的感谢。

“新编高职高专特色系列教材”编委会的全体成员为这套教材付出了汗水和艰辛。教材中一定还有很多不足，欢迎读者批评指正，并请授课教师在教学实践中提出修订意见。我们愿乘高等职业教育发展的东风，和大家一起，筚路蓝缕，以启山林，推动高等职业教育教材建设。希望更多的高职教育工作者和理论研究者能够关注高等职业教育教材建设并投身其中，也希望高职教材建设结出更加丰硕的果实。

是为序。

安徽广播影视职业技术学院院长

教育部高职高专广播影视类教学指导委员会委员

王诗文　**教授**

2010年9月1日

序

王诗文

从某种意义上，可以说自从有了社会活动，就出现了活动与会议主持的雏形。随着经济的发展、社会的进步，各种各样的活动与会议也越来越多，对这方面的主持人才需求也越来越迫切。但是，关于活动和会议主持的专业教学及研究，还未系统成型，公开发表的相关论著较少，对于这个主持分类的创作规律、审美价值，没有形成较为明晰的认知导向，甚至仍有不少人觉得婚礼主持、商务主持等是“野路子”，不登大雅之堂，更不该成为主持与播音专业学生的学习课程。所以需要不断地挖掘活动与会议主持的理论深度，拓宽主持与播音专业的技能广度。

李志强老师近年致力于活动与会议主持的理论研究和实践教学，并不间断地参加各级各类活动及会议的主持实践。多年来积累了丰富的经验和大量资料，在积极探索研究的努力下，结合高职院校教学要求和学生特点，按照以工作流程为导向的项目教学要求，完成了这本教材的编著。

这本教材按照项目教学要求和实际应用的需要，理论与实践相结合，设计了六章。针对当前高职学生特点，增加了针对性练习材料，并借鉴礼仪主持、会议营销等相关学科的最新研究成果，结合当下我国活动与会议主持的特点，独具一格又不失广泛的适应性和时代感。

这本专著是填补空白之作，填补了高职类主持与播音专业技能课程教材的一项空白。主持与播音专业学生作为有声语言工作者，除了应具有过硬的广电从业技能外，更应构建合理知识结构，拓展就业范围。而活动与会议主持作为技能训练的一部分，既塑造了学生的主持驾驭能力，也为学生的就业创业带来了一个新的方向。

尽管李志强老师的这本专著在一些理论的研究上还有待深入，但相信本书的付梓必将为主持与播音专业的教学带来便利，为活动与会议主持方向的理论研究起到抛砖引玉的作用。

2010年9月

序

目　录

第一章　总　论

活动与会议主持是指在各级组织、单位、企业开展的各种商务、文体、公益、庆典、仪式和专题会议活动的现场操控和程序的执行。执行者就是我们讲的活动与会议的主持人，传统中的讲法叫“司仪”，是活动会议目标的终极传播者。

一、活动与会议主持的特点

活动与会议主持的传播手段以组织传播为主，其传播方式是现场面对面的直接传播，从而达到终极目的；其传播对象是直观可见的，更是难以预测的（公开性活动）。主持的程序化要求较高。活动与会议主持有着固定的程序，不能随心所欲地更改和变换。它在某种时候更强调礼仪原则，而且目的性较强。如公益活动是社会公益，是为了寻求更多人献出关爱；广场商业文艺活动是为了促销和宣传其产品和单位品牌；洽谈会是为了寻求更多经济利益而进行的商业活动等等。

二、活动与会议主持人的素养要求

1. 较强的语言表达能力

活动与会议主持是组织传播，一般来说要求主持人讲普通话。少数民族地区可根据具体情况而定。普通话是我国的官方语言，在专题会议和主题仪式上，无特殊情况都要使用标准的普通话。活动与会议主持对于用气发声也有较高的要求，因为只有正确运用气息和发声要领，才能起到较好的传播效果。特别是在很多时候音响设备不理想，或不具备影响条件，如果不用共鸣技巧来扩大声音，是完不成主持任务的。我们在主持各种正式的仪式或会议时，要求主持人要沉稳、庄重。因此某种程度上说气息的运用是成功的关键。

表达是主持的核心问题。想说什么，怎么说，怎样才能说得有艺术，才能达到预期的效果，才能把意思、信息表达正确便十分重要了。要根据不同的活动主题、形式、场合来确定和运用相符合的语气、节奏，来组织表达语言，来传播内容和信息。

2. 掌握活动与会议礼仪知识和相关程序

礼仪师是活动与会议的策划者，而司仪即主持，是活动与会议的执行者。若想能够在主持时顺利完成主持任务，就必须熟悉各类活动和会议的礼仪程序，熟悉各类活动与会议主持的特点和技巧，理解策划者的意图。活动与会议最注重的是程序，前后顺序不可颠倒，若相反就会出笑话，因此，程序对活动与会议主持人来讲是十分重要的，不允许在执行时有一点差错。

3. 要有较强的组织能力和协调能力

主持人站在台上就是整台活动或会议的指挥者。要通过语言、行为、思想来影响和感染观众，掌控整个活动或会议的进程和质量。主持人的组织协调首先要立足于活动的最高点，把握活动与会议的总脉搏，这样整个程序才能做到有效的配合。

当然这种组织协调是有一定艺术性的，主持人在台上的“指挥”，若是正确的则会达到完美的效果，若是失误就会使整个活动失败。因此主持人在组织和协调台下的工作中要有机敏的反应和灵活的头脑，使其与活动相融合。特别在语言表达上点到即止，切不可画蛇添足。

4. 要有较好的心理素养

活动与会议主持的特点是现场直接表达，现场的情况是不可预见的，会有很多特殊情况，这时要安然若素，泰然处之，处变不惊，力挽狂澜。若是节目编导或嘉宾出现问题，要学会为其“圆场”和引导、解释，若是主持自身问题应真诚对待，且不可狡辩或运用现场要素将错就错、错上加错。

良好的心理修养形成于鲜明的性格、坦荡的情怀、健康的动机和坚定的信心，当然重要的还是离不开扎实的专业基础作依托。同时要有高度的责任心和工作热情。

主持人的头脑，如同一部功能优越的计算机，需要在极短的时间内，超前快速运转、判断、决策、行动。若没有较好的心理修养这是根本无法实现的。

5. 主持人要有较好的文化修养

活动与会议主持人的知识框架不仅要“专”而“深”，还应“广”而“博”，力求是名杂家。活动与会议主持的内容涉及面广，如文体、商务、民俗的等等。作为主持人就要懂得各层面、各领域的知识，否则一旦出错就会闹出笑话，造成事故。

6. 要具有与人交际的能力

活动与会议主持内容形式多样，面对的传播对象也是形形色色。有商人、农民、工人等不同层次的人。如何做到迅速地与这些人沟通、交流、配合，交际能力便显得尤为重要。只有体验生活，了解他们的共性和个性特点，才能更好的沟通与交流。用真心真情打动、平等对待每个受众，让每个人都能接受你传播的信息。

三、活动与会议主持的语言艺术

（一）用语原则

1. 尽量表达准确

准确是指说话符合事实，运用词语恰如其分，即通过恰当妥善的语言形式正确表达活动内容。

用语的正确贴切是衡量语言的标准。不应该用一些装腔作势的语言，要学习有生命的语言，说那些自己和别人都懂的话。

用词准确，是主持人语言艺术最起码、最基本的要求。所谓一字千金，在商务会议上错一字就会酿成大错，损害到你的客户的基本利益。称谓、人名都要准确，否则就是对人的不尊重。

2. 用词尽量简洁

首先废话要降到最少，语序要正确。

废话连篇的主持人，往往说了半天，还不上正题，含含糊糊，曲曲折折。受众听了半天也不知道主持人要说明什么问题。主持人废话多了、不着边际的话多了、离题的话多了，必然影响语言的明确性，会分散和消耗受众的时间和精力，影响受众对主要内容的理解和感受。

主持人在口语表达中应该多一些顺序表达，通常情况下不能倒装。视觉接受信息可以有所选择，听觉不行，听话只能一句接着一句听，不可能跳来跳去随意选择听。同时，固定的语序是汉语语法的一大特点。有的话我们听起来不自然、不舒服，就是没有按照正确的语序表达。

其次，修饰不能太多，造成主句不明显。

我们常常有这样一种感觉，一句话修饰的部分太多，我们反而更糊涂了。因此尽量少用修饰，做到简洁。简洁，是指句子内容少但恰如其分。如果过分了，就是“简陋”了。主持人说话一定要精练，但精练不是一味求简、一味求短，而应当长则长、当短则短、当繁则繁、当简则简。不当长而长是冗长，不当简而简是苟简，两者同样是不可取的。

最后，表达要鲜明、活泼、有生命力。

有生命力是指说话用词自然亲切，适口悦耳，具体形象，因而有活力，能吸引人、感动人。

主持人想要有生命力的表达，首先要做到有亲和力，注意表达技巧的运用，还要注意主持的辞章技巧。如：称谓亲切，第一、二人称代词的运用，同感同受、同思同想、拉近距离，又使受众感到可亲可信，大大增强语言的感情色彩和感染力。语气词和叹词的运用，可以表达比较复杂的感情。

（二）主持人语言艺术形式

1. 不用长定语、欧化句式或洋腔洋调。

2. 不用半文半白、文白夹杂的句子，这种语言在节目中会使句子说起来不够流畅，听起来也不明白。

3. 少用关联词，适当地运用语气词。

4. 不用或少用诗意很浓的句子。

5. 不使用日常生活用语中很少出现的且结构复杂的长句及倒装句形式。

6. 适当采用自问自答形式，用提问方式提起受众的注意或用来引出下文，这样使语言有起有伏，语气自然活泼生动。

7. 不是徒劳无益地全被抽象和所谓华丽的辞藻代替。

（三）学会赞美

在各种活动与会议中，主持人还要学会赞美，因为任何人都希望别人赞美自己，通过赞美可以与传播对象更好的沟通，拉近与传播者的距离，消除传播者所说、所做的思想顾忌。

1. 赞美的方式

（1）直接夸奖：直言表白自己对他人的羡慕，这是平常最常用的。

（2）逆向夸奖：指责与挑剔，每个人都难以接受。把指责变成赞美。我们不只看到结果的失败，还要看到努力的过程。要为努力的过程而赞美。

（3）出乎意料：出乎意料的赞美，会令人惊喜。

（4）肯定赞美：满足其对自己成绩肯定的赞美期待。

（4）目标赞美：在赞美别人时，为他树一个目标，往往能让人坚定信念，为一个目标而奋斗。

2. 赞美时的注意事项

（1）态度要真诚和热情。

（2）赞美主要起激励作用。

（3）客观、恰如其分。

（4）越具体，越详细，越深刻越好。

（5）用大家的口气赞美对方。

（6）赞美对方因人而异。

（四）懂得幽默

真正优秀的主持人也是幽默的高手，幽默不仅可以调节和调动活动气氛，同时也可以消除紧张的局面。幽默也体现着个人魅力，也要有较强的观察力和想象力。

（五）活动会议称谓用语的运用

在不同场合，不同人群，不同民俗的背景下称谓也有所不同。在称谓时我们要考虑面对的是什么人，什么群体，要考虑其风俗习惯，文化背景，还要注意人与人之间级别的关系，及对方接受与否的心理因素。

称呼的方式可以从以下几个方面考虑：面对群体的、面对个体的、民间的、传统的、年龄的、职业的及国际交往的称呼。

（六）身态语的运用

身态语包括：表情语、动作语、体态语、仪表语等。根据不同活动、不同会议的特点要正确使用不同的身态语。身态语是辅助有声语言来进行运用的。要做到少而精，不宜多而杂，要根据各种活动与会议的需要而设计。

第二章　文艺活动主持

第一节　理论概要

文艺活动由于是现场面对观众，其效果取决于现场观众的参与和及时反馈，成功与否往往建立在主持人现场与观众沟通与互动的基础上，它的现场性造成了它的同步性。同时文艺活动主持也有对节目进行及时介绍、解释的任务。

文艺活动的任务是通过文艺活动的开展来满足人们对精神生活的需要，通过演出达到商业宣传和弘扬社会主旋律的作用。文艺活动主持人主要负责整个活动的执行和操作，从而达到主办方的目的。

文艺活动主持包括：主题文艺演出主持、酒吧（演艺广场）文艺演出主持、商业性宣传广场文艺演出主持等。主题文艺演出活动，如六一儿童节则以关爱儿童为题开展主题文艺演出活动，此类更注重公益性，一般由政府、事业单位举办。酒吧文艺演出主持，一般称之为“夜场”演出，主要以赢利为目的，给人们一种精神解压，释放一天工作的疲劳。商业性宣传广场文艺演出，一般称之为“路场”或“白场”。主要是通过演出吸引更多的人来了解该单位产品的促销活动，此类演出目的是为了传输一种消费理念，促销产品为其终极目的，文艺活动为其表现方式。

文艺活动主持总的要求：主持人要熟悉文艺活动的基本知识；要求有较强的语言即兴表达能力和敏捷的应变能力；语言表达要精练准确；要有较强的观察、思维、表述能力；要有一定的文艺特长。

文艺演出活动，越来越多地受到人们的欢迎，究其原因，主要是因为文艺演出活动具有不同于电视节目、广播节目的特点，它是一种特殊的艺术活动，具有自己的独特魅力。

第一，现场现演。文艺演出活动其中演出活动居多，都是现场现演，主持人、表演者和观众都是亲临现场，观众亲眼观看现场表演。演与观二者都可以直接看到彼此现场的情况，效果如何也可以当场体会。

第二，同步互动。文艺演出活动由于是现场面对观众，演出效果常依赖于现场观众的参与和及时反馈，成功与否往往建立在主持人和观众现场沟通与互动的接触上。主题文艺演出活动的现场性造成了它的同步性，观众的参与、主持人的沟通和表演者的精湛演出三者为一体。观众的参与对表演者的表演起着作用。主题文艺演出活动由于观众亲临现场直接接受观众的评判，观众的眼睛是雪亮的，对一个精彩的节目他们会马上给予认可，并用热烈的掌声和叫好声表示出来，这对表演者形成鼓励；而对于不太好的节目，观众的反应是“沉默”，这种“沉默”是不鼓掌，有些直率的观众会当场发表对节目的看法，甚至起哄表示不满，这会使表演者警觉和改正错误。正是这种群众的参与性，才使主题文艺演出活动更丰富多彩。由于主题文艺演出活动以上的特点，才让它越来越多地受到观众的喜爱和支持，因此，主持人和文艺演出活动组织者在组织时要认真、负责，对每场文艺演出活动都要考虑它的这些特点，充分发挥主持人现场沟通观众，促成互动的作用，严密的组织，精心的安排，把最精彩的文艺节目奉献给观众，使文艺演出活动现场观众热烈的掌声一次次响起。

第三，包罗万象。文艺演出活动具有多样性，几乎囊括了所有的文艺形式，如音乐、歌曲、朗诵、舞蹈、戏曲、曲艺、杂技等，可以说是包罗万象。文艺演出活动实际是多种文艺样式的“大杂烩”形态。观众多、口味杂、要求高。文艺演出除传统的文艺演出形式外，还穿插了小品、游戏、猜谜；新闻人物、社会名流、大企业家等的出现，给观众提供了更大的信息量，拓展了内容，丰富了形式，真正做到了百花吐艳、绚丽多姿、妙趣横生。正是这种多样性的综艺样式，给观众带来不同的审美情趣，满足其多方面的审美要求。它什么都可以表演的特点，正是它的魅力所在，也是文艺演出活动不同与其他活动的吸引人之处。

一、主题文艺演出主持

主题文艺演出活动与电视节目或广播节目有着本质的区别，主题文艺演出活动更多地讲究主题文艺演出活动的艺术和大众化传播（在演播室专门为电视转播录制或直播的演出活动除外），更多的是直接面向观众。主题文艺演出活动作为一种流行和受欢迎的文艺活动，可分为两大类型：节庆纪念性的综合文艺节目和表现行业特色的综合文艺节目。不同的主题文艺演出活动有着不同的活动风格和要求。

1. 节庆纪念综合文艺演出

节庆纪念性的综合主题文艺演出活动包括国内节庆文艺演出（演出活动）、传统节日文艺演出活动、周年纪念性的文艺演出活动等等。在一年中，每逢遇到这些日子，许多地方和部门都举办不同规模的综合主题文艺演出活动，进行庆祝或以示纪念。

国庆主题文艺演出活动。1949 年 10 月 1 日，是中华人民共和国的诞生日，标志着中国劳动人民摆脱了三座大山的压迫，真正当家作主成为国家的主人，同时是向全世界宣告“中国人民从此站起来了”的伟大日子。庆祝国庆这种主题文艺演出活动节目的要求是：节目内容要健康向上，以歌颂党、歌颂先烈、颂扬祖国建设成就为主；要把节目定位在欢乐、轻松的格调上。“七一”主题文艺演出活动。“七一”是中国共产党的诞生纪念日。从 1921 年 7 月 1 日起，中国共产党便有组织地领导中国人民开始了反封建、反殖民主义、反帝国主义的斗争，拯救陷于水深火热之中的苦难大众，建立了新中国。每逢纪念党的生日时，党和国家也常举行大型电视主题文艺演出活动进行庆祝。“七一”主题文艺演出活动的要求是：以歌颂党为主题，回忆建党历程，歌颂党的领袖人物，颂扬党领导全国人民进行社会主义革命和建设及改革开放的伟大成就；气氛要深沉，凝重，气势磅礴而又生动感人。“八一”主题文艺演出活动。“八一”是中国人民解放军建军的节日。1927 年 8 月 1 日，中国共产党领导南昌起义之后，组建了人民军队，这支军队在战争年代推翻了三座大山，在和平时期保卫家园，功勋卓著。“八一”演出活动的要求是：歌颂人民军队的丰功伟绩，颂扬人民军队中涌现的先进人物和先进集体；节目要力求健康，气势磅礴的气氛。“三八”妇女节主题文艺演出活动。“三八”妇女节也是重要的节日，妇女顶住半边天，妇女组织或电视台常常举办综艺演出活动来纪念节日。这类节目的要求是：健康向上，颂扬妇女在改革开放和现代化建设中的伟大成就，褒扬各行各业中涌现出来的妇女先进人物和集体，激发广大妇女投身现代化建设的热情，风格热烈、明快、轻松。“五一”主题文艺演出活动。五一是国际劳动节，许多单位或工会组织都举办纪念性的主题文艺演出活动。这类演出活动的要求：颂扬工人阶级的伟大力量，歌颂他们在革命时和社会主义建设及改革开放中的伟大成就，褒扬工人队伍中涌现的先进人物和先进集体，激发广大工人参与社会主义现代化建设的斗志和热情；演出活动氛围要健康向上，热情轻快，气势磅礴。“五四”主题文艺演出活动。五四运动是中国新民主主义革命的开端，是青年节。这一天，各地共青团组织会举办丰富多彩的“五四”演出活动。这类节目的要求是：青春靓丽，朝气蓬勃，体现青年先进集体和个人，鼓舞广大青年勤奋学习，努力工作和投身时代潮流的热情和斗志；健康向上，节奏明快，轻松，既生动活泼又丰富多彩。“六一”主题文艺演出活动。“六一”儿童节这一天，学校或其他相关部门也会举办综艺演出活动，让孩子们聚在一起，表演各种节目，进行庆祝。这类节目的要求是：符合儿童的特点，有趣，内容丰富多彩，明快轻松，生动活泼。元旦主题文艺演出活动。元旦是一年的伊始，常常举办元旦演出活动以示庆祝。这类节目的要求是：以欢快喜庆的格调为主，节目形式多样，内容要丰富多彩。春节主题文艺演出活动。春节是中华民族的传统节日，它是人们对生活特有的情感、期望和追求，是对过去一年的回顾总结，更是对来年的展望。春节演出活动或者春节联欢会从厂矿到机关，从学校到幼儿园，各地各处都在举办着，成为传统节日中不可缺少的一部分。尤其是中央电视台的春节联欢演出活动以电视转播形式走进了亿万中国老百姓的家中，对于整个社会的心理、行为、文化意识以及生活方式的潜移默化都有不可低估的影响。这类节目的要求是：在内容上回顾过去的一年，颂扬所取得的成就和涌现的先进人物和集体，满怀希望地展望新的一年，在表示期盼的同时表达决心，欢快、热烈、喜庆、祥和、团结，要注意各个阶层人士的参与，凝聚人心。伟人及名家诞辰日的纪念主题文艺演出活动。如邓小平诞辰100周年这一天，由文化部、总政治部、北京市人民政府、广播电影电视总局、中国文化艺术联合会5家联合举办“纪念邓小平诞辰100周年主题文艺演出活动”。这一类演出活动的要求是：内容上缅怀伟人或名家的生平，回顾其一生的丰功伟绩或杰出贡献，揭示其精神实质，激励后人，气氛要深沉，既庄重又生动感人。重要的政治组织成立周年纪念日。如中国人民政治协商会议成立45周年之际，举办了一台隆重而热烈的文艺演出活动“团结歌颂——纪念全国政协成立45周年主题文艺演出活动”。这类演出活动的要求是：内容上回顾该组织的战斗历程，歌颂其涌现出来的先进集体和人物，展示它在改革开放和社会主义现代化建设中发挥的巨大作用，气氛庄重、热烈、健康向上。教师节主题文艺演出活动。9月10日是教师节，在教师节期间，学校或其他部门会举行主题文艺演出活动。这类节目的要求是：颂师恩，歌颂人民教师的辛勤劳动和奉献精神，褒扬教师队伍中涌现的先进集体和个人，讲述教师队伍中涌现出来的可歌可泣的事迹，激发广大教师继续为改革开放和现代化建设育人育才的热情，气氛要健康向上、热烈、轻松。重大历史事件的周年纪念日主题文艺演出活动。如纪念抗日战争和世界反法西斯战争胜利50周年大型主题文艺演出活动——“光明赞”等。这类演出活动的要求是：紧扣演出活动的事件和主题，展现该事件在现实的意义；根据事件的性质，确定演出活动的风格。总之节庆纪念性主题文艺演出的特点是：取材都集中在固定的节庆和有特殊意义的纪念日。在节庆中举办的文艺演出活动是为了给观众送去节日的祝福和欢乐；纪念性的文艺演出活动一方面是回顾历史和缅怀伟人，但更重要的是为了展望未来，催人奋进。主持人要根据不同的特点体现出应有的风格、特色，烘托出应有的现场气氛。

2. 行业特色综合文艺演出

公益主题文艺演出活动。公益演出活动多数具有宣传和倡导的作用，用文艺表演的形式聚集观众，使之喜闻乐见，并受到演出活动倡导主题的潜移默化作用，唤起他们参与某项社会公益活动。对公益演出活动的要求是：内容必须围绕公益活动进行；要体现主题，既宣传公益活动的意义，又要倡导人们的积极参与；要健康向上，以情动人，晓之以理，动之以情。

周年行业性演出活动。这类演出活动也有着宽泛的内容。往往是配合庆祝某领域所取得的成就、宣传某行业的内容，或是借××周年之际搞庆祝活动扩大影响。这类演出活动的要求是：着重于本行业，宣传成就，扩大影响，表彰先进。气氛凝重、严肃，健康向上。

颁奖主题文艺演出活动。我国评奖活动较多，有企业界、科技界、文化界的，较大型的评奖活动之后，往往举行一台主题文艺演出。这类演出活动的要求是：演出活动围绕主题展开策划和创作；从舞美置景、声光调控，到具体的每一个节目和别具一格的颁奖形式都要体现该奖项的特色；应体现民族文化的深厚底蕴和爱国主义精神；风格热烈，健康向上。

竞技类主题文艺演出活动。这一类主要是一些大赛进入到复赛和决赛阶段时，比赛以演出活动的形式出现。如歌手大赛、舞蹈大赛、主持人大赛等。这类演出活动的要求是：要有较为严谨的比赛规程；做到严肃、公正；主持人在台上不能妄加评论；评委要是这一方面的权威人士，并能做好点评工作。

3. 主题文艺演出活动主持人的特点

主持人的形象要得体，要与观众的审美取向一致。主题文艺演出活动主持人的形象要得体，即形象和气质要与观众的审美取向和观赏心理相投合，不是刻意加工的矜持、娇真。媚俗的举止神态令人看了腻烦不舒服，而应有一种与众不同的艺术家气质。当主持人走上舞台，还未说话时，观众就先被主持人优美的形态和端庄得体的仪态而吸引，这样的主题文艺演出活动的主持才是出色的。

因此，当主持人表达和串联活动内容时，应当事先考虑好以什么样的举止来配合自己的外型，这是主持人是否赢得观众信任，打动观众的第一步。主持人的外形形象在很大程度上是要靠主持人鲜明的个性形成自己独特风格去征服观众。

语言表达要精练、准确。语言是表达感情的最好工具，是主持主题文艺演出活动节目的基础，也是渲染气氛和调动观众、控制活动节奏的关键。当主持人面对话筒、面对观众进行串联活动时，语言就是主持人魅力的灵魂。语言的表述、停顿、节奏和音色都展示出主题文艺演出活动主持独有的魅力。

语言风格指语言的内容和表达形态。语言内容决定其表达形态，但表达形态有相对独立的特性，语言形态本身就有一定的魅力。主持人的语言表达形态在不同类型的节目当中各有特点。

主题文艺演出活动主持人常常追求散文化和诗化的语言，或机智幽默给人以娱乐消遣之趣，故感情起伏较大，语气更委婉，语调抑扬顿挫，语速有快有慢，音色一定要优美，发音以悦耳的中音区为多。

一般有经验的主持人在拿到稿件后，往往还要根据自己的思维方式重写或进行调整，把它变成带有个人习惯的语言。

许多主题文艺演出活动的主持人有文艺特长、是行家，他们能把艺术表演特长与活动更好地融合，如倪萍在节目中的朗诵、叶惠贤经常即兴以说或唱的形式串场、孙晓梅的小提琴演奏、鞠萍的歌舞等，全面的素养有利于主持人整体艺术形象的塑造。主题文艺演出活动节目主持人应有历史、政治、音乐、舞蹈、美术、表演等方面的素养。

随着时代的变化、年龄的增长、阅历的丰富、经验的提高，主持人的形象定位还会有所变化，但是对与素养的修炼更应与时俱进。

要把主持与表演结合起来，主题文艺演出活动主持与其他节目主持人不一样，最重要的一点就是主题文艺演出活动主持人的表演成分更重要。主题文艺演出活动是对生活的再加工，再创造，主持人对自己的定位，就是在确定所要扮演的角色。因此美丽的女主持人都要把自己扮演成“天使”或“女神”，或活泼大方，清纯靓丽，或亲切温柔，韵味十足，扮成独具魅力的艺术品，男主持人一般也都英俊潇洒、风流倜傥，成为众望所归的“大众情人”形象，即使是“丑”星形象，也以机智、幽默见长。在实践中，许多优秀的主题文艺演出活动主持人都是演员出身或接受过一定的表演技能训练的。

主题文艺演出活动主持人的言谈举止要经过思考或平时自觉训练，或事先已有大致的设计，而非生活中的本来面目。演出之前，主持人背诵台词，走台，彩排，选择服装，寻找与对手交流的感觉等等，都与表演是相通的。在演出中，主持人也随时处于自己的理智监督之下，主持人语言行为的情感把握，轻重缓急，都与活动整体节奏和气氛有密切的关系，对观众也起引导和暗示的作用。

主持人的表演，最重要的是要有本人的真情实感。以自己的真实个性作为表演的出发点来真切感受活动内容与现场气氛，才能焕发出自然、真切，动人的表演。

4. 主题文艺演出活动的主持技巧

主题文艺演出活动的主持虽然具有一定的难度，但只要掌握了主题文艺演出活动的主持技巧，对于主题文艺演出活动主持人来说，成功的主持主题文艺演出活动不是梦想。主题文艺演出活动主持技巧包括如下几点。

（1）串联词。串联词是主题文艺演出活动主持中必不可少的组成部分。它直接影响到主题文艺演出活动气氛，关系到人物形象塑造和情节结构。

① 报幕式的串联词。这是最简单的串联词，主要是让观众知道演出活动的主办单位，活动时间，这台演出活动的宗旨，内容及活动内容的演出者等。

② 交流式的串联词。这种串联词是模拟或现场与观众的对话，使之产生情感交流，引起观众对节目的兴趣。这种“交流式”串联词有单向交流和双向交流之别。

单向交流串联词是主持人揣摩观众群体的心理，以和观众亲切谈话的口吻写出来的串联词。

双向交流的串联词是主持人与观众双方同时交流，并发生了联系的串联词。它必须反映出这种关系。这样的串联词更显得有交流感，更亲切活泼。

串联词必须像人们生活中交谈一样，让“书面气”消失，用“谈话”代替“写话”。

③ 介绍式的串联词。这是主持人通过介绍作品内容、背景、风格、唱词大意等，把整台活动引出来的串联词，它既利于观众听懂作品，又能起到引起观众兴趣的作用。这种介绍应特别重视清晰、明快、引人入胜。

串联词的写作方法是各种各样的。主持人写串联词时，要根据具体活动的具体要求而定。串联词在活动中有承上启下的作用，不能不顾活动而任意潇洒。主持人在写串联词要注意下面的技巧：

① 开门见山。演出一开始，主持人就上场向观众问好，三言两语介绍后进入第一个节目。

② 借景抒情。主持人借用与活动相关的环境景物抒发情感，这种形式在大型主题文艺演出中常用。

③ 幽默风趣。通过说些风趣的话语，使观众产生一种乐趣，调动他们的兴趣，然后导入第一个节目。

无论哪一种形式的串联和开场语，都要根据演出活动的实际情况和活动的类型、内容、性质、特点等来设计。优秀的主持人要善于调动现场观众的情绪，使现场气氛异常热烈，台上台下相互融合。主题文艺演出活动要想做到潇洒自如、游刃有余，关键要有扎实的基本功和深厚的文化素养。

（2）主题文艺演出活动主持人的形象塑造。成功的主题文艺演出活动主持人不但具备良好的口才，还要有良好的外在形象。形象是一种抽象的东西，它是对事物形态，性质，状态抽象化的观念，是一种和评价相关联的观念状态。这里的形象是指个人形象、相貌、气质、行为以及思想品德所构成的综合整体。作为一名主题文艺演出活动主持人，一定要注重自己的形象塑造。

主持人的艺术形象。在主题文艺演出活动主持中，主持人在化妆、衣着和形体动作方面都要有意突出某部分的特点，会对观众产生特殊的魅力。主持人在突出身体效应时，还应该注意某些容易出现的缺陷，达到一种艺术的美观。主持人还要学会修饰，完善身体的局部，使自己的艺术形象永葆个性风采。

树立自己的风格。风格是主持人的灵魂。树立自己的独特的风格，是赢得观众喜欢的秘诀。主持人一定要确立与自己主持的主题文艺演出活动节目的性质、目的、内容等方面特点相统一的风格，主持人不同的风格是由主题文艺演出活动节目的性质决定的，主持人要正确根据自己的天赋条件和固有气质，来选择适合自己的主题文艺演出活动，这对形成主持人个性魅力和保持魅力是有利的。主持人自身的条件差异决定了主持人风格的多种多样。不同的主题文艺演出活动对主持风格都有着不同的要求。

主持人风格的形成需要长期的积累。首先要把握的是在观众面前展示真实的自我，因为风格是个性的体现，只有真实地流露才是最自然的表现，才能最准确地反映出主持人的个性特征，即个人风格。在风格的培养和树立的过程中，应先找出自身的特点和优势加以利用，并不断地修正完善自己的特点和优势。

广博的学识，良好的修养，能赋予主持人不凡的气质和超众的能力。主持人只有不断地加强自身修养，才能将主持风格品位不断的提高。

塑造有个性的形象。个性的形象是指主持人的外型、性格、爱好、专长、文化修养等等。一个优秀的主持人往往形成了自己的个性形象。塑造自己的个性形象，对于主题文艺演出活动节目主持人来说十分的重要。这正是日后风格形成的基础。

形象定位。主题文艺演出活动主持人是作为公众形象出现的，它为人们提供了一种合适的美的象征，对社会有一定的明星效应。因此，主题文艺演出活动主持人应当维护、完善自己的形象，为自己的形象定位。

主持人是主题文艺演出活动节目中形象的代表。主题文艺演出活动节目的性质，是主持人赖以生存的土壤。主持人只有理解掌握了主题文艺演出活动节目内容的有关知识，才能与主题文艺演出活动和谐共存。

主题文艺演出活动主持人的性格应该以开朗，活泼，外向为主导，情感丰富而充满激情，反应敏捷，机智而表达优雅，风趣，思维赋予想象。由于常常有现场演播的成分，所以主题文艺演出活动主持还要特别善于表达自己的思想，善于与人交流，以谦和的态度令大众易于接受。

巧于化妆。化妆是主题文艺演出活动主持人塑造形象的重要手段。主题文艺演出活动主持人通过化妆所产生的效果是无声的语言，可以帮助主持人传情达意。主题文艺演出活动主持人的化妆既不同于演员妆，也有别于日常生活妆，是一种特殊的艺术。它的独特在于干净大方、贴近活动类型和强调轮廓等。

主持人应根据性别来化妆。主题文艺演出活动主持人的化妆，应分别突出阳刚之气与阴柔美，切忌浓妆艳抹，矫揉造作，过分强悍和妩媚都不适宜。不同类型的活动对化妆也有不同的要求。各种纪念性仪式活动需要庄重沉稳。娱乐游戏活动强调亲切活泼，大型的演唱会要火爆热闹，环境大的主题文艺演出活动演出活动需要重妆出场。

注重面部化妆。人们的审美标准是五官匀称、对称、协调；五官分布要符合黄金分割律。要注重面部的轮廓，通过高光和阴影的处理，使整个五官轮廓鲜明，脸部富有立体感。在化妆时，要慎重选用色彩。主题文艺演出活动主持人处于灯光下，置身于背景中。色彩的选用，对化妆的直观效果影响很大，化妆的色彩要求是选用纯度较高的颜色。

讲究服饰打扮。服饰是主题文艺演出活动主持人的无声语言。在生活中，人们在交往时，服装先于语言进入对方视野。主题文艺演出活动主持人也一样，当他走上主题文艺演出活动，还没有说话，映入观众眼帘的首先是主持人的服装。因此，服饰是主持人给予观众的第一印象。主持人在着装时要有讲究，根据不同的主题文艺演出活动节目、不同的内容、不同的环境、不同的时间来选择着装，不能随心所欲。一般来说，主题文艺演出活动主持人对服饰的选择较宽泛自由。气派的西装、幽雅的旗袍、富贵的礼服、浪漫的长裙……从色彩到款式、从面料到饰物，在和谐得体的条件下，可以自由挑选，一展风采。但是，同是主题文艺演出活动，服装也存在差异，如新年音乐会与春节联欢演出活动有所不同。前者以西装、礼服为宜；后者以民族传统为宜。主持人只有了解把握活动，才能在活动中通过服饰语言，体现自我的艺术品位，塑造个性特征，在主持中形成自我的主持魅力。

（3）注重与其他人的配合

一台成功的主题文艺演出活动节目，不仅和主持人的能力有关系，更与合作者的密切配合和支持有直接的关系。因此，主持人要与演员、观众、编导和主题文艺演出活动其他工作人员建立互相理解、信任、支持、帮助的和谐关系。

主持人与演员。在主题文艺演出活动上，演员的表演往往是各自独立的，主持人要把主持的活动内容串联起来，形成一个整体，是整个主题文艺演出活动的“主角”，但主持人不能为了自己而淹没演员们的光辉，也不能消极的看待自己的工作。在平时，主持人应该对演员有充分的了解，随时注意他们的工作动态和活动内容，在具体节目的串联词中才能有内容发挥的依据，并在主持过程中积极调动出演员的最佳状态，以有特色、有个性、有情趣的引导，为演员的表演添彩。

主持与观众。主持人主持活动，是为了给观众观看，因此，主持人在主题文艺演出活动主持时不能把观众撇在一边，独自说唱，把观众当成“菜地里的萝卜”熟视无睹。主持人主持节目的目的便是与参与活动的观众达成共识，达到推出节目的效果。主题文艺演出活动主持人，应该把观众当朋友来对待，采取平等、亲切、理解的态度，忌说教、高傲、武断。对于其中必须体现的教育内容，则要寓教于乐、寓教于情、寓教于美。

主持人与编导。主持人在主持主题文艺演出活动节目中要贯彻编导的意志，既是编导意志的体现者，又是编导意图的传达者，二者的关系应该非常融洽。在主持节目中，主持人要按编导的意图来展现自我、调整自我。如果有看法或做法不一致的地方，编导是节目效果的最后决定者，主持人要以大局为重，服从编导的现场决定。

主持人与现场其他工作人员。首先是音响师，音质音量都需要音响师的调节和修饰，“试话筒”是主持人主持活动前必不可少的环节。话筒与嘴要有一定的距离，防止“扑”话筒或音量不稳定；手持话筒的姿势要自然、大方、优雅。其次是灯光师，主持人形象展现的是否完善，还往往在于灯光师对灯光的调度安排。在活动范围大的现场，要尽量在灯光效果最好的地方进行主持，避开不利于表现自己光线色彩的区域。同时，由于灯光多分布在棚顶，主持人可稍仰头，走动中要注意避免遇上主光在头顶的情况。

主题文艺活动主持现场操作要求：明确主题，确定基调和主持风格；巧设开场方式，熟悉基本流程；展现个人魅力（认识传播对象），调动现场观众的参与意识，烘托气氛；认识采访嘉宾、掌握采访技巧；运用多种传播元素、完成主持任务；设置冲突、讲解与抒情结合，巧妙引出节目；要用语言、事件、节目感染观众，与受众搭成共鸣、感染、启迪受众；以公益性、欣赏性、教育性为主，尽量少夹杂商业成分；主持人在节目不要喧宾夺主，要明确任务和节目目的，起到串联、衔接、介绍、解释作用。

二、酒吧（演艺广场）主持

酒吧最初源于欧洲大陆，后来经过在美洲进一步的变异、拓展，大约十几年前进入我国。“有音乐，有酒，还有很多的人”，一般人对酒吧的认识似乎只至于此，但作为西方酒文化标准模式，酒吧越来越受到人们的重视。“酒吧文化”越来越多地出现在90年代中国大都市的一个个角落，酒吧进入我国后，得到了迅猛的发展，现在几乎所有的大中城市都有酒吧的存在，酒吧增多也是我国经济发展的一个标志。

随着酒吧在中国的发展，酒吧主持也越来越受到重视，酒吧主持人是控制全场气氛和流程的指挥者，在酒吧演艺活动中起着至关重要的作用，很多人觉得酒吧主持人就是搞搞气氛，其实不仅仅是给人提供娱乐，更是酒吧文化发展的实践者。作为一个优秀的酒吧主持人需要考虑很多事情和细节，主持人的能力也需要锻炼才能慢慢积累和提高，那么他们到底需要做哪些工作呢?

第一，必须了解酒吧文化，熟悉晚会的流程，也就是主持的前期准备工作。酒吧主持虽然和晚会的形式相似，但还是有很大的区别，这是由酒吧的环境决定的。一般晚会都是按照比较正规的形式进行，它的会场布置以及主持人所渲染的气氛都是为晚会的内容服务的，所以给人的感觉就是很正式；而酒吧是提供休闲娱乐的场所，它用音乐和灯光营造了一种放松舒适的氛围，给人的感觉就是很轻松随意。所以主持人要置身于酒吧的环境中，不能像晚会主持人那样正规拘谨，这样才能更好地引导观众融入到轻松的气氛中去。

除了氛围的营造，还要把握晚会的内容，主持人需要熟悉整场晚会的流程，清楚节目的演出顺序，合理的在节目中间加上串联语，使节目顺利有序的进行，如果主持人对于节目流程不够熟悉就有可能失控而乱场，那样会影响演员的发挥和观众的情绪。前期准备工作还包括对演员的了解，因为主持人和演员都是晚会的组成部分，二者需要配合协调才能很好地完成演出，这就需要主持人对演员的背景有充分的了解，如演员的姓名、职位、表演的节目名称，这些是最基本的，可以尽可能多的了解一些其他方面的信息：演员的出生地、性格特征或特殊经历，这些信息可以在主持时作为话题切入点或交流材料，不但拉近了与演员的距离，又丰富了晚会的内容。还有就是需要有推举的意识，不论演员是知名的还是不知名的，他作为演出人员肯定是有价值的，主持人要以赞赏的态度与演员沟通交流，这样在与观众的互动中也就可以使观众感觉演员很出众，演员自然也会信心倍增而更有利于节目的发挥。

第二，酒吧主持人需要协调、组织好各项工作，做一个优秀的指挥者，控制全场的气氛和流程。如果把晚会比作一场音乐会，那么主持人不但要担当主唱还要担任重要的指挥，也就是说主持人不仅要做好主持的本职工作，还要操纵全场各个环节，这就需要有协调和组织的能力。一场晚会需要有外部设施的配合——音乐、音响、灯光的综合运用，加上软件设施——节目内容、主持内容、互动内容，虽然这些是由编导安排的，但是现场的配合运用需要主持人去协调。在酒吧里音乐和灯光起着非常重要的作用，音乐和灯光的效果直接影响节目的演出效果，很多时候音响师和灯光调控人员需要根据现场的情况调整效果，主持人应该把握现场气氛的变换，及时提醒工作人员操作器械，比如演员即将表演节目需要音乐，主持人就可以说：请音响师响起音乐；也可以说：请工作人员配合一下，我们的表演即将开始等等之类的话提醒工作人员。对于现场气氛的控制，主持人需要结合节目内容与观众进行互动，这也需要有技巧，一般气氛都是由平缓渐渐升高直至高潮，主持人要巧妙的调节现场气氛。其实晚会进行的全过程都在和观众交流互动，主持人在互动中需掌握气氛的起伏度，在起伏中逐渐把气氛推向高潮。

一个好的协调者还必须思维敏捷，有随机应变的能力，能够巧妙的处理突发事件，比如灯光或音响出了意外，主持人就要稳住观众，对意外加以巧妙的解释，或增加、调动其他节目，协调好时间以便工作人员进行处理。

第三，做观众的知心朋友，为观众带去快乐。在酒吧主持中与观众的交流互动最为重要，因为观众就是演出的服务对象，他们来酒吧是为了寻找快乐，主持人必须时刻以观众为中心为他们带去快乐。主持人需要了解观众的心理，从观众的角度去想观众到底需要什么样的快乐，以什么样的方式创造快乐都是主持人需要探索思考的问题。为观众寻找快乐的前提就是主持人必须与观众成为知心朋友，因为在一群陌生人面前每个人都不可能敞开心扉大胆地表现自己，只有把观众当作知心朋友了才能与观众自如地交流，把快乐传递出去并让观众乐于接受从而达到同乐的效果。把观众当作知心朋友后就需要观众把自己当作可信赖的朋友，很多观众都习惯把主持人和节目仅仅当作娱乐对象，这样就会与主持人产生距离感，也不容易融入到演出中。

想要拉近观众与节目的距离，主持人从演出开场就得把热情传递出去，选择一个特殊的开场方式可以吸引观众的注意力，也有利于后面节目的进行。特殊的开场方式在形式上可以运用音乐和灯光的特效配上主持人特殊的服饰外型来营造特殊的效果，当然也要根据节目内容而定，不能过于夸张；在内容上主持人说话的语气要有亲和力，对观众的称呼可以多样并显得亲密，如“各位老板、老大、老先生、老太太、小老先生、小老太太、各位大哥大姐、大款、大哥大、大姐大……”像这样一连串的称呼不仅照顾到了现场的每位观众，也使自己和观众的关系亲近了一步。开场后仍需要激情热场，不能让现场的气氛冷下来，主持人可以通过幽默的介绍演员或节目，引导观众进入演出的意境，一个节目表演结束的时候主持人要继续保持激情为观众介绍下一个节目，并且适当地加入调侃及与观众的互动，这样能让观众感觉到你一直在关注着他们。在特定的互动环节要请观众参与到节目当中去，主持人可选择积极主动的观众参与，有的观众碍于面子或比较腼腆不愿参与，主持人就要善用“铁齿铜牙”尽量说服观众。

第四，娱乐与育人的巧妙结合，打造新时代的精神文明阵地。酒吧演出虽然以提供娱乐为目的，但是内容也应该是积极、健康、向上的。很多人认为酒吧是个很乱的地方，我们得承认酒吧是一个众人汇集的地方，各个行业各种类型的人都有，它首先给人的感觉就是杂乱无章，也有人认为酒吧是个低俗不健康的地方，因为主持人和观众沟通的时候需要引起观众的共鸣，所以使用一些带有不健康笑话或看似无赖的动作，这是被人避讳的，当然更是我们需要改进的。其实人们在暂时地放下工作、搁置烦恼的时候，思想是处于轻松简单的状态，对娱乐的需求也是最平常的，在紧张正规的工作中人们不会采用这样的娱乐方式，在酒吧就可以不用在乎别人的眼光。其实很多酒吧节目也推出了有教育意义的节目，在人们享受快乐的同时也能引起人们的思考，让人们在酒吧也能体会精神文明。主持人需要引导观众树立积极向上的思想，比如在观众中有很多人因工作不顺利而产生气馁情绪，或者遇到挫折后会不自信，去酒吧放松也是他们减压的一种方式，主持人可通过自身的表演或语言引导观众树立自信心，唤起观众对生活的热情。让观众感觉他所处的不仅仅是一个娱乐场所，也是一片精神文明阵地。

第五，打造金牌司仪，创造品牌节目，让酒吧文化不断地推陈出新。随着时代的进步，经济的发展，酒吧文化也必须不断推新、逐渐升华，对主持人的要求也就越来越高，除了上文所述的修养和技能外，主持人还需要长期积累经验。

打造一个金牌司仪不容易，创造一个品牌节目更不容易，目前很多知名酒吧已经打造出了一些品牌节目，这些节目也被刻制成碟正版发行，在市场销售，在很多长途汽车的移动电视上都会播放这些节目，说明这些品牌节目已经作为一种精神文化在进行大众传播。一个节目想要在市场大潮中站稳脚就需要不断开发新的思想和新的形式，这些都是需要策划组和主持人去研究探索的。

酒吧文艺演出活动主持现场操作和要求：懂得酒吧文化、熟悉晚会流程。开场方式独特、展现自己才华。激情热场，烘托气氛，把观众带入演出。巧用幽默和赞美。做好前期对各个演员的了解，做好介绍与交流。参与到每一个节目之中，张弛自如，要有托星意识。有效进行目的的传递，做一个优秀指挥者，控制全场气氛和流程。做好协调、组织工作（台上，台下，乐队，灯光），做好观众的知心朋友，使观众参与节目，操作自如。了解观众心理，为他们寻找快乐，做到娱乐而不媚俗。反应灵活，随机应变，巧妙处理突发事件。创造品牌节目，打造金牌司仪。娱乐与育人的巧妙结合，打造新时代的精神文明阵地。

三、商业性宣传广场演出（外场）主持

商业性宣传广场演出（外场）是通过文艺演出的手段，在广场举办商业宣传、推广的演出或活动。

首先，外场主持应以商业宣传为主要任务。外场活动中无论节目有多精彩，演员多么有名气，游戏奖品多么有诱惑力，时刻要记住商业宣传与推广始终是活动的主要任务。在主持的过程中介绍解说节目、介绍演员嘉宾和游戏环节必须始终围绕商业宣传与推广。比如介绍嘉宾的时候可以问嘉宾是不是用过这个产品，用过这个产品的感受等等；游戏环节可以先介绍厂家产品的特点及优势，也可以把产品的相关信息设置在游戏环节当中，如游戏环节中可以先通过回答企业或者产品相关问题的正确与否来确定参与游戏的人选等等；在节目的介绍过程当中也可以与产品、与厂家联系起来用串词来承上启下。

游戏、奖品设置是外场活动主要组成部分。作为主办方，商家其目的并不是让大家欣赏到多么精彩的节目，而是通过节目来吸引观众，让更多的消费者参与到促销活动中来，达到经济利益最大化和品牌影响最大化。产品推销的目的是让更多的观众看到，让更多的观众知道这个产品，如果只是介绍这个产品

怎么样是不可能吸引观众的。这个时候就需要采取一些推销的手段，以奖励物品为关注点，来引起观众的注意，从而吸引观众。游戏是最好的与观众的互动方式，奖品设置更是吸引观众的重要因素和手段。这就要求我们设置大家喜欢的游戏形式，大家愿意参与的、容易参与的，既不能让观众感觉难度太高，做不了，到台上容易丢脸，也不能太简单大家觉得没挑战性，感觉很幼稚，同时也要注意此时此地是不是适合现场的观众，是不是适宜现场的操作。奖品是吸引观众和调动观众积极性的重要因素，游戏中的奖品分配要科学，要有一定的设计，根据现场的情况来设计，并且与游戏有机结合达到互动参与的目的。进行游戏环节我们通常会遇到两种情况，例如：奖品只有三个，而要参加游戏奖励这个环节的观众很多，而你的推销时间有限、场地有限的话，你可以另加关于产品知识的问答，来加大游戏难度，答对的才有资格参加游戏奖励，这样既宣传了产品也解决了现场的问题，或者加深游戏难度。那相反的，如果很多观众都不好意思上台，参加这个奖励物品的环节，你就要降低这个游戏的难度或者只要上台就有奖品的方法来调动观众积极性。有的时候特别是上午的外场，大家的情绪不是特别积极，也不是特别愿意到台上来，这时可以用在台下有奖回答方式，答对的再到台上参加节目，这就需要我们对观众有正确的情绪的引导。对于任何一个主持人来说，好的时间，地点，以及一个好的受众群体，这些都是可望而不可求的。因为每位观众，他们的要求不同，看待事物的角度不同，他们的情绪也不同，自然而然的，他们的配合度也不会相同。

外场主持要适时适地适情来设计主持方案。这就要求主持人应具备临场应变和与现场受众沟通的能力。一百次外场应该有一百次设计。要想达到活动最好效果，主持人要根据不同的主题、不同产品、不同的地点、不同的时间、不同的受众、不同的节目等因素来设计最符合现场情况的活动主持方案，包括语言的组织、节目的编排、游戏的设置等等。对于宣传的产品我们要清楚它的消费群是谁，现场这样的人有多少，那么你在众多的观众中就有交流与调动的主次了，消费群就是你主要交流和沟通的对象。地点的不同也会影响我们活动主持的设计，比如在人多的广场或超市旁人自然多，流动性大，再如路边外场或者人员流动小的地方，两者在主持的方式就不可能一样，后者难度更大，如何能让观众参与到活动中，这时每个观众都是你主持成功的重要因素，同时地点的不同，给节目和游戏设置提出了要求，这就需要主持在主持前有充分的预案。受众不同也决定你的语言组织和主持的方式，城市、乡镇、农村等消费群体，在选择语言和主持方式的时候要注意他们接受什么样的语言，接受什么样的主持方式，怎么样能调动眼前这个群体的积极性。在游戏设置时候也要根据现场观众能力、年龄、职业和接受方式来设计。外场主持方案的设计受时间等客观因素影响，主持人要有充分的临场预案，适时适地适情来设计主持方案。这给外场主持人临场应变提出了更高的要求。外场主持其实对主持人的要求并不是很高，他不很关注主持人的一些外貌特征（当然有良好的外貌特征更好），它所注重和要求的是主持人的反应能力和临场应变能力要强。在主持活动中，与演员、观众、来宾的互动、交流、现场即兴表演、采访更为常见，尤其是群众喜闻乐见的互动环节，主持人的热情参与更是赢得大家支持的法宝。在主持活动中，参与人员素质的参差不齐、演出计划的更改、临场情况的多变等客观原因要求主持人必须具备优秀的应变能力，化解尴尬局面和紧张的场面，以顺利完成主持任务。外场主持在主持的过程中，会遇到各种各样的突发事件和临场考验，在这种情形下，一个优秀的主持人应当发挥他特有的才智，来沉着应对，化解主持过程中遭遇的“危机”，顺利完成主持任务。

外场主持的操作要求：演出前进行节目宣传、预告，以此来吸引观众。书面宣传，平面宣传。对所宣传企业、推广的产品有所了解，明确宣传意图。拉近观众距离，营造和谐气氛。游戏设置要适于现场操作，尽量不用复杂道具，注意操作安全。奖品设置分配要科学合理，可以首先设置大奖品来调动积极性，再用普通奖品，并告知大奖品还在后面来留住观众。游戏、抽奖操作中要公正、公平。自如流畅、自然幽默。减少商业痕迹，艺术性与商业性巧妙结合。根据时间、地点、受众、天气、内容，迅速设计最佳主持方案。

第二节　训练材料

【例稿一】　2009 年中国中央电视台春节联欢晚会节目主持人串词

（开场）

朱军：中国中央电视台。

董卿：中国中央电视台。

白岩松：此时此刻，距离又一个牛年的到来只有不到四个小时的时间了，相信全国各地一定是家家户户过除夕，热热闹闹迎牛年的欢乐景象！

周涛：是啊。或许现在你正和家人在一起，热热乎乎的吃个年夜饭。

张泽群：也许你还在回家的路上正赶去和亲人们团聚。

朱迅：也许您正一家人去旅游，在海外渡过中国年。

朱军：也许您正坚守在自己的工作岗位上，为他人送去新春的快乐！

董卿：无论你在哪里都请接受我们的祝福，在这中华民族一年一度最盛大的传统节日里，我们给大家——

（合）：拜，年，了！

白岩松：我们向全国各族人民。

周涛：向全世界所有的中华儿女道一声——

（合）：春，节，好！

［第一个节目（歌舞）：民俗歌舞《春节好》 演唱：解晓东、孙悦、吕薇、林依轮］

董卿：观众朋友，您现在正在收看的是，中央电视台综合频道、中文国际频道、英语国际频道、西班牙语国际频道、法语国际频道和中央人民广播电台正在同步直播的2009年春节联欢晚会。

朱军：另外，今晚央视网还联合了中国台湾网、搜狐网、腾讯网、新浪网和全国的百余家网站，向全球华人同步直播我们今天的春节联欢晚会。

董卿：除夕团圆夜，守岁亲情浓。其实每年到了这个时候啊，对于咱们中国人来说，最高兴的事情，莫过于一家老小其乐融融，围坐在一起吃个团圆饭，唠唠家常，说说这一年身边的变化。

朱军：唉，要说起身边的变化，改革开放30年，年年都有新变化。而这些变化啊，咱老百姓都看得见，摸得着。因为咱们老百姓是实实在在地感受得到这些变化带给我们的扶植和实惠。那么说到细微之处，到底有些什么变化呢？让我们有请姜昆、戴志诚为大家和说相声——《我有点晕》。

（相声《我有点晕》 表演：姜昆、戴志诚）

白岩松：哎，各位观众朋友，姜昆、戴志诚的相声好不好啊？（观众：好）

再来一个要不要？（观众：要）

明年春晚吧，让他们再准备一年。其实说起这30年的变化啊，整个春晚的时间全拿出来，时间都不够用，那要说道百年的变化呢？接下来咱们就走到城市当中，看看城市百年是如何长高，长大变得更有活力的，请欣赏舞蹈“城市变奏曲”。

（舞蹈《城市变奏曲》 领舞：张荪）

董卿：谢谢，谢谢各位精彩的表演，让我们仿佛插上了舞蹈的翅膀巡游了百年的时空。

亲爱的观众朋友们，你们还记得吗？在两年前的春节晚会上，我们通过亿万观众的投票为一对赴台的大熊猫起了名字叫：团团圆圆。如今啊，团团圆圆已经在台湾安了家了。明天大年初一就要正式的和台湾的游客见面了，所以动物园也特地委托我来招聘一名优秀的大熊猫饲养员，有应聘的赶紧上我这儿来报名啊？有吗？

［群口相声《团团圆圆》 表演：李伟建、武宾、朱德刚（台）、樊光耀（台）、董卿］

周涛：谢谢，谢谢表演，是啊，相信我们的熊猫团团和圆圆在台湾同胞的呵护下一定会健康成长。其实呢，团团圆圆富贵吉祥，这是海峡两岸同胞共同的祈愿、共同的祝福。今年春节晚会的主题是：中华大联欢！让我们把这份团团圆圆的吉祥送给普天下所有的中华儿女！（单档主持）

朱军：好，亲爱的观众朋友们，今年呢咱们可以通过手机收看春节联欢晚会了，而且方式非常简单，您只要编辑手机短信 CCTV 发送到 10086 就可以了，我们会把欢乐和祝福送给大家，送给生机勃勃的绿色大地，愿牛年这个好年景带给我们每个人好心情！

大家瞧，这只可爱的鹦鹉给大家送来了一份请柬，要请大家一同去参加“森林舞会”。大家一起去好吗？（单档主持）

（人偶歌舞《森林舞会》　演唱：黄圣依）

周涛：谢谢，谢谢你们。

白岩松：周涛啊。看见没有这么精彩的森林舞会，最后马上的主角“牛”，就露了那么一小脸。

周涛：你知道为什么吗？因为牛都帮咱干活去了，要不怎么说吃的是草，挤的是奶呢。

白岩松：这精神咱的好好学。

周涛：牛年马上就要到了，其实关于牛的吉祥话儿特别多，向什么牛气冲天，金牛报春，金牛写瑞等等吧。

白岩松：顺着你的话啊，在这马上要到来的牛年还得真祝愿所有的年轻人初生牛犊不怕虎，咱们的建设者勤勤恳恳老黄牛，公务员俯首甘为孺子牛，咱们每个人改革创新拓荒牛。

周涛：总而言之吧：祝大家财源广进，（合）牛年大吉！

好，接下来让我们请出周杰伦。

（歌曲《送你一朵东方茉莉》）

朱军：好，谢谢，谢谢演唱。亲爱的观众朋友们，随着时光的变迁，咱们中华民族过年的年俗啊也在悄无声息的发生着变化加入了许多新的内容。就拿除夕夜来说吧，我们要包饺子，吃团圆饭，贴窗花、放鞭炮，看春节联欢晚会。现在啊还有一项非常重要的内容，那就是通过手机短信相互拜年，不瞒大家说今天我就收到了许多短信，其中有一条印象深刻。大概是这么写的：朱哥，过年好，牛年喜事儿多，我也有喜报，我要娶媳妇，请你凑热闹！瞧瞧，多好多喜庆啊，我仔细一看不是别人是我们小区那位胖胖乎乎特可爱的保安。说这话，瞧瞧，他来了—（单档主持）

（小品《吉祥三宝》）

（短信互动）

张泽群：观众朋友们，随着春节联欢晚会大幕的拉开，由中央电视台主办的“郎酒·红花郎杯我最喜爱的春节联欢晚会节目的评选活动”也已经开始了，欢迎您踊跃参与投票。

朱迅：是啊，首先特别想告诉您，我们的投票方式是在正月初十之前全国的手机用户都可以免费参与到“郎酒，红花郎杯我最喜爱的春晚节目评选活动当中”，您只需要发送您最喜爱的节目名或者是演员名到10669999，或者在正月初五之前寄出您的选票，我们的选票是刊登在去年第五十二期以及今年1～3期的中国电视报上，您还可以登陆央视网进行投票呢，WWW. CCTV. COM 在正月十五之前呢都可以，我们等着您。

张泽群：发手机短信的观众朋友有机会赢取我们的幸运观众奖，奖品是由杭州贝因美提供的春节联欢晚会的吉祥物“劲牛迎春”，评选结果将在正月十五播出的元宵晚会，也就是我最喜爱的春节联欢晚会颁奖典礼上公布。如果您还想了解更多的春节联欢晚会的消息，请您拨打中国电信号码百事通：114。

朱迅：您看，我们为您准备的这份心意挺牛的吧。赶快参加评选，把它带回家。好，亲爱的朋友们马上要为大家送去的是今晚的第一幅春联。

张泽群：上联是：春融百族大联欢俏春尤俏。

朱迅：下联是：岁启九州岛新画卷牛随更牛。横批：（合）普天同庆！

张泽群：朋友们接下来欣赏一个舞蹈“蝶恋花”。

（舞蹈《蝶恋花》）

董卿：感谢我们的舞蹈演员，真美。春晚的舞台上总是会留下许多经典让我们慢慢的回味，比如说22年前著名的相声表演艺术家马季先生，说的那段相声“五官争功”直到今天我们都记忆犹新，这一晃二十几年过去了，五官也发生了很大的变化，从当年的争名夺利到今天的什么呢？来，让我们掌声欢迎马先生的儿子马东和他的同伴们共同为我们带来“五官新说”。（单档主持）

[群口相声《五官新说》　表演：刘伟、郑健、马东、大山、周炜]

白岩松：还真被他拿走了，好一个马东，不过没关系，明天一大早我去给交管局拜年，就把这事儿说说，估计明天晚上马东就不用在自己家里吃饭了，当然开个玩笑了。我到真佩服马东这五官推卸责任的功夫。说到汉语里功夫这个词，拿到全世界哪儿，不用翻译大家听得懂，这跟一个杰出华人和功夫大师李小龙紧密相关，接下来就有一个神秘的武林家庭穿过神秘的时空隧道，要跟李小龙传奇当中李小龙的扮演着陈国坤来一次荡气回肠的武林对决。不过，别紧张，没那么严肃。（单档主持）

（武术《功夫世家》　主演：陈国坤　表演：河南少林塔沟武术学校）

白岩松：这一个春节是汶川大地震发生后的第一个春节，对于灾区的父老乡亲们来说不容易，过年就是要在自己的感情上过关。我们知道鞭炮声声还不能立即带走所有灾区父老乡亲内心的伤痛，却可以送去我们所有人的牵挂和祝福。

周涛：现在全国的电视观众都很惦念灾区的父老乡亲，想知道这个年他们过的怎么样。一起来看我们的记者从灾区发回的报道。（视频）

白岩松：今天灾区的百姓派出了五位代表还有五个孩子来到我们现场给大家拜年。

周涛：掌声有请他们上场和大家见面。有请……。

现场采访灾区人民代表蒋敏、白玲、曹代成等。

白岩松：谢谢你们所有人的坚强和乐观，在这里我们要给灾区所有的父老乡亲们——拜年！去年的1月25号是雨雪冰冻灾情开始的日子，也正是从那天开始，中国人心中的爱被更大规模地释放出来，爱，陪着我们渡过了很多艰难的日子，巧了，今天又是1月25号，这一定是温暖日子的开始，请相信，在伟大的抗震救灾精神的感召下我们所有的人会像一家人一样陪伴在灾区父老乡亲们的身边，陪您走过每一个家园重建的日子，一直走到平静、快乐、幸福，好好活，活的更精彩。一切会好起来的，加油，灾区的父老乡亲们！

周涛：亲爱的朋友们，接下来我们很荣幸地为大家介绍一个特殊的演出团体，在大地震当中，他们常年演出的剧场被震坏了，于是演员们就来到了废墟旁边为受灾的父老乡亲送去舞蹈、送去歌声，当然也送去了重建家园的勇气和信心，这就是我们的四川民族歌舞团，今晚来自这个艺术团体的羌族、彝族、藏族、汉族十多个民族的三十多位演员带着对全国人民的感激和祝福来到这里，一起欣赏他们为我们表演的“天地吉祥”。

（抗震板块歌舞《天地吉祥》）

朱军：好的谢谢，谢谢来自灾区的艺术家们为我们带来的精彩表演。我相信所有的朋友看了这个节目之后内心都充满了温暖，感动和祝福。我们祝福并且坚信，灾区的明天一定会更加美好！让我们再一次把祝福的掌声送给他们。亲爱的朋友们，接下来我要为您介绍两位地地道道的农民兄弟，他们二位，一位是来自黑龙江的种粮大户，一位是来自大连的养牛高手，这样，我们先通过大屏幕来认识一下他们。（视频）

让我们掌声有请马广福、刘任喜，有请二位。我们这两农民兄弟往这一站，什么都不用说就把祝福带给了大家，马广福、刘任喜，这叫福喜双至啊。（单档主持）

（歌曲《超越梦想》　演唱：马广福、刘仁喜、吕继宏、王宏伟）

（短信互动）

张泽群：观众朋友们我们的晚会快进行两个多小时了，欢迎您参加由中央电视台主办的“郎酒·红花郎杯我最喜爱的春节联欢晚会节目的评选活动”为您喜爱的节目和演员投上一票。

朱迅：请您别忘了我们的投票方式是在正月初十之前全国的手机用户都可以免费参与到“郎酒，红花郎杯我最喜爱的春晚节目评选活动当中”，您只需要发送您最喜爱的节目名或者是演员名到10669999，或者在正月初五之前寄出您的选票我们的选票是刊登在去年第五十二期以及今年1～3期的中国电视报上，您还可以登陆央视网进行投票呢，WWW. CCTV. COM在正月十五之前呢都可以，我们期待您的参与。

张泽群：发手机短信的观众朋友有机会赢取我们的幸运观众奖，奖品是由杭州贝因美提供的春节联欢晚会的吉祥物“劲牛迎春”，评选结果将在正月十五播出的元宵晚会，也就是我最喜爱的春节联欢晚会的颁奖典礼上公布。如果您还想了解更多的信息，请您拨打中国电信号码百事通：114。

朱迅：在这里我们先祝您好运了，好，亲爱的朋友们我们即将为您送去的是今晚的第二幅春联。

张泽群：我们的上联是：火树银花醉良宵莺歌动地，

朱迅：下联是：国泰民安逢盛世牛气冲天。横批：（合）“四海同春”！

张泽群：朋友们接下来有请黄宏、巩汉林、魏积安、黄小娟为我们带来小品“黄豆黄”。

朱迅：他们来了。

（小品《黄豆黄》　表演：黄宏、巩汉林、魏积安、黄晓娟）

董卿：各位，这份对祖国的深情和心底的民族自豪感，也让我想到在我们春晚筹备期间啊很多海外华人通过网络给我们留言，其中有一位说：虽然我身在海外，但是心和祖国一起跳动，祖国的强盛是我们最大的荣耀，那接下来就让我们掌声欢迎成龙、陈奕迅、容祖儿、谭晶共同为我们演唱一首“站起来”，也把这首歌曲送给全世界的华人朋友。（单档主持）

（歌曲《站起来》　表演：成龙、陈奕迅、容祖儿、谭晶）

周涛：谢谢，亲爱的朋友们，在这千家万户和谐团聚的时候我们更加感到和平的珍贵，在这里我们要向守卫祖国安全的中国人民解放军、武警官兵、公安民警致以新春的祝福。

白岩松：观众朋友，我们刚刚收到了一段视频是来自印度洋的特殊拜年，请看大屏幕。（视频）

周涛：好，亲爱的朋友们，在这里我们要向在亚丁湾巡逻护航的中国海军、武汉号、海口号、微山湖号舰上的全体官兵致以新春的祝福，要向在海地执行维和使命的维和部队全体官兵，要向在利比里亚，苏丹，科索沃任务区执勤的维和警察致以新春的祝福。

白岩松：接下来请欣赏小品水下除夕夜。

（小品《水下除夕夜》　表演：尚大庆、范雷、杨大鹏、王红波等）

董卿：谢谢各位。

朱军：谢谢。

董卿：朱军，你看咱们现场啊是一阵阵的欢声笑语，我们可以想象此刻的神州大地也一定祝福满天，观众朋友在收看我们晚会的同时是不是吉祥话、拜年话也伴着亲情、友情源源不断的飞到了你的身边呢。

朱军：此时此刻，我特别想提醒电视机前所有做儿女的朋友，你给你的父母拜年了吗？这一年啊，无论你和父母是朝夕相处，还是天各一方，都应该在这个时候给父母送上一句温暖贴心的拜年话，老人家会高兴的。

董卿：是啊，如果这几天您正好在家，那就尽量多近点孝心吧，关爱的今天的老人就是关爱明天的自己。

朱军：说的好，那接下来呢，我们就把毛阿敏演唱的天之大以儿女的名义送给普天下所有的父母，恭祝老年朋友春节快乐。

（歌曲《天之大》　演唱：毛阿敏）

周涛：一首深情的歌曲是我们送给全国老年朋友的礼物。好，亲爱的朋友们，假如要是盘点2008记忆的话，我想北京的奥运会和残奥会一定是浓墨重彩的一笔。在令人难忘的北京奥运会和残奥会上，有一道亮丽的风景线这就是我们的志愿者队伍，他们用真诚的服务，用美丽的微笑感动了世界，于是也让古老北京的问候语变成了全球的流行语，这就是：北京欢迎你。接下来让我们一起来看由郭达、蔡明为我们带来的小品“北京欢迎你”。（单档主持）

（小品《北京欢迎你》　表演：郭达、蔡明、赵麒、杰尔米等）

朱军：亲爱的观众朋友们，2008年在北京的奥运会、残奥会上，中国运动员夺得了金牌总数第一的好成绩，为中华民族拜年圆梦画上了圆满的句号。

董卿：今晚我们的奥运健儿带着对全国人民的祝福也来到了我们的现场，让我们掌声欢迎他们。

朱军：有请各位！

董卿：欢迎你们，我们看到大银幕上在回放一个个难忘的瞬间，今天我们也用运动员们取得的奖牌组成了四个字“祖国万岁”。这金光灿灿的四个大字我想是我们的运动健儿给新中国60华诞的最好的礼物。

朱军：是啊，祖国万岁这发自肺腑的声音不仅表达了中国体育健儿对祖国和人民的感激之情，同样也表达了56个民族，13亿中华儿女的共同心声。

董卿：接下来我们有请中国奥运代表团副团长蔡政华带领全体运动员像观众拜年。

［奥运板块（奥运拉拉队）出场人物：所有奥运金牌获得者，蔡振华讲话］

（介绍道德模范）

周涛：在这里呢我们也要通过我们的镜头，向全国所有的劳动模范和先进工作者拜年，当然更要向节日期间依然坚守在工作岗位上的人们表达我们崇高的敬意，你们辛苦了！

白岩松：接下来呢，爱尔兰踢踏舞团将带着对中国人民最美好的情感第一次来到春节联欢晚会的现场，请欣赏大河之舞精彩片段。

（舞蹈《大河之舞》表演：爱尔兰踢踏舞团）

（相声剧《暖冬》　表演：冯巩、金玉婷）

（杂技《抖杠》　表演：上海杂技团）

张泽群：观众朋友们，我们的晚会已经进行了三个多小时了，欢迎您参加欢迎您参加由中央电视台主办的“郎酒·红花郎杯我最喜爱的春节联欢晚会节目的评选活动”为您喜爱的节目和演员投上一票。

朱迅：是啊，还想提醒您我们的投票方式是在正月初十之前全国的手机用户都可以免费参与到“郎酒·红花郎杯我最喜爱的春晚节目评选活动当中”，您只需要发送您最喜爱的节目名或者是演员名到10669999，或者在正月初五之前请您寄出您的选票我们的选票是刊登在去年第五十二期以及今年1~3期的中国电视报上，您还可以登陆央视网进行投票呢，WWW. CCTV. COM在正月十五之前呢都可以，我们等着您。

张泽群：发手机短信的观众朋友有机会赢取我们的幸运观众奖，奖品是由杭州贝因美提供的春节联欢晚会的吉祥物“劲牛迎春”，评选结果将在正月十五播出的元宵晚会，也就是我最喜爱的春节联欢晚会颁奖典礼上公布。如果您还想了解更多的信息，请您拨打中国电信号码百事通：114。

朱迅：别忘了跟我们联系，亲爱的观众朋友们马上要为大家送去的是今晚的第三幅春联。

张泽群：上联是：五福临门燕哺和谐春意暖。

朱迅：下联是：八方凝爱牛耕锦绣世情浓。横批：（合）放飞希望！

张泽群：朋友们，接下来有请董卿，给你介绍一个一定会让你大开眼界的节目。

朱迅：有请。

董卿：谢谢朱迅，谢谢泽群，好，朋友们接下来我要为你介绍的是一位“魔术师”，来自宝岛台湾，他曾经获得过“国际近景魔术大师的称号”。所以接下来的几分钟啊，我请在场的每一位、我请电视机前的每一位一定要睁大你的双眼看一看他的神奇手法能不能颠覆你的眼力，有请刘谦！（单档主持）

（魔术）

周涛：这魔术师的一双妙手真的让人眼花缭乱啊，大家说这节目精彩不精彩。（精彩）特棒是吧，不过呢我们大家也都明白这魔术啊只是舞台上的艺术表演而已，在生活当中也真的没有什么魔力，也没有什么魔法，因为所有的幸福生活都得靠咱们用双手去创造。过完春节呢，农民要开始春耕播种了，各行各业的人们呢也要开始新的一年工作计划，俗话说的好：一年之计在于春。就让我们抓紧这大好的春光去开启崭新的一年。一起来欣赏民俗歌舞《山乡春来早》（单档主持）

（民俗歌舞《山乡春来早》 演唱：土苗兄妹组合、毕兹卡组合）

朱军：好，谢谢。亲爱的观众朋友们，这两年啊被称为百姓大舞台的央视星光大道一到年底的时候就格外的热闹，因为他们说只要上这个节目，并且呢夺得年度总冠军就有望参加春节联欢晚会，这下可就热闹了，来了不少人报名，这其中啊有一位东北老汉为了让自己的孙女上星光大道，也为了圆自己年轻时候的梦想，力邀一位特殊的客人共进晚餐，结果如何呢？让我们一起来欣赏小品“不差钱”。（单档主持）

（小品《不差钱》 表演：赵本山、毕福剑、小沈阳、毛毛）

张泽群：观众朋友们牛年的钟声快要敲响了，请您赶快参加由中央电视台主办的“郎酒·红花郎杯我最喜爱的春节联欢晚会节目的评选活动”为您喜爱的节目和演员投上一票。

朱迅：是啊，还想提醒您我们的投票方式是在正月初十之前全国的手机用户都可以免费参与到“郎酒，红花郎杯我最喜爱的春晚节目评选活动当中”，您只需要发送您最喜爱的节目名或者是演员名到10669999，或者在正月初五之前请您寄出您的选票我们的选票是刊登在去年第五十二期以及今年1~3期的中国电视报上，您还可以登陆央视网进行投票呢，WWW. CCTV. COM在正月十五之前呢都可以，我们等着您。

张泽群：发手机短信的观众朋友有机会赢取我们的幸运观众奖，奖品是由杭州贝因美提供的春节联欢晚会的吉祥物“劲牛迎春”，评选结果将在正月十五播出的元宵晚会，也就是我最喜爱的春节联欢晚会颁奖典礼上公布。如果您还想了解更多的信息，请您拨打中国电信号码百事通：114。

朱迅：把它带回家祝你牛气冲天，亲爱的观众朋友们马上为大家送去的是今晚的第四幅春联。

张泽群：上联是：今牛送福绿柳迎春盛景当惊世。

朱迅：下联是：古乐和鸣龙狮劲舞神州共举杯。横批：（合）祖国长青！

张泽群：朋友们接下来请继续欣赏我们的春节联欢晚会。

朱军：亲爱的朋友们，公元2008年中华民族在辉煌的太空史上又写下了浓墨重彩的一笔。

董卿：2008年中国航天人圆满的完成了第三次飞天之旅，我们的航天员走出飞船，实现了历史性的太空漫步。

朱军：在这个美好的夜晚，我们非常荣幸的为大家请到了从神一到神七中国航天科技工作者的代表来到我们的现场。

董卿：掌声欢迎他们。

朱军：亲爱的朋友们，一个民族的智慧、一个国家的实力往往体现在对人类未来的探索上，中国航天人所展示出的航天高新科技正是中华民族面向未来的磅礴伟力，也许有人会问中国人在实现太空漫步之后，有将把目光投向哪里？在这个美好的夜晚，我们将非常荣幸、非常自豪的向大家介绍一位即将加入世界太空之旅的中国航天新成员，他就是——天宫一号。

董卿：天宫一号也将实现太空漫步后的交汇连接，在未来借助它我们的航天员可以在太空生活十天、十个月、一年，甚至更长的时间进行科学探索，这也意味着中国的航天事业将再一次翻开新的篇章。

（倒计时）

朱军：亲爱的观众朋友们，在欢声笑语中零点的钟声马上就要敲响了，来让我们倒计时10、9、8、7、6、5、4、3、2、1！

（合）新年好，给您拜年了。

朱军：谢谢各民族演员的精彩表演，亲爱的朋友们2009年是中华人民共和国60华诞的大庆之年，如果说世界历史是一条长长的河流，新中国的60年便是一朵光彩照人的浪花。

董卿：如果说人类的发展是一座绵延的山脉，那么60华诞的新中国便是一座景色壮丽的山峰。

朱军：此时此刻，我们要把心中最美的歌献给你祖国！

董卿：我们永远是你的儿女，你是我们的心灵所依，生命所系让我们永远为你歌唱。

朱军：谢谢，亲爱的朋友们，新春的钟声已经敲响，又一个明媚的春天向我们走来，在这里我们再一次的给大家拜年，祝大家己丑牛年大吉。（鞠躬）此时此刻一定有很多朋友在给自己的朋友送去新春的祝福和问候，我想说在您送去祝福和问候的时候，千万别忘了我们最容易忽略的人，那就是常伴在我们身边的人，如果您的父母还没有休息的话，请起身给您的父母鞠个躬，感谢他们的养育之恩，感谢他们一年来的劳累，感谢他们带给这个家庭的温暖。请用您的笑容为您的丈夫，为您的妻子，也给您的儿女送去祝福，感谢一年来我们相互搀扶走过的日子，最后我想说也让我们，感谢我们自己，感谢我们这一年来的自信与坚强，感谢我们这一年来所取得的工作成绩。最后的最后还是让我们一起把最美的祝福送给我们伟大的祖国，感谢这天、地、人、和的美好年代！（单档主持）

周涛：借的春潮当舞台，化作春风满人间。

白岩松：名家新秀齐登场，新春新曲同声唱。

周涛：好，接下来请欣赏名家新秀荟萃的——锦绣梨园。

董卿：好，谢谢各位名家新秀，真的是唱不尽千古风流，演不尽万种风情，观众朋友接下来我们要欣赏到的这个节目啊是歌曲串烧，为我们演唱的这四位啊全部来自宝岛台湾，他们的这个零时组合叫“纵贯线乐队”，没错，他们可以说真的是纵贯了流行歌坛20多年的时间，有太多的关于音乐的美好记忆留给我们，有欢乐，有感动，有一段又一段成长的日子。来，让我们掌声欢迎罗大佑、周华健、李宗盛、张震岳。(单档主持)

周涛：哎呀，一股老歌让我们感觉到了这样的亲切，真的一路走来我们总是有歌声相伴，在歌声当中渡过了多少美好的岁月，又留下了多少难忘的记忆。

白岩松：是啊，过去的一年已经开始慢慢的远去，但是正是这一年把我们所有人的心拉得更近了，就像刚才听完这几个精品的中年老男人唱的这些老歌之后，一下子就把我们带回到了原来的时光，你看，好歌就是生命当中最好的生命坐标，提醒我们拥有一起走过的日子。

周涛：好，接下来再来让我们听一组老歌，请欣赏金色回响。

(结束语)

朱军：一元复始，金牛贺岁报春来！

董卿：万象更新，紫气满堂迎锐志！

白岩松：这一刻，普天同庆，家家福临门！

周涛：这一刻，大地回春，处处春光美！

张泽群：这一刻，我们要祝福我们伟大的祖国，在新的一年里，政通人和，国泰民安！

朱迅：此刻，让我们共同祝福在新的一年中，风调雨顺，五谷丰登！

朱军：亲爱的朋友们，在欢声笑语中，2009年春节联欢晚会就要和您说再见了。

董卿：难忘今宵，难忘这团圆的时刻。

白岩松：在鞭炮声声中，我们又迎来了新的一年。但是让我们在歌声中再度出发，去收获我们新的耕耘。

周涛：让我们在歌声中祝愿，祝愿每一位朋友——和谐美满！

合：牛年大吉！

【例稿二】 圣诞晚会主持词

A：敬爱的父老长辈：

B：亲爱的弟兄姐妹：

A：各位来宾：

B：各位朋友：

AB：大家圣诞节快乐！

A：年年庆圣诞，

B：岁岁贺降生。

A：时间的车轮随着耶稣的降生，在一圈一圈的前进，

B：岁月的足迹随着基督的降生，一年一年的在增加。

A：回想两千多年前，神子道成肉身，结束了一个陈旧的时代。

B：圣婴耶稣基督的降生开辟了一个崭新的纪元。

A：昔日，一位婴孩躺卧在客店马槽中，今朝，他竟成为人类历史分水岭。

B：昔日，耶稣基督道成肉身来到人类中间，今朝，普天同庆举世纪念圣婴降生。

A：他的一生是贫穷的，甚至没有枕首之处；

B：他的一生是卑微的，甘心乐意来服侍人；

A：他的一生是平凡的，成长在小城拿撒勒；

B：但他的一生又是伟大的，钉死在十字架上，成就了宏伟的救恩。

A：这救恩就是救人脱离罪恶，免去永死。

B：这救恩就是引人步入光明，进入永生。

A：这救恩就是让人充满盼望，迎接未来。

B：这救恩就是使人一生喜乐，拥有平安。

A：此时此刻，我们的心澎湃激昂，让我们一起敞开心扉，接受这份美好的救恩吧！

B：此时此刻，我们的心欢喜快乐，让我们伸展双臂，尽情的欢呼与赞美吧！

AB：在这特别的日子里，在这满溢祝福的夜晚，让我们带着美丽的心情，伴着美好的节目，一起度过平安祥和的圣诞夜。

AB：下面2009年平安夜晚会现在开始

B：听啊！铃声响起来了。他们已经迫不及待了。

A：看（手势），他们来了…（电脑播出铃声）

（儿童舞蹈《铃儿响叮当》）

B：多么可爱的一群孩子啊！他们用最可爱最美好的舞蹈表达他们对救赎主的感谢与赞美。

A：说到赞美，这正是天使们正在关心的话题。

B：怎么说呢？

A：你瞧，耶稣降生的地方，名叫伯利恒，那是一座安静的小城，那时候没有现在的Inter网，没有电视，也没有现代都市的喧闹声。那是一个安静的

地方。

B：是啊。让我们静下心来，仿佛回到初世纪，回到公元元年，回到耶稣降生的那一天，聆听原古的声音，领受上天来的祝福，下面让我们用一分钟的时间，一起闭上眼睛，举起双手，默默地祈祷与祝福。

A（闭上眼睛，示意默祷，安静数秒后…）主，我们来朝见你，主，我们来赞美你。两千多年前，在小城伯利恒，马利亚的小男婴耶稣，降生在马槽中，虽然没有太多人欢迎这位从天而来的君王，但是听，天使在唱歌，新生王今夜降生……。

（青橄榄诗班献唱《平安夜》）

A：平安夜，圣善夜，是的，这是一个平安的夜晚，一个神圣的夜晚，一个祥和的夜晚。

B：明亮的星光照亮了大地，马槽的婴孩带来了希望，听，是谁在唱歌？

A：听，是谁在赞美？

AB：下面请欣赏合唱《轻轻听我》

（青橄榄诗班　献唱《轻轻听我》）

A：朋友，你听到了吗？耶稣将用喜乐代替你心中的忧愁痛苦，

B：他将用他的话语滋润你干渴的心田，只要你愿意，他可以成为你们最最知心的好朋友，搀拉你走过人生的每一个小站。

A：诗人说，一个人没有朋友，就像生活里没有阳光。

B：山河不足重，重在遇知己。大山江河没有了都算不得什么，但是没有了朋友是不可以的。

A：关于如何交朋友的问题，圣经说，滥交朋友自取败坏，但有一朋友比弟兄更亲密。

请问，这位朋友是谁呢？下面请范弟兄告诉我们吧！

（C下台后）

B：主耶稣真的是我们最知心的朋友，他不仅领我们走过死荫的幽谷，还将生命白白地赐给了我们。

A：在十字架上，耶稣极度痛苦地大声地喊着说："父啊，为什么离弃我？"

B：亲爱的朋友，你知道父上帝为什么离弃耶稣吗？是的，那是因为他的爱，那是因为我们的罪，因为他爱我们每一个人，他愿意为我们钉死在十字架上。

A：如果没有十字架上的牺牲，就没有我们的今天，如果没有十字架上的爱，就没有我们的存在，接下来让我们一同来感受十字架上的爱，请听诗朗诵《十字架上的爱》。

（诗朗诵《十字架上的爱》）

A：因他受的鞭伤，我们得医治；因他受的刑罚，我们得平安。

B：主耶稣为了我们人类的罪甘愿放弃天上的宝座，他愿意为我们舍命。

A：因此，今天我们每一个人，都应当向上帝献上一颗感恩的心，向上帝表示我们对他的爱。

B：下面有几位姐妹要献上他们的赞美，他们要给大家带来一首《哈利路亚·卡农》。

A：我们知道哈利路亚是什么意思吗？哈利路亚是希伯来语，“哈里路”在希伯来语中是“赞美”的意思，“亚”是耶和华的意思，“哈利路亚”就是“你们要赞美耶和华”阿门！

B：好，下面我们掌声有请他们…

（女声小组合唱《哈利路亚·卡农》）

A：赞美是感恩的表现，因为上帝要我们凡事谢恩。

B：赞美是喜乐的表现，因为上帝要我们常常喜乐。

A：赞美是表达对上帝的爱的一种方式。

B：赞美是将荣耀归给我们的上帝。

A：当我们赞美他的美善、公义、慈爱的时候，上帝与我们同在！阿门！（互动）

B. 好，下面的时间到了今天有奖问答的时候了！

[有奖问答小游戏！（3~5）个问题]

A：接游戏发挥！

B：接下来，请听香柏树诗班献唱中年合唱《宣教的中国》

（主讲人直接上）

AB：根据证道内容临场发挥。

A：伟大的诗人“郭沫若”说过一句话，春天没有花，人生没有爱，那还成个什么世界。

B：是的，没有花就没有春天，没有爱就没有温暖，愿主爱浇灌我们。使我们成为有生命力的花朵。

A：下面我们用我们最热烈的掌声有请两位拥有不平凡歌喉的人带给我们一首《生命之花》

A：请问他们唱的好听吗？真的好听吗？（看大家反映）要不要再来一首，要不要？等到明年吧！哎，我前几天给同事发圣诞邀请卡邀请大家平安夜来教堂的时候，他们问我，这平安夜的晚会要不要钱？要不要门票？

B：是啊，去年我在福州参加过一次蔡依林演唱会，门票最少都要两三百，大家知道我们这里为甚么不需要门票呢？

A：这是为什么呢？

B：你们说这是为什么呢？（看观众反映）（问A）

A：曾经看到一个父母关于培养孩子要花多少钱的报道。（自由发挥）父母对我们的爱是无私的，不会和我们计较得失。更何况是我们的父上帝。耶稣为我们的罪舍下独生爱子，他还有什么舍不得给我们的呢？耶稣爱你。耶稣是我们知心的朋友，耶稣是我们的救主，他是我们的君王。

B：上帝爱世人，我们应当感谢上帝赐予我们的生命，我们更应该去珍惜生命。虽然生命中有苦难，但是耶稣会给予我们平安。

A：说到苦难，这让我想到一副对联！

B：哦，是什么对联呢？

A：宝剑锋从磨砺出，梅花香自苦寒来。

B：确实如此，苦难是一笔财富，苦难是一种变相的祝福。

A：耶稣的给予信他的人一种力量，即使遇到苦难，也有平安，因为我们的主都胜过了这一切。

B：是的，主耶稣要借着苦难告诉你他爱你，他要借着苦难使你成为美丽的生命之花！

A：今夜星光灿烂，今天感恩赞美不断，下面让我们在这宁静的夜晚来欣赏这位小小钢琴王子给我们带来的一首动听的音乐吧！好，我们掌声有请！

B：谢谢，谢谢高臻圣小朋友的精彩演奏，美妙纯净的旋律引领我们靠近耶稣，走进耶稣的怀抱。

A：耶稣曾经为我们罪无缘无故的死去。但是可喜可贺的是，三天后他又复活了！

B：他还应许我们他还要再来，接我们到父那里去，这是多么美好的承诺啊！

A：这承诺也是对我们在座的每一位所说的，让我们相信这美好的应许。

好，下面又到了我们有奖问答的时间！请看大屏幕！

A：下面这首歌是1970年作者被圣灵感动，写了这首歌，他深信前程难测，但因主活着，不用惧怕，生命充满了希望。

B：是的，因他活着，因为我们的主给了我们盼望，所以我们活着。

合：因他活着，为你的缘故活着！请欣赏诗班献唱《因他活着》。

（合唱《因他活着》）

A：耶稣基督是又真又活的救主，他掌管着我们每个人的昨天、今天、明天。

B：因他活着，我们不再惧怕。因他活着，我们的生命因此充满了价值。

A：主为生命，是真理道路的生命。

B：人得生命，就必行生命的道路。

A：而我们怎样能行生命的道路呢？这道路带给我们什么呢？

B：耶稣告诉我们："我们行道路，明白真理就会得生命，得到永远的生命。"

A：所以当我们真正认识了耶稣，我们就真正的明真理，得生命，行道路了。

AB：因为耶稣就是道路、真理与生命。请听《道路、真理与生命》。

A：多么动人的夜晚。

B：多么难忘的时光。

A：相聚的时刻总是这样的短暂而飞快。

B：在晚间这么短的几个小时里，一年一度的圣诞晚会就要闭幕了。

A：亲爱的来宾朋友，弟兄姐妹，我们在此特别提醒您，不要忘记今夜的欢声笑语，不要忘记今夜的美好回忆。

B：更不要忘记这位从古至今一直爱你，赐你喜乐平安的主耶稣基督！因为他是你最知心的朋友！

AB：愿上帝赐福予你！

下面请领到决志卡的留下来，我们工作人员将把礼物发到你们手中，另外有问题的还可以留下来与我们一起讨论，我们欢迎你的加入！谢谢！

【例稿三】　长丰县2010年迎新春团拜会主持词

甲：虎跃龙腾、风调雨顺千业旺；

乙：莺歌燕舞、春临盛世万民欢。

甲：各位领导、各位来宾、大家——

合：上午好！

甲：2010新年钟声尚在耳边回响。

乙：虎年新春又虎虎生风的向我们走来。

甲：在这新春佳节即将来临之际，

乙：请允许我们代表全县人民，向莅临会场的各级领导、各位来宾、提前拜年！

甲：刚刚过去的一年，长丰人民在中共长丰县委的正确领导下，高举建设中国特色社会主义伟大旗帜，坚持以邓小平理论和"三个代表"重要思想为指导，深入学习实践科学发展观，紧紧围绕"三年倍增、跻身十强、全面达小康"奋斗目标，提前完成各项工作任务。

乙：我县主要指标跃上了新的平台，地区生产总值突破100亿；财政收入突破10个亿；全部工业总产值突破200亿。

甲：这一连串闪光的数字，浸透着各级领导的汗水。

乙：这一连串闪光的数字，闪烁着各级领导无私的奉献。

甲：在此，我们代表全县人民，向各位领导道一声：

合：你们辛苦了，谢——谢。

甲：让我们用舞蹈绘就一幅流动的图画。

乙：让我们用旋律筑就一瓣馨人的心香。

合：献给您——莅临现场的各级领导和朋友们！

甲：哎，李学林啊，不知道前两天中央电视台放的乡村大世界你看了没有。

乙：我当然看了，相信在座的所有人都看了，因为那代表的不仅仅是我们长丰的草莓。更是我们长丰经济的腾飞。

甲：没错。我们草莓艺术团更是不负众望，我们选送的节目更是把全场的气氛升到了高潮。

乙：恩，现场我是没去成，但是今天呢我可以在现场一睹我们美丽姑娘们的风采了。下面就让我们掌声有请舞蹈演员们为我们带来的《草莓更甜了》。

甲：谢谢姑娘们带给我们的精彩表演，如今我们的生活越来越红火了。在中共长丰县委的带领下我们已经奔向了小康社会。下面请欣赏歌手吴林为我们带来的歌曲《好日子》。

乙：黄梅戏可以说是我们中国的文化瑰宝，更是我们安徽人的骄傲，黄梅戏唱腔委婉清新，让人久久回味。下面请欣赏黄梅戏《到底人间欢乐多》有请王礼霞。

甲：感谢王礼霞为我们带来这么好听的黄梅戏，她的唱腔打动了我，接下来请欣赏我团的青年歌手尚杰，带来大家的歌曲《精忠报国》。有请。

乙：谢谢长丰刘德华尚杰。今天我是开了眼了。听了一次刘德华版的《精忠报国》。开个小小的玩笑，俗话说好，不说不笑不热闹。快过年了，我祝大家在新的一年里一年四季交好运。东南西北发大财。下面请欣赏歌手王沸为我们带来的歌曲《为了谁》。

甲：谢谢王沸。青春是唯美的季节，美，恰似开屏雀舞，而我们的青春别样的多彩多姿，下面，请欣赏舞蹈《碧波孔雀》。

乙：看完了刚才的舞蹈大家是不是有一种意犹未尽的感觉呢。我们今天的节目可以说是精彩纷呈。接下来请欣赏歌手陈明海带给大家的歌曲《你》。有请。

甲：红旗飘飘，嘹亮的歌声唤起了慷慨报国的凌云壮志。红旗飘飘，飘扬着我们的光荣和自豪，飘扬着我们的梦想和未来。下面请欣赏歌手王海滨为大家带来的《红旗飘飘》。

甲：各位领导、各位来宾，2010 年是我县实现“三年倍增、跻身十强”目标的关键一年，县委八届十次全会的召开为我们理清了思路、增强信心。

乙：我们使命光荣，我们任重道远。

甲：让我们高举中国特色社会主义伟大旗帜。

乙：更加紧密地团结在以胡锦涛为总书记的党中央周围。

甲：以邓小平理论和“三个代表”重要思想为指导，深入落实科学发展观。

乙：在中共长丰县委的坚强领导下，满怀信心、团结拼搏、锐意进取。

甲：为实现长丰经济社会又好又快发展，

合：努力奋斗。

【例稿四】　酒吧主持开场引言

清晨的阳光迎来了光辉灿烂、生机勃勃的白天，晚间的暮色送来了欢歌笑语、精神饱满的贵宾，美妙的音符，拉开了群芳斗艳、歌舞升平的帷幕，夜总会带来了妙趣横生、风情万种的狂欢之夜，朋友们，来宾们，各位晚上好。我是主持人聂丽，非常希望各位参与指导与我共同主持今晚的节目，同时也非常希望各位在这里度过一个温馨浪漫的夜晚。

有缘千里来相亲，有钱千金度良宵，千里相逢皆朋友，千金难买是友情，各位老板，老大，老先生，老太太，小老先生，小老太太，各位大哥大姐，大款，大哥大，大姐大，既然大家有缘相聚在一起，那么大家就是朋友，同时作为今晚的司仪，我非常希望能成为各位的好朋友，也非常感谢对我一如既往的关心、支持与厚爱。

好朋友们是非常了解我的，我最希望的就是在我为各位表演节目的时候，能得到你金子般的掌声，当然，如果有鲜花和经济的赞助，我也可能会接受，这个时刻我仿佛看到了有鲜花向我招手，人民币正在向我投怀送抱，愿美丽的鲜花化做倾盆大雨洒向舞台，愿闪亮的人民币化做春风一般吹到我的身旁。愿美金化做一道道彩虹般，架起一座通向你我他的友谊桥梁。

今晚应该说是花好月圆，百花云集，宾客满堂，来宾们是一对对，一双双，一排排，小姐们是喜笑颜开，风采照人。先生们是风流倜傥，潇洒气派，今天晚上我们的艺员，将以他们挥洒自如，婀娜多姿的舞姿及他们激情满怀，人靓歌甜的表演带给你最难忘的时刻……

【例稿五】　劲爆之夜——蓝天演艺广场

（开场舞）

童辉：我一直这么说，在这个大地上，没有最好的演员，只有最好的观众。刚才您热情的掌声是送给台上的演员，再来一次掌声，送给自己好吗？

谢谢大家，我要祝所有鼓掌的朋友今年都能够发财五千多万！同时，也祝没鼓掌的朋友们今年也发财，发五十块钱…自己看着办。

每天晚上站在这个时尚的舞台上，都要怀着一颗感恩的心，感谢每一位亲爱的哥哥和姐姐，在武汉众多娱乐场所当中，选择回到××娱乐场所做客，无论您是来自全国各地的观众，还是来自武汉市的朋友，建议大家来到这里，继续保持您最好的状态，希望您不要有任何的拘束，因为您是我们演员的上帝，我们心中的衣食父母。接下来一起营造一种快乐晚会的氛围，我喊一、二、三，麻烦所有的朋友，用您热情的掌声尖叫声和呐喊声再次给我们打打气加加油，好吗？一、二、三。谢谢大家！

秋天是一个收获的季节，在这里自我介绍一下，我是你们的老朋友，××的节目主持人，我的名字叫童辉，今晚很高兴见到各位，很不幸，各位又见到了我。

其实本人长的并不伟大，但是，至少也不渺小，您往我这看，浑身上下从头到脚，除了眼睛鼻子嘴巴耳朵都比较小之外，剩下的部位都挺大。谁要不服，马上到厕所比试一下。

今天来的观众很多，其中有商业的巨子、企业的巨头、金融的老大、社会的名流、赌场的精英，还有情场的杀手，还有很多活泼可爱的小朋友，还有几位老当益壮非常帅气的夕阳无限好老牛吃嫩草的小老头…

人生短短几十年奉劝大家，该吃吃该喝喝，遇事别往心里搁，洗洗澡泡泡脚，舒服一秒是一秒！同意的请鼓掌！鼓掌鼓得越响，证明大家越开心，小手拍拍桌子的声音有吗？敲得越快，证明大家越快乐。使劲敲，您把我们的桌子敲坏了，今天都不用您赔。

经常来这边活动的观众，可以严防衰老提神醒脑，滋阴壮阳美容美发。经常来这边活动的朋友，还可以主治腰间盘突出，脚气，痔疮和前列腺肥大…那是不可能的。

说归说，笑归笑，不说不笑不热闹。言归正传，请出我的新搭档，美丽的××小姐登台为您表演，来们掌声支持一下，谢谢！

（脱口秀）

童辉：谢谢大家。接下来，是第一天来到××剧院的一位嘉宾演员，用掌声有请美丽的××姐，登台为您表演。掌声刺激一下，OK！

（搞笑歌舞）

童辉：谢谢××。掌声欢送一下××，接下来换一种风格。带来的是一段生活当中的小品，这个小品很感人，小品的名字叫《我想有个家》。送给在座所有已经成家的男人们，希望你们能够喜欢。谢谢。

（小品《我想有个家》）

演员甲：唉，演完啦，演完啦。

童辉：好不容易逮到个机会，让我多抱会。

演员甲：要抱，你也应该抱我，我是你老婆。

童辉：我觉得抱她比抱你舒服些呢。

童辉：掌声鼓励。这次是真的演完了，谢谢大家。吸毒容易让人犯罪，赌博容易让幸福家庭支离破碎，喝酒也容易伤胃，我认为，只有来××剧院，看一下反映生活的节目，这样才能找到生活的滋味。大家说对不对。谢谢大家。

（歌曲）

童辉：掌声欢送一下，谢谢。回到继续的演出当中，为您带来的是风情万种的小斌斌小姐为您带来这段时尚的节目，来，掌声有请。谢谢。

（歌曲）

童辉：掌声支持一下斌斌，谢谢。这时一个非常时尚动感的节目，斌斌是一个非常时尚的美女。

斌斌：哈喽，辉哥你好。

童辉：请允许我隆重的为您介绍我们的斌斌，斌斌具有天使般的长相和魔鬼般的身材。为什么叫小斌斌呢，因为前面还有一个姐姐，叫大冰冰。来到我们这里，觉得我们武汉的观众热不热情？

斌斌：非常非常的热情。

童辉：既然热情，我们这是一个互动的舞台，邀请一位帅哥勇敢的参与到她的表演当中，有没有自告奋勇愿意上台来合作一下的？哪位愿意？我们上前台来邀请一下。这位先生你好，哟，手都出汗了。

（观众和斌斌握手）

童辉：要不拥抱一下？身高不是距离，年龄不是问题，你的小脑袋正好贴在斌斌的关键部位啊。那这位先生上来了怎么和你配合一下呢？

斌斌：非常简单，接下来这是一首情歌。

童辉：（问观众）你知道什么叫“情歌”吗？情歌就是发情的歌。开始吧。

斌斌：OK，那先生请坐。

（情歌）

童辉：鼓掌。亲一下，亲一下不会怀孕的。掌声鼓励，谢谢我们的观众。接下来把动感时尚的舞蹈送给大家。有歌有舞才叫歌舞升平。此时此刻用您最好的感觉，保持您看节目的状态，再一次让斌斌用另外一种形象出现在您的面前。

（时尚舞蹈）

童辉：不看不知道，艺术真奇妙，我们斌斌的格言是“走自己的路，让别人走投无路”，她的座右铭是“微笑的去面对人生，微笑的去面对生活。”感觉这段表演还不错的话，掌声支持一下。接下来又到了我们的汉派小品的放送时间，希望朋友们再次用掌声有请武汉著名的笑星××老师主演的小品——《钉子》送给大家欣赏。谢谢。

（小品）

童辉：一段小品过后，我希望大家可以用5秒钟的时间转换一下，调整你的心态，把你的频道继续转回到晚会的正常流程中来。一起来欣赏《梦里水乡》，来支持一下好吗？谢谢各位。

（器乐演奏琵琶）

童辉：朋友们用掌声欢迎××老师的到来。××老师，冒昧的问您一下，您是第一次来我们这吧？

××：是的，第一次。

童辉：感谢××老师，把她的第一次献给了在座的观众。谢谢大家。呵呵，开个玩笑，是第一次来我们××剧院演出是吧？

××：是的。

童辉：用句通俗的话来说，就是我们××剧院刚到的新货。来点掌声满足下她的虚荣心。谢谢大家给××老师的掌声，请××老师用自己的方式，给大家打个招呼。

（琵琶独奏）

（童辉翻跟头出场）

童辉：搞得好不好？搞得太好了。接下来，带给大家一个反映生活的音乐舞台剧，《亲爱的不要离开我》，掌声有请。

（舞台剧）

童辉：掌声欢送这对狗男女下台，谢谢。

（民歌）

童辉：掌声鼓励，民歌是盛开在中国艺术中的奇葩，××毕业于中央音乐学院并且是××老师的关门弟子。掌声感谢。

音乐响起来，接下来进入本剧院的摇滚时间，各位朋友们，你们想快乐吗？亲爱的朋友们，你们想释放自己的心情吗？亲爱的朋友们，您想把你的忧愁烦恼全部抛在脑后吗？这个时间你可以拿出你饱满的情绪，拿出您的感觉，拿出你的小手拍，拿起你的武器，用掌声有请摇滚王子，××，come on。

（摇滚歌曲）

童辉：掌声欢送，接下来请您继续收看由本人主持的大型娱乐舞台节目，“超级比一比”。

（互动娱乐节目）

童辉：掌声欢送我们的热心观众。你们都是最棒的，你们都是冠军。这是一个和观众一起交流的节目，接下来呢，还有更精彩的互动节目。用掌声有请来自东北的二人转表演。

（二人转表演）

童辉：所有的节目到这里就全部结束了，感谢剧务组的朋友，最要感谢的是现场的热心观众。晚会结束请您带好您的贵重物品，有秩序的离开现场。欢迎您的再次光临！再见！

【例稿六】　天翔手机旗舰店登陆合肥一周年店庆

现场，亲爱的爷爷奶奶，叔叔阿姨，哥哥姐姐，弟弟妹妹们，大家上午好。今天是2009年10月1日，是咱们伟大祖国的诞辰之日，同时也是咱们天翔手机旗舰店登陆合肥一周年店庆，今天是一个举国欢腾地日子，我们在这里共同欢度祖国60周年华诞，同时也为了答谢广大消费者对我们天翔公司的厚爱，将进行天翔新产品促销活动。在这短短的一年时间里天翔有限公司在社会各界朋友的大力支持和关怀下新产品不断推到市场，得到了广大消费者的认可和信赖。今天公司董事会决定在合肥市拿出100万元的新产品免费赠送和回报消费者，凡今天参加我们活动的所有朋友均有礼物赠送。欢迎大家参与活动。在此特别代表我公司感谢各位的光临，希望大家在以后的日子里继续支持我们，同时我们将以最优秀的服务回报广大消费者和合肥市民，向广大消费者和合肥市民提供一个好的休闲娱乐场所。谢谢大家。首先我给大家介绍一下本次新产品赠送活动的相关细则，我们的活动呢，一共是有四天的时间，从今天，也就是十月一号开始，到十月四号结束，凡是在在活动截止之日前，在我们天翔旗舰店里面购买任何一样产品，只要超过或者达到1000元的，便可以获得到前台抽奖的机会，而幸运儿将有机会获得天翔任何您指定的手机一款，但没有获得这项大奖的朋友们呢，也不要沮丧，你们还是会获得天翔公司最新推出的一款时尚音乐手机一部，所以说，如此诱人的奖项。朋友们，还等什么，赶快一起来参加到我们的活动中来吧，除此以外呢，在这几天的活动现场呢，我们不但会不断送上好听好看的文艺节目让你尽饱眼福和耳福，同时我们还会有好玩的游戏，超值的奖励让你high翻全场，好了，说了这么多，我看场下的观众已经有点开始着急了，首先我们有请一群可爱的姑娘为我们带来一段好看的舞蹈【掀起你的盖头来】来宾请掌声鼓励。

感谢这群美丽的姑娘为我们带来的美丽舞蹈，感谢，也请小心，赶快穿上衣服，预防感冒，小心甲流啊，呵呵，开个玩笑，好，现场的朋友们，这里正在举行的是2009天翔手机旗舰店登陆合肥一周年店庆的活动现场，在这还要提醒一下朋友们，在十月一号至十月四号的活动现场，只要参与到我们天翔新产品促销活动中来，就有机会赢取天翔有限公司任何您指定的手机一款或是天翔最新推出的一款时尚音乐手机一部，机会难得，希望大家抓紧时间，不要再犹豫了，不要让如此丰厚的大奖从你的身边溜走了，活动的详细信息，请大家咨询下店中的工作人员。接下来，是该我们送礼的时间了，当然，我们的礼物也不是白送的，是需要我们场下的朋友们参加到我们的互动游戏中来赢取的，有哪位朋友愿意上来？好，这么多朋友，我来看看，这位，这位，还有这位……朋友们参与我们活动的热情真的十分高涨啊，好，感谢，感谢，我们的这轮游戏暂且需要十名朋友，那几位朋友，你们也不要着急，只要你们始终在台下支持，在下一轮游戏我保证让您上来参加，好吗？感谢您的热情，那现在台上的朋友们请你们排成一个横列，来，对面向观众，【一个个介绍上台观众，并从中调侃】下面我要来的这个小游戏呢，很简单，名叫反命令，意思就是说呢，过会儿，我喊出来的所有口令你们都得做相反的事情，比如说，我说大西瓜，您就得这样【模仿状】，做小西瓜的样子，我说小西瓜，您就得这样【模仿状】，做大西瓜的样子，到最后呢，我还会加大游戏的难度，比如大小大西瓜，小小大西瓜，你就得做出相应的手势，我们的游戏呢是淘汰制，只有坚持到最后的朋友才可以获得我们今天送出的第一份大奖，我们也请场下朋友们也一起参加进来，一起来监督他们，看谁最先错，好吗。接下来，我宣布游戏正式开始，哎，大家先往后退一步，好，全部错了，我刚刚说了啊，游戏已经开始啦，我说的命令，你们都要反着做啊，哈哈，精神不集中集体出错了啊，好，那我们游戏继续……【此处省略】最后的赢家就是我们这位朋友，他的奖品就是天翔任何指定的手机一款，这位朋友你想得到的是哪款手机呢？哇，果然是行家，狮子大开口啊，张口就要最新的这款手机，不过没有关系，我们天翔公司会满足你的要求的，那接下来你要的这部手机是自己用吗，哦？不是，那是给谁啊，哦，给自己的女朋友啊，真是一个有情有义的好男孩，拿到好东西第一个想到的就是他的女朋友啊，女朋友今天在现场吗，这位是吧，哎，那位美女，一定要好好珍惜的这个男孩哦，很不错哦，好，再次感谢您的参与，您现在可以去后台领取属于你的那款手机了，玩完游戏，下面我们有请我们年轻的模仿秀歌手翔仔，说起翔仔，我真的很佩服他，他的声音几乎可以模仿任何歌手，听他唱歌那可以说是相当过瘾啊，不仅可以听到什么刘德华啊、周华健啊、张学友啊、周杰伦啊，他甚至还可以模仿女声呢，台下有的朋友不太信哦，好，话不多说，朋友们，耳听为实，下面我们有请翔仔闪亮登场……

呵呵，刚才上台时看见台下的朋友们下巴都掉了一地哦，那位朋友也赶紧请把你的下巴收起来吧，大家说翔仔模仿的像不像……那翔仔唱的好听不好听，呵呵，看来大家对翔仔的确佩服的是五体投地了啊，那下面，我们再次有请翔仔上台前来，大家掌声在哪里……翔仔，大家对你这随意变换的唱腔是十分的好奇，我也是十分的想了解……那说了这么多，我们还是请现场一位观众上来，像咱们翔仔老师拜个师学个艺，也现场来段模仿秀吧，有哪位朋友愿意上来？

好就这位先生，请你上台前来，一看您就有这范儿，找您准没错，来，还是请翔仔给大家说说，咱先模仿谁，好，那就先模仿刘欢老师，那我们应该抓住刘欢老师唱歌的哪些细节呢【此处省略】。台下的掌声足以证明这位先生唱的是相当不错啊，翔仔你觉得这位先生有模仿的潜质吗？哎呀，那说明我的眼光真毒啊，我挑的人准没错，感谢这位朋友，感谢您这么热情的参加我们的活动，来，给您一个小纪念品，希望您能继续参加我们的活动，好吗，谢谢。下面又是咱们送礼物的环节啦，哪位观众愿意上台来，哪位，好好，大家不要急，慢慢来，大家都有机会的，我们合肥市民真的是非常热情啊，好，我们公平起见，就请刚才那几位没有上来的几位朋友上台吧，看我们这几位朋友们太热情了，一直都待在活动的现场，都等到现在了，有请【介绍观众，并调侃】下面咱们的游戏更简单，学话就是我说什么，您就说什么，只要和我说的话完全吻合，您就过关了，下面我就要出几道绕口令，我会让大家一个一个的跟我学，比如说，第一个‘八百标兵奔北坡’，来跟我念，【此处省略】好，热身已经结束了啊，看来大家的嘴皮子都挺溜的啊，下面我可就要加大难度了啊，听好了‘八了百了标了兵了奔了北了坡。’【此处省略】好，最后的优胜者就是这位先生，请你下台后去后台向工作人员领取天翔手机一部，最后再次感谢您的参与。接下来，大家轻松下，欣赏一段劲爆的街舞表演，有请……

好了，朋友们，两个小时的时间很快就过去了，我们 2009 天翔牌旗舰店登陆合肥一周年四天的店庆活动，今天的活动到这里就要接近尾声了，感谢台下这么多热心的朋友们的支持，那在今天活动现场没有捞着奖品或者没有上台的朋友们大家也不要灰心，因为从今天开始，未来三天，我们天翔牌旗舰店都将在这里同一地点，同一时间继续我们的店庆活动。到时，大家就可以继续来参加我们的活动了。在今天活动的最后呢，我还是给大家接续介绍咱们店庆活动的细则，我们的活动一共是有四天的时间，从今天，也就是十月一号开始，到十月四号结束，凡是在活动截止之日前，在我们天翔旗舰店里面购买任何一样产品，只要超过或者达到 1000 元的，便可以获得到前台抽奖的机会，而幸运儿将有机会获得天翔任何您指定的手机一款，但没有获得这项大奖的朋友们呢，你们还是会有机会获得天翔公司最新推出的一款时尚音乐手机一部，如果是你自己希望换一部更称心如意的手机，那不要犹豫了，赶快参加到我们的活动中来，那如果你自己有部不错的手机，适逢国庆，不如买一部漂亮又实惠的手机去讨好女朋友或者老婆，就像我们刚才那位朋友，何乐而不为呢，如果，你还是个单身，那不如买一个既经济又实惠的手机，孝敬您的父母，当他们在感到寂寞的时候，与在外地工作的你，或平时工作非常忙碌的你，多通通电话，也便让父母与你的心贴的更近。

说了这么多，最后还是非常感谢这么多热情的朋友们来参与到我们的活动中来，谢谢，明天，在这里，这个时间段，希望大家继续来参加我们的活动。感谢大家，再见。

【例稿七】　　中央商场开业 73 周年庆典演出

（1）热场背景音乐

（2）开场音乐

（3）主持人欢迎词，宣布活动主题

尊贵的先生们；高贵的少爷们！贤慧的女士们；漂亮的小姐们！

大家下午好！首先请允许我自我介绍一下，本人姓关，名雨春，是今天的司仪，今天和大家在这里相聚，小生倍感荣幸，不是有这么一句话嘛，前世的五百次回眸才换得今生一次擦肩而过，所以与大家在这里相会，用范伟的一句话来说，真是缘分啊！那好，大家可能也注意到我身后的大幅广告了，哎没错，今天是咱们中央商场开业 73 周年的大喜日子，哎，为庆祝中央商场成立 73 周年，同时答谢广大顾客对本商场的支持与厚爱，咱们商场 4 月 17 日至 5 月 7 日隆重开展“亿元震撼回馈，全场联动感恩”活动，“凡服饰类商品单柜满 98 元送 100 元服饰类电子券+100 元，非服饰类抵用券+满 500 元送超值生日礼包”，购服饰类商品累计满 500 元，再赠 500 元消费券，刷广发、光大、建设银行卡参加抽奖赠礼，而且各经营部门除参加公司统一促销外，都纷纷推出了各具特色的精彩促销，大力度优惠促销，超低价的名品特卖，为广大顾客朋友献上一道丰盛的生日大餐。同时中央商场将为广大顾客奉上今天一下午的文艺演出，期间还有送礼互动游戏，希望大家积极参与互动，把好礼捧回家！好，现在我宣布中央商场开业 73 周年文艺演出现在开始！

① 首先有请全国著名表演艺术家，北影第六名的张景岳为我们带来的一首非常好听的歌曲《爱你就等于爱自己》，掌声有请！不愧是三栖明星，不光唱得好，场上的表现力还很旺盛，大家再次把掌声送给他！

② 商场宣传

下面呢我就要向大家介绍一下南京中央商场了，大家可要仔细听，南京中央商场股份有限公司是全国大型零售骨干企业，现有员工 3000 多人，营业面积 5 万平方米，99 年销售额 11 亿元。公司主营百货零售业、酒楼餐饮、生产资料、房地产、广告等，兼营批发，并享有进出口业务经营权。公司始建于 1936 年，在海内外有较大的影响和较好的信誉。

今天是咱们中央商场开业 73 周年的大喜日子，为庆祝中央商场成立 73 周年，答谢广大消费者的支持与厚爱，商场 4 月 17 日至 5 月 7 日隆重开展“亿元震撼回馈，全场联动感恩”活动，“凡服饰类商品单柜满 98 元送 100 元服饰类电子券+100 元，非服饰类抵用券+满 500 元送超值生日礼包”购服饰类商品累计满500元，再赠500元消费券，刷广发、光大、建设银行卡参加抽奖赠礼，而且各经营部门除参加公司统一促销外，都纷纷推出了各具特色的精彩促销，大力度优惠促销，超低价的名品特卖。

③ 送礼互动游戏

好的接下来就到了我们送礼互动游戏的时间，现在有哪位顾客想拿奖的？5男5女

我来宣布一下本轮游戏的规则，这个游戏的名字叫穿越最低位！

一根绳子，看谁从下面穿过的时候，绳位最低！谁就获胜！本环节的奖品是大家非常想要的礼品哦！

④ 稍事放松我们来欣赏一下世界名模为我们带来的时装秀！

首先您看到得是传统的模特秀，我们“××”品牌服饰创立于1938年，其中包括男女休闲装、运动装、童装、老人装、泳装等等，是享誉国内外的国际知名服装品牌。

现在您看的到时情侣装展示，在我们“××”服装城有为您量身打造的情侣装，如果你们是一对情侣，只要穿上它，会让你们的情更深爱更浓；如果你们还不是一对恋人，只要穿上它，你们会发现原来他/她就是自己的另一半，“××”牌情侣装，成功恋人的拥有。

现在您看到的是特殊服装展示，不论你高矮胖瘦，老人还是小孩，在我们“××”服装城都能买到适合您的服装。

“××”服装城有各式各样的奇装异服，这里有您想不到，没有见过的服饰。

接下来有请我们“××”集团御用男模——李强为大家展示单身男人装，从他的步伐中可以看到他是一个成功的男性，从他的身形看可以看到他是一个健壮的男人，从他的笑容中可以透露出一股前所未有的自信。

⑤ 问答：刚刚我们介绍过了南京中央商场的一些信息！

接下来这个环节就是现场问答的时间了！

中央商场股份有限公司始建于哪一年？

今天是开业多少周年？

今天活动的主题是什么？

⑥ 在今天活动的现场，我们有幸有请到了世界当红歌星曹涛。

大家可能非常清楚曹涛跟张景岳先生一样都是天王级别的巨星，对于很多歌迷来说今天是与这两位歌星亲密接触的最好时机！那闲言少叙，接下来我们来欣赏由著名歌星曹涛给我们带来的他新专辑的主打歌。

⑦ 又到我们游戏的时间了听完巨星的演唱，那我们又将进入游戏互动的环节！

这一轮游戏的名字叫：听指挥！规则是：选9个人，三个一组，其中两个

蒙上眼睛，喂对方食物，剩下的一个能看的那人指挥这两个互喂食物的人！用时最少的一组，获胜！

⑧ 结束语

快乐的时光总是短暂的，不知不觉就到了我们文艺演出的尾声。

最后在一首好听的歌曲中结束我们今天下午的文艺演出，感谢大家的观看！最后祝您身体健康，万事如意！

第三节　项目操作

【项目一】

项目名称：安徽广播影视职业技术学院××届毕业生文艺汇报演出（或者专业汇报演出）

项目地点：安徽广播影视职业技术学院演播厅

项目时长：120 分钟

项目任务：

任务一：根据搜集的材料，撰写安徽广播影视职业技术学院××届毕业生专业汇报演出策划案。

任务二：根据自己的策划方案，撰写安徽广播影视职业技术学院××届毕业生专业汇报演出主持词。

任务三：根据分组情况，选择或者综合组内成员策划和主持词，并分配角色，完成安徽广播影视职业技术学院××届毕业生专业汇报演出主持、前期准备、现场布置、现场协调、礼仪、音响、节目等工作任务。

项目相关要求：

1. 个人要完成项目一和项目二的所有内容，并上交相关文案。

2. 填写项目考核表，注明项目任务及角色。个人写项目实训报告。

3. 本项目任务三建议全班为项目组完成。组长撰写项目小结。交相关影视资料。

【项目二】

项目名称：大树牌节能空调“庆五一”大卖场文艺演出活动

项目地点：合肥步行街五星电器城

项目时长：40 分钟

项目任务：

任务一：根据搜集的材料，撰写大树牌节能空调“庆五一”大卖场文艺演出活动策划案。

任务二：根据自己的策划方案，撰写大树牌节能空调“庆五一”大卖场文艺演出活动主持词。（限 2 个文艺节目）

任务三：根据分组情况，选择或者综合组内成员策划和主持词，并分配角色，完成大树牌节能空调“庆五一”大卖场文艺演出活动主持、前期准备、现场布置、现场协调、礼仪、音响、节目等工作任务。

项目相关要求：

1. 个人要完成项目一和项目二的所有内容，并上交相关文案。

2. 填写项目考核表，注明项目任务及角色。个人写项目实训报告。

3. 本项目任务三建议 5 ~ 10 人为项目组完成。组长撰写项目小结。交相关影视资料。

第三章　民俗活动主持

第一节　理论概要

民俗，即民间的风俗。它是指由一个国家或民族广大人民群众所创造和传承的生活文化，是历代老百姓相延已久、约定俗成的风俗、礼仪和习惯的总和。

民俗活动是人类群体活动的需要，在特定的民族、时代和地域中不断形成、扩大、演变为民众的日常生活服务。

民俗活动主持是指一些较为大型、人员众多、程序较多的礼仪活动，程序的执行，发号命令，完成活动程序任务。如祭祀活动，婚庆，丧礼，寿礼等。

民俗活动主持特点：(1) 规范性。遵守各种民俗文化特点、习俗特点。要求主持人要懂得民俗文化常识及禁忌。(2) 传承性和变异性。民俗文化已经深入人的思想和行为之中，它受到各种因素的制约，但随着社会进步，它也有一定的变化，受外来文化的影响产生变异，随着人类思想中西结合，不同民族地域文化产生很强的变异。(3) 程序化与民族性。民族之间礼仪不同，自然各种活动的程序和内容也不相同。它的程序环环相扣，不可错乱，民俗习惯不同也决定了主持时按民俗习惯、语言来执行操作。(4) 语境的把握。各种民俗活动其目的各不相同，民俗也展现了人类喜怒哀乐的情绪。在不同内容、不同性质的民俗活动中，它的语言、语境要烘托不同的情绪、情境，以便达到活动目的。

一、婚礼主持

婚礼庆典活动，是指男女双方结为夫妻时的一个重要仪式。它标志着人生步入一个崭新的时期。结婚是每个人一生中的大事，是人生的一个转折点。我国古代的婚礼庆典活动被分为六个阶段，称为“六礼”，即纳彩、问名、纳吉、纳征、请期、迎亲。旧式婚礼庆典活动十分繁琐，现代的婚礼庆典活动越来越简便、新式化。

新式婚礼庆典活动有家庭婚礼庆典活动、集体婚礼庆典活动、旅游结婚等几种。概括来说，它的特点是：

其一，婚礼庆典活动是相恋的男女成为受法律保护的夫妻的一个重要传统仪式。

其二，婚礼庆典活动是亲人朋友对新人庆贺的最直接表达方式。

其三，婚礼庆典活动可以让男女双方认识彼此的亲戚朋友，扩大彼此的亲情范围。

其四，强调热烈和喜庆的气氛。婚礼庆典活动的规模无论大小，举行婚礼庆典活动都要计划周密，有充分的准备工作，而且保证喜庆的气氛和欢乐的场面最为重要。

婚礼司仪是在婚礼上安排主持行礼时间、行礼过程、控制酒席开始时间的工作人员。他必须适时带动全场气氛，并与总招待、总策划密切配合，掌握时间流程。

现在的婚礼在举行隆重的婚礼仪式时，婚礼司仪要用简短的语言营造出欢乐祥和的气氛，要让新人感到幸福和神圣，让数百位来宾共同感染婚礼的热烈情绪。这并非是一件简单的事，所以选择一位优秀的婚礼司仪成为婚礼成功与否的核心。

为了主持好婚礼，婚礼司仪一般要做哪些工作呢?

(1）婚礼前三周与新人见面，策划婚礼节目表，婚礼当天行程安排，新人服饰、用品表以便婚礼在周详准备下顺利进行。

(2）于开席前扮演统筹角色，视察场地、音响布置、座位安排、处理有关临场变故及最后决定，以助婚礼准时及流畅地举行。

(3）当天负责婚宴婚礼总招待的调度，做最后协调，令整个程序更加清晰流畅。

(4）协助新人做最后彩排，以便正式仪式时信心十足。

(5）喜宴开始前安排乐队参加新人迎宾、拍摄程序及其他仪式，令场面更有气氛及秩序。

(6）宣布婚礼正式开始，介绍一对新人和主婚人，致欢迎词及祝福。

(7）协助新人构思演讲词，帮助新人大方得体地倾诉心中情意。

(8）按新人的意愿及要求，设计游戏，歌曲曲目，魔术等，以活跃婚庆气氛。

(9）设计特别效果，如鸣放巨型彩炮，荧光肥皂泡，缤纷气球等等。

每一位新郎新娘都希望婚礼既温馨浪漫，又热烈喜庆。婚礼能否圆满成功，固然与环境，各方面准备等因素有关，但其主要因素之一，就是看有没有一个善于随机应变，口才出众的司仪。

一个好的司仪能使婚礼热闹非凡，不仅能使来宾们在笑声中享受到乐趣，而且能使人们增长知识，得到教益。那么，一名好的司仪应该做到哪些呢？

善于恰当选择话语借题发挥。例如，在酒店举办婚礼，司仪可以这样说："各位来宾，请让我们共同举杯，首先祝新郎新娘结为百年之好；再祝夫妻比翼双飞，互敬互爱，相敬如宾，白头到老。为他们祝福，干杯!"在酒店的婚礼上，司仪的言辞可以与酒关联，气氛适宜。在不设宴的婚礼上，司仪可把香烟和喜糖作为话头："各位来宾，现在新郎新娘正怀着深深的敬意和谢意，把特别的爱献给特别的您，一支烟，会带给您一份真诚的祝福；一块糖，将祝愿您生活美满。"在婚礼进行的过程中，借题发挥的机会很多，只要注意寻找，动脑思考，便可以捕捉到。

语言要幽默风趣，意味深长。幽默风趣，意味深长是司仪语言的主要特色。幽默风趣并不等于无聊，更不等于庸俗地耍贫嘴。所以，司仪的语言要含蓄、文雅、切忌低级粗俗。有口才的司仪都擅长用幽默隽永的语言取代低级、无聊的玩笑，寓教于乐，使婚礼在欢声笑语中充满高尚的情趣。

善于控制场面。婚礼程序复杂，场面较大，难免出现意外。这就要求司仪要善于控制气氛，免得使新娘感到过于尴尬难堪。例如，如果新娘性格比较内向，而一些人由于兴奋，会问一些生僻、直露的问题，致使新娘下不了台，造成现场秩序混乱，这时司仪要善于掌握火候，善于弥补，说话得当，使尴尬变潇洒。这就要求司仪有敏捷的思维，机智的语言。

含义迥然不同的几个词往往发音相同，即使同一个词也可能有着完全相反的意义。语言的这个特点为司仪扫除意外情况带来的不吉利阴影提供了很多转机。利用谐音，随机应变地进行联想和转义，就可以巧妙地把人们忌讳的情况用吉祥欢庆的语言描述出来，把令人尴尬的话语改编成人们受欢迎的祝福。这样就能重新调动欢乐的气氛，冲散人们心中的阴影。

例如：一对新人正在举行婚礼，按照家乡风俗，新婚那天，新郎新娘要入席吃茶用饭，然后再分别到各桌敬酒，新郎和新娘在众人簇拥下入席，各位来宾也分别入席。第一盘盛满喜糖和糕点的金色塑料盘，由一个帮忙的伙计端了上来。可是就在伙计把盘子放在餐桌上的时候，只听"咔嚓"一声脆响，盘子裂成了两半。宾客们听到刺耳的声音，全部的目光都集中了过来。端盘子的伙计慌了神，脱口而出："怎么是个破货?"这句话就像一声惊雷，所有人都真真切切地听到了，气氛一下子紧张了。司仪见此情景，灵机一动，高声说："破旧立新，移风易俗，这为我们带了个好头啊!"听了他的话，全场一片欢腾。打破了装喜糖的盘子本来已经让人感动震惊和不祥，再加上端盘子伙计的一句话，更让当时的情况雪上加霜。可这位机智的司仪抓住这个"破"字做文章，赋予其去旧立新的意义，既激励人们打破陈规陋俗，符合年轻人新婚的场合，又迅速扭转了伙计不合时宜的话语造成的难堪局面，使婚礼得以顺利进行。

婚礼庆典活动营造喜庆的气氛。婚礼庆典活动开场时的即兴演讲，是指婚礼庆典活动的开场白。它的主要功能是宣布婚礼庆典活动开始，将新郎、新娘及来宾引入婚礼庆典活动过程中。主持人通常采用开门见山，即直接宣布“……结婚典礼现在开始”的方式进行。但仅仅如此，还不足以创造出浓郁热烈的婚礼庆典活动气氛。这就需要主持人随机应变、临场发挥，善于运用机智的语言来调动各种情况因素，创造婚礼庆典活动氛围。

即兴主持为婚礼添彩。即兴主持，最能体现婚礼庆典活动主持人主持婚礼庆典活动的技巧性。在婚礼庆典活动进行中，主持人灵活穿插于婚礼庆典活动过程的各个环节之中，同时又适时推进婚礼庆典活动的议程，既有广阔的创造天地，又受到婚礼庆典活动时间的严格限制。主要方法有：

解说式即兴主持法。主持人要以现场介绍、解说的方式插话，进行即兴主持，以活跃婚礼庆典活动气氛，推进婚礼庆典活动议程，创造理想效果。这时，主持人已从自己的角度转换为“解说员”的角色，通过解说来实现婚礼庆典活动主持的功能。

当证婚人宣读结婚证书完毕时，主持人见缝插针解释说：“祝贺你们，（同新郎新娘一一握手）从现在起，你们不仅是合法的夫妻，而且也是公开的合法夫妻。此时此刻，你们一定百感交集激动万分。下面我给你们一个公开的表示爱意的机会，面转向来宾请新郎新娘互相致意。”

这段解说式的即兴话语，都十分自然得体，不仅活跃了气氛，创造了幽默，而且都具有很强的承启性，适时的推进了婚礼庆典活动的进程。

采访式主持法。主持人通过对新郎新娘或来宾进行简短的现场采访的方式来即兴主持。在这种情况下，主持人的角色又转换为记者的角色，通过采访来实现婚礼庆典活动主持的功能。

讲故事式的主持法。主持人可以假借来宾传来纸条即兴插话，推进婚礼庆典活动议程。

婚礼庆典活动进行中即兴主持的方式是灵活多变的，主持人要创造活跃热烈的婚礼庆典活动氛围，就必须善于随机应变，变换“角色”，从婚礼庆典活动的背景材料和情景因素中创造即兴主持方式。这一点是在主持人准备充分的基础上来应变发挥的，否则是难以做到的。

婚礼庆典活动结束时的主持话语，即婚礼庆典活动结束词，是整个婚礼庆典活动主持的有机组成部分，主持人通常采用的方式是以简洁的语言宣布婚礼庆典活动结束，并再次表示美好的祝愿。如果婚礼庆典活动之后还有婚宴，就要在宣布婚礼庆典活动结束的同时，说明新郎新娘的感谢之心，宣布婚宴开始，并请各位来宾入席，尽情畅饮。

创意多些，再多些。介绍新人时，多数婚礼主持人的用词都还停留在形容外表的词汇上，而且不外是新郎英俊潇洒，新娘美丽动人，这难免俗套。其实介绍新人不止于外表，更重要的是要挖掘新人内在的东西，譬如结合他们的职业、爱好、性格、恋爱经历进行一番个性化表述处理，也能更好地实现新人、来宾内心真实的共鸣。

我们还发现许多婚礼主持人的语言表达能力很出色，运用了大量非常好、非常动听的词，但更多的是简单堆砌，没有实际内容。就像一位婚礼主持人能一口气说66个四字祝福语，但除了感觉祝福外，不知道串连在一起还有什么别的更深意义，听的人也感觉很累。

丰富的内容还表现在独特的创意、新颖的形式。在第三届全国婚礼主持人大赛（华东赛区安徽分赛区）暨安徽省首届金牌婚礼司仪电视大赛中，很多选手都设计了交换信物的一幕。如送手表表达要早点回家或是“钻石恒久远，金表永相伴”。可以在婚礼上调好这块新手表的时间，表达幸福的生活从这一刻开始，也可以调准一对情侣表的时间，表示两个生命从此同步，从此同行。其实形式出新的关键在于婚礼主持人要突破模式，用心去想，用心去做。

要分清谁是主角，自然是当天喜结良缘的一对新人，婚礼主持人则要针对不同新人策划不同的婚礼内容和形式，让新人们在婚礼上焕发出最动人的光彩。

可是有些婚礼主持人由于过多地表演自己、表现自己，让新人没有了空间。譬如，新人喝交杯酒、交换信物、夫妻对拜时，婚礼主持人竟然夹在中间滔滔不绝；新人入场时，婚礼主持人为了渲染喜庆热闹的气氛，用了一堆特喜庆的词语。新人耳朵里都充斥着他的声音，脑子里哪里还有空间遐想别的。此时什么都不说试试，如新娘穿着多年梦想般白婚纱、走过红地毯或者戴上结婚戒指，此时耳边适时地响起动人浪漫的音乐，那种甜蜜浪漫的感觉怎能不油然而生呢。

还有的婚礼主持人在婚礼现场缺乏与新人的沟通，就像第三届全国婚礼主持人大赛（华东赛区安徽分赛区）暨安徽省首届金牌婚礼司仪电视大赛中，有的选手7分钟主持时间5分钟让新娘新郎呆立着不动。其实婚礼主持人可以通过手势、眼神与新人们沟通，更应该与新人们实现情感上的沟通。这种情感沟通不是要求新人按你的提问回答“我愿意”或让两人嘴碰嘴，而是要更深地挖掘新人们情感历程中最闪光的故事或经历，通过一些形式让它在婚礼现场表现出来，与来宾们一起分享那段幸福往事的回忆。

注意情感的调度。要想别人感动首先得自己感动，有不少主持人总是片面要求“请来宾们给点掌声”，这会让人厌烦，只有通过情感的调度或是新颖的形式，才能赢得来宾真诚的掌声。在情感调度时要尽量生活化，不要戏剧化，要多提炼生活中真诚的部分。这时候主持人可以讲述发生在自己身上或者自己见过的事例；播放碟片、聆听父母的心里话或者感恩父母的歌曲（诗歌），总之只要是能打动新人的方法都行，都可以。像第三届全国婚礼主持人大赛（华东赛区安徽分赛区）暨安徽省首届金牌婚礼司仪电视大赛中有位选手通过讲述自己结婚时母亲哭了这个小片断，激发出了新人对父母公婆的感情，也打动了在场观众，不由自主地鼓起了掌。

附：婚礼基本流程

一、传统婚礼仪式的流程

1. 迎娶礼

喜车由男方择吉日出发（喜车数取偶数，且最好是6的倍数，接嫁人数也以偶数为佳）每部车均坐偶数人。出发前先编排车队，第一部车为前导车，负责路线及沿途放鞭炮。新娘乘坐的车轿不能编在第四位次。一切安排妥当后，新郎分发红包给接嫁人员，并持一捧花上车出发。此外，应携带的礼品有：礼帖（记载礼品之数目），聘金，喜饼，冰糖，鸡两只，鸭两只，礼烛，戒指、汤圆12粒等。

喜车抵达女方家门口附近时，即放鞭炮。而女家也会起炮以示欢迎。这时女方由一位男亲友为新郎开门，新郎给他一个红包。

呈12版帖，又称丈人帖。对于未来的岳父岳母不能用一般的帖，应由新郎亲自呈上此帖，说明喜宴之地点和时间，并安排礼车接送表示尊重。

新郎由媒人陪同一起进门，接嫁人员将车上礼品交给女方亲友，妨请男方吃汤圆。

新娘用过姊妹桌后，由媒人扶出厅堂。

新郎见到新娘后，交给鲜花，并将新娘头纱盖下，挽着她出大厅。由长辈带领祭拜祖先，新娘行跪拜礼，新郎鞠躬就可以。

吉时到，新娘应由一位年岁高的女长辈护用黑伞送其上车。因为新娘头顶不能见阳光。新娘上车时家人要哭。

新娘上车前，由一名生肖吉祥的男孩持扇给新娘，扇子要放在茶盘上，新娘给红包。

在新娘上车后，女方家长用一碗清水，白米泼向新娘，表示祝愿。

礼车开动后，新娘要把扇子丢出车外，俗称放性地，意味着不将坏性格带到夫家，扔掉扇子后必须哭几声，且新娘不能回头看，并且在礼炮之后盖竹筛，象征繁荣之意。

由女方家前往男方家途中也要一路燃放鞭炮，抵达男方家时则更要燃放表示欢迎。

2. 成婚之礼

抵达新郎家后，男方立即鸣炮欢迎，媒人先进门，唱到："人未到，缘先到，进大厅得人缘。"

由一位男童捧红色盘子，盛着两个苹果或橘子，请新娘出轿子，新娘要摸一下橘子，意思是吉祥甜蜜，是俗称的"拜轿"，然后送红包作为答礼。这两个橘子要放到晚上等到新娘来亲自拨开，可招来长寿。

牵新娘。当新娘走出车时，由一位男方家有福气的长辈持竹筛顶在新娘头顶上，并搀扶新娘走入。注意门槛一定不能踩到，要跨过去。

男方家门口要摆放一个火盆，新人过火来辟邪，也有用踩瓦片来破煞。之后再拜堂。

男方由舅母或族长来主持拜堂仪式。男左女右并立，禀告列祖列宗，并向父母行礼。其次夫妻要对拜三次后才可入洞房。

新郎新娘进洞房后，并坐于铺一件新郎长裤的椅子上，象征夫妻同心协力。另一说法是两个人共同穿一条裤子。

新娘的兄弟一人将2座新娘灯放在床上，唱到"舅子进灯，新人出丁。"

接着双方安排观礼和宴客事宜。

喜宴结束后，新人回房间，男方安排客人休息，并安排车送女方家人回家。

男方安排"食新娘茶"，由新娘端茶逐一敬男方亲属，对方则以食茶"四句联"祝福，并送给新娘红包作为见面礼。

新婚后的第二天，新娘由新郎陪同，向各位直系亲属一一请安问候，并赠送礼品作为见面礼。

从婚后的第二天起，由小姑陪同来熟悉环境，整个婚礼完成！

二、现代婚礼仪式的流程

现代婚礼是从传统婚礼简化而来，同时融入西方婚礼的部分因素，形成了时下最普遍的婚礼模式。以下是最普遍的现代婚礼模式之饭店婚礼的流程。

1. 迎娶

清晨大约5点中，新娘就要起床洗漱，吃完早饭后，等待化妆师化妆。

早上7点，新郎带队来迎接新娘，礼车的数目双数最好，一般新娘的花车要在摄影师的车的后面开，但不可以排在第四。

喜车到达女方家的时间最好9点左右，一旦到达，由女方的一位长辈给新郎车开门，新郎给红包。

新郎手捧鲜花、胸花等送给新娘，由化妆师为新娘别好。然后准备好走出家门，新郎打开车门，请新娘上车，新郎自己从另一侧上车。

礼车到达饭店的时间最好是10点左右，新娘下车后，现场要燃放礼花，然后新娘到休息室休息。此时新娘提前吃午饭因为下午没有时间吃。并及时补妆。

2. 成婚礼

上午 10 点到 11 点，新人双方到酒店门口迎宾。

大约上午 11 点，客人入座。

11 点 10 分，司仪宣布婚礼开始，演奏婚礼进行曲 5 到 10 分钟。

11 点 20 分，司仪发言，请家人入席。

由男女并用引领新娘新浪入席。

11 点 35 分，由证婚人宣读结婚证书。

上午 11 点 40，由新人介绍恋爱经过并交换信物，新人三鞠躬。

征婚人祝贺词并授予结婚证书。

11 点 50 分，双方主婚人率领新人致谢并三鞠躬。

11 点 50 分，退席，奏乐完毕。

12 点，司仪宣布喜宴正式开始。

3. 喜宴礼

12 点 10 分，新娘新郎到休息室换礼服。

12 点半，敬酒，并接受来宾祝福。

下午 2 点到 3 点，婚宴结束后，送宾客。

下午 4 点到达新房。

下午 5 点到 8 点闹洞房。

晚上 9 点，宾客离开，婚礼结束。

三、公证结婚仪式的流程

公证结婚是由婚姻登记部门无偿提供、颁发结婚证书的仪式，有一定的庄严神圣感。一般而言，无须受户籍的限制，但要提前数日在上班时间向公证处公证，流程如下：

结婚宣誓仪式要在专属的宣誓礼堂举行，新人要提早半个小时到，在确定了双方的姓名后，由婚姻登记处的登记员主持，新婚夫妇在规定时间走到宣誓台上。

在主持人的带领下重温中华人民共和国婚姻法的有关规定。

新人不仅要听法律宣传，而且要回答 5 个问题：

你们是自愿结婚的吗？

夫妻双方在家中地位平等，你们可以做到吗？

夫妻双方有互相抚养的权利和义务，你们可以做到吗？

你们可以做到善待老人吗？

夫妻有计划生育的义务，你们可以做的到吗？

宣誓完毕后签字，盖手印，颁发证书。

由新郎向新娘献花接受祝福。

整个颁证大厅以红色为主要基调，由专人拍摄等等。

四、集体婚礼仪式的流程

集体婚礼一般是由政府机关或事业单位主办，是节省又热闹的结婚方式。婚礼的程序和公证结婚大致相通，不仅省去了一笔花费，而其更加热闹。

参加集体婚礼的新人必须准备：一寸照片 2 张，身份证，私章，单身证明和其他证件。到指定地点领取申请表 2 份，等批准后参加集体婚礼。

军人的集体婚礼不同，必须填写结婚登记表、公文到隶属军事单位申请，奏准结婚后才可以结婚。

婚礼当日，新郎必须穿西服，而新娘则要穿白色婚纱，到指定场所集合，并且乘坐统一的花车。时间一到一起走，场面颇为壮观。

举办仪式的地点一般是在城市广场或公告大礼堂。在规定时间内花车一定按时到达。由市长或院长担任主持，一般进行半个小时。

流程如下：

由司仪宣布证婚人入场并开始奏乐。

司仪宣布新人入场。

证婚人发言（主要说政府的情况和祝福的话语）。

新人代表发言。

证婚人宣读并颁发结婚证书。

在司仪的引导下新人给证婚人鞠躬。

新娘和新郎三鞠躬。

在音乐声中结束退场。

五、喜宴的进行程序

1. 中式喜宴的程序

通常有几个环节：

宣布开始：司仪宣布，客人入席。

出场：新人在音乐声中出场，观众欢迎，小朋友撒花瓣。

换装出场：大约每隔三道菜新人悄悄离开，换衣服再次出场，如此三次。

谢客：大约在最后第三道菜时或最后一次出场后，新人与双方家人一一敬酒，这是高潮的部分，新人喝酒必须来者不拒。此时父母最好在旁边观看，以打圆场。

送客：新人在男方家门口送客。

2. 西式喜宴进行程序

程序大同小异，流程大致是切蛋糕，致辞，祝酒，抛花球，戏新人，跳舞，送客。具体情况如下：

婚礼结束后准备摄影。

使者们引导宾客到排列成行，等待新娘新郎拍照结束。

摄影刚结束，就组成接待行列，人员如下：新娘的父母，新郎的父母。

宾客按到达的顺序排成一列，一一与新娘新郎握手。

待最后二位宾客经过接待行列后，新郎和新娘要和他们周旋，但不应占用他们太多时间！

在通往宴会的入口处，在新人后面，一位男士拿着饮料，根据需要选取。

一个小时后，祝酒人说话，要求大家肃静，讲话开始。

新人向父母，宾客分别表示感谢。

男女侍者期间要不停地上食物。

新人开始切蛋糕仪式，新郎的手要放在新娘的手上，帮助他用力切开，宴会承办者取走蛋糕，把他们分为几块，分给宾客。

切蛋糕仪式之后，如果有活动可以安排就安排，如果没有就注意时间的安排。

新郎新娘离席，换上衣服，新娘由伴娘陪同。男宾帮助检查车子，并提行李。

宾客们向主家告别，收拾他们自己的东西离去。

六、教堂婚礼仪式的流程

现在，越来越多的新人选择了教堂婚礼，是因为他们喜欢教堂仪式的庄严和神圣。走在长长的红地毯上，是如今很多新娘的梦想，因此具有浪漫风格的西式教堂婚礼已成为当今最受欢迎的婚礼仪式之一。

一般来说，教堂婚礼的程序大致为：

1. 奏乐

司琴奏乐表示婚礼即将开始，牧师及司仪请观礼亲友就座，准备等待新人进入礼堂。

2. 进入礼堂

司琴演奏结婚进行曲，新郎与伴郎进入礼堂站在圣坛前，随后依序为花童，伴娘；最后新娘由父亲或兄长陪同进入礼堂，观礼的众人会起立。

3. 询问

新娘抵达圣坛前，牧师会询问：是谁送［新娘的名字］出嫁？新娘的父亲回答后，新郎向新娘的父亲行礼，从父亲手中接过新娘。

4. 宣召和祷告

牧师在众人面前宣告新人婚礼开始。宣告婚礼开始，牧师带领众人祷告，祈求上帝赐福今日的婚礼，并表明新郎新娘愿意在神、在人面前共结连理的心愿。

5. 点烛

司琴演奏音乐声中，由伴郎，伴娘或新人的家人或新人自己点燃象征家庭和婚姻的蜡烛。

6. 读经

婚礼中通常会读两三段经文，可由家人、亲戚、朋友或教会会友担任，最后一段经文则由牧师诵读。除了经文之外，诗歌或是与婚姻有关的文章都可以诵读。

7. 证婚

牧师询问新郎新娘是否愿意婚嫁，无论贫困，喜乐，顺境，逆境，两人永远携手同行。新人在誓约之后交换戒指，牧师宣告两人成为夫妻。新郎揭开新娘头纱亲吻新娘，伴郎伴娘协助新人及双方主婚人在结婚证书上用印。证婚完成后，牧师带领众人祷告。

8. 献诗

由教友或朋友组成的唱诗班献唱。

9. 主婚人祝福

双方主婚人致辞祝福新人的婚姻。

10. 谢恩及答礼

新人献花给双方父母，感谢父母养育之恩，接着可以发表结婚感言，感谢有关亲友的参与。

11. 牧师的祝福

牧师带领众人祝福新人，最后念主祷文。

12. 礼成、殿乐

司琴演奏音乐声中，新人步出礼堂。

13. 照相及茶会

新人走出红地毯后，再回到圣坛前与亲友合照，礼堂外可准备简单的茶点供参加者享用。

二、寿礼主持

尊重老人，是我国优良传统。在日常生活，当遇到老人过生日时，家庭都会举办寿庆活动的家宴，尤其是老人的60大寿、70大寿、80大寿等等。祝寿庆祝活动有如下特点：

祝寿庆祝活动是尊敬老人，孝顺长辈的一种方式。老人辛苦了半辈子，吃了不少了苦，全家人为他们庆祝生日，是对他们尊敬的表现，得体的祝寿庆祝活动词，还会给老人带来精神上的满足。

祝寿庆祝活动时，儿女们平时没时间团聚，趁着祝寿庆祝活动之时，各自携儿带女，欢聚一堂，老人看到子孙满堂，势必心花怒放，其乐融融，享受着人世间的天伦之乐。家庭祝寿庆祝活动重在礼仪，不重吃喝，所以在为老人祝寿庆祝活动时，主要是使老人开心，家庭所有成员全部参加。

祝寿庆祝活动是向老人表示祝福的一种方式。平时，年轻人工作繁忙，很难服侍在老人身边，趁祝寿庆祝活动的机会，可以向老人表示自己的祝福。

在为老人祝寿庆祝活动时，要讲究礼仪。祝寿庆祝活动礼仪是指晚辈为祝贺老人延年益寿举办生日时的一种仪式。祝寿庆祝活动是仅对老年人的生日而言的，年轻人只能称为过生日，比如父母给小孩过生日，请亲朋好友吃生日宴，祝愿孩子快快长大，顺利成长。年轻人过生日，主要是召集朋友同学聚在一起，想方设法寻求点快乐，仪式倒是其次。为老人祝寿庆祝活动的礼节仪式比较讲究。

祝寿庆祝活动有多种方式。目前，家庭祝寿庆祝活动比较盛行；在政府机关中，一般对德高望重的艺术家，老教授，科学家等老人也开展祝寿庆祝活动活动。

总之，祝寿庆祝活动是一种特殊的表达对老人尊重祝愿的形式。

祝寿庆祝活动的目的是让过生日的人高兴，愉愉快快的度过自己的生日，因此，对祝寿庆祝活动活动有一定的要求：

要衣着整洁、举止大方、彬彬有礼、多说吉语。在为老人祝寿庆祝活动时多说赞美和吉利的祝寿庆祝活动话语。

应送一些礼品。为了表示祝寿庆祝活动的诚意，宾客一般还要带上祝寿庆祝活动的礼品礼金以正规的方式郑重的交给老人，向老人表示祝贺，在为老人准备礼品时，最好选择实用、有一定价值的东西为好，同时还要同老人的爱好的考虑。

公家祝寿庆祝活动有特定的方式和要求。对于对社会有特殊贡献，或者在事业上有卓越成就的那些人，有关部门常常在他们生日的时候，给他们授奖授勋或以其他方式给他们以殊荣，来表示祝贺。

祝寿庆祝活动是年轻人对老年人尊重的一种表达方式，不少国家保留自己给领导人祝寿庆祝活动的习惯，有的还给领导人和其他知名人士在生日时颁奖授勋，举行宴会。因此，在对外交往中，对外国人，尤其外国领导人的生日，可以发电报或写信，可以送花或送礼品，也可以发贺卡，还可应邀参加他们的祝寿庆祝活动。总之，要看两国关系情况，尊重各国不同的习惯和风俗，来适宜的表达祝贺。

祝寿庆祝活动主持人应了解和熟悉祝寿庆祝活动的程序。

一般来说，祝寿庆祝活动的程序分为：

宣布某人××寿庆仪式开始。

请寿星就位。一般是由儿孙辈中的最小者或儿孙辈中最受寿星钟爱者在旁边搀扶着，坐于寿堂中礼案之前的椅子上。

奏乐，同唱《祝你生日快乐》歌。

寿星的子孙们给寿星献花，行鞠躬礼。

如果来宾中有比较重要的人物，而大家又不太熟悉的话，司仪则向大家进行介绍。如果到场的来宾送来的贺词、贺信、寿联、寿诗等比较多，可以选择其中有代表性者由司仪当场宣读。

主持人简要介绍寿星的经历以及对社会、家庭的贡献，表示对来宾的感谢。

向寿星献祝寿辞，顺序一般是：先是寿星晚辈，后是有关亲戚，最后是无亲戚关系的朋友、同事等。祝寿辞都不长，为了慎重，一般都事先写好。有的地方在祝寿时，晚辈要行三鞠躬礼，其余的可以灵活掌握，可以是一鞠躬。

寿星的晚辈代表答谢讲话。旧时在这种场合，寿星本人不作正式的答谢，这种做法叫做“避寿”，表示自己不愿意有劳大家前来为自己祝寿，以示谦虚。今天也有的寿星致答词，谈些平生感受，并向大家表示谢意。

歌手唱歌，或推荐来宾演唱，至席散。这种方式既传统又现代，比较简便、文明。

有的寿典还安排别的仪式，如寿星点蜡烛、吹蜡烛等。讲话要有分寸。在祝寿庆祝活动宴会上，主持人要针对过生日的人致不同的祝寿词，祝寿词的语言要精练，把握住分寸，最忌用一些华丽的词藻，让人听了感觉别扭。赞美的话不能夸张的过火，讲话要有分寸，尽量口语化，起到锦上添花的作用。

祝寿庆祝活动即使为了让过生日的老人感到高兴，因此主持人的一切方法和技巧都应围绕此进行。一般来说要成功主持好一个寿庆仪式，应注意如下方面：

多说赞美和吉利祝愿的话语。老人年纪大了，多喜欢听一些赞美的话语，在他们生日之际，向他们表示真心的祝愿，希望他们幸福长寿，进一步做出贡献的言辞，会让他们很开心。有的主持人在祝寿庆祝活动仪式上仅仅说；祝您福如东海，寿比南山，但只有这一句是不够的，还应当结合寿星的具体情况，真挚、恰当、热情洋溢的发表祝辞。甚至，祝寿庆祝活动主持人还应撰写生日祝辞。

善于处理意外事件。尽管祝寿庆祝活动现场是讲究喜庆的场合，有时也会出现意外。因此对于主持人来讲要对意外进行成功的化解，就要求主持人要有较强的即兴口语表达的能力、现场应变的能力。

从语言来看，祝寿庆祝活动主持人一般讲究文雅，如果文雅中不失幽默，寓教于乐，使祝寿庆祝活动现场在欢声笑语中充满高尚的情趣，但要避免低级粗俗的语言和无聊的玩笑。

最好是事先写一些祝词。祝寿庆祝活动词的语体形式不完全一样。一般来说，在为自己的领导或是德高望重的长辈祝寿时，祝寿词尽量使用书面语言，文雅而庄重；而在家庭宴会上，祝寿庆祝活动词最好口语化，比较简短，也显的亲切些，主持人在祝寿庆祝活动词中尽量避免说老字。

一般来说，寿礼都是由子女或其他晚辈出面操办完成的。在操办寿礼时要十分注意礼仪。在祝寿的各种场合都是晚辈出面而不是由寿星自己出面，虽然有时很多事情都是由寿星自己决定的。比如请客，都是寿星自己拟定的名单，但不能由寿星自己出面邀请，由晚辈代请。

举行寿礼的时间可以安排不在生日的那一天，时间是可以变动的。但是只能提前不可以拖后，这是因为给老年人祝寿的人时间上统一不过来，所以可以变更时间。如果寿星的身体不太健康，要考虑到身体情况。如果日期可以和寿星一个有意义的日期结合起来，则更加有意义，所以时间可以有所改变。和筹划婚礼相比，寿礼要简单，主要是宴请，布置礼堂和准备寿宴等。

三、葬礼

葬礼，是指人死后由亲人、朋友等为此操办的一种哀悼、纪念的仪式。丧礼，又称“葬礼”。它的特点如下：

气氛悲怆。亲人、朋友去世，人们的心情往往是悲痛难过的，丧礼的气氛是悲伤的。这是丧礼与其他仪式最大的不同。

悼念死者。葬礼是在死者离开人世、归土前人们的最后一次与他“在一起”并且为“他”送行的仪式，是死者家属缅怀亲人、亲朋好友悼念故友的一种方式。

葬礼是对死者生前业绩的追念和总评，也是人类特有的处理死者的一种信仰方式。生有所养，死有所悼。对死者的处理，一直以来被人们看成是一种十分庄严的大事。

安慰死者家属失去亲人的悲哀，是人世间最大的痛苦。葬礼既是对死者的追悼，又是对生者的安慰。

亲戚朋友聚在一起，为死者举办葬礼，希望此时在精神上能给死者家属帮助，而失去亲人的家属，精神上是急需朋友安慰的。

表达人们善意的愿望。听说亲朋好友家遇丧事时，众人主动前去表示关心，前往吊丧，帮助安排葬事事宜，这对死者家属来说，是最大的安慰和帮助，对于其他人而言，是表达自己对他人的关切和良善愿望的机会。如果自己的亲友，师长，长辈去世，知道了也不去奔丧，是很无礼的行为。

葬礼的要求：举行丧葬仪式，是表达人们对逝者的敬意与吊唁，寄托生者对死者的哀思。葬礼主要是丧葬吊唁，追悼会仪式。其中每一个仪式都有一定的要求。

1. 丧葬悼唁仪式的要求

（1）发讣告。人去世后，其家属和治丧机构要尽快发布“讣告”，将逝世的消息尽早通知死者的亲友、同事、事业上的合作者和平素有一定良好关系的人，并说明葬礼将于何时何地举行。“讣告”可以以信函的方式发出（所用信笺、信封，往往带有黑色的边框），也可以用电话、电报传递。如果需要通知社会上广泛的相识者，也可以登报。接到“讣告”的亲友、故人，可以写唁电、发唁电给死者家属，以表示慰问和哀悼。

（2）吊唁。吊唁是治丧活动的重要组成部分。

A. 送花，可以在葬礼举行前，通过葬礼承办人或花店办理。如果讣告上写明“敬辞鲜花”，则应当遵从，不必送花。送花时，应附上写有吊唁字句或“献给××”字样的飘带，并附有赠者的姓名。西方习惯不用纸花。

B. 有送布匹的，一般是白色布匹，并用别针上写有悼词的纸条，纸条上的字是用墨笔写的悼词。

C. 有的人写挽联，诗或文章以纪念死者。

D. 登门吊唁，并帮助家属治丧。不过这要尊重死者家属的意思，如果死者的亲人因哀伤不愿接见亲友，则应为其着想，不登门打扰为好。

E. 瞻仰遗容和向遗体告别。这一般在灵堂进行。灵堂的布置要求庄严肃穆。在大厅入口处上方，悬挂黑底白字的横幅，门边放吊唁簿，并为吊唁准备白花，大厅内正面墙上悬挂死者遗像，镶以黑边或黑纱，上边悬挂黑底白字横幅，以及黑黄两色挽幛。遗体置于遗像下大厅中间（若是骨灰盒，置于遗像下），周围拥以鲜花和常青花木。遗像两侧放置各界人士送的花圈、亲属的花圈置于遗体前（或骨灰盒前）。

F. 追悼会。吊唁后，主持人宣布举行追悼大会。驻外使节，如果遇到驻地国领导人去世举行追悼大会，应遵从驻地国礼宾部门的通知，参加各种吊唁活动，并视情况送花圈，致唁函。对于宗教性的活动，可视情况回避，或参加而不履行某些宗教性的动作如下跪等。驻在国停止娱乐活动期间，也应停止一般交谊活动，并按规定下半旗致哀。

G. 致谢。丧葬仪式过后，死者家属对于曾来信，来电，送花圈，送挽联表示吊唁的单位、团体和个人，应以适当方式致谢。

2. 吊丧的礼仪要求

人们对于亲友的丧事，是非常重视的。对于亲友不幸的关怀、慰问，哀悼死者是人与人之间最起码的一种怀念方式，是与死者家属的崇高感情交流，理应认真对待，注意礼节。

葬礼讲究庄重严肃。它要求主持人具备以下特点：懂得葬礼的礼仪，一个有经验的葬礼主持人首先要懂得葬礼的礼仪，只有这样，才不会在主持葬礼时出现不雅或无知的尴尬之举。讲话要有分寸。参加葬礼的来宾大都是死者的亲朋好友、晚辈、长辈或是单位的上级领导及同事，主持人要针对这些来宾的不同身份讲话，不能混淆，在称呼上也要慎之又慎。一般来说，葬礼主持都是有一定身份的人来担任的。葬礼讲究庄严肃穆的氛围葬礼主持人要对死者生前的功绩给以适当的评价，方显出对死者的敬意和怀念。主持人的身份越高，对于死者的评词才有说服力度。

3. 葬礼的主持技巧

葬礼主持人可不比其他的主持人，在追悼会上要庄重，要真情自然流露，营造一种哀悼亲人或朋友的肃穆气氛。不能虚情假意，装腔作势，因为那不但是对死者的不敬，也会引起其他宾客的反感，受到人们的谴责。要严肃，心情沉重。在葬礼上主持人要自然真诚地表达悲伤，激发人们的悼念之情。为此，主持人应做到以下两点：其一，语速要缓慢、低沉，说话有力但不张扬；其二，表情庄重、肃穆，可以流露出内心深处的悲伤之色。

要精心写好悼词。念追悼词，最好的办法是自己写悼词，这样不至于造成照本宣科、死板地诵读追悼词。追悼词又叫凭吊词，是在追悼会上由一定身份的人宣读的，用以追悼死者生平业绩，向死者表示哀悼的一种演讲文件。悼词的作用是对死者的一生做出评价，勉励人们化悲痛为力量，学习死者的可贵精神和品德，让死者优良的作风激励着人们更好的生活。虽然追悼词不是由主持人念，但是与葬礼的成功与否至关重要，主持人对此应做一些把关。

一般来说，写好追悼词应注意两点：一是追悼词的主要内容。它包括：写明自己怀着何种心情悼念人；介绍死者生前的身份、职务、逝世原因、时间、地点及享年；追述死者的主要生平业绩，做出恰如其分的评价；表达对死者去世的悲痛惋惜的心情，激励生者化悲痛为力量，学习死者的品质和精神，继续前进。

二是写追悼词应注意的问题。鉴于悼词所出现的特殊场合及其悼念死者、激励生者的主要目的，致词者应以沉重而又积极向上的语调来进行表达。主持人在把关时要注意把握好以下几个方面：悼词应对死者的生平有较为全面的掌握，依据详实、具体的资料，这样才能使悼词言之有物；悼词一般不提死者的缺点和错误，如果非提不可，也应尽量使用委婉含蓄的方式，既照顾到死者家属的心情，又使悼词确实起到激励生者的作用；对于与死者关系密切或十分崇敬死者的悼词，如能采用第三人称称呼死者并贯穿全文，将起到感人至深的教育；悼词要抓住能够充分体现死者道德品质的典型事例来发表议论，阐发某些观点或哲理，使生者受到更深的教育；悼词要强调死者未完成的遗志，以激发生者的责任感和上进心；悼词要选择亲身经历的事例加以细致描述，使追悼者对于死者的业绩、人品有更为形象、具体的感受。衣着要庄重，参加葬礼的人多穿黑色西装，夏天可穿白色衬衫。要注意突发事件在葬礼中，由于死者去世，亲人或好友因为悲伤过度可能出现一些意外情况，对此也要早有准备，及时处理防止葬礼受到较大影响。

附：葬礼基本仪式

一、骨灰安放程序

举行这种仪式，一般不通知生前友好，仅限于少量工作人员和死者的家属参加。举行安放仪式时，一般是将骨灰盒放在一米左右的台子上，前面放满鲜花，两侧摆满鲜花，可在桌台上放死者的遗像。仪式中可以播放音乐，可以不播放。

大体的程序是：

1. 主持人宣布：××同志的骨灰安放仪式开始。
2. 主持人宣布：向××同志默哀三分钟。
3. 默哀毕，由一名亲属的主要成员作简短的致辞。
4. 致辞后，由死者的亲属将骨灰盒捧到预定的安放位置。
5. 骨灰安放后，参加人员三鞠躬后，一次退出。

一般情况下，在位死者开过追悼后或举行遗体告别仪式后，不必再举行骨灰安放仪式。如果情况正确，确有必要，一定要从简。如果不开追悼会，也不必举行遗体告别仪式，可以举行小型的安放仪式。

二、追悼会的仪式

参加追悼会的来宾到场后，可以正式开始，其主要的顺序如下：

1. 司仪宣布逝者的追悼会开始。接着宣布委员会名单，宣布前来参加的人的姓名，职务，宣布有哪些人送了花圈。
2. 鸣炮。
3. 向死者遗像致敬，三鞠躬。
4. 向逝者默哀，奏哀乐，默哀完毕。
5. 请某某同志致悼词，或请生前好友代表讲话。
6. 宣读来信。

7. 请死者亲属代表讲话。

8. 向死者遗体告别，由主持人带头，大家跟着从左到右绕一圈，然后向亲人握手安慰。

在召开追悼会时要注意的问题：

1. 灵堂的布置要从简。

2. 鞭炮在灵堂外方，不要引起火灾。

3. 死者生前的好友讲话要短小精悍。

4. 宣读来信时不要每篇都读，可以说明收到的篇数。

5. 亲属代表讲话，也要写出底稿，主要说死者生前的功绩和对领导亲属的关怀表示感谢，并说明要继承遗志，化悲痛为力量，搞好工作和学习，报答厚爱。

三、追认仪式

追认仪式一般是指为保卫国家安全或生命财产的过程中献出生命的人而举行的仪式，它以一般是由政府或者社会团体主办，被追认的人一般是烈士、共产党员，或××光荣称号。

追认仪式一般是在墓地进行，也可以被追认者献身的地方进行，一般的流程如下：

1. 布置会场。会场要悬挂横幅，上面标明仪式名称，悬挂被追认者的遗像，周围布置花圈、鲜花，一般还要在正面设立一个主席台等。

2. 众人鞠躬。

3. 与会人员有关领导宣读追认文件，对被追认者予以追认合适的称号。

4. 介绍事迹。一般由领导介绍被追认者的事迹，号召大家发扬追认者的大无畏精神。

5. 代表说话。一般有邀请相关的代表上台讲话，表明对追认者的致敬和哀思。

6. 家属讲话。一般情况下，也可以请被追认的家属讲话。

7. 慰问家属。与会领导人和家属一一握手，表示慰问。

8. 仪式结束，与会领导人先行退场，其他与会人员后退场。

四、国葬的一般程序

逝世当日，发布布告，介绍生平，同时规定吊丧的时间和火化的日期。

吊唁当日，即为全国致哀日。全国下半旗致哀，停止娱乐和宴请活动。

吊唁时，遗体放置于水晶棺内，遗体上覆盖党旗或国旗，周围是苍松翠柏，棺材两侧礼兵守护，棺材前面放置家属花圈。灵堂内党和国家领导人等赠送的花圈一字排开。前来参加吊唁的身着深色服装，佩戴黑纱白花，缓步前行在遗体前鞠躬或行注目礼。

通知外交人员和社会各界人士。

停泊在国外的轮船在吊唁期间降半旗致哀。

追悼大会在吊唁结束后进行。会场内安放的遗像和遗体，上方悬挂同志永垂不朽黑底白色的横幅，横幅两侧悬挂用黄布扎成花球。遗体前站立家属，遗体四周安放树木，两侧礼兵。党和国家领导人、外国领导人、人民团体等敬献的鲜花按次序排列在会场内，遗体前放置家属敬献的花圈。

追悼大会由党和国家领导人参加，领导人站立在最前。其他参加吊信者在划定的范围内站立，参加者一律佩带黑纱白花，大会由领导人主持，由领导人致辞。追悼大会结束后，党和国家领导人依次向家属表示哀悼，然后遗体由礼兵抬上灵车，由领导人和家属护送前往八宝山火化。

举办国葬时，一般不邀请外国代表来参加，至于在北京的外国驻会使节、外国专家和香港澳门同胞，可以参加活动。为了表示哀掉，外国领导人发来的电话等等，可以全文报道，并统一答谢。

五、传统祭扫先人墓的仪式

对于先人墓的祭扫，一般在清明，中元节或春节举行。传统的祭扫先人墓地，有以下的几项内容：

上香三炷，鞠躬悼念。点燃馨香，摆设一些水果或者先人所喜欢的食品作为贡品。有的还要烧纸钱，行跪拜大礼，现在只需三鞠躬就可以。

整修陵墓，一般是给坟墓培土，并整修和加高。有的还可以植树作为纪念。

第二节 训练材料

【例稿一】

前奏：

尊敬的各位领导，各位来宾，女士们，先生们，大家中午好。欢迎您光临××大酒店，参加×××先生和××小姐的新婚庆典仪式。感谢您在百忙之中，抽出宝贵的时光，来到婚礼现场，带来您真诚的祝福。现场的朋友们，我们的新婚庆典仪式即将开始。让我们来共同见证这段幸福、甜蜜的浪漫时光。在婚礼仪式中举起你高贵吉祥的双手，为两位新人送上您美好的祝福。

开场：

幸福的花儿竞相绽放，比翼的鸟儿展翅翱翔，相爱的人携手前进，共同步入婚礼的殿堂，2009×××先生和××小姐新婚庆典仪式现在开始。朋友们响起你们热烈的掌声好吗？谢谢你们。

正式开始：

尊敬的各位领导，各位来宾，女士们先生们，大家中午好。今天是喜气的日子，是灿烂幸福的时光，请朋友们记住公元××年××月××日，非常高兴和朋友们欢聚在这里，为一对心心相印的恋人主持这场盛大而隆重的婚礼。接下来请允许我代表二位新人及他们的家人对各位来宾的光临表示忠心的感谢和热烈的欢迎。谢谢朋友们，你们的到来将会给我们的婚礼现场带来喜庆的气氛，您的热烈掌声是给一对新人送去的最美好的祝福，好的，朋友们接下来让我们把目光聚焦在美丽的花门下。花门下一对幸福的新人，手挽着手，心连着心，他们在等待，在等待一生中最甜蜜、最幸福的时光。下面的时刻让我们伸出你最热情的双手，有请一对新人闪亮登场。

伴随着庄严而神圣的婚礼进行曲，我们的一对新人正向我们款步走来，朋友们再一次响起你们热烈的掌声好吗，祝福这对新人，祝福他们相亲相爱相伴到永远。我们的新人向朋友们挥挥手表示感谢。谢谢朋友们你们热情的掌声，好的，朋友们，我们的新人已经来到了我们婚礼的殿堂，来到了我们朋友的面前。好了，我们的新人，那今天到场的都是我们的长辈，我们的亲朋好友，他们在百忙之中来参加我们的婚礼真的很不容易，下面让我们以鞠躬的形式向各位来宾的光临表示感谢好吗？来我们的新人面对我们这边的好朋友们，我们拿出真心实意深深地鞠上这一躬。超过90度好吗？来深深地面对所有的朋友们一鞠躬。超过90度。谢谢你们的光临，谢谢你们美好的祝福。

烛光：

好的，亲爱的朋友们，烛光点亮，烛光燃起是代表着幸福，代表着甜蜜。下面有请我们的新人共同来到我们的百年花烛前，接下来小两口共同握起点火器，取爱神的火种，点燃象征百年幸福的花烛，在烛光的照应下，我们的新人是那么的浪漫，是多么的时尚。让我们把美好的祝福送给他们。也送给现场所有的朋友们。下面有请我们的新人在百年花烛前握住彼此的手，把你们的手握在一起，放在胸前，请你们闭上眼睛，下面的时刻，就请我们的新人静静地默默地在我们的百年花烛前，许下你们终身无悔的誓言。即使她容颜已老，即使他满面苍伤，记住握住彼此的手，一生一世一辈子。

拜父母：

天下最伟大最无私的爱就是父爱和母爱了，父母为了把我们养大成人真是操碎了心，流尽了泪。有一首耳熟能想的歌曲我相信大家并不陌生，歌词是这样唱的，你入学的新书包有人给你拿，你雨中的花折伞有人为你打，你爱吃的三鲜馅有人为你包。你委屈的泪花有人为你擦。这就是世上最伟大最无私的父亲和母亲，今天我们新人的父亲母亲也来到了我们的现场，让我们以最热烈的掌声有请伟大的父亲母亲。叔叔阿姨，恭喜你们。平时呢我们的新人见到对方的父母都会叫叔叔阿姨，那今天结婚了，要改改口了，甜不甜？甜了就请你掏钱。满意不？满意就请你掏人民币。请我们的新人面对你们的父母，在你们面前就是辛辛苦苦养育了你们20多年的父亲母亲。今天你们结婚了，对于你们来说是你们一生中最幸福的时刻。对于你们的父母来说也是他们一生中最难忘的时光。就让我们以鞠躬的形式来感谢爸爸妈妈对我们的关心和爱护。好，二位新人听口令，一鞠躬，感谢父母生育之恩。再鞠躬，感谢父母的养育之恩。再鞠躬，祝父母大人身体健康，万寿无疆。二位新人还记得儿时的时候爸爸妈妈把我们搂在怀里疼爱的感受吗？咱们今天借此机会走上前去和自己的父母深深的拥抱在一起。来紧紧的拥抱在一起，释放你们的爱，释放你们的关怀。

拜夫妻：

好的朋友们，按照我们中国的习俗，下面的一个环节就是夫妻对拜了。请我们的新人面向对方，我们的新郎倌往后去点，不要急，我一会给你一个和新娘子零距离亲密的机会。今天呢在这个神圣的时刻，我们一定要感受得到他们的爱情之深，爱情之浓。下面呢，就让我们的新人含情脉脉的看着彼此，同时呢请我们的新郎深情的望着你美丽的新娘，刷刷的放两束电。然后看看新娘子能不能感受得到。如果感受到了就请点头示意，如果没有感受得到也可以摇头示意。我们的新郎倌准备好了吗？

接下来呢，请我们的二位新人面向对方迈出幸福的第一步。新郎新娘一鞠躬。新郎新娘面对面在迈出第二步。头碰头，相濡以沫到白首。向前一大步，你的手应该顺势往前一掏，口对口，相亲相伴到永久。

交杯酒：

按照我们中国有句古话叫做不喝交杯酒，不是小两口，喝了交杯酒，幸福甜蜜到永久。下面有请我们美丽的礼仪小姐把交杯酒呈上来。下面有请我们的新人一人端一杯。请你们双臂交腕。交杯酒要一饮而尽，希望你们婚后的生活犹如这交杯酒一般，甜甜蜜蜜，幸福长久。这交杯酒喝过了，采访一下新郎倌。甜不甜？甜哪了？

戒指：

心与心的交换，爱与爱的交融，交织出今天这么一个美好的誓言，为了永远记住这一天，铭记这一刻，爱情花朵绽放的这一刻，我们两位新人将互换婚戒，以表示他们对爱情的忠贞不渝。好，请伴娘端上婚戒。

交换婚戒进行时：婚戒是有情人之间示爱的信物，这两颗小小的同心圆将两个人的两颗心紧紧的联系在一起，朋友们，让我们由衷的祝愿两位新人，祝愿他们俩爱情恒久远，两心永相伴。

蛋糕：

请我们的新人切百年好合蛋糕，也希望我们的新人婚后的生活如同这层层蛋糕一般，事业有成。也有如这甜蜜的蛋糕一样，甜甜蜜蜜，幸福永远。

香槟：

从一个人的精彩到两个人的世界，在今晚，我们两位新人共同畅想一曲“你最珍贵”，晶莹的香槟美酒在水晶宝塔之间缓缓流淌，就像我们两位新人把他们的心，把他们的情，交于对方，混合交融。在今天，在这么一个喜气洋洋的日子里，让我们深深的祝愿你们俩，祝福你们俩，用你们的双手，勤劳的双手，去开创一片洁净而又美好的天地，用你们的双手，勤劳的双手，去共筑一个浓情蜜意的爱巢，去开创美好的未来。

敬酒：

下面二位新人为大家敬上三杯酒祝福大家心想事成，万事如意，感谢光临。一杯，二杯，三杯。

好，各位来宾，亲爱的朋友们，今天的新婚庆典仪式就暂时告一个段落，接下来咱们要进行的是2010年奥运杯喝喜酒大赛。

在开赛之前呢，送我们在座的所有来宾一副对联。上联是：吃，吃尽桌上美味不要浪费，下联是：喝，喝尽幸福美酒不要喝醉，横批是赵本山的一句至理名言：吃好喝好！

最后呢，也祝愿我们在场的所有来宾们，东成西就，南通北达，左右逢源，上下皆宜，财源广进、生活幸福，家庭美满，身体健康，万事如意！

【例稿二】

炮竹声声贺新婚，欢声笑语迎嘉宾。

尊敬各位来宾，各位领导，各位亲朋好友，先生们，女士们，活泼可爱的小朋友们，大家好！

好歌好语好季节，好人好梦好姻缘。

来宾们，今天是公元2009年6月4日，农历5月12，在这大吉大利、吉祥喜庆的日子里，我们怀着十二分的真诚的祝福相聚在元一希尔顿的婚宴大厅，共同庆贺梁朝伟与刘嘉玲的新婚典礼。首先我们给予掌声的恭喜。大家都知道结婚是人生中的一件大事，而婚礼更是人生中最幸福神圣的时刻，尤其婚礼上浪漫温馨高雅别致的婚礼仪式以及亲朋好友的良好祝愿会给新人一生永远带来最美好的回忆。各位亲朋好友，我是本次婚礼庆典的主持人潘婷婷。今天我十分荣幸地接受新郎新娘的重托，步入这神圣而庄重的婚礼殿堂担任司仪之职。

让我们在这里共同见证一对新人，人生中最幸福神圣美好的一刻！

真是：

百鸟朝凤凤求凰，龙凤呈祥喜洋洋。

凤凰展翅迎朝晖，恩爱鸳鸯比翼飞。

携手同步知心人，共创宏图献真情。

郎才女貌天作美，洞房花烛喜成双。

在神圣的婚礼进行曲中一对新人手挽手，肩并肩缓缓步入婚礼大厅。脸上充满了无比幸福的笑容让我们用掌声与鲜花给予一对新人最诚挚的祝福。婚姻是人生大事，结婚典礼对青年男女来说是一生中最重要的时刻。

你也笑，我也笑，亲朋好友齐来到。

天也新，地也新，众星捧月迎新人。

新郎新娘台上站，甜蜜感觉涌心间。

风风雨雨牵手过，今天喜结美姻缘。

亲朋好友齐相聚，欢欢喜喜来贺喜。

天仙配，幸福的生活比蜜甜。

在这个激动人心的美好时刻，作为婚庆司仪，首先请允许我代表新郎新娘以及新郎新娘的双方家长，对今天百忙当中来参加婚礼的各位来宾，各位亲朋好友的光临表示最诚挚的谢意和热烈的欢迎（谢谢大家）！欢迎你们！

婚礼对每一个新婚的人而言，都是神圣，浪漫，唯美和经典的，随着神圣的婚礼进行曲奏响，英俊的新郎和美丽的新娘在掌声与祝福声中，缓缓的步上红地毯，那是万众瞩目的一瞬，那是梦寐以求的一瞬，那是凝结爱的万语千言的一瞬，那是最激动人心的一瞬，一同迷醉在尘世间最美妙的气氛里。

爱情是古老而年轻的话题，也是不朽的人生主题。许多人已经拥有，更多人正在追求，今天这两位新人有过初恋时“月上柳梢头，人约黄昏后”的热烈心跳，也有热恋中“冷落清秋伤别离的难舍难分”，经历了“似水柔情，如梦佳期的苦苦期盼”，品尝过相知不渝，永结金兰的浪漫温馨，终于迎来这携手共赴红地毯的幸福时刻。啊！美丽的新娘，这一刻，整个世界因你而多姿多彩，英俊潇洒的新郎，这一刻，整个宇宙为你而祝福，祝福你们在这鲜花绽开的时候，祝福你们在这神圣庄重的幸福时刻。

首先由我介绍一下二位新人，站在我身边这位英俊潇洒的男子就是我们今天的新郎官梁朝伟先生，（掌声恭喜）新郎不仅风度翩翩，气质不凡，而且忠厚诚实为人和善，是一位才华出众的好青年。大家往我们新郎身上看，新郎今天是新洗的脸，新刷的牙，新刮的胡子，新理的发，新衬衣，新领带，新买的皮鞋脚下踩，新背心，新西服，里边还穿了一条新内裤，新郎浑身上下全是新，新郎心情喜盈盈。大家给点掌声。旁边这位美丽迷人漂亮温柔的女子，就是我们今天的新娘子刘嘉玲小姐。（掌声恭喜）介绍新娘，大家看我们的新娘人家眉毛好，眼睛好，鼻子好，嘴巴好，耳朵好，脸蛋好，最关键还是人家心眼好，温馨小姐温文而雅，贤惠大方，青春高洁，性情端庄，诚实可靠，心地善良，遇事豁达，外柔内刚，新郎你真有眼光。新娘不仅温柔体贴，漂亮可爱而且手巧能干，心灵纯洁，是一位可爱的好姑娘。二位新人的结合我可以用八个字来形容在合适不过，那就是珠联璧合，佳偶天成，或郎才女貌，天生一对！（大家一起说是不是）各位嘉宾，各位朋友，二位新人经过甜蜜的恋爱，耐心的等待，终于在法律的保护下正式结为幸福伴侣。茫茫人海，芸芸众生中，又少了两个单干户，多了一个互助组。并且是，新郎从今天起由小变大，由小伙子变成大丈夫；新娘子由大到小，大姑娘变成小媳妇。从今天起二位新人将开始新的生活，祝新郎新娘通过自己勤劳的双手共同创造幸福美满的家庭。

首先，让我们先看一下新娘子，婚纱飘香，有如兰花初放，气质高雅，宛如连理河塘，知书答礼，能容百汇芬芳，温柔贤惠，分明是富贵佳丽。

再看，新郎，风流倜傥，不怕雨雪，气宇凌云，恰似烈火金刚，爱心专一，也能古道柔肠，胸藏锦绣，敢写华美篇章。

朋友们，今天的确是个好日子，梁朝伟先生和刘嘉玲小姐喜结良缘，即将组成一个幸福的小家庭，云里雾里从此比翼双飞，风中雨中荡起爱的双浆，我们祝福一对新人，在生活的海洋里，一帆风顺，二人同心，三洋开泰，四喜平安，五世齐昌，六六大顺，妻唱夫随，八仙同贺，九龙呈祥，十全十美，百年偕老，千载良缘，万世如意。

朋友们，我们所处的时代是一个日新月异的时代，它的脚步坚定而又轻盈，它的气息爽朗而又清新，我们今天的婚礼就古为今用，洋为中用，婚礼要与世界接轨举行中西合璧时尚婚礼礼仪。

幸福的生活需要法律的保护，今天的两位新人再典礼之前，首先要到我们政府部门，去领结婚证，因为两位新人的结合要符合中华人民共和国婚姻法的规定。而我们今天就荣幸的请到张卫健为新人证婚。下面请证婚人宣读结婚证书（营业执照）并致贺词。感谢我们的证婚人，这真可谓是千里姻缘一线牵，结婚证书把心连。（有了营业执照就可以上岗营业了！）家务活一人干累身汗，二人干少一半，请证婚人双手将结婚证平平端起，请一对新人将手放在结婚证上，以下是一对新人的新婚誓词请证婚人以及我们在座的各位来宾“作证”：在今后的日子里，无论顺境或逆境，疾病与健康，无论富贵与贫困，你们俩都愿意永远相依相随吗？（我们愿意）没错！各位来宾让我们也祝愿一对新人永远常相依常相随。结婚证政府发，既合情又合法，今天小两口谁先取到谁当家！（开抢）感谢证婚人精彩的证婚词！

有请主婚人致贺词（掌声有请）感谢主婚人的致辞！

谢谢，你的讲话代表此时此刻所有到场贺喜来宾的心声。

百年恩爱双心结，千里姻缘一线牵，美满姻缘今日得欢会，全靠媒人把线牵，二位新人能有今天美满的结合，主要是介绍人的功劳，下面有请介绍人张曼玉上台致贺词，感谢介绍人的搭桥牵线。（恭喜新郎，贺喜新娘）

此时此刻，二位新人要比平时任何一个时候更感受到人生的真正幸福，要比平时任何一个时候更感到内心的激动，此时新郎官也更显得英俊潇洒，新娘子也更显得楚楚动人，漂亮温柔。大家一起说是不是，好！谢谢大家，各位来宾，此时还有两对夫妻也是非常高兴，非常激动的。那就是给予二位新人养育之恩的双方父母。大红喜子挂中央，赞颂对联列两旁，亲朋好友喜洋洋，一对鸳鸯拜花堂！新人拜堂，珠联璧合，你中有我，我中有你，白头偕老，永不分离。新郎新娘的父母苦苦等待了二十多年，朝也想，幕也盼，终于等到了这一天，终于盼到了这一天，男士坐中间，女士坐两边。

现在有请新郎新娘的双方父母上台就座，我们进行中国传统的结婚仪式拜堂成亲。百年姻缘庆盛典，一生相依拜花堂。

饮今日幸福美酒，思往日父母恩情！来，两位新人站到父母面前，听我讲，从你们呱呱落地起，到你们长大成人，在人生道路上的每一步，都少不了父母的关心与哺育，为了你们的成长，父母倾注了全部的心血与汗水，父母情深，恩重如山。

孝敬老人是我们中华民族的传统美德。唐朝孟郊《游子吟》：“慈母手中线，游子身上衣，临行密密缝，意恐迟迟归，谁言寸草心，报得三春晖。”父母对儿女的爱就像春天的阳光照耀小草一样无私，其实父母的爱又何尝不像春天的雨水一样绵绵密密、无微不至、需时即落、润物无声，做儿女的今生今世也报答不了父母对儿女的养育之恩。人有双重父母，今天新郎的父母喜得儿媳，新娘的父母喜得女婿，首先有请新郎新娘当着大家的面响响亮亮、甜甜美美用世间最美好的称呼叫声爸爸妈妈！从现在起当着众位来宾的面改口叫爸妈。（爹，娘都行！）父母对儿女的爱是无私、是真挚、是世间最伟大的爱。请新人向父母鞠躬致谢，以感谢父母对儿女养育的恩情，同时祝父母身体健康长寿。

改口叫爸妈。

叫爸妈叫得甜给喜钱，

叫妈妈叫得好给个大红包。

恭恭敬敬叫声爸，甜甜蜜蜜叫声妈。

儿媳今天过门了，团团圆圆成一家。

二老心里甜如蜜，脸上笑成一朵花。

新娘漂亮又贤惠，和睦美满人人夸。

一拜父母。

首先感谢父母把我们带到这个美好的世界，一鞠躬。

感谢爸妈二十多年对我们的爱护之情，再鞠躬。

祝愿爸妈身体健康，全家幸福，和睦美满，三鞠躬。

在此我也祝愿双方老人从今往后尽享天伦之乐，乐融融，祝你们家庭和睦，生活美满幸福，祝双方老人多福多寿，愿早日抱个胖孙子和外孙。喜今日，心心相印，望来年宝宝逗人。从现在起二位新人就开始共同承担起孝敬双方老人的责任和义务。

二拜来宾。

首先，感谢各位来宾的光临，一鞠躬。

感谢各位来宾对新人的祝福，再鞠躬。

祝愿每一位到场的来宾身体健康，心想事成、财源广进，三鞠躬。

夫妻对拜。

美满姻缘得来不易，今日成婚皆大欢喜一鞠躬。

恩恩爱爱如如意意和和睦睦顺顺利利再鞠躬。

相敬如宾，白头偕老，矢志不移三鞠躬。

现在请女方来宾或领导致贺词。（掌声欢迎）

现在请男方来宾或领导致贺词。（掌声欢迎）

从不同的生活环境走到了一起，二十年的风风雨雨里，是家庭关爱，亲情的关怀伴随至今，如今儿女已经长大，成家，此时的父母一定有许多的话想对儿女说，想对孩子讲，让我们请父母代表讲话。（掌声欢迎）

我知道，二位新人为了今天也为了今生彼此准备一份高雅精美的爱情信物，现在有请新郎新娘交换结婚信物，新人交换信物象征两人彼此许下一份永远的承诺，俗话说的好：易变的是岁月，不变的是承诺。二位新人今天彼此许下的承诺就要在今后漫长的人生旅途中，无论贫困与富贵，无论健康与疾病，无论快乐与痛苦，你们都要风雨同舟，终身相伴，携手共渡幸福美好的人生。请欣赏新郎新娘交换结婚戒指，戒指，这个象征着永恒的圆圈，被戴在左手的无名指上，它代表着永无休止的爱。代表真诚的诺言。这时我们看到新郎的手开始颤抖，太激动了！新娘心说：别紧张。这正是小俩口夫妻恩爱的真实写照，此景我不由想起一首诗：天长地久有尽时，此情绵绵无绝期。这份情，这份爱，让人们羡慕，让我们以热烈的掌声祝福新人。此时此刻，小小的爱情信物已经折射出五彩的光辉，象征他们二人的爱是这样的纯真，是这样的永恒，信物有价，情义无价，有情人终成眷属。

婚礼，是一台节目，是一种仪式，更意味着新人走向更加灿烂辉煌明天的人生转折，婚礼宣告了一个崭新的二人世界的开始，标志着一对新人从相识、相知、相爱、热恋而走向更为深沉的心心相印，相濡以沫的幸福生活。从今天起，新郎新娘要夫妻相依相伴，共同品尝生活的幸福，共同经受人生的风雨，共同度过一个美丽的人生。花好月圆照美景，天长地久祝新人。

现在最激动人心、最圣洁庄重的时刻来了。请新郎新娘进行真诚的爱情宣言。请新郎新娘手挽手。

结婚戒指——永恒的见证，无声的誓言，1477 年，奥地利大公麦西米伦把一个用钻石做成的戒指作为定情信物送给了玛利公主，从此以后新郎送给新娘白金钻石戒指成了浪漫经典，当新郎把一枚璀璨流光的钻戒戴在幸福的新娘的无名指上的那一瞬间，时间便成了永恒，两颗相爱的心已经融合在一起，真爱将永伴终生。是爱，赋予了钻石灵性与光芒。此时无声胜有声，钻戒成了爱的誓言。成了美好爱情的见证。正是“钻石恒久远，一颗永留传！”

新婚誓词：

我们两人举起手，从此成了小两口；

我们两人一根筋，海枯石烂不变心；

我们两人同进步，多吃萝卜少吃醋；

我们两人有追求，共创美好争上游；

我们两人感情好，明年就生小宝宝。

恭喜恭喜，今天两人走到一起，

恭贺恭贺，明年两个变成三个。

喜今日心心相映，往来年宝宝逗人。

请新人表演婚礼小节目，意在二位新人表示爱慕的同时，共同配合默协，共同克服今后生活中遇到的各种困难。

婚礼上的人生经历和爱情故事也同样值得来宾回味，现场可以表演一下求婚仪式：情哥哥，你娶我吧！甜妹妹，嫁给我吧！

要求新郎倌当众公布对新娘的昵称，因为那的确是不可错过的五彩景致，昵称让人听的耳热心跳，羡慕不已，是用眼神用心灵传达着彼此的深爱。

咬苹果。

介绍一下恋爱经过，第一次认识，第一次约会……

请摄像师捕捉这永恒一刻、化作天长地久！

下面，我宣布，梁朝伟先生和刘嘉玲小姐的结婚庆典仪式到此结束，酒宴开席！

【例稿三】

尊敬的各位来宾，尊敬的各位亲朋好友，大家晚上好！在这天地之合的喜庆之日，我们相聚在这古朴典雅的国际饭店，欢聚在这鲜花簇拥、喜庆浓郁的宴会大厅，共同为刘××先生和邢××小姐举行新婚礼宴。我十分荣幸地接受新郎新娘的重托为这对新人担任今天礼宴的司仪，我首先代表两位新人向参加今晚礼宴的来宾和亲朋好友表示真诚的欢迎和衷心的谢意，希望大家今晚可以过得愉快，并留下一个特别美好的记忆。

现在，我荣幸地向大家宣布：刘××先生和邢××小姐的结婚礼宴现在开始，有请今天的王子和公主，我们的新郎和新娘入场。(示意鼓掌)

新人进场进行时：音乐在大厅回响，礼花在空中绽放，朋友们，来宾们，让我们祝福的掌声再热烈些……热烈些

(上了主席台后……)

在这灯火辉煌、热闹非凡的婚礼殿堂，我想是缘是份把他们两颗纯洁的心相撞在一起，把这对钟爱一生的新人结合得甜甜蜜蜜，是天是地把这对心心相印的夫妻融合得恩恩爱爱，美满幸福。

我们的新郎，要比平时任何一个时候更感受到幸福，更显得英俊潇洒，而我们的新娘要比平时任何一个时候更感到内心的激动，更显得楚楚动人和漂亮温柔。

此时此刻，我想还有两对夫妻此时此刻是最激动最高兴的，那就是新郎、新娘养育之恩的父母；借此机会，我们的新郎新娘为了感谢父母的慈爱，以表达对双方父母真诚感谢和深深的祝福，特意用一束束最美丽的鲜花献给养育之恩的父母，(也可以用敬香茶的方式进行)

或者：此时此刻，我想还有两对夫妻是最激动最高兴的，那就是对新郎、新娘有养育之恩的父母；让我们以热烈的掌声有请我们新郎（新娘）的父亲（母亲）上台，给予新人最深切的祝福和叮咛。有请……

(证婚人上台)

现在有请新郎新娘的（×××身份-××先生作证婚词，大家欢迎）（示意鼓掌）

司仪：谢谢××先生感人至深的致词。让我们一起祝愿两位新人心心相印，长相知，长相守，甘苦与共，恩爱永远。

(证婚仪式及交换结婚戒指)

司仪：我们的新郎刘××，您是否愿意娶你身边的新娘邢××，无论今后疾病健康、贫穷富贵、环境的改变，您都会用自己的一生去钟爱她、关爱她呢？——新郎答：我愿意。

司仪：心与心的交换，爱与爱的交融，交织出今天这么一个美好的誓言，为了永远记住这一天，铭记这一刻，爱情花朵绽放的这一刻，我们两位新人将互换婚戒，以表示他们对爱情的忠贞不渝。好，请伴娘端上婚戒。

交换婚戒进行时——司仪：婚戒是有情人之间示爱的信物，这两颗小小的同心圆将两个人的两颗心紧紧的联系在一起，朋友们，让我们由衷的祝愿两位

新人，祝愿他们俩爱情恒久远，两心永相伴。

（切蛋糕仪式）

司仪：在这喜庆的日子里，新郎和新娘将共同切开一个洁白的百年好合婚礼大蛋糕，这象征着他们对爱情永恒的宣誓和为未来美好新生活剪彩。

切蛋糕进行中——司仪：洁白芬芳的蛋糕，香甜美美，也预祝他们今后的生活如同芝麻开花——节节高。

（香槟酒仪式）

喜庆的时候少不了一样东西，就是香槟美酒，我们的新郎将开启甜美的香槟酒，鸣响爱的礼炮，有请：

倒香槟进行中——司仪：从一个人的精彩到两个人的世界，在今晚，我们两位新人共同唱响一曲“你最珍贵”，晶莹的香槟美酒在水晶宝塔之间缓缓流淌，就像我们两位新人把他们的心，把他们的情，交于对方，混合交融。在今天，在这么一个喜气洋洋的日子里，让我们深深的祝愿你们俩，祝福你们俩，用你们的双手，勤劳的双手，去开创一片洁净而又美好的天地，用你们的双手，勤劳的双手，去共筑一个浓情蜜意的爱巢，去开创美好的未来。

（交杯酒仪式）

这满满的交杯酒是我们两位新人，用他们的情，用他们的爱酿造的美酒，也只有真心相爱的人，才能喝的美酒，有请：

交杯酒进行中——司仪：喝了这杯酒，今生今世不分手，喝了这杯酒，来生还要一起走。

（交杯酒后及新人入席）

司仪：朋友们，在这里我想用一种特别而又特殊的祝福，让朋友们共同为我们两位新人祝福，请在座的来宾们共同起立好么？举起你们手中的酒杯，等我数三之后把我们最深的祝福和祝愿化做“干杯”，祝福这对龙凤新人新婚愉快、白头偕老、永结同心！“一、二、三”干杯。

各位来宾，现在请新郎新娘入席（掌声有请）。

新郎新娘的婚宴仪式现在先告一段落，宴席开始，请大家享用新人为大家准备的美味佳肴，谢谢！！

（烛光仪式）

进场前——司仪：爱就是火，火燃烧着爱。今晚的婚庆礼宴将借助烛火这一形式特别为两位新人祝福，祝福他们永恒的爱情绵延不断，前程似锦，一片光明。有请新郎新娘再次入场。

点蜡烛过程中——司仪：真诚的烛光辉映着甜美含笑的脸庞，交织着一个不灭的希望；爱不是稍纵即逝的闪电，而是不会熄灭的火焰，在照耀着新人的现在，也将照耀着他们的未来。让我们共同分享这份喜悦和幸福，也同时送上新人对各位的谢意和祝福。

（司仪主持结尾部分）

刘××先生与邢××小姐的婚宴庆典仪式到此结束了，等一会，新娘会穿着更加漂亮的礼服来到大家身边，向来宾们敬酒，以表达新郎新娘的感谢之情。幸福的新郎新娘，让我们再次祝愿你们的生活一定会像蜜糖般甜蜜：你们的爱情一定会像钻石般永恒：你们的事业一定会像黄金般那样灿烂。愿各位来宾分享这天伦之乐，度过美好的时光。

最后我代表两位新人再次对各位嘉宾的到来表示感谢，并真诚的祝愿大家今晚良宵美满，祝愿大家今后的生活一帆风顺、两全其美、三羊开泰、四季平安、五福临门、六六大顺、七星高照、八面聚财、九九（久久）安康、十全十美、百事可乐、千事吉祥、万事如意。

【例稿四】　　西式婚礼策划

1. 奏乐 chanchullorubengonzalez

原因：这张来自《乐满夏湾拿》电影的 CD 大碟，充满浓浓的古巴音乐，感觉非常轻松独特，最适宜带起宾客等待开席的气氛。

（接着是婚礼进行曲）

2. 进入礼堂［新郎和伴郎先入场，随后新娘和父亲入场。后随伴娘］

3. 询问［由牧师询问新娘的父亲，答完之后新郎从父亲的手中接过新娘，父亲回座］

4. 宣告和祷告

5. 证婚［新人宣誓、交换戒指、亲吻］

6. 读经［由唱诗班献诗：创世纪第二章，21 节到 25 节，马克福音第十章，6 到 8 节，使徒保罗给作哥林多人的第一封信，第十三章，4 到 7 节。］

7. 牧师的祝福［带领来宾念主祷告］

8. 结束［莎拉·布莱曼的《time to say goodbye》］

新郎：夏守仪　新娘：刘醒楠　新娘父亲：司马良

伴郎：李彬

唱诗班：周林、程嘉萌、扬波、王静、王迪、张玉佩

内容：

牧师：弟兄姐妹们，主内平安。我们今天欢聚在这里，在上帝面前，在各位来宾的见证下，为夏守仪弟兄和刘醒楠姐妹举办神圣的婚礼。自从世上有了第一个男人和第一个女人，上帝就指引他们进入神圣的婚姻。因此，对待婚姻应该虔诚、严肃，而不能鲁莽、草率。

在我们面前的两位新人即将进入神圣的婚姻殿堂前。如果任何人有正当的

理由说明他们不能结合，请现在发言，否则就请永远保持安静。

牧师：是谁将这个女人嫁给了这个男人？

新娘父亲：是我的妻子和我。

（新娘被父亲交给新郎）

牧师：在这里我首先要求你们，如果任何一方有任何障碍使你们不能结合，请现在坦白。请你们明白，任何人的结合都要经过上帝允许，否则就是非法的。

牧师：夏守仪弟兄，你是否愿意刘醒楠做你的合法妻子，按照上帝的指引，与她结为夫妻？在你的有生之年，你是否愿意爱她，尊重她，安抚她，珍惜她，对她忠贞不二？

新郎：我愿意。

牧师：刘醒楠姐妹，你是否愿意夏守仪弟兄做你的合法丈夫，按照上帝的指引，与他结为夫妻？在你的有生之年，你是否会爱他，尊重他，安抚他，珍惜他，对他忠贞不二？

新娘：我愿意。

读一段圣经中的词句从《创世纪》中节选

选读1：创世纪第二章，21 节到25 节。

上帝让男人沉睡，当他沉睡的时候，上帝取下男人的一根肋骨，并使肉体愈合。然后上帝用从男人身上取下的肋骨做成一个女人，让她来到男人身边。男人说：现在我们血肉相连，她应该被称为“女人”，因为她是来自男人。因为这个原因，男人将来会离开他的父亲和母亲，与妻子结合，成为一体。男人和他的妻子都是赤身露体，并不懂得羞耻。

选读2：马克福音第十章，6 到8 节。

上帝造人之初就使人有了男性和女性。因此男人将会离开他的父亲和母亲，与妻子结合，成为一体。所以他们不再是两个人，而是一体的。

选读3：使徒保罗给作哥林多人的第一封信，第十三章，4 到7 节

爱意味着容忍，爱意味着善良。爱不是妒嫉，爱不是自夸，爱不是骄傲，爱不是粗鲁，爱不是自私，爱不是愤怒。爱不计前嫌。爱不是邪恶的快乐，而是忠贞的喜悦。爱总是意味着庇护、信任、希望和持之以恒。

牧师：下面请新人宣誓，让我们为这对新人祈祷。

主啊，你是全能的神，是创造天地万物的主，在今天这样一个大喜的日子里，夏守仪弟兄和刘醒楠姐妹已经选择了彼此，主啊，请你保佑他们爱情纯真，帮助他们实现自己的誓言。以上简短不配的祷告是奉靠主耶稣基督的名求的，阿门。

牧师：请新郎宣誓。

按照上帝神圣的旨意，我在此宣誓：我夏守仪弟兄娶你刘醒楠，作为我的

妻子，从今天起，无论好坏，贫富，健康还是疾病，我都会爱你，尊重你，珍惜你，直到死亡将我们分开。

牧师：请新娘宣誓。

按照上帝神圣的旨意，我在此宣誓：我刘醒楠嫁给你夏守仪弟兄作为我的丈夫，从今天起，无论好坏，贫富，健康还是疾病，我都会爱你，尊重你，珍惜你，直到死亡将我们分开。

（牧师从伴郎处接过结婚戒指）

牧师：（祈祷）上帝啊，请赐福给将要戴上这个戒指的人，请赐予他们平静的生活，活在主你的爱中，直到生命的尽头。阿门。

新郎给新娘戴上戒指新娘给新郎戴上戒指。

牧师：戴上这个戒指意味着你们结为夫妻。这个戒指是你们之间爱情与承诺的象征。

（播放结婚进行曲）

牧师：让我们一起来祷告。

仁慈恩惠的上帝啊，主你在起初造人的时候，就是造一男一女，为的就是让他们彼此恩爱，彼此帮助。求主赐福施恩于今天到主面前祈求祝福的这二人。叫他们成婚以后，互相尊敬，互相帮助，彼此相爱，和睦同居，恩爱长久，白头偕老。求主保佑他们，使他们平安健康，生活幸福，今世都照着主的旨意来度日，来世也享得永生，愿上帝永远与你们同在，以上简短不配的祷告是奉靠主耶稣基督的名求的，阿门。

愿耶稣基督，我们的上帝和救世主，永远在你们的生活之中，使你们懂得真爱和善良。愿上帝永远保佑你们，使你们幸福。

牧师讲他们的右手放在一起，说：

上帝将你们的手放在一起，永不分开。

在上帝面前，在各位宾客的见证下，新郎和新娘已经宣誓并交换过结婚戒指，同意结婚，我宣布他们现在已经结为夫妻。

牧师：请用吻来证明你们的誓言。

（夫妻接吻）

牧师：女士们先生们，请为他们祈祷。请大家和我一起朗诵主祷文。

【例稿五】　寿辰司仪主持稿

主持：女士们，先生们，各位来宾，各位亲朋好友，下午好！

今天，我受老寿星的儿子——张奥葳的委托，做本寿宴的主持人。首先，请允许我代表老寿星及其家属向今天前来祝寿的各位致以最热烈的欢迎和衷心的感谢。

接下来，我要送老寿星一件外套，前面是平安，后面是幸福，吉祥是领子，如意是袖子，快乐是扣子，口袋里装的是温暖，让大家用祝福的双手热烈欢迎今天的主角保安老先生入场！愿好运像地雷一样，时常给你踩到，厄运像流星雨一样，永远淋不到你，财富像垃圾一样，随时可以捡到，送给你满年的丰硕与芬芳，可口可乐伴你一生。

我们看到我们的老寿星啊，矫健的步伐，春风般幸福的笑容，一身漂亮的礼服充满了年轻的朝气，我们祝福老寿星越活越年轻，越活越精彩！

在这里，我谨代表所有的嘉宾祝愿老人家增福，增寿，增富贵，添光彩，添吉祥。

接下来呢，有请我们福禄小天使，老人的两个孙女：张小妤，张小菁为来人献上寿桃。寿桃啊是源于这样一个传说，孙膑 18 岁到千里之外拜师学习兵法，12 年后正值母亲 80 大寿回家，他把师傅给他的一个桃子作为礼物送给母亲，母亲吃后就变的健康长寿了，大家纷纷效仿，于是就有了“寿桃”，小小的寿桃凝聚可儿女的孝心和他们深切的祝福，我们的老寿星也会变的越来越年轻！

一拜：祝老寿星福如东海，寿比南山。

二拜：祝老寿星日月昌明，松鹤长春。

三拜：祝老寿星笑口常开，天伦永享。

有请老寿星的大女儿张姗姗，二女儿张雪梅上堂拜寿。

一拜：祝老寿星身体健康，长命百岁。

二拜：祝老寿星万事如意，晚年幸福。

三拜：祝老寿星生日快乐，后福无疆。

最后请出老寿星的两个孙女张小妤、张小菁上堂拜寿。

一拜：祝老寿星吉祥如意，富贵安康。

二拜：祝老寿星寿比天高，福比海深。

三拜：祝老寿星福星高照，岁岁有今朝。

大家都应该知道，老寿星的 32 岁那年，看到一个流浪的小男孩，于是收养了他，之后就一直没有结婚，二十五年前他又收养了两个小女孩，现在他们都已长大成人，虽然他们并非张老先生亲生儿女，是张老先生为他们付出了一辈子，那下面，张奥葳，张姗姗，张雪梅三兄妹给老人家拜个寿。

一拜：天大地大，不如父亲养育之恩大。

二拜：河深海深，不如父亲的教诲之情深。

三拜：千好万好，不如兄弟姐妹手足情深。

（儿子、大女儿、二女儿致感谢词与祝福词）

这个场面感动天，感动着福禄寿三位神仙，也感动着我们在场的每一位，这正是喜看儿女站堂前，只愿家风代代传，一家人欢聚一堂，共享天伦之乐，共创美好未来，我们相信人家一定会心想事成，美梦成真。

最后我祝愿前来祝寿的所有人及其佳人一帆风顺，二龙戏珠，三羊开泰，四方进宝，五福临门，六六大顺，七星高照，八面威风，九九十成，百尺竿头，千言万语一句话，祝大家万事如意！

福禄天使与我们老寿星入席，那张老先生告诉我，他们一家人为老人准备了一个节目《相亲相爱一家人》，有请！

好！祝寿仪式结束，酒席开始，请大家尽情享用！

【例稿六】　　寿　宴

（策划人：樊敏　05-17 班　2007-10-25）

各位来宾、各位亲朋好友，大家中午好：

在公元 2007 年 11 月 4 日这个美好的日子里，我们欢聚一堂，在这里为田七寿老寿星举行七十大寿仪式。

首先请允许我代表老寿星及其家属，向在座的各位致以最热烈的欢迎和衷心的感谢！（掌声）

我和老寿星的儿子是好朋友，今天受他的委托，做此次寿宴的主持人。在这里我谨代表所有的嘉宾，祝愿老人家增福增寿增富贵，添光添彩添吉祥。

诸位朋友、各位来宾，今天真是群贤毕至，鼓舞欢欣。前来祝贺的有老朋友、老乡亲，还有不少放下农忙赶来的亲属们，感谢大家在百忙之中抽出时间前来赴宴、祝福。这正是：亲朋共享天伦乐，欢声笑语寿满堂。

不知道大家注意没有，老寿星名字的最后一个字是“寿”字，寓意就是福寿满堂、欢乐远长。在这里让我们共同祝愿老寿星寿比南山、天伦永享。

“人生七十古来稀”，在七十年的风雨中老人家含辛茹苦地将六子二女扶养成人。七十年风风雨雨，七十载生活苍桑。岁月的泪痕悄悄地爬上了他的额头，将老人家的双鬓染成白霜。大千世界里，孩子们把心中的话语都洒向老人那宽厚慈爱的胸膛。“严于律己，宽以待人，认真工作，发奋图强”简单的话语，让儿女镌刻在心，永记不忘。老人的辛苦并没有白费，在他的教育下，子女们都已经长大成人，为老人赢得了无尚的荣光。

现如今老寿星一家是五世同堂，正可为儿子孝，儿媳能，女儿贤，女婿强。就连在校学习的孙子、孙女、外孙，外孙女们也是聪明伶俐，成绩优异，捷报频传，后继有人。（掌声）

让我们一起恭祝老寿星，福如东海，日月昌明。松鹤长春，春秋不老，古稀重新，欢乐远长。同时也祝愿在场嘉宾的每一位来宾都幸福安康！最后祝各位来嘉宾万事如意，心想事成，让我们共同渡过这美好的时光，下面我宣布寿庆正式开始。

首先，让我们以热烈的掌声请老寿星的家人把老寿星扶上寿堂。（请放鞭炮）

下面举行拜寿仪式。

首先请老寿星的儿子辈代表献祝寿词。

1. 请老寿星的儿子、儿媳上堂拜寿

一拜，祝老寿星福如东海、寿比南山；

二拜，祝老寿星日月昌明、松鹤长春；

三拜，祝老寿星笑口常开、天伦永享。

（请老寿星的儿子、儿媳们献寿词）

2. 请老寿星的女儿、女婿上堂拜寿

一拜，祝老寿星身体健康、长命百岁；

二拜，祝老寿星万事如意、晚年幸福；

三拜，祝老寿星生日快乐、后福无疆。

（请老寿星的女儿、女婿们献寿词）

3. 请老寿星的孙子、孙女上堂拜寿

一拜，祝老寿星吉祥如意、富贵安康；

二拜，祝老寿星事事顺心、幸福长伴；

三拜，祝老寿星笑口常开、身体安康。

（请老寿星的孙子、孙女们献寿词）

4. 请老寿星的外孙子、外孙女上堂

一拜，祝老寿星寿比天高、福比海深；

二拜，祝老寿星日月同辉、春秋不老；

三拜，祝老寿星生日快乐、福星高照。

（请老寿星的外孙子、外孙们献寿词）

这正是喜看儿女站堂前，只愿家风代代传。让我们一起点燃生日蜡烛，唱起生日歌，共同祝愿老寿星增富增寿增富贵，添光添彩添吉祥。一家人欢聚一堂，共享天伦之乐，共创美好未来。

请摄像师为老寿星全家照张全家福。（照完后）

现在有请老寿星吹灭生日蜡烛，分享生日蛋糕。（奏《生日快乐》）

各位朋友、各位来宾寿庆到此就结束了，有请老寿星起驾入席，同大家共进寿宴。

【例稿七】

女：四月，万物复苏，春意盎然。

男：然而，今天青山无语，大地悲歌。

女：又一个清明时节，我们追寻着先烈的足迹如约而至；

男：又一个清明时节，我们怀揣着一份红色的记忆走在了一起。

女：伫立墓前，面对倒下的英灵，道不尽的是崇敬与感激。

男：品味幸福，回首血与火的岁月，英烈的精神只能仰视。

女：此刻，我们的静默，
是为了悼念，
为了缅怀，
为了重温那份沉甸甸的记忆；

男：是为了品读，
为了铭记，
更是为了寻求一份心灵的洗礼！

女：为了能让我们广大青少年身临其境感受革命先辈们不怕牺牲，勇于献身的大无畏精神，我们驻操营镇政府和板厂峪景区共同组织了“扫烈士墓、走英雄路”活动。

男：此次活动旨在加强对广大青少年的革命传统教育，帮助我们了解家乡的历史，激发我们对老一辈革命家的热爱之情，培养我们热爱家乡、热爱祖国的责任感与使命感。

合：现在我宣布“红色记忆”清明祭先烈活动正式开始！

女：参加本次活动的有驻操营镇政府领导、板厂峪景区领导、秦皇岛市港务局关心下一代委员会领导及离退休老干部、镇中心校领导、镇政府离退休老干部代表、驻操营中学、驻操营小学、义院口中学和义院口小学的全体师生。

一、首先有请镇领导讲话（统战部长：鲁志国）

二、景区领导讲话（总经理：许建峰）

三、板厂峪村委会领导讲话

（以上三项均由男主持人完成）

男：领导的话语中凝聚的是殷殷的希望，是一份沉甸甸的嘱托。所以我们每个人都应该用心来感受每个过程，每个细节。让我们满怀崇敬而来，满载收获而归！

四、揭碑仪式

女：昨天，英烈们以各种方式倒下，
换取了我们今天以各种方式的生存。

男：今天，我们将为他们树起一块块墓碑。

女：这不仅仅是为了铭记那一段段鲜血铸就的历程，
也不仅仅是为了心中的崇敬与感激。

男：而是为了更深切的感受我们的幸福，
更清醒的审视我们的青春。
女：碑上只有几个平凡的名字，
男：是的，他们只是千百万倒下的战士中平凡的一员。
合：但他们气贯长虹的精神却足以令我们仰视！
（女：下面有请镇领导和景区领导共同为为国捐躯的革命烈士揭碑）
女：一座座墓碑庄严而立，
英灵们寂寞而眠。
男：倒下的是躯体，
升腾起的是精魂。
女：眼前这块有形的石碑终究有一天会被风沙侵蚀
男：但无形的丰碑将永远屹立。
合：英烈的光辉将穿越历史的时空与我们一路同行！
（男：祭扫活动现在开始）
五、祭扫烈士墓
1. 填土
女：几抔黄土祭英灵，几分哀思悼英魂。首先，请学生代表为烈士墓填土。
2. 敬献花圈
男：下面有请学生代表为烈士敬献花圈。
女：小小的花圈表达的是我们对先烈无尽的思念与告慰。
男：红色，那是火焰的颜色，是英雄热血的颜色，也是我们热情燃烧的颜色。
女：白色，那是雪花的颜色，是英雄灵魂的颜色，高洁而质朴。
男：绿色，那是松柏的颜色，是英雄精神的颜色，万年长青，也是希望的颜色。
女：黄色，那是菊花的颜色，是英雄的品格的颜色，坚忍不拔。
男：而我们要做的不仅仅是用花圈装点烈士的坟头，而是要踏着先烈的足迹，让希望之花绽放！
3. 默哀 3 分钟
女：历史不会忘记，生活在幸福中的我们更不会忘记，也不应该忘记，是昨天在枪林弹雨中浴血奋战的先辈们用生命与鲜血换来了今天的和平与幸福，也许只有铭记了昨天，我们才能更加懂得珍惜今天。
男：现在让我们向烈士默哀三分钟，以表深切的感激、怀念与哀悼之情。
4. 奏哀乐
男：哀毕。

六、老红军及烈士家属列席

女：今天我们有幸请到了当年参加抗战的老红军及几位烈士的家属，现在请他们到主席台前就座。

女：请学生代表为老红军及烈士家属佩戴红领巾。

女：请板厂峪景区领导许国华先生为我们做一一介绍。

七、讲英雄故事

女：有一种倒下叫站起，
有一种选择叫从容，
英勇地选择倒下，
而让精神坚强挺立；
从容地面对死亡，
诠释的却是什么才是闪光的人生。

男：我想，只有让我们真正走进每一位英雄，真正用心聆听了每一段硝烟中不曾褪色的故事，我们的心灵才会在震撼中警醒，在感动中升华，才会真正明白：什么才是英雄！

女：下面我们有请驻操营中学的甘红梅老师为我们一一讲述几位英烈的动人故事。

（全体坐下）

女：幽幽青山掩忠骨，
瑟瑟谷风念英魂。

男：一个英雄就是一段历史
一个故事就是一首赞歌

女：看看静默的杨来楼，
看看眼前一个个陌生而又熟悉的名字，
一切都在提醒我们。

男：故事就在昨天
英雄并未走远。

女：（过渡：而此时此刻，关心我们成长的领导要对我说些什么呢？现在我们有请“秦皇岛市关心下一代委员会”的领导讲话）

八、港务局领导讲话

男：惟有经历了血与火的洗礼，才能更深切的体会到幸福的来之不易。当我们沐浴在幸福的阳光中，感受着领导的关怀的同时，我们每个人都应该冷静的思考“寸草心”如何回报“三春晖”！

九、学生代表致辞

女：想一想眼前长眠于此的英烈，

他们也曾拥有过宝贵的生命，

他们也曾拥有过美丽的青春，

但他们却在舍生取义的抉择中告诉我们什么样的生命才是真正的永恒，什么样的青春才能真正的闪光。

男：而我们能否踏着先烈的足迹，能否把红旗高高地擎起？带着这份激昂，带着这份思索，让我们一起聆听学生代表的心声。

女：现在我们有请驻操营中学祝朔同学上台发言。

男：同学说得多好啊！和平的年代，我们该如何让自己的青春闪光？这的确是我们每个人都应该审慎思索的问题。要想担当重任，不辱使命，我们要做的不是等待与观望，而是居安思危，奋斗不息！

十、集体宣誓

女：昨天，倒下的英雄用无声的誓言装点了人生亮丽的风景，

男：今天，拜谒碑石，仰视英灵的我们更应用响亮的誓言书写闪光的人生。

女：我们是行走的风景，在历史、现实与未来中风雨兼程；

男：我们任重而道远，但有英魂为我们指引方向。

女：现在就让我们每个人庄严的举起拳头，在烈士墓前郑重宣誓。

（全体起立）

男：我宣誓：牢记历史，珍视今天；继承和发扬革命先烈遗志，居安思危，奋力拼搏；在顺境中昂扬进取，在逆境中百折不挠，在辉煌中追求卓越；积极践行社会主义荣辱观，坚定理想和信念，刻苦学习，自强不息，为中华民族的伟大复兴贡献力量！

女：思想永远昂扬，精神永立不倒，步伐永远坚定，只有继承和发扬先烈遗志奋然前行，我们才无愧于这个伟大的时代，才能青春无悔！

十一、歌唱《没有共产党就没有新中国》

男：八年的苦难，

八年的求索，

是伟大的中国共产党力挽狂澜，拯救了水深火热的中国；

女：八年的流血，

八年的抗争，

是老一辈革命家浴血奋战才换来了共和国的今天。

男：享受幸福的我们，都应发自内心的说一声：“没有共产党就没有新中国！”

现在就让我们一起纵情高歌吧！

（起头领唱）

十二、“永记先烈，真情留言”签名活动

女：昨天的战火已离我们远去，但今天我们奋斗的历程刚刚开始。“在顺境中昂扬进取，在逆境中百折不挠，在辉煌中追求卓越”，响亮的誓言依旧在耳边回响。

男：是的，也许我们不能伟大，但我们绝不能平庸。在奋斗中让人生熠熠生辉是我们唯一的选择！

女：此刻，就让我们沉淀下对先烈的缅怀，把心中的敬仰化为奋斗的力量，让誓言在写下名字的瞬间随我们的热血一起升腾吧！

男：现在就让我们在眼前这条鲜红的横幅上庄严的写下自己的名字吧。

我宣布：

合：“永记先烈，真情留言”大签名活动开始！

第三节　项目操作

【项目一】

项目名称：王天翔先生、卜阳小姐婚礼

项目地点：新起点大酒店

项目时长：25 分钟

项目相关信息及背景：

王天翔：系某市公安局特警，29 岁，18 岁入伍，26 岁转业，是军人世家。卜阳：出生在书香门第，26 岁，系某省电视台新闻主播，毕业于安徽广播影视职业技术学院。两位新人通过网络相识、相知。

项目任务：

任务一：根据上述信息和搜集的材料，撰写王天翔先生、卜阳小结婚礼策划案。（现代婚礼）

任务二：根据自己的策划方案，撰写王天翔先生、卜阳小结婚礼主持词。

任务三：根据分组情况，选择或者综合组内成员策划和主持词，并分配角色，完成王天翔先生、卜阳小结婚礼主持、前期准备、现场布置、现场协调、礼仪、音响等工作任务。

项目相关要求：

1. 个人要完成项目一和项目二的所有内容，并上交相关文案。

2. 填写项目考核表，注明项目任务及角色。个人写项目实训报告。

3. 本项目任务三建议 5 人为项目组完成。组长撰写项目小结。交相关影视资料。

【项目二】

项目名称：陈涛先生 80 岁寿礼

项目地点：新起点大酒店

项目时长：15 分钟

项目相关信息及背景：

陈涛：曾任省台新闻播音员、记者。××年曾任战地记者。25 岁时与相差 4 岁的老伴结婚，膝下三儿两女，三个孙子，一个孙女，两个外孙，一个外孙女，一个重孙。35 岁老伴去世。

项目任务：

任务一：根据上述信息和搜集的材料，撰写陈涛先生 80 岁寿礼策划案。

任务二：根据自己的策划方案，撰写陈涛先生 80 岁寿礼主持词。

任务三：根据分组情况，选择或者综合组内成员策划和主持词，并分配角色，完成陈涛先生 80 岁寿礼主持、前期准备、现场布置、现场协调、礼仪、音响等工作任务。

项目相关要求：

1. 个人要完成项目一和项目二的所有内容，并上交相关文案。

2. 填写项目考核表，注明项目任务及角色。个人写项目实训报告。

3. 本项目任务三建议 5 人为项目组完成。组长撰写项目小结。交相关影视资料。

第四章　庆典仪式主持

第一节　理论概要

庆典，是各种庆祝仪式的统称。就内容而论，在商界所举行的庆祝仪式大致可以分为以下四类。本单位成立周年庆典。一般来说，周年庆典是逢五、逢十进行的。即在本单位成立5周年、十周年以及它们的倍数时进行。本单位荣获某项荣誉的庆典。当单位本身荣获了某项荣誉称号、单位的“拳头产品”在国内外重大展评中获奖之后，这类庆典基本上均会举行。本单位取得重大业绩的庆典。例如，千日无生产事故、生产某中产品的数量突破10万台、售额达到1亿元等，这些来之不易的成绩，往往都是要庆祝的。还有本单位建立集团、确定新的合作伙伴、兼并其他单位、项目的开工与竣工、分公司或连锁店不断发展时，自然都值得庆祝一番。

庆典就形式而论，商界各单位所举行的各类庆祝仪式，都有以下两个特点：首先，务实而不务虚。庆祝仪式应以增强本单位全体员工的凝聚力与荣誉感为主，力戒花招式，铺张一通，烟消云散，什么效果都没有。其次，让社会各界对本单位重新认识、刮目相看。

举行庆典，应多对本单位进行一些宣传，使本单位的新形象在社会中得到较好的发展。

庆典，主要是进行庆贺某一活动或项目的成功。组织庆典与主持庆典时，往往会有各方面的不同要求。

首先，要体现出庆典的特色。

庆典是庆祝活动的一种形式，并且以庆祝为中心。主办方要把每一项具体活动都尽可能组织得热烈、欢快而隆重。不论是举行庆典的具体场合、庆典进行过程中的某个具体场面，还是全体出席者的情绪、表现，都要体现出红火、热闹、欢愉、喜悦的气氛。只有这样，才能达到主办方塑造本单位的形象，显示本单位的实力，扩大本单位的影响的庆典宗旨。

其次，要安排好庆典的具体内容。

庆典所具有的热烈、欢快、隆重的特色，应当在主办方具体内容下安排，包括出席者的确定、来宾的接待、环境的布置等问题。

出席庆典的人员的要求：主办方在敲定庆典的出席者时，要以庆典的宗旨为指导思想。一般来说，庆典的出席者通常应包括如下人士。上级领导。上级领导是指地方党政领导、上级主管部门的领导，他们大都或多或少地对单位的发展给予过关心和指导。邀请他们参加，主要是为了表示感激之心。社会名流。根据公共关系学中的名人效应原理，社会各界的名人对于公众最有吸引力，能够请到他们，将有助于更好地提高本单位的知名度。大众传媒。即报纸、杂志、电视、广播等大众媒介，邀请他们，并主动与他们合作，将有助于他们公正地介绍本单位的成就，进而有助于加深社会对本单位的了解和认同。合作伙伴在商务活动中经常是彼此同呼吸共命运，请他们与自己一起分享成功的喜悦，是完全应该的，而且也是绝对必要的。社区关系，主要是指那些与本单位共居于同一区域、对本单位具有种种制约作用的社会实体。单位员工。员工是本单位的主人，本单位每一项成就的取得，都离不开他们的兢兢业业和努力奋斗，所以在组织庆典时，不能忽视他们。

主办方一确定人员名单，就应尽早发出邀请或通知。由于庆典的出席人员甚多，牵涉面极广，故不到万不得已，最好不要擅自将庆典取消、改期或延期。

接待工作的要求：庆典活动与一般的商务交往中来宾的接待相比，唯一的差距是庆典活动着力突出礼仪性特点。主办方不但应当热心细致地照顾好全体来宾，而且还应当通过主持人的接待工作，使来宾感受到主人真挚的尊重与敬意，让每位来宾都能心情舒畅。

要想使庆典成功，主办方一旦决定举行庆典时，应成立对此全权负责的筹备组。筹备组成员通常应当由各方面的有关人士组成，他们应当是能办事、会办事、办实事的人。

在庆典筹备组之内，应根据具体的需要，下设若干专项小组，在公关、礼宾、财务、会务等各方面“分兵把守”，各管一段。其中负责礼宾工作的接待小组，是必不可少的。庆典接待小组，原则上应由年轻、精干、身材与形象较好、口头表达能力和应变能力较强的男女青年组成。内容包括：

其一，来宾的迎送，即在举行庆祝仪式的现场迎接或送别来宾。

其二，来宾的引导，即由专人负责为来宾带路，将其送到既定的地点。

其三，来宾的陪同，即对某些年事已高或非常重要的来宾，应安排专人陪同始终，以便关心与照顾。

其四，来宾的招待，即指派专人为来宾送饮料、上点心以及提供其他方面的关照。

来宾大部分是主办方经过商讨邀请出席庆典的友好人士，因此他们都是怀着对本单位关心和祝福的心情来参加的，都是主办方的朋友。主办方要热烈而且合乎礼仪的接待这些朋友，让他们享受到应该得到的宾客待遇。

庆祝仪式现场的要求：举行庆祝仪式的现场，是庆典活动的中心地点。对它的安排、布置是否恰如其分，往往会直接地关系到庆典留给全体出席者的印象好坏。依据仪式礼仪的有关规范，布置举行庆典的现场时，需要考虑以下的要求：选择好庆祝地点。主办方在选择具体地点时，应结合庆典的规模、影响力以及本单位的实际情况来定。本单位礼堂、会议厅，或本单位内部或门前广场，以及外借的大厅等等，都可以选择。由于是在室外举行庆典，主办方要注意不要选择制造噪音、妨碍交通或治安的地方。适时地美化环境。在反对铺张浪费的同时，应当量力而行，着力美化庆典举行现场的环境。为了烘托出热烈、隆重、喜庆的气氛，可在现场张灯结彩，悬挂彩灯、彩带，张贴一些宣传标语，并且悬挂标明庆典具体内容的大型横幅。如果有能力，还可以由本单位员工组成乐队、锣鼓队演奏音乐或敲锣打鼓，热闹一下。但是这类活动要适度，不要热闹过了头，为主办方或当地的群众造成麻烦。在请锣鼓队时，谨记不要请少先队员来扮演这类角色，以免影响学业。场地的大小。在选择举行庆祝仪式的现场时，应当牢记并非越大越好。从理论上说，现场的大小应与出席者的多少成正比。也就是说，场地的大小，应同出席者人数的多少相适应。人多地方小，拥挤不堪，会使人心烦意乱；人少地方大，则会让来宾对本单位产生“门前冷落车马稀”的错觉。音响的准备。在举行庆典之前，主办方要把音响准备好，尤其是供来宾们讲话时使用的麦克风和传声设备，不能在关键时刻出现麻烦，让主持人手忙脚乱、大出洋相。在庆典举行前后，播放一些喜庆、欢快的乐曲，只要不抢占“主角”的位置，通常是可以的。对于播放乐曲，要事先进行审查。切勿临时让工作人员自由选择，随意播放背离庆典主题的乐曲，甚至是凄惨、哀怨、让人心酸和伤心落泪的乐曲，或是那些不够庄重的诙谐曲和爱情歌曲。

庆典主持人特点有以下几方面：良好的外形形象。庆典主持人要有良好的外形形象，得体的装束，优雅的风度，给人一种清爽之感。要熟悉庆典的议程和程序。一次庆典举行的成功与否，和庆典的程序有很大的关系。庆典礼仪规定，在拟定庆典的程序时有两条原则必须坚持。时间不能太长。一般来说，庆典的时间在一个小时之内。这样既为了确保其效果良好，也是为了尊重全体出席者，尤其是为了尊重来宾。程序不能太多。程序过多，不但会让时间拉长，还会导致分散出席者的注意力，让出席者感到庆典内容过于凌乱。总之，不要使庆典成为内容乱七八糟的“马拉松”。

一般来说，一次庆典大致上应包括下述几项程序：

（1）预备。请来宾就坐，出席者安静，介绍嘉宾。

（2）宣布庆典正式开始。全体起立，奏国歌，唱本单位之歌。

（3）本单位主要负责人致辞。其内容是，对来宾表示感谢，介绍此次庆典的缘由等等。其重点应是报捷以及说明庆典的可“庆”之处。

（4）邀请嘉宾讲话。一般来讲出席此次庆典的上级主要领导、协作单位及社区关系单位，均应有代表讲话或致贺辞。不过应当提前约定好，不要当场当众推来推去。对外来的贺电、贺信等，可不必一一宣读，但对其署名单位或个人应当公布。在进行公布时，可依照其“先来后到”为序，或是按照其具体名称的汉字笔画的多少进行排列。

（5）安排文艺演出。这项程序可有可无，如果准备安排，应当慎选内容，注意不要有悖于庆典的主旨。

（6）邀请来宾进行参观。如有可能，可安排来宾参观本单位的有关展览或车间等。

庆典主持人要灵活运用主持的技巧，一般情况下应做好以下准备。语言的运用。少用华丽的辞藻，庆典礼仪讲究的是一个热烈欢乐的气氛，但主持人不能光顾追求热烈气氛而使用华丽的辞藻，言过其实，让人听了有些失真，影响来宾的情绪。语言朴实易懂。主持人在运用台词时要合乎会场的气氛，尽量使用通俗易懂的语句，少用书面语，运用朴实语言，发自内心地述说，这样会让来宾更容易接受。对己方单位人员进行礼仪教育。主持人能否成功地主持好庆典，与本单位的全体员工有直接关系。为了让庆典仪式顺利进行，在举行庆祝仪式之前，主持人应当对本单位的全体员工进行必要的礼仪教育。对于本单位出席庆典的人员，必须规定好有关的注意事项，并要求大家在临场之时，务必严格遵守。在这一问题上，单位的负责人要对此加以重视，尤其是出面迎送来宾和上主席台的人士，应当清楚，在庆祝仪式上，假如这些人在庆典中精神风貌不佳，穿着打扮散漫，举止行为失当，很容易对本单位的形象进行“反面宣传”。因此，主持人应事先要求出席庆典的员工做到以下几点。仪容要整洁。所有出席本单位庆典的人员，事先都要洗澡、理发，男士还应刮光胡须。无论如何，届时都不允许本单位人员蓬头垢面、胡子拉碴、浑身臭汗，有意无意会给本单位的形象“抹黑”。着装得体。有统一式样制服的单位，应要求以制服作为本单位人士的庆典着装。无制服的单位，应规定届时出席庆典的本单位人员必须穿着礼仪性服装。即男士应穿深色西装，女士应穿套裙，配长肉色丝袜、黑色高跟鞋，或者穿深色的套裤，或是穿花色素雅的连衣裙。绝不允许在服饰方面任其自由放任，把一场庄严隆重的庆典，搞得像一场万紫千红的时装或休闲装的“博览会”。倘若有可能，将本单位出席者的服饰统一起来，则是最好的。要有时间观念。遵守时间，是基本的商务礼仪之一。上到本单位的最高负责人，下到级别最低的员工，都不得姗姗来迟，无故缺席或中途退场。如果庆典的起止时间已有规定，则应准时开始，准时结束，要向社会证明本单位言而有信。严于律己。在出席庆典时，主办人员在举止行为方面应当注意的问题有：不要“想来就来，想走就走”，或是在庆典举行期间到处乱走乱转。不要找周围的人说悄悄话、开玩笑，或是朝自己的“邻居”甚至主席台上的人挤眉弄眼、作出怪样子。不要有意无意地做出对庆典毫无兴趣的姿态，例如看报纸、读小说、听音乐、打瞌睡、织毛衣等等。不要让人觉得自己心不在焉，比方说，手机突然响起，探头探脑，东张西望，一再看手表，或向别人打听时间。当本单位的会务人员对自己有所要求时，应“有则改之，无则加冕”，不要一时冲动，或是为了显得自己玩世不恭，而产生逆反心理，做出傻事来。严肃认真。在庆典举行期间，主持人不得有嬉皮笑脸、嘻嘻哈哈，或是愁眉苦脸、一脸晦气、唉声叹气，否则会使来宾产生很不好的印象。在举行庆典的整个过程中，员工都要表情庄重、全神贯注、聚精会神。假若庆典之中安排了升国旗、奏国歌、唱厂歌的程序，一定要依礼行事：起立，脱帽，立正，面向国旗或主席台行注目礼，并且认认真真、表情庄严肃穆地和大家一起唱国歌、唱厂歌，此刻，不许不起立、不脱帽、东张西望、不唱或乱唱国歌与厂歌。当起来或坐下时，不得把座椅搞得乱响，一边脱帽一边梳头，或是在此期间走动和与人交头接耳。礼让待客这里所指的主要是对来宾态度要友好。遇到了来宾，要主动热情地问好。对来宾提出的问题，都要立即予以友善的答复。不要围观来宾、指点来宾，或是对来宾持有敌意。当来宾在庆典上发表贺词时，或是随后进行参观时，要主动鼓掌表示欢迎或感谢。言简意赅。主持人在在主持庆典中发言，则务须谨记以下四个重要的问题：一是上下场时要沉着冷静。走向讲坛时，应不慌不忙，不要急奔过去，或是慢吞吞地“起驾”。在开口讲话前，应平心静气，不要气喘吁吁、面红耳赤、满脸是汗、急得讲不出话来。二是要讲究礼貌。在发言开始，不要忘记说一句“大家好”或“各位好”。在提及感谢对象时应目视对方。在表示感谢时，应郑重地欠身施礼。对于大家的鼓掌，则应以自己的掌声来回礼。在讲话末了，应当说一声“谢谢大家”。三是发言一定要在规定的时间内结束，而且宁短勿长，不要随意发挥，信口开河。四是少做手势。含义不明的手势，尤其在发言时坚决不用。与东道主一起送走来宾。会议结束后，主持人不要以为会议开完后自己就算完成任务了，悄悄地离开会场去休息，这是很不礼貌的。当来宾纷纷起身告辞时。主持人应该和东道主一起，像迎接来宾那样客客气气地把他们送走。

庆典仪式是规则程序较强的一种庆祝活动，可以起到扩大社会影响、树立良好的社会形象的作用。

庆典仪式主持相对其他主持在要求与技巧上相对简单，但程序要求较为严格，不能随意更改。介绍领导更应注意排名的先后和具体称谓。如："鞍巢市政协副秘书长孙俊树同志"，不能简称为"副秘书长"，也不能像平时称呼为"秘书长"，这样称谓都不规范，不符合仪式要求；更不能报错说成"鞍巢市市委副秘书长孙俊树同志"，那就是"事故"了。贺词与致辞也有很大区别，不能随意使用，致辞是本次仪式的主办方领导代表主办方介绍仪式的意义及对来宾的欢迎等，而贺词则是外单位领导对本次活动表示祝贺，主持人在使用时不能混用。

庆典主持虽然简单，但也有较高要求，是所有活动会议主持中语言样式要求最严格的一种。它要求语流速度相对平缓，文字组织不能随意，它的语言样式带有很强的书面语影响，吐字归音、语句停连比较规整，字正腔圆，口腔力度较大，气息控制也较均匀，顺畅沉稳，声音坚实、洪亮。主持时既要有亲切感、新鲜感也要有严肃感和持重感。但也不能过分追求上述要求出现"蹦字""气僵""呆板""平淡"等现象。应该力求规整而不僵直、持重而不造作、有力度而不生硬。

虽说庆典仪式主持程序较强，但主持人的主持词也要适时适地适情况进行组织。如当时是阴天，主持人说出已准备好的台词"阳光明媚"，这就闹出笑话了。所以主持人的在准备预案时应该多考虑现场因素，做多方面准备。

庆典仪式中也会出现领导过分紧张，出现一些状况，这时主持人应予以及时巧妙的处理，维护好领导和政府及企业事业形象。也会出现一些准备不充分而出现的问题，要求主持人处乱不惊，机敏应对，锦上添花。

一、开幕式与闭幕式

开幕式、闭幕式是各种会展活动开始前和结束时的礼仪和庆祝活动。通过开幕式、闭幕式，可以起到扩大社会影响、树立良好的社会形象的作用。

确定参加对象、范围。开幕式、闭幕式的参加对象应当包括下列人士：主办单位及其上级机关的领导人；主办单位以及与活动有关的机关、企事业单位的领导和代表；涉外活动的开幕式和闭幕式也可邀请有关国家、地区、组织的代表，如有关国家的使节、领事、参赞等；协办单位、赞助单位的领导或代表；有关新闻单位；为使开幕式、闭幕式的气氛隆重，可以选派一些群众代表参加。

确定主持人、致辞人和剪彩人。开幕式、闭幕式通常由东道主或主办方主持，主持人应当有一定的身份。重要的开幕式、闭幕式，主办方可派出身份较高的领导人参加并致开幕词或闭幕词。致辞人的身份一般应当高于主持人，如致辞人为正职，则主持人为副职。仪式较为简单的，可由主持人致开幕词。如果安排其他国家、组织的代表致辞，应事先发出邀请或商定。内容重要的致辞或涉外活动的开幕式、闭幕式致辞，应事先交换稿件或通报致辞的大致内容，国内的开幕式、闭幕式提倡即兴致辞。如今许多的开幕式中会安排剪彩，剪彩人应当是主办单位身份最高的领导人，也可安排上级领导、协办单位领导与主办单位领导共同剪彩。开幕式由双方或多方联合举办的，各方均应派出代表参加剪彩，剪彩人的身份应大体相当。

发出邀请。凡外单位的领导和代表应当书面邀请。书面邀请分为请柬、邀请信和通知三种形式。请柬文字内容要简单，用于邀请一般的来宾。邀请信可根据不同的对象拟写，除表达邀请出席的诚意外，还可以提出一些希望和请求。对于内部人员则书面通知。书面邀请发出后，还应当用电话跟踪落实。

会场布置。开幕式、闭幕式一般在活动现场举行。现场可摆放花卉、悬挂彩旗和标语，也可根据内容需要播放音乐、表演舞蹈、敲锣打鼓，以体现热烈隆重的气氛。时间较长和规模较大的开幕式和闭幕式典礼，可设主席台并摆设座位；时间较短和规模较小的，一般站立举行，但是先应划分好场地以便维持现场秩序。如场面较大，应安置扩音设备。所剪彩球要用绸带联接，每个彩球均由礼仪小姐用托盘托住。另外，剪彩用的剪刀也应事先准备好，每个剪彩人一把，在剪彩时由礼仪小姐用托盘递上。

签到是举行开幕式、闭幕式的重要环节，即表示对来宾的欢迎，又可以留作纪念。一般用签到簿来签到。签到簿要美观典雅或体现喜庆气氛。来宾较多时，可以多准备几本签到簿。签到用的笔墨也应一并准备齐全。签到处要设在会场入口处。如果来宾人数较多，签到处要设在较为宽敞的地方，以免来宾集中到达时出现拥挤现象。在室外举行时的，签到处设在主席台的一侧。签到处要设有醒目的标志，并安排礼仪人员接待。庆祝性的开幕式还要给来宾和领导准备胸带和胸花。有时，举行开幕式之后还安排参观、植树纪念、文艺体育表演等活动。与这些活动相关的物品也要准备妥当。留言簿是这类活动常备的物品。活动结束后，请领导和来宾留言或题词，既可以使活动有个圆满的结尾，又能为日后进一步宣传提供题材。

1. 开幕式程序

大型活动的开幕式前可安排乐队奏乐、表演歌舞等，以增加欢快的气氛。

来宾签到留念，并由礼仪人员为来宾佩带胸花和来宾证，然后引入主席台或贵宾区，陌生来宾应由工作人员向主办单位的领导介绍。

司仪介绍出席开幕式的领导人和主要来宾，并宣布仪式由谁主持。

主持人宣布仪式开始。重要的开幕式应奏国歌，涉外活动奏各国国歌。

致辞。

一般的开幕式较为简单，可由大会主持人致开幕词。如果专门举行开幕式，则先由开幕式的主持人宣布开幕式开始。上级机关派代表参加开幕式的，应当在致开幕词后，安排其致辞或讲话。如邀请兄弟单位参加，也可安排其致贺词或宣读贺电、贺信。会议主持人应当详细介绍每位致辞人的职务、身份和姓名。

举行各种活动的开幕式，先由主办单位领导人发表主旨讲话，然后由来宾代表致贺词，最后由主办方身份最高的出席者致开幕词。这类开幕词十分简洁，往往只有一句话，即：“我宣布：××（活动名称）开幕。”联合主办的活动，也可用共同剪彩的形式代替开幕词。

剪彩。主持人先介绍剪彩人员的身份和姓名。剪彩时，播放音乐，参加人员鼓掌祝贺。

举行参观、植树、文艺体育表演等活动。参观时，应让身份最高的领导和来宾走在前面，并由解说员介绍。如有外宾参加，还需做好翻译。

请来宾留言或题词。

2. 闭幕式程序

闭幕式中的签到、介绍领导人和来宾、宣布仪式开始等程序与开幕式基本相同。不同的程序主要是：

一般的闭幕式，由主办单位的领导人致闭幕词。闭幕式一般要对会议或者活动进行总结，对会议精神的贯彻落实提出要求和希望，最后宣布会议或者活动圆满结束。

党的代表大会闭幕时应齐唱国歌。

系列性活动或系列性会议的闭幕式，常常举行交接仪式，由主办单位向下次会议或者活动的主办单位移交主办权。

节、展、月等大型活动，闭幕式后可举行文艺和体育表演，以示庆祝。

二、开工与揭幕仪式

社会各界为了庆祝各种工程项目的奠基和竣工、各种经营单位的开张，各种机构的成立挂牌或揭牌，各种塑像或纪念碑的落成，往往要举行一定的仪式或典礼，统称开工与揭幕仪式。

开工与揭幕仪式的准备。开工与揭幕仪式的各项准备工作的要求与开幕式、闭幕式大体相同。不同之处如下：实施、奠基、揭牌、揭幕、启动、点火等仪式或者下达开工命令的人员一般是主办单位或者上级机关参加开幕式职务最高的领导；双边性或多边性仪式，如联合投资的工程举行奠基、开工、挂牌等仪式，各方应派身份相当的人士出席。国内有些工程竣工、通车、交接等仪式，可请对该项目做出贡献的工程技术人员剪彩。现场布置与物品准备。建设工程的奠基或开工仪式应当在施工现场举行，事先搭好临时性的主席台，设讲台或落地话筒，时间较短的仪式一般不放桌椅，全体人员均站立参加。现场周围可布置各色彩旗、气球和标语。工地上埋好奠基石，准备好扎有红色绸带的新铁锹。打桩机、推土机等机器也要预先进入施工位置，等待开工命令。揭牌（碑、像）仪式多在安放现场举行，全体人员站立参加。所揭之碑、牌、像等事先用绸缎罩住，绸缎的颜色，一般为红色或墨绿色。揭牌（碑、像）仪式如在会场内举行，则主席台中间放置桌椅，供领导人和嘉宾就座，右侧（以主席台的朝向为准）设讲台和话筒，左侧放置待揭碑、牌、像等。举行点火或启动仪式，要事先选择好举行仪式的合适地点，并确保安全；设置好点火或启动装置，以保证点火或启动一次成功。通车仪式要准备好足够的车辆，并装饰城彩车，有的还配以锣鼓和乐队。

专门举行的开工与揭幕仪式，其程序也与开幕式大体相同。但应注意：仪式开始后，先由主办单位领导致辞，对前来参加仪式的上级领导以及来宾表示感谢，同时介绍工程项目、落成的碑或像等的情况及其意义；然后由其他方面人士致辞，最后请上级机关的领导或代表致辞。联合主办的仪式，各方都应派代表致辞。剪彩、奠基、揭牌、揭幕后，可安排正式通车、打桩、开工。有的开工仪式不举行剪彩、奠基，而是由现场身份最高者下达开工命令。

三、开业仪式

具体而言，筹备开业仪式时，要做好舆论宣传、来宾邀请、场地布置、接待服务、礼品馈赠、程序拟定等六个方面的工作。

要做好舆论宣传工作。首先，利用有限的大众传播媒介，进行集中性的广告宣传。其内容多为：开业仪式举行的日期、开业仪式的举行地点、开业之际对顾客的优惠、开业单位的经营特色等等。其次，邀请有关的大众传播界人士在开业仪式举行之时到场进行采访，以便对本单位进行进一步的宣传报道。

要做好来宾邀请工作。开业仪式影响的大小，往往取决于来宾身份的高低与其数量的多少。在力所能及的条件下，要多邀请一些来宾参加开业仪式。地方领导、上级主管部门与地方职能管理部门的领导，合作单位与同行单位的领导、社会团体的负责人、媒体人员，都是邀请来宾时应予以优先考虑的。为慎重起见，用以邀请来宾的请柬应认真书写，并应装进精美的信封，由专人提前送到对方手中，以便对方早作安排。

要做好场地布置工作。开业仪式多在开业现场举行，其场地可以是正门之外的广场，也可以是正门之内的大厅。按照惯例，举行开业仪式时宾主一律站立，一般不布置主席台或座椅。为显示隆重与敬客，可在来宾尤其是贵宾站立之处铺设红色地毯，并在现场四周悬挂横幅、标语、气球、彩带、宫灯。此外，还应当在醒目之处摆放来宾赠送的花篮、牌匾、来宾的签到簿、本单位的宣传材料、待客的饮料等等，亦需提前备好。对于音响、照明设备，以及开业仪式举行之时所需使用的用具、设备，必须事先认真进行检查、调试，以防其在使用时出现差错。

要做好接待服务工作。在举行开业仪式的现场，一定要有专人负责来宾的接待工作。在接待贵宾时，需由本单位主要负责人亲自出面。在接待其他来宾时，则可由本单位的礼仪小姐负责接待此事。若来宾较多时，须为来宾准备好专用的停车场、休息室，并应为其安排饮食。

要做好礼品赠送工作。根据常规，向来宾赠送的礼品，应具有以下三大特征：宣传性：可选用本单位的产品，也可在礼品以及外包装上印上本单位的企业标志、广告用语、产品图案、开业日期等等。荣誉性：要使之具有一定的纪念意义，并且使拥有者对其珍惜、重视，并为之感到光荣和自豪。

独特性：礼品应当与众不同，具有本单位的鲜明特色，使人一目了然，过目不忘。

要做好程序拟定工作。从总体上来看，开业仪式大都由开场、过程、结局三大环节构成。开场，即奏乐，邀请来宾就位，宣布仪式正式开始，介绍主要来宾。过程是开业仪式的核心内容，它通常包括本单位负责人讲话，来宾代表致辞，启动某项开业标志等等。结局则包括开业仪式结束后，宾主到现场进行参观、联欢、座谈等等。它是开业仪式必不可少的尾声。为使开业仪式顺利进行，在筹备之时，必须要认真草拟具体程序，并选定好称职的仪式主持人。

四、剪彩仪式

按照惯例，剪彩仪式既可以是开业仪式的一项具体程序，也可以独立出来，有其自身的一系列程序组成。

剪彩的准备：物品准备。与举行其他仪式相同，剪彩仪式也有大量的准备工作需要做好。其中主要涉及到场地的布置、环境的卫生、灯光与音响的准备、媒体的邀请等等。除此之外，尤须对剪彩仪式上所需使用的某些特殊工具，诸如红色绸带、新剪刀、白色薄纱手套、托盘以及红色地毯等，仔细地进行选择和准备。红色缎带。亦即剪彩仪式之中的“彩”。按照传统说法，它应当由一整匹未曾使用的红色绸缎，在中间结成数朵花团而成。为了节约，可代之以长度为两米左右的细窄的红色缎带，或者以红布条、红线绳、红纸条。一般来说，红色缎带上所结的花团，不仅要生动、硕大、醒目，而且其具体数目往往还同现场剪彩者的人数直接相关。目前有两种模式可依：其一，花团的数目比现场剪彩者的人数多一个；其二，花团的数目比现场剪彩者的人数少上一个。前者可使每位剪彩者总是处于两朵花团之间，尤显正式。后者则不同常规，亦有新意。新剪刀。是专供剪彩者在剪彩仪式上正式剪彩时所使用的。它必须崭新、锋利而顺手。在剪彩仪式结束后，主办方可将每位剪彩者所使用的剪刀经过包装之后，送给对方以资纪念。白色薄纱手套。在正式的剪彩仪式上，剪彩者剪彩时最好每人戴上一副白色薄纱手套，以示郑重其事。在准备白色薄纱手套时，除了要确保其数量充足之外，还须使之大小适度、崭新平整、洁白无瑕。托盘。是托在礼仪小姐手中，用作盛放红色绸带、剪刀、白色薄纱手套的，剪彩仪式上所使用的托盘，最好是崭新的、洁净的。它通常是银色的不锈钢制品，可在使用时上铺红色绒布或绸布。就其数量而论，在剪彩时，可以用一只托盘依次向各位剪彩者提供剪刀与手套，并同时盛放红色缎带；也可以为每一位剪彩者配置一只专为其服务的托盘，同时使红色缎带专由一只托盘盛放。后一种方法更加正式。红色地毯。主要用于铺设在剪彩者正式剪彩时的站立之处。其长度可视剪彩者人数的多少而定，其宽度则不低于一米以下。有时，亦可不予铺设。

剪彩人员选定。剪彩者，即在剪彩仪式上持剪刀剪彩之人。根据惯例，剪彩者可以是一个人，也可以是几个人，但是一般不应多于五人。一般来说，剪彩者多由上级领导、合作伙伴、社会名流、员工代表或客户代表所担任。确定剪彩者名单，必须是在剪彩仪式正式举行之前。名单一经确定，即应尽早告知对方，使其有所准备。在一般情况下，确定剪彩者时，必须尊重对方个人的意见，切勿勉强对方。需要有数人同时担任剪彩人时，应分别告知每位剪彩者届时他将与何人同担此任。必要时，可在剪彩仪式举行前，将剪彩者集中在一起，告之对方有关的注意事项，并稍事排练。按照常规，剪彩者应着套装、套裙或制服，不允许戴帽子或者戴墨镜，也不允许穿便装。助剪者，指的是在剪彩者剪彩的一系列过程中从旁为其提供帮助的人员。一般而言，助剪者多由东道主一方的女职员担任。现在，人们对她们的常用称呼是礼仪小姐。在剪彩仪式上服务的礼仪小姐，可以分为迎宾者、引导者、服务者、拉彩者、捧花者、托盘者。迎宾者的任务，是在活动现场负责迎来送往。引导者负责带领剪彩者登台或退场。服务者的任务，是为来宾尤其是剪彩者提供饮料、安排休息之处。拉彩者是在剪彩时展开、拉直红色绸带。捧花者的任务，是在剪彩时手托花团。托盘者的任务，则是为剪彩者提供剪刀、手套等剪彩用品。在一般情况下，迎宾者与服务者应不止一人。引导者既可以是一个人，也可以为每位剪彩者各配一名。拉彩者通常应为两人。捧花者的人数则需要视花团的具体数目而定，一般应为一花一人。托盘者可以为一人，亦可为每位剪彩者各配一人。有时，礼仪小姐亦可身兼数职。礼仪小姐的基本条件是：年轻健康、气质高雅、音色甜美、机智灵活。最佳装束为：化淡妆，盘起头发，穿款式、面料、色彩统一的单色旗袍，配肉色连裤丝袜、黑色高跟皮鞋。除戒指、耳环或耳钉外，不佩戴其他任何首饰。有时，礼仪小姐身穿深色或单色的套装亦可。但是，她们的穿着打扮必须尽可能地整齐划一。

独立而行的剪彩仪式，通常应包含如下的程序：

请嘉宾就位。在剪彩仪式上，通常只为剪彩者、本单位的负责人安排坐席。

一般情况下，剪彩者应就座于前排。若其不止一人时，则应使之按照剪彩时的具体顺序就座。

宣布仪式正式开始。在主持人宣布仪式开始后，乐队应演奏音乐，现场可燃放鞭炮，全体到场者应热烈鼓掌。此后，主持人应向全体到场者介绍到场的重要嘉宾。

奏乐曲。可以奏国歌，也可演奏本单位标志性歌曲。

进行发言。发言者依次应为东道主单位的代表、上级主管部门的代表、地方政府的代表、合作单位的代表等等。其内容应言简意赅，每人不超过三分钟，重点分别应为介绍、道谢与致贺。

进行剪彩。此刻，全体应热烈鼓掌，必要时还可奏乐或燃放鞭炮。在剪彩前，主持人须向全体到场者介绍剪彩者。

进行参观。剪彩之后，主人应陪同来宾参观被剪彩之物。随后，可向来宾赠送纪念性礼品，并以自助餐款待全体来宾。

当主持人宣布进行剪彩之后，礼仪小姐即应率先登场。在上场时，礼仪小姐应排成一行，从两侧同时登台，或者是从右侧登台均可。登台之后，拉彩者与捧花者应当站成一行，拉彩者处于两端拉直红色缎带，捧花者各自双手手捧一朵花团。托盘者应站立在拉彩者和捧花者身后一米左右，并且自成一行。

在剪彩者登台时，引导者应在其左前方进行引导，使之各就各位。剪彩者登台时，宜从右侧出场。当剪彩者均已到达既定位置之后。托盘者应前行一步，到达前者的右后侧，为其递上手套、剪刀。

若剪彩者仅为一人，则其剪彩时居中而立即可。若剪彩者不止一人时，同时上场剪彩时位次的尊卑的一般规矩是：中间高于两侧，右侧高于左侧。需要说明的是，之所以规定剪彩者的位次“右侧高于左侧”，主要是因为这是一项国际惯例，剪彩仪式理当遵守。其实，若剪彩仪式无外宾参加时，执行我国“左侧高于右侧”的传统做法，亦无不可。

剪彩者若不止一人，则其登台时亦应列成一行，并且使主剪彩者行进在前。在主持人向全体到场者介绍剪彩者时，后者应面含微笑向大家欠身或点头致意。

在正式剪彩前，剪彩者应首先向拉彩者、捧花者示意，待有所准备后，右手持剪刀，表情庄重地将红色缎带一刀剪断。若多名剪彩者同时剪彩时，其他剪彩者应注意与主剪者的动作协调一致，力争同时将红色缎带剪断。

剪彩以后，红色花团应准确无误地落入托盘者手中的托盘里，而切勿使之坠地。剪彩者在剪彩成功之后，可以右手举起剪刀，面向全体到场者致意。然后放下剪刀、手套于托盘之内，举手鼓掌。接下来，可依次于主办者握手道喜，并列队在引导者的引导下退场。

退场时，一般宜从右侧下台。待剪彩者退场后，礼仪小姐方可列队由右侧退场。

五、签字仪式

签字是对特定的书面意见表示确认的行为。会谈中产生的正式文件只有经过会谈各方的签字才能生效。因此，会谈的最后文件一般都要举行签字仪式正式签署，以示确认并据此生效。

文本的准备。定稿即通过讨论和磋商确定正式文件的文字内容，这是文本准备的前提。如果是涉外谈判，还要对不同文字的文本内容及具体表述进行磋商，达成共识。双方并列缔约、并在用本国文字写成的文本中提双方国名或领导人姓名时，本国的国名和姓名并列在前面。

缔约双方如使用不同的语言，签字文本应当用两种文字写成；按主权平等的原则，两种文字文本具有同等效力。除了用双方的语言制作文本外，还可以用双方共同熟悉的第三种语言增加一种文本，三种文本具有同等效力。一些技术性较强的专门文件，经双方同意也可只用某一国际通用语言写成。多边谈判文件的起草，可使用一种或几种国际通用语言。

签字的文本如用各签字国的文字同时印制，应将各方的本国文字置于各方自己保存的文本的前面（从右向左竖排文字则在右侧）。比如，中美双方签字，中方保存的文本，中文在前，英文在后；美方保存的文本，英文在前，中文在后。多边签字缔约，则以英文国名的顺序确定各国文字的次序。

各方签字的位置应当安排在各方自己保存的文本签字处的前面（从右向左竖排文字则在右侧），如果双方签字的位置时左右并排，则安排在左边。但如果双方的名称用“甲方”、“乙方”等表示顺序的词、词组或字母来简称，则一般按其顺序签字。

校印。文本排版后，必须经过严格的校对，确认无误后，才能交付印刷、装订。

制作正本的和副本。签字文本分正本和副本，正本签字后由双方各自保存。双边签字，双方各保存正本一份。有时为了方便工作，也可以印制若干副本。副本的数量由双方根据实际需要协商确定，也可在条款中加以说明。多边签字，正本也可以仅制作一份，各方签字后，由东道国（方）或发起缔约的组织保存。

盖章。一般在举行签字仪式前，先在文本上盖上双方的公章，这样，文本一经签字便具有法定效力。外交方面的签字文本需要事先加盖火漆印。

确定参加人员。签字人员。签字人可以是双方参加谈判的主谈人，也可另派更高级别的领导人作为签字人。确定签字人要考虑以下几方面的因素：签字人必须有代表一级政府或组织的法定资格。企业之间的合同签字，必须由法人代表签字，或者由法人代表所委托的人员签字。委托签字必须出示委托人亲笔签署的委托书。各方签字人员的身份应当大致相等。领导人。为了表示对谈判成果的重视，签约各方也可以派出地位较高的领导人参见签字仪式，但也应当注意规格大体相等。见证人。见证人主要是参加会议的人员，各方人数应当大致相等。有时也可邀请保证人、协调人、律师、公证人员参加。助签人。助签人主要职责时在签字过程中帮助签字人员翻揭文本，指明需要签字之处。由于涉外签字的文本由中外文印成，各方签字的位置不一，一旦签错，文本就会失效。故助签人必须参加文本的整理、起草和制作工作，且非常熟悉业务。双边签字时，双方助签人的人选应事先商定。多边签字时，也可由主方派一名助签人，依次协助各方签字。

会场布置。签字桌椅双边签字，一般设长方桌，上铺深绿色台布。桌后放两把椅子，为双方签字人员的座位。如签字方比较多，则加长桌子，增加座位。多边签字也可将桌排成圆形或方形，或仅放一张椅子，由各方代表依次签字。涉外双边签字仪式的座位按主左客右的惯例摆放，即客方的座位安排在主方的右边。多方签字则按礼宾次序，各方签字代表的座位按英文国名当头字母的顺序排列，排在第一位的居中，第二位排在其右边，第三位排在其左边。签字桌上可放置各方签字人的席卡。席卡一般写明签约的国家或组织的名称、签字人的职务及姓名。涉外签字仪式应当用中英文两种文字标示。各方保存的文本置于各方签字人座位前的桌子上。人员位置双边缔约，参加签字仪式的人员按主左客右的惯例分成左右两边站立于签字人员的后面，各方身份最高的领导人并排站立于中间，其他人员按双方高低向两排顺排。人数较多时，可分成若干排站立于前低后高的梯架上。有时，也可在签字桌的对面或前方两侧摆放座位，供参加人员就座。多边签字仪式，各方领导人按礼宾次序排列。签字仪式开始后，助签人应站在各自签字人员外侧协助签字，不要站在中间，以避免挡住后排领导人的视线。讲台。如果签字仪式还安排各方领导人致辞，可在签字桌的右侧摆放讲台，或放置落地话筒。国旗。涉外签字仪式一般要挂各方的国旗。国旗可以按主左客右的惯例交叉插在签字桌中央的旗架上，也可以分别插于签字桌的两端或并挂在背面的墙上。举行多边签字仪式，则放在各方签字人座位前的桌上。会标。签字仪式的会标要求醒目，并反映签约各方的名称、签约内容。涉外签字仪式的会标应用中文和外文书写。文具。签字用的文具包括钢笔、墨水、吸墨器（纸）。用笔和用墨必须符合归档的要求，签字笔要防止墨水堵塞，确保签字时书写流畅。香槟酒。有时在签字仪式结束后，会举行小型酒会，共庆会谈成功。工作人员应事先准备好香槟酒、酒杯等。

签字仪式程序。

单纯性签字仪式程序：签字各方在司仪的安排下进入预定的位置。签字人在己方保存的文本上签字，助签人为签字人员翻揭文本，指明签字处，并用吸墨器（纸）吸干。文本如系多种文字写成，每种文字的文本均需逐一签字。双方在各自保存的文本上签字后，由签字互相传递文本，签字人员再在对方保存的文本上逐一签字。多边缔约如果只需在一本文本上签字，可由司仪按英文国名当头字母的顺序报国家名称和签字人姓名、职务，由助签人依次请各缔约方签字。签字完毕后，各方签字人员应起立，交换文本，并相互握手致意。

复合性签字仪式程序：介绍主要来宾。宣布签字仪式开始。双方签字（过程同单纯性签字仪式程序）。主客双方先后致辞。致辞也可放在签字之前。举行小型酒会，举行庆贺。双方联合举行记者招待会或新闻发布会。

六、交接仪式

交接仪式的准备工作。

来宾的邀请。来宾的邀请，一般应由交接仪式的交付方负责。交接仪式的出席人员应当包括：交付方的有关人员，接收方的有关人员，上级主管部门的有关人员，当地政府的有关人员，行业组织、社会团体的有关人员，知名人士、新闻界人士、以及协作单位的有关人员等等。在上述人员之中，除交付方与接收的有关人员之外，对于其他所有的人员，均应提前送达或寄达正式的书面邀请，以示对对方的尊重之意。

现场的布置与物品准备。举行交接仪式的现场，通常应视交接仪式的重要程度、全体出席者的具体人数、交接仪式的具体程序与内容，以及是否要求对其进行保密等几个方面的因素而定。根据常规，一般可将交接仪式的举行地点安排在已经建设、安装完成并已验收合格的工程项目或大型设备所在地的现场。有时，亦可将其酌情安排在主办方本部的会议厅，或者由双方共同认可的其他场所。在交接仪式上，有不少需要使用的物品，应由交付方提前进行准备。首先，必不可少的，是作为交接象征之物的有关物品。它们主要有：验收文件、一览表、钥匙等等。除此之外，还需为交接仪式的现场准备一些用以烘托喜庆气氛的物品，并应为来宾略备一份薄礼。在交接仪式上用以赠送给来宾的礼品，应突出其纪念性、宣传性。被交接的工程项目、大型设备的微缩模型，或以其为主角的画册、明信片、纪念章等等，皆为上佳之选。在交接仪式的现场，可临时搭建一处主席台。必要时，应在其上铺设一块红地毯。在主席台上方，应悬挂一条红色巨型横幅，上书交接仪式的具体名称，如“XX 工程交接仪式”或“热烈庆祝 XX 工程正式交付使用”。

第二节　训练材料

【例稿一】　　助学捐赠仪式

各位领导、老师、同学们：

大家好！

今天，我们在这里举行“希望助学”捐赠仪式，安徽××学院有20名品学兼优的贫困学生得到了救助，在此，我代表团市委向积极支持我们这次活动的捐助单位表示衷心的感谢，向×××等20名同学表示祝贺！同时也希望有更多的社会各界朋友参与到这项社会公益事业中来为更多的贫困学生成长创造有利条件。我们这次活动得到了市委的高度重视，市委副书记×××同志在百忙中也参加了我们这次活动，让我们对他们的到来表示衷心的感谢！

下面捐赠仪式开始：

进行第一项：升国旗奏国歌。

进行第二项：宣读救助学生名单。

进行第三项：请接受捐助的学生代表到前台接受捐赠。

进行第四项：请捐赠方代表古井集团负责人×××讲话。

第五项：请受救助的学生代表×××发言进行。

第六项：请市委副书记×××同志讲话。

各位，今天的捐赠仪式就要结束了，但是希望这救助的火种能够在全社会中永远继续下去，在社会上逐渐形成捐资助学无尚光荣的风气，进一步弘扬无私奉献精神和关爱互助精神，打造合肥市的政治文明和精神文明，希望得到捐助的学生能够珍惜这次得来不易的机会，把社会对你们的爱心化做学习的动力，用优异的成绩回报关心你们的人，回报社会。

谢谢！

【例稿二】　　庆祝××村公路硬化工程胜利竣工

尊敬的各位领导、各位嘉宾、女士们、先生们、父老乡亲们：

大家好！

“凤形山下风光好，桐子岭上气象新。”今天彩旗飘飘，喜气洋洋，我们欢聚一团，共襄盛举，隆重庆祝××村公路硬化工程胜利竣工。首先，让我荣幸的向大家介绍参加今天竣工典礼的领导和嘉宾。出席今天典礼仪式的领导和嘉宾有：××××××。感谢你们对××村公路建设的大力支持和辛勤付出。首先让我们对庆典大会表示热烈的祝贺，对大家各位的莅临表示衷心的感谢和最诚挚的欢迎！

现在××村公路硬化竣工典礼仪式正式开始（奏乐鸣炮!）

有请礼仪小姐上台给领导和嘉宾佩戴大红花。

现在进行仪式的第一项：请××村党支部书记××同志致欢迎词。

“农村富不富，关键看支部。”我们××村的支书美丽能干，巾帼不让须眉。我相信在镇党委的正确领导下，黄支书一定能够带领全村人民同心协力，团结进取，将××村建设成一个生产发展、生活富裕、乡风文明、村容整洁、管理民主的社会主义新农村；一个繁荣、祥和、发展的××。

仪式的第二项：请公路指挥长吴海平同志作工程介绍。

“是非经过不知难。”我们指挥长克服重重困难，四处奔波，以高度的责任感和使命感，张扬青春，放飞梦想，用自己辛勤的劳动和不懈努力，使工程如期顺利竣工。体现了一个安平干部锐意进取、有所作为的本色；体现了一个××青年建设家乡、美化家乡的情怀；展示了××村人努力拼搏，奋发向上的新面貌。

仪式的第三项：请涟源市民政局吴伯儒局长讲话。

感谢吴局长对我村公路建设的定力支持。

仪式的第四项：请特约嘉宾优秀的人民教师吴献章先生讲话。

“春播桃李三千圃，秋来硕果满神州”，感谢吴老师。

仪式的第五项：×××先生讲话。

爱心是风，能卷起浓密的云。

爱心是云，能化作及时的雨。

爱心是雨，能滋润干旱的树。

爱心是树，能撑起一片绿荫。

我们涟源人民的好代表吴修治先生，长期以来，身体力行，乐善好施，翻身不忘本，致富不忘根。成了三湘大地的活雷锋。一项项闪亮的荣誉伴随着我们的好代表，像一匹驰聘千里的骏马，一步一步到达人生和事业的顶峰。

仪式的第六项：请××镇领导××镇长讲话。

谢谢潇洒帅气的××镇长！我们安平镇的领导班子，以繁荣一方经济、富裕一方百姓为己任。高举发展旗帜，以最真的心、最深的情、最大的力；解民之忧、排民之难、谋民之利，以开拓进取的精神；以过硬的工作作风、扎实有效的工作措施、以锐意创新的工作思路，奏响了构建和谐安平的主旋律。感谢王文红书记及其领导班子为安平经济建设和社会各项事业的蓬勃发展作出的贡献。我们吉祥的安平一定会是一个生态之镇、宜居之镇、文明之镇、一个繁荣富强的湘中强镇。

“建设美好家园，创造幸福生活。”各位领导、各位来宾、朋友们！××村在外工作和发展的仁人志士，在家乡建设家园的有志青年，广大的父老乡亲们！家乡的发展靠党的政策，靠科学发展，更靠我们大家的共同努力、趁势而上、再接再厉、用满腔热血浇灌家乡肥沃的土地。把我们××村建设得更加繁荣富强、更加幸福和谐。祝愿××村人民以及所有的来宾们明天更美好！

【例稿三】 **无锡××××大酒店开业庆典**

尊敬的各位来宾，各位朋友，女士们，先生们：

金秋十月，清风送爽。

今天，四面八方的朋友汇聚在这里，都是为了庆祝一个共同的盛事，即无锡××××大酒店开业庆典仪式！

凤凰，是中华民族古老传说中的鸟中之王，它雍容华贵，富贵吉祥。而今天，在我们龙城无锡，在欣欣向荣的××区，迎来了凤凰的到来！它，就是我们即将开业的无锡××××大酒店！

从此，龙飞凤舞，互依互助，共图大业，共创辉煌！它将引领我们，造就斑斓春秋，锦绣繁华！

10：28

（引词）这是青春的律动，这是个性的张扬，这是心灵的呼唤，这是生命的礼赞。

现在出场的是××××大酒店的员工服装展示队。看！他们正迈着坚定的步伐向我们徐徐走来，他们精神抖擞，气宇轩昂，自信的笑容洋溢在脸上，在举手投足间无不展现出××非凡的气质。这是一个朝气蓬勃的团队，是××大酒店一道美丽的风景线。

这不仅仅是一次服装的展示，更是××大酒店风貌的展示，是××集团活力的展示，是无锡酒店界的大展示！

10：38

尊敬的各位来宾，各位现场的朋友们，请允许我宣布：无锡××××大酒店开业庆典仪式现在开始！

让我们用热烈的掌声，欢迎各位领导和嘉宾入场就座！

女士们，先生们，今天出席××××大酒店开业庆典仪式的领导和嘉宾有：××、××、××、××、×××、××、×××以及市区各部、委、办、局的领导，各级、各界、各部门、各兄弟单位的宾客500人。

下面让我们以热烈的掌声有请：无锡××集团董事长——为我们致贺词。

恽总的一番话，令我们倍感亲切。恽总的平易近人，让我们充分体会到××

集团积极向上、自我进取的精神。恽总的话虽没有华丽的辞藻，但很平实，表现出的是一个真实的××集团，是一个朝气蓬勃，一个处处以实际行动为大家做实事的集体。同时也让我们记住了一个谦虚谨慎，诚恳亲切的××董事长。

而××区领导对××大酒店的殷切期望，又使我们感慨万分，身受裨益，充分体味到了××区繁荣背后的艰辛，国家对新区创业者的支持关爱和领导者对新区未来蓝图规划的信心。

让我们再次以热烈的掌声向他们表示感谢！

下面，让我们热烈欢迎：（剪彩贵宾）为××××大酒店开业剪彩！

10：58

女士们，先生们，这里是无锡××××大酒店开业庆典现场。洪亮震天的锣鼓，欢腾活跃的舞狮，缤纷绚丽的礼花，烘托出了一个喜气洋洋的热闹气氛，点缀出了一个姹紫嫣红的秋季盛景！这是××人的盛事，这是无锡酒店界的盛典！

让我们共同庆祝这一盛事，让我们共享这一美好的时刻！

热烈庆祝××××大酒店开业盛典圆满成功！

今天，给我们开业现场送来贺礼的单位和客人有：××××××。

此外，发来贺信、贺电以及送来花篮祝贺的单位和个人有××××。

下面让我们以热烈的掌声有请：无锡××集团总经理——致答谢词。

11：08

各位现场的来宾，各位朋友：

欢迎来到无锡××××大酒店开业庆典仪式的现场。在这硕果累累的金秋时分，我们一起迎来了××××大酒店开业盛典，它的未来，必定灿烂辉煌，正如我们××大酒店总经理所说，它将成为无锡××区的地标和窗口，成为××区的最强音，成为无锡人民一个永不落幕的新都会！

让我们共同祝愿并期待××大酒店的生意兴旺发达，事业如日××！

非常感谢各位能够光临今天的开业现场！俗话说：有朋自远方来，不亦乐乎？我们的××大酒店为了款待和答谢各位领导和来宾，精心准备了开业庆典午宴，请各位随我们一起步入四楼宴会厅入席。

【例稿四】　××洗浴桑拿休闲中心项目签约仪式

各位领导、各位来宾：

花径今日为客扫，心扉从来向君开。在这美好的日子里，洗浴桑拿休闲中心项目在这里举行签约仪式。非常欢迎各位领导、各位嘉宾莅临北湖区参加这次活动，感谢各位领导、各位嘉宾和新闻界的朋友对北湖区经济社会发展的一贯关心和支持！

出席今天签约仪式的区领导有：中共北湖区委副书记王利荣先生、北湖区人民政府副区长王智先生，中共北湖区委常委、北湖区委办公室主任李湘惠先生，北湖区人民政府助理调研员张才友。

出席今天签约仪式的嘉宾有：珠海市裕卓虹基商业广场有限公司香港丰岗分公司法人代表甘儒明先生，郴州市呈祥广告装饰公司法人代表段呈祥先生，湘南大酒店总经理谢辉先生。

让我们以热烈的掌声向莅临本次签约活动的各位领导和嘉宾表示热烈的欢迎。

参加今天签约仪式的还有武警消防支队北湖大队、公安局北湖分局、工商局北湖分局、治安大队、区财政局、区商务局、区招商局、区卫生局、人民路派出所等部门负责人。

今天的签约仪式有四项议程：

1. 区领导致词；

2. 嘉宾讲话；

3. 表态性发言；

4. 举行项目签约仪式。

现在，进行第一项议程，请北湖区委副书记王利荣先生致词。（有请王书记）

……

下面，进行第二项议程，请珠海市裕卓虹基商业广场有限公司香港丰岗分公司法人代表甘儒明先生讲话。

……

近年来，北湖区委、区政府坚持开放带动首选战略，开放型经济实现了超常规发展。北湖区的经济和各项社会事业也得到了飞速发展，这离不开区委、区政府的正确领导，也离不开全区各级各部门的通力合作和密切配合。

下面，请人民路街道办事处王崎先生做表态性发言。

……

下面，举行项目签约仪式。今天将进行的签约项目是洗浴桑拿休闲中心项目。珠海市裕卓虹基商业广场有限公司香港丰岗分公司将分别与郴州市呈祥广告装饰公司和人民路街道办事处签约。

首先，进行合作开发洗浴桑拿休闲中心项目合同签约。有请珠海市裕卓虹基商业广场有限公司香港丰岗分公司法人代表甘儒明先生和郴州市呈祥广告装饰公司法人代表段呈祥先生到签约台就座。请区领导王利荣伟先生、李湘惠先生、张才友先生和出席签约的嘉宾谢辉先生到主席台就位。

……（待站好、坐好后）

洗浴桑拿休闲中心项目计划总投资1600万元人民币，营业面积达2000多平方米，是一个集洗浴、桑拿、休闲、娱乐为一体的开发项目，合作双方将致力于将该项目打造成为郴州娱乐休闲业的巨大航母。下面请签约代表在合同文本上签字，（稍停）请双方交换签约文本并签字。（稍停）让我们以热烈的掌声为项目的成功签约表示祝贺。

……

下面进行洗浴桑拿休闲中心投资协议签约。有请珠海市裕卓虹基商业广场有限公司香港丰岗分公司法人代表甘儒明先生与人民路街道办事处主任郑玉萍女士到签约台就座。下面请签约代表在合同文本上签字，（稍停）请双方交换签约文本并签字。（稍停）让我们以热烈的掌声为项目的成功签约表示祝贺。

……请各位领导、各位嘉宾回位就座。

各位领导、各位嘉宾，"海内存知己，天涯若比邻"，开放的北湖呼唤所有的有战略眼光的投资者，前进的北湖期待着与您共同参与、共同发展。让我们的友谊在创业中加深、在"双赢"中升华。

签约仪式到此结束，祝各位领导、各位嘉宾事业发达、家庭幸福、生活愉快、身体健康！谢谢大家！

【例稿五】　官道沟希望小学在这里落成剪彩仪式

各位领导、来宾、老师、同学们：你们好！和煦的春风吹开了希望的种子，清爽的秋风带来了金色的果实，一双双宽厚而无私大手托起了孩子们渴望读书的希望。今天由辽宁省水利厅等单位捐资修建的官道沟希望小学在这里落成并投入使用了，此时孩子们为之雀跃，村民们为之振奋，而所有希望工程工作者此时也满含着辛勤工作后的欣慰，把希望寄托在这些孩子身上。在这里我代表团县委对希望小学的落成表示热烈的祝贺！对希望工程工作者辛勤的劳动表示最深的谢意！出席这次剪彩仪式的领导有：辽宁省水利厅计财处处长彭贺志，共青团辽宁省委希望工程办公室主任、省青基会秘书长万显东，共青团丹东市委副书记刘希明，宽甸县委常务副书记李公昌，红石镇党委书记高德礼，红石镇人民政府镇长刘福善。让我们以热烈的掌声向多年来对我县希望工程给予关怀和帮助的各位领导、各界人士以及对官道沟希望小学大力资助的辽宁省水利厅等资助单位致以崇高的敬意和衷心的感谢！下面我宣布：红石镇官道沟希望小学落成剪彩仪式现在开始！首先请少先队员给各位领导佩带红领巾。进行仪式第一项：升国旗、全体起立！奏国歌。进行仪式第二项：让我们以热烈的掌声欢迎省水利厅计财处处长彭贺志、团省委希望工程办公室主任、省青基会秘书长万显东，共青团丹东市委副书记刘希明，宽甸县委常务副书记李公昌为红石镇官道沟希望小学落成剪彩。进行仪式第三项：请少先队员代表发言。进行仪式第四项：请宽甸县委常务副书记李公昌同志讲话。进行仪式第五项：请辽宁省水利厅计财处处长彭贺志同志讲话。进行仪式第六项：请团省委希望工程办公室主任、省青基会秘书长万显东同志讲话。同学、老师、乡亲们，如果一棵小树要茁壮的成长，那他就需要肥沃的土壤、纯洁的水和温和的阳光，如果一个孩子能茁壮的成长，那就需要学校、家庭、全社会的共同关怀、共同努力。我们的口号是：一切为了孩子，为了孩子的一切，为了一切孩子。同样，在今天美好的环境里成长的孩子们，希望你们能够珍惜今天来之不易的就学机会，发奋学习，自立自强，不负全社会对你们的扶持和帮助！最后，再次向对官道沟希望小学大力资助的辽宁省水利厅等资助单位致以崇高的敬意和衷心的感谢！红石镇官道沟希望小学落成剪彩仪式到此结束！请领导参观新校舍。

【例稿六】

“狮麟杯”《道路交通安全法》有奖知识竞赛的颁奖仪式

尊敬的王主任、蔡局长，各位领导、获奖代表们：

大家下午好！今天我们怀着高兴的心情在这里隆重举行“狮麟杯”《道路交通安全法》有奖知识竞赛的颁奖仪式。首先我代表南京交通技师学院向前来参加颁奖仪式的各位领导和来宾表示热烈的欢迎！向所有获奖选手表示热烈的祝贺！向所有参与此次活动并付出辛勤劳动的专家和工作人员表示衷心的感谢！

南京交通技师学院是一所以交通技师、高级工培训为主，集大、中专学历教育、汽车驾驶培训等职业技能培训和技能鉴定为一体的多学科、多功能、综合型的国家级重点技工院校。建有一座山水交融、景色秀丽、信息便捷、功能齐全，占地700亩的华东地区规模最大、全省模拟功能最强的狮子坝全封闭汽车运用技术公用实训基地。2004年学院被教育部、交通部、劳动和社会保障部等六部委列为“国家级汽车运用与维修专业紧缺型高技能人才培养培训基地”。

今年，学院共开设了30多个专业，招生超过2500人，主要是高级工、技师，学院现达到5000人的办学规模，独占技工院校鳌头。我院积极探索“银领”高级人才的教学培训模式，先后与淮安、大丰、镇江、徐州等职业教育中心以及南京大学、钟山学院、南京博林职业技术培训学校等实现教学资源互补。学院现建有中级部、高级部、技师部、高职部，在我院学习的学生可通过继续学习考试获得大专及本科教育的机会，在获得高级工、技师技能等级证书的同时，获得大专及本科学历证书。

作为学院经济增长的“主阵地”的狮麟驾驶培训学校在上级部门的正确领导和社会各界的大力支持下，深入贯彻落实《道路交通安全法》，以做精、做实、做强、做大驾驶培训，争创一流文明示范驾院为目标，充分利用学院科学的技术网络系统平台，及时修改完善适应新的《道路交通安全法》的机动车驾驶员理论考试网上模拟系统的内容。上半年，狮麟驾校共招收学员9000人，同年相比增长42%，预计全年招收学员达20000人；营运驾驶员培训5470人，是去年一年的培训数。近期，学院提出了《关于做精驾驶培训技术的意见》，力争在今年秋或明年春季将狮麟驾校升格为狮麟驾驶学院。

学院以交通技术教育、驾驶培训为特色，是车轮上的学校，因此安全工作是学院工作的重中之重，学习并宣传《道路交通安全法》是学院义不容辞的职责。学院是以汽车应用技术为主的学府，拥有狮麟汽车驾驶培训学校、汽车修理厂、车网俱乐部等，设有汽车驾驶、汽车维修、汽车检测等专业，车辆多，教练员多，学员也日益增多，这些都与道路交通安全密切相关。深入贯彻《道路交通安全法》对加强规范我院办学、培训和车辆管理，提高技能培训，切实提高培训质量等具有重要意义。

在《道路安全法》出台前后，学院开展了多种宣传形式使法规深入人心。学院在运输商务系成立了交通安全法教研室，安排许多教师参加各类《道路交通安全法》师资培训班，组织全院师生学习《道路交通安全法》；狮麟汽车驾校设立了理论培训中心，狮麟驾驶理论培训中心邀请专家组织多次学习讲座，使得驾校所有教练员和学员熟练掌握新法规；并且在市依法治市办、市交通局、公安局交通管理局、交警二大队、白下区运输管理所、白下区法律援助中心、南京同大律师事务所等部门的大力支持下，出资在《江南时报》利用一个整版刊登《道路交通安全法》全文予以发放，并于4月28日上午在新街口正洪广场举办了大型的《道路交通安全法》普法宣传活动。此次活动得到了市局领导的高度重视，市司法局徐路局长、市交通局刘少青书记等一行亲临活动现场并亲自参与有奖知识答题，活动准备充分，宣传方式多样，5000份刊登有《道路交通安全法》全文的南京交通技师学院院报不到两小时便分发一空，有奖问答现场人头攒动，得到了上级领导的肯定，取得了良好的社会效果。

各位领导、各位来宾，“星星之火，可以燎原”。希望通过这次宣传贯彻活动的星星之火，燃起全社会所有人主动知法、懂法、护法的燎原之势，点燃出南京交通安全工作的新篇章，推动整个社会安定有序的发展！

下面，我向大家介绍一下出席今天仪式的领导和嘉宾：市依法治市办公室王淑琴主任、市交通局蔡陆军副局长、市公安交管局冯玉林科长、南京交通技师学院原党委书记林静同志等领导，对他们的到来我们再次表示热烈的欢迎！

今天颁奖仪式共有四项议程：

一、首先请市交通局蔡陆军副局长宣读表彰决定，大家欢迎；

二、下面请优胜单位的代表上台领奖，大家欢迎；

三、请获奖个人代表上台领奖，大家欢迎；

四、请市依法治市办副主任、司法局副局长王淑琴同志讲话，大家欢迎。

各位领导、各位来宾，狮麟杯《道路交通安全法》颁奖大会就要到此结束，对各位的到来再次表示衷心的感谢！请获奖的单位及个人会后到领奖处领取奖状、奖杯和奖金。同时会后，我院狮麟车网俱乐部安排了观光车请各位领导、各位来宾参观游览风景美丽的狮子坝，届时有专人给大家介绍；热忱欢迎各位领导、各位来宾常来狮子坝休闲、娱乐、度假，来“快乐学车，享受自然”！颁奖仪式到此结束，谢谢大家！

【例稿七】　　泰州宏泰服装有限公司奠基仪式

尊敬的各位领导、各位来宾，同志们、朋友们：值此中秋佳节和国庆55周年到来之际，我们隆重举行泰州宏泰服装有限公司奠基仪式，在此，我谨代表桥头镇党委、桥头镇人民政府向应邀参加今天奠基仪式的各位领导、各位来宾表示热烈的欢迎和衷心的感谢。应邀参加今天奠基仪式的领导有人大常委会尹刚主任、市人民政府杨阳市长，香港来宾马梦才先生、马建国先生、汪平先生，市级机关有关部门的负责人，以及桥头镇机关工作人员，各村全体干部和有关企事业单位负责同志。今天奠基仪式的主要议程有四项：(1) 由公司董事长致欢迎词；(2) 镇党委书记丁家余同志讲话；(3) 请市人民政府杨市长作重要讲话；(4) 举行奠基培土。下面，我宣布泰州宏泰服装有限公司奠基正式开始，鸣炮奏乐。现在进行第一项议程：由公司董事长马梦才先生致欢迎词，大家欢迎；现在进行第二项议程：由桥头镇党委书记丁家余同志讲话，大家欢迎；现在进行第三项议程：请市政府杨市长作重要讲话，大家欢迎；现在举行奠基仪式，请……等领导、嘉宾为公司奠基培土。

【例稿八】　　科技部“科技下乡”活动开幕式上主持词

尊敬的各位领导、各位来宾，女士们、先生们：

开幕仪式现在开始！首先，我代表中共定县县委、定县人民政府以及全县50万农民群众，向参加“科技下乡”活动的各位领导，科技专家、新闻媒体朋友表示热烈的欢迎和衷心的感谢！

出席开幕仪式的有：中宣部、科技部、共青团中央，河北省人民政府、省科技厅，保定市人民政府、市科技局领导，中国农科院、中国农业大学、河北农业大学等高等院校、科研院所专家、学者，以及主办和协办单位邀请的各方媒体朋友和嘉宾。让我们以热烈的掌声表示欢迎！

近年来，定县双向开放步伐不断加快，城乡面貌日新月异，群众生活蒸蒸日上，经济社会得到长足发展，科技、医疗卫生等各项事业取得了明显进步。但在全面建设小康社会的今天，科技对全县农业经济和社会事业发展的支撑能力还不够强。此次中宣部、科技部组织农业科技专家来定县开展“科技下乡”，为全县人民送来了“科技及时雨”，必将有力推动定经济结构的调整和科技事业的进步。……

首先，请县委书记王林致欢迎词……

请×××宣布×××开幕。……

第三节　项目操作

项目名称：安徽广播影视职业技术学院新校区二期工程奠基仪式

项目地点：安徽广播影视职业技术学院新校区二期工程模拟现场

项目时长：15 分钟（包括领导讲话，项目操作领导讲话可象征性进行）

项目任务：

任务一：根据搜集的材料，撰写安徽广播影视职业技术学院新校区二期工程奠基仪式策划案。

任务二：根据自己的策划方案，撰写安徽广播影视职业技术学院新校区二期工程奠基仪式主持词。

任务三：根据分组情况，选择或者综合组内成员策划和主持词，并分配角色，完成安徽广播影视职业技术学院新校区二期工程奠基仪式主持、前期准备、现场布置、现场协调、礼仪、音响等工作任务。

项目相关要求：

1. 个人要完成项目一和项目二的所有内容，并上交相关文案。

2. 填写项目考核表，注明项目任务及角色。个人写项目实训报告。

3. 本项目任务三建议 3 ~ 6 人一组完成。组长撰写项目小结。交相关影视资料。

第五章　会议主持

第一节　理论概要

会议，是指人们聚集在一起，有议题、有组织、有步骤、有领导地研讨、讨论、商议有关问题和交流思想感情。

每位参加会议的人都是为一定的目的而来，如想从演说者那里得到一点实用的知识、参与某一问题的研讨、发表自己的看法等，而一次会议的成功在于它能使参加会议的人的目的或愿望得到较好的实现。因此，在会议之前，主办方和主持人要事先做好准备和演练。有了充分的准备工作，才不至于临场时出现尴尬局面。一般来说，一个成功的会议要求做好以下工作：

主办方事先考虑会议中将会遇到的问题以及问题的答案。在会议讲话中，台下面临的是文化层次不同的听众，他们难免会提出这样那样的问题来，为了避免让听众的提问牵着会议的鼻子走，使会议处于被动地位而显得狼狈不堪的尴尬境地，主办方要事先预料会上可能出现的各种难题，并找出每一道难题的对策。

会议是给广大的与会者开的，人多口杂，会议不可能做到人人叫好。只要主办方尽自己最大的努力，就足够了。但会议的成功与主持人的关系密切，因此，主办方要选择好主持人。让主持人在会前做好准备工作。最好为主持人列出几个最难以解决的问题。让主持人在开会以前，知道问题的答案。

一般情况下，组织者和主持人都难以判断出自己在会议中将要遇到的困难，这时，组织者最好向主办过这类会议的人请教，通过他们提出的问题，和主持人一道分析，从中总结经验，这样可以了解会议中可能遇到的障碍或反对意见，针对自己的领域可能遇到的困难做些准备。充分的准备可以让主持人临场不乱。

事先写好发言大纲。组织者要想让会议圆满成功，就得让主持人在演说中得到充分的发挥，事先按照讲话内容写一份讲话大纲。在写演说词时，一定要把握演讲的要领，演说词要有思想，有说服力度，字句要经过反复锤炼、考虑，斟词酌句，最好在纸上或者资料索引卡片上事先写下主持人要演说内容的提纲，确定主持人应该讲些什么内容，每一部分应该安排多长时间。让主持人对自己的发言做到心中有数。

在主持之前，主持人应该写下几个能够概括主持内容的词语，用这些词语在会议中提醒自己并把握自己将要讨论的话题。确定好纲要中的关键词语之后，在根据关键问题准备要说的话。在这些关键问题之中，可以分出一定主次，以便在必要时，找出一些可以删减的部分。在实际开会时，常常会有意料外的事情发生，往往耽误了时间。这样，有一些可以删去的内容，能够使主持人在缺少时间时摆脱困境。准备要说的话时，先用表记下所需的时间。

如果使用索引卡片，一定要给它们编上号。这样当主持人丢失某卡片而不得不重新准备时，就可以只准备丢失的那部分，而且也不至于在讲话中因不知道说到何处而乱找卡片。当然，使用索引卡片时，最好能用计算机把关键词语打下来，然后贴到卡片上。电脑所打出来的整洁漂亮的印刷体比手写体更容易辨认了。

事先了解听众真正感兴趣的问题。这一点需要主持人亲自参与，事先弄清楚会议参与者是来自什么单位，是企业还是机关，是学校还是厂矿，是领导干部还是研究人员。根据不同情况，认真准备材料，才能使听众能够接受自己在会议上的讲话。作为会议的主持人，只有对人们参加会议的目的以及使他们聚到一起的原因了解透彻了，会议就会越有效，越成功。在作会议开场白的时候，主持人可以说几句能引起会议参与者的注意和兴趣的话。

确定会议的目的和任务。任何一项工作都有一个目的，什么样的目的，决定了什么样的内容和形式。明确会议的目的，这是组织者首先要明确的问题。另外，组织者还要明确每个参与者的任务和角色。这两点是组织好会议的基础。

会议主持人在会议上要做的，主要是落实议程、控制时间、掌握会场等三项工作。处理这三项工作是否得力，是检验一名会议主持人是否称职的标准。

会议主持人是落实议程的责任者。议程，是会议议程的简称。它是指会议具体进行时所应遵循的既定的先后顺序。凡属于较为正式的集会，其议程大都在事先进行过认真的讨论和拟定。会议主持人作为会议的现场指挥者和掌握者，要使既定的会议议程得以落实，重点是要做好以下两点。第一点是熟悉议程，要使议程得以落实，主持人要沉着妥善的应付一切难以想象的突发性问题。

一般来说，会议的议程和正式会议一样，其中包括：

主持人宣布正式开会，必要时，全体起立，奏国歌、会歌；由专人做主旨报告；对主旨报告进行分组讨论，或者进行大会发言、讨论；进行总结，达成共识或者通过相应的会议，宣布散会。较为正式的会议议程都不外乎以上四点，基本框架一般不会变动，但在具体环节上，却是可以随机调整的。要做好这一点，主持人就要靠经验和应变能力行事。落实议程的第二点是执行议程。在一般情况下，会议的主持人作为会议的工作人员，不能随意变更会议的议程，尤其是其中的主要议程。不论遇到了什么情况，主持人都必须想方设法履行自己的职责，以确保会议按照既定方针进行，兑现各项议程，完成预期的任务。执行会议议程，是会议主持人必尽的职责。主持人不能对会议的议程进行全面的调整，或是对其进行增减。倘若遇到了特殊的情况，比如，发言人缺席、发言时间不够用、听众意见比较大等等。当主持人认为确有必要对议程进行调整时，最好及时征求会议或主办方的意见，不到万不得已，不能自作主张，或擅自离席。这是会议对于主持人的要求。

会议主持人是控制会议时间的责任者。一次会议的成败与时间的长短有很大意义，会议何时举行，举行多久，都是需要会议的组织者进行认真考虑的。对主持人来说，控制会议时间是他在主持时要做的主要工作。他的职责有以下几点。

把握起止时间。会议主持与其他会议主持一样，都要公开宣布起止时间。这一时间的确定，是经过组织者借鉴各种会议或是认真考虑后才制定的，全部与会者及会议工作人员都要遵守。因此，主持人在主持会议时，定在上午8：00开会，不能在8：10分才宣布开会；上午10：00散会，就不能在10：30散会。没有非常重要的特殊情况，主持人不能随便拖延开会和散会时间。严守会议的起止时间，是会议主持人必须遵守，并且要切实把握的。

限制发言时间。主持人不仅要遵守会议的起止时间，对于会者的发言时间也要有明确的限制。从一定意义上讲，限制发言时间是防止会议拖延时间的良方之一。

在拟订会议议程时，既应对每位发言人的发言时间有所限定，并一律通知其本人。主持人在主持会议时在这方面要做的工作。一是在发言人发言之前最好再次关照一下其限定的时间长度；二是可用技术性手段，如时间一到，铃响提示，在现场限制时间。但是，在主持会议过程中，主持人限制发言时间，不可手法粗暴，态度恶劣，不要当众口头打断他人的发言，令其难以下台。

安排好休息时间。倘若会议举行时间比较长，一般应当在期间安排一定的休息时间，以供与会者略微休息，活动手脚，处理私事。大体上，一次会议最好控制在3小时之内，并以2小时左右为佳。凡举行会议的时间长于1.5小时，应在期间安排一次长约1刻钟的休息。

如果事先未定会议要开多长时间，而在举行过程中已经超过了1个小时，并且倘若告终，则主持人应主动建议进行一次必要的会间休息。在举行会间休息前，必须明确休息时间的具体长度，以便与会者能够准时返回会场。这三点是很重要的，稍有不慎，都会使会议的进行受到不良影响。

会议主持人是掌握会场的责任人。在会议进行期间，主持人掌握会场的能力大小，往往会影响到会议的成败。在掌握会场时，主持人最重要的是注意少讲多看和调节气氛。

主持人要明白自己的身份，清楚自己在会议中的主要任务是主持会议，而不是主要的报告人或发言人，一定要注意不抢风头，尤其是不要在主持会议的过程中夸夸其谈，离题万里。

会议主持不像娱乐性主持人那样活泼，可以即兴演说，夸夸其谈。会议主持人所要做的，基本上是“照本宣科”，使既定的会议议程得以贯彻。因此，应当做到多看多听，认真观察会议的进行情况和现场与会者的情绪与反映，以便防微杜渐，尽可能的不出问题，少出问题，并且及时地发现问题，解决问题。

主持人在会议举行时仅仅多听多看还是不够的，必须变被动为主动，采取必要的措施，以调节现场的气氛，保持良好状态。其中，应予以注意的是：当贵宾出席会议时，主持人可在开会之初或对方演讲之前，对其进行适当的介绍；在发言人发言前与结束时，主持人应领头鼓掌，以带动全场听众予以响应；当会场上出现局部骚动混乱时，主持人则应以适当的方式及时加以阻止。

一、政务商务会议主持

在政务商务活动中，企事业单位为了传达任务、收集信息，组织和召开各种不同类型的会议，统称为政务商务会议。政务商务会议根据不同的类型具有不同的特点。

职工代表大会。职工代表大会的基础是员工，职工代表是代表员工参加代表大会的，职工代表反映的是员工的意见和要求。职工代表在一起审议、审查、审定企事业重大问题的过程就是互相交流、互相了解、共同提高认识的过程，有利于提高议政能力，提高整个企事业的管理水平，增强员工的凝聚力，增强企业在竞争激烈的市场中的生存能力。一般来说，职工代表大会是贯彻“以人为本”的优质管理理念的基本形式和重要组织措施。这一类会议的特点是：代表要有代表性，能反映员工们的意见和建议；要充分发扬民主，加强沟通；要促进企事业的发展，使劳资双方的积极性都得到发挥。

董事会议（党委会、××长办公会等高层领导会议）。董事会议是由董事组成，参加会议的董事组成董事会。董事会议，就是公司高级领导人在一起就公司的重大事项进行研究、决策的会议。董事会议应成为公司科学决策的有效工具。董事会议的特点是：参加者都是公司的董事，其他人无权参加。

部门负责人例会。部门负责人例会是指按照本部门的办公制度，各部门负责人必须定期召开的研究决定企事业工作重大事项的办公会议。这类会议的特点是：会议周期每周或每月一次；参加人员和会议地点基本上都相对固定；部门负责人例会是对公司的经营和管理活动具有决策功能的会议，部门内部的各个方面通常对此都给予特别重视；会议内容一般是工作碰头，任务安排、研讨企事业重大事项等。

员工例会。员工例会是特定部门定期召开的、由部门全体员工参加的会议，这种员工例行会议的作用主要有两点，一是向全体员工通报近期的有关情况；二是通过定期与员工见面，达到管理层与员工在感情上的接近和沟通，以期取得全体员工在工作中全力以赴的配合。员工例会的特点是：主要是信息沟通，因此要注意会议内容的全面、准确；要注意增加透明度；要注意对员工的激励，鼓舞其斗志和工作热情。

工作性会议。工作性会议，是由不同的人聚集在一起，为达成同一个目标，进行研究、讨论或安排工作、下达任务而召开的会议。这类会议的要求是：参加会议的人员多是下级各个部门的有关人士，多为动员、布置、总结工作；与会人员视议题不同而人数不一样，少至几人多至几千人；在工作性会议中，主持人就像是交响乐团的指挥，虽然会议参加者每人原有的风格和“演奏技巧”不同，具有各自的特性，但最后却必须形成非常和谐的“大合奏”，即达成共识。

特别会议。特别会议，是指那些在规定时间而定期召开的例会会议之外，由于非常特别的情况而由主管经理临时召开的内部工作会议，是该部门在管理或商务活动出现特殊情况时，采取的一种应变措施。这类会议的要求是：为处理临时性的重大问题；会议要求决策迅速、果断，确定的处理问题的方针；主持会议者大多既是会议主持人又是主要部门主管人员，有时上级领导也可能参加，那么上级领导是最后决断人。

经验交流会。经验交流会，是邀请工作或学习上有突出成绩的集体和个人，介绍其经验的会议。这类会议的特点是：重在经验交流，与会者应有经验可供交流，并且表达能力强；主持人要营造一种大家畅所欲言的氛围，形成百花齐放的局面。

以上会议都是为了实现一定的目的，由主办或主持单位召集组织的不同层次和不同数量的人们参加的一种事务性活动，政务商务会议的目的是解决问题。因此，必须紧紧围绕会议的目的来进行。

政务商务会议组织工作内容繁杂，主办方必须考虑会议的准备、进程、结束以及会后的每个工作细节，不能因为工作的疏漏而耽误或影响会议的进行。政务商务会议在会议的各个环节上都有要求。

在会前必须做好准备工作。首先应该明确开会的目的，根据会议的目的确定会议参加者的范围，传达会议通知，印发会议证件，选定并布置会场；应落实灯光、音响、墙面装饰、花草摆放等问题。进行会议前的准备，如查看茶水、与会者资料、座位卡是否备好并放置妥当，落实开会期间的会议签到、引座、倒水、安全保卫等问题。

开会期间的要求。准时或提前进入会场，不应拖拖拉拉。在政务商务会议开始以后，进入会场是失礼的，应轻轻寻找座位坐下，不可喧哗。与会者进入会场以后，遇到熟识者可点头微笑致意，不必四处握手打招呼。会议进行中，不能随意讲话或走动或做其他动作，提前退场应向有关人员说明情况。听取他人报告，应鼓掌表示欢迎，专心听讲并做好会议记录。与会者常见的两种失礼行为，即对发言人的反应冷漠，如聊天、打瞌睡；或是对发言人的反映强烈，如起哄、喝倒彩、吹口哨等。发生这样的行为时主持人应及时制止。言谈举止必须体现对与会者的尊重。会议主席台成员一般为来宾或发言人，其言谈举止必须体现对与会者的尊重，遵照主办方与主持人的安排。来宾或发言人一般应提前到达，由主办方安排休息室。即将开会时，来宾应做到以下几点：当来宾井然有序地进入主席台按座位卡就座，主持人和与会者鼓掌欢迎时，来宾也要站立鼓掌还礼。在主席台上面对众多与会者，举止要端庄。发言时，应礼貌地环视来宾和与会者。言语中应尊重组织者、主持人、与会者，如发言中响起掌声，应稍作停顿。如果发言人是从与会者中走上主席台，上台应迅速并遵守规定的发言时间，以免影响会议进程。主办方配合主持人做好会场各项工作，并做好会议记录，需要录音或摄像的应提前准备。

会议结束后要做好善后工作。主办方要将会议内容要点整理成文，送交有关人士审阅后，复印分发。会议主持人要根据以上要求，把握会议的进程，控制会场秩序，保证会议议程的有序进行，以达到预期的目的。

政务商务会仪主持人一般是召集会议的领导人，负责按会议议程当场全权组织和推进会议，正是由于会议主持人的这种特定的身份，政务商务会议主持人有着自己的特点。主持人是会议过程的策划者。会议主持人在知道确实要召开会议之后，他首要的工作是与会议秘书、工作人员一起，策划整个会议过程。简单而言，必须定下五个方面：会议目的；会议地点；必须参加的人；会议过程的必要环节，如会议时间、议事程序等等；与会者在会议前要过目的材料。主持人是会议议程的咨询者及安排者。主持人在知悉了会议的明确目的后，就要开始策划进行如何进行会议，为此，必须制定一份会议议程出来，让所有与会者在会议前知道会议的进程。会议议程犹如一份节目表，其内容需清楚地列出会议的议事项目、负责人及时间分配，让与会者一目了然，即在会议前就已经知道主持人将如何引导会议进行。一个没有议程的会议，跟一个没有节目表的表演晚会一样，参加者会感到很茫然，根本不知道将会进行些什么，该期待些什么。但与会者人人手上都有一份清晰的会议议程，便可以在会议前作出更充分的准备，以及在会议进行期间，协助主持人共同推动会议按议程进行。主持人往往不能一个人全权制定会议议程，因此，应同与议事项目有关的人员先商量，确定怎样用文字来表达议事项目，以及将议事项目放在会议的哪个部分最适合。主持人必须咨询部分与会者对议程的意见，然后再做安排，这样做会更容易达到会议的目的。主持人是会议程序的控制者。主持人犹如一个放风筝的人，他利用很长的线来控制风筝在空中飞行。风筝飞得越高越远，主持人的满足便越大，偶尔风速气流影响，主持人要立即“出手”，不要等风筝掉下来才去下功夫。主持人要让与会者按这议程来发挥，使议题不离开议程。若与会者的议论深入透彻，主持人就不必去干预或引导。若会议中途出现特殊情况，会议气氛骤降或受到干扰，主持人便要立即出手调停及制止干扰，使会议返回原来的轨道上。一般来说，主持人没法强硬地控制会议的进行，必须像驾驶汽车那样凡事亲力亲为，而是像放风筝一般，尽量在会议初期乘着风势，将与会者拉入议事的气流中，然后放开风筝线，让与会者尽情参与，最后再收回风筝线，让会议顺利得到结论。这种控制方法被称之为软性控制，主持人只须控制着会议的程序，而不是进程中的每一个部分。政务商务会议主持人还要做事稳重，从容自若，举止得体，彬彬有礼，做到符合礼仪、符合身份。这就要求主持人的仪表、言谈举止等都要合乎商务主持的礼仪规范。仪表有风度。主持人的服装，修饰，走姿，落座，发言等，都应符合身份，自然大方。主持人应着工作服装，男士一般为西装，中山装，衬衫，长裤与皮鞋；女士以连衣裙，套装，套裙为主，要求颜色、式样搭配得体，让人感觉稳重、沉着，不奢侈。男士梳发剃须，女士要化淡妆，工作场合不宜戴首饰（戒指除外）。会议主持人走向主持位置时，应表现出沉稳自信的风度，步伐均匀有力、稳健庄严，视会议性质决定步伐的缓急、步幅的大小。其中，紧急会议，重要会议可加快步伐，而纪念悼念类的会议，则要步伐略小节奏放慢。这样的目的并不是因为时间的缘故，而是主持人营造会场气氛的一种方式。尽量准时开会。重要会议开始前，主持人步入主持位置过程中不要与熟人打招呼，一般工作会议，可向熟人打招呼或点头致意。会议主持人一般应在会议开始前5分钟左右抵达会场；如果因故来迟，不要匆忙小跑，大喘粗气，而应推门快步入位，放下文包，落座后首先向等候者致歉并说明原因，然后立即开始会议；合乎会议礼仪规范的坐姿，主持人在整个会议中的坐姿、站姿和谈吐，必须表现得令人信服。从坐姿来看，应保持上身端正，不可倾斜上身或趴在桌子上，也不要频繁乱动，如喝水、抽烟、搓手、搔头等；腰要挺直，双腿自然下垂，不要跷腿或抖动，双手在会议桌上对称平衡呈“八”字型；面部表情要从容冷静，目视前方，余光兼顾全场；站立时，应双腿并拢，挺胸直背，身体不可晃动。持稿姿势要符合会议规范，主持人在持稿主持时，应以右手或双手持稿，与胸等高；在读讲稿的同时，目光应间隔性地扫视与会者；主持人与讲话者不同，一般不要手势，即使有，动作也不可过大；主持人讲话应口齿清晰，内容明确，能够把握会议进程的缓急，思维敏捷，善于引导并能够及时穿插，使会议不空场、冷场。

会议是企业或公司管理工作的重要内容，开好每一个会议事关企业或公司的生产和经营。一次出色的政务商务会议，除了需要会议主办者的组织准备工作做的完善外，主持人的出色主持也功莫大焉。

开会时主持人的主持方式。主持人在会议上开始讲话时，是否受到与会者欢迎，第一步将取决与会者的初步印象。这个印象取决于很多因素，如主持人是否做好充分准备；眼睛是否闪亮而活泼；声音是否悦耳动听；脸部表情是否生动；对周围的反应是否机智灵活；是否能用简明扼要的话陈述自己的观点。下列秘诀有助于主持人建立一个受人欢迎的形象。主持人要果断而自信。在会议开始前，主持人可以先用几秒钟的时间面带微笑地审视一下会场的与会者，表情友好真诚，这样做可以起到两个作用；一是，让与会者感觉到自己对他们的尊重。当主持人看着与会者时，台下的无数双眼睛也会同时聚集到主持人身上，他们也都在观察着要演讲的主持人。在即将开始演讲的一刹那，与会者将会对主持人的精神、热情、知识、学识、声音、目光接触以及身体语言等各方面做出评价，最后形成对主持人的初步印象。二是，可以给自己留一点空间。扫视会场时，可以让自己在瞬间中调节情绪，更好地发挥自己的主持才能。准时宣布开始会议或者说是否准时开会，是与会者最为关注的问题，很多主持人不能准时开会，令与会者不满。有的主持人认为推迟会议，责任不在自己，他们的理由是，“责任不在我，因为还有人没准备好，要等他们。”这种自我开脱并不是理由。要真的面临这种情况时，如临时出现了某人的演讲稿需要修改或是演讲的人迟到了等问题时，主持人可以向与会者微笑数秒钟，表示自己和他们一样，也在期待着早点把信息传递给他们。如果能由主持人来指出演说后会有答疑时间，可以利用开会前的这段时间声明，请与会者在那时提问。开场出奇制胜。会议气氛是否轻松愉快，决定于主持人的开场白，在会议开始的时候，主持人为了同与会者拉近距离，可以先介绍一下自己的情况，也可以让与会者互相介绍，以便于他们能互相认识。有时，为了缓和会议的严肃气氛，让与会者轻松一下，最好能有个间接、贴切而幽默的开场白。如果眼前的会议与以前的会议内容有关，主持人可以简要地概述一下上次会议的结论，但是，别忘记这次会议的重点，勿让自己的谈话离题万里；要明确地说明这次会议所要讨论的主题或要解决的问题，在指出此次会议的目的时，应该声明已安排了紧凑的会议事项。集中精力解决问题和提出行动计划。当主持人告诉与会者应该采取什么措施时，应该用合理的方法，启发他们思考解决的办法以及应该采取的行动，也可以在提出问题的解决办法后向与会者做出解释，向他们提供一些解决问题所必需的信息。注意自己的语速。语速影响表达效果。主持人在主持会议时，要不时地变换说话的速度，保持适度的停顿。一个人无论准备多么充分，都会有想不起自己所要强调的重点，或者一时想不起所要说的问题。这种情况下，主持人就可以停顿片刻，整理思绪，认真回忆。主持人不要忘了让自己的讲话充满乐观情绪，并且详细地阐述自己的观点或计划。让与会者具有参与意识。主持人应该在会议准备工作时，为了使自己的主持更成功，不妨让与会者多说自己的观点，增强他们的参与意识。一次成功的主持意味着让与会者也能参与到所讨论的问题中来，主持人要明白，与会者沟通越少得到的支持也越少，对与会者的了解就越少，取得的成绩也就越少。

主持人主持会议，有一个很重要的内容，就是要让与会者知道在解决问题或困难的时候欢迎他们提出任何意见。为此，要让与会者可了解情况，共同商量解决问题的办法。因此，可以在主持的话语中多次使用下列短语，以此来鼓励与会者的参与意识，如“经过我们共同的体验”、“分担我们共同的忧虑”、“为了我们共同的利益”等。一个成功者，总是善于采纳更多人的建议，倾听别人不同的意见。一个出色的政务商务会议主持也一样，如果多听取他人的意见，有时就会得到料想不到的结果。当然，有时有人也会提出相反的甚至于会议内容毫不相干的观点，或者利用发言的机会进行滔滔不绝的长谈，遇有此等等情况时，主持人要用委婉的话来打断，使会议按既定的方向进行。具体方法有以下几种：

正确看待别人的反对意见。当有人提出反对意见时，主持人应当首先感激对方敢于提出反对意见，然后摆出事实道理来证明自己的观点。主持人一定要注意自己的态度要端正，语气要和气，让那些提反对意见的与会者心服口服。对那些离题万里的意见要制止。遇到有人发表离题万里的意见时，主持人可以通过这样的方法来解决，即微笑着用真诚的语调对那个人说：“你提的这个问题不错，等以后再谈吧，现在让我们回到刚才的问题上来。”或是说：“如果你有兴趣的话，等会后我们单独谈这个会议外的问题，”这样的话更容易对方接受。

巧妙地打断长篇大论者的话头。会议时有时间规定的，因此，在会议上主持人应该争分夺秒。会议的来宾人多口杂，尤其是一些爱出风头的人，喜欢在会议侃侃而谈，他讲的话离题万里自己也感觉不到。这时，主持人应该及时打断他，抓住他话中与会议有关的换另外一人。例如，可以这样说：“某某，你怎么看待这个问题?”或者考虑使用另一种更直接的方法，如“我们的话时间很紧张，先不讨论这些问题。”或者“我们还有其他的事有待于解决，这个问题先搁一搁。”当把这位滔滔不绝的发言者阻止时，主持人最好不要再给他发言的机会，他如果还想说时，主持人要敢于“抢话头”。

善于引导别人。说服他人的能力也是进项良好的主持所应具备的基本条件。下面几条建议可能有助于主持人说服他人：第一，阐明你的目的和任务，不要给与会者“有事被隐瞒的感觉”；第二，使与会者确信你的需要和兴趣同他们很相似；第三，使他们认识到某个问题或计划的重要性；第四，把好的心情传递给与会者，让他们特有足够的理由坐在那里参加自己主持的会议。不同意见要进行协调。当会议中出现不同的意见时，与会者中会出现极端的意见，并根据各自不同的意见而据理力争，在争持不下时，主持人应该要求与会者都安静下来，建议大家用求同存异的态度来重新看一看争论之处。如果与会者肯争论，显示他们已投入会议，只是个人的观点不同，导致结论有异而已。主持人必须善用与会者的投入感，引入客观的分析方法，来冲淡主观的争论气氛，不能让会议发展成“比嗓门”或“比人多势众”的会议。此时，主持人的协调技巧是：首先自己要保持头脑清醒，不要介入争论之中；主动要求与会者平静下来；立即引用分析的话题来分散与会者的精神，使各对立之人了解他们的不同意见也有相同之处，只是有些的方需要再谈而已，大家并非水火不相容；对于不听劝阻的，耐心的劝他们不要破坏了与会者之间的人际关系。防止议而不决。一个有效的会议必须有商议及议决两个关键部分，否则既无须召开会议。会议就是与会者围绕这议程互相发表议论，共同研究、分析及解决问题。然而，不少会议经常出现“议而不决”的现象，与会者在会议中谈了许多，到头来却未能达成一个决定或结论。换句话说，会议是进行了，但会议目的仍未达到。主持人在这方面的角色事关重大。必须要千方百计的引导与会者，为使之不能在未得出决定或结论前离开。耐心地告诉与会者，会议的目的是集合与会者的知识及智慧，来共同解决问题，或做出解决问题的办法。若主持人不坚持要与会者尽量得出结论或决定，不少与会者往往不会抓紧时间去谈，而只会随波逐流的东拉西扯，会议看来气氛热闹，其实是不着边际。因此，主持人必须时刻警惕自己，“议而不决”的现象必定要消除。

在主持会议时要注意细节。有时候，主持人无论对自己所讲的话题做好多好的准备和演习，或者这一话题对自己来讲已经熟悉，在主持前，一想到台下那么多的人仍然会感到紧张。这时千万不要让压力控制自己的情绪，一旦让紧张情绪控制了自己，就会使自己根本无法发挥最佳水平，一切都白费了。当遇到这种情况时，主持人可自我放松，情绪一旦放松，思维就会走上正常的途径，主持人就会得心应手。

注意会议的总结。会议在达成决议后，主持人还要在散会前做出综合和总结，这才算是圆满的主持了一个会议。无总结，便是虎头蛇尾。在总结和综合中，主持人要提高声音的强调会议中提及的重点，并让缮写会议记录的同事核对一下资料，同时提醒与会者不要忘记这些重点。对于会议的决定、建议及结论，清楚明确的再重申一遍。这样做，有三个目的：第一，可以让会议记录的同事更方便的核对。第二，可以即时检查主持人和与会者之间有没有沟通障碍，彼此对事情的理解是否一致。若大家对结论有未经同意之处，此时便要立即提出修正，以免错误的载入会议之中，日后造成尴尬局面。第三，主持人可以在做出总结时，重申一次分工的安排，令所有与会者都清楚地知各自要在会议后跟进什么事项，最好还列出时限和检查方法。这样，主持人更能确保与会者之间没有沟通不善的问题了，日后如未能在工作上解决问题，一定是其他因素影响。

作为会议主持人应该注意一下几个方面：

1. 要公开提问，鼓励每位与会者说出自己的观点。
2. 要求某些与会者就你主持会议的表现做出真实的反馈。
3. 尽量于会前认识新来者。
4. 要于会前透彻研究主要观点的领袖。
5. 将会议安排在午餐之前，这样就较容易按时结束。
6. 会议一开始就告诉与会者会议计划需进行多长时间。
7. 让迟到者知道他们的行为对会议不利。
8. 要制止支流辩论和私下交谈。
9. 请发怒的与会者谈谈发怒的原因，以此消弭愤怒。
10. 要用积极的响应鼓励迟疑的与会者。
11. 在与会者中寻找感兴趣的正面迹象。
12. 如果有人必须在你之后发言，应注意他们是否不耐烦。
13. 可挑选出某些人，向他们提一些直接的问题，以引起辩论。
14. 要掌握适用于会议的正式的纪律性程序规则。
15. 用片刻沉默将会议从争吵中带回到正轨上来。
16. 必须清楚每次会议的规则。
17. 开会时要尽量使大多数与会者站在你这一方，从而孤立捣乱分子。
18. 要改变会议气氛，须先改变议题。
19. 驱逐任何捣乱分子须在不得已而为之。
20. 要趁全体与会者在场时安排好下次会议。
21. 确保各项决议记录在案。
22. 必须尽量以积极的调子结束会议。
23. 向每位到会者、所有的发言人致谢。
24. 要区别书面规则与非书面仪式。
25. 可为正式会议录音以确保会议记录的准确性。
26. 向与会者提供收发信件服务。

27. 首先处理日常事务和管理事务。
28. 应在签名报到台旁设一信息台。
29. 会场吵闹时要站起身显示主席的权威。
30. 要为小组委员会制定准则。
31. 不要过多使用程序，因为这样有可能会抑制自由讨论。
32. 可将复杂问题委托给一个工作小组，由他们晚些时候汇报。
33. 请记住，你有权决定何时闭会。
34. 为重要会议录像，以便将来参考。
35. 要尽可能简化程序规则。
36. 面对抗议示威要保持冷静，示威可能会自行消失。
37. 如果与会者大发脾气，可宣布短暂休会。
38. 预先与保安人员商讨处理捣乱分子的程序规则。

会议主持人务必做到的事项：

1. 要严格遵守会议的开始时间，不迁就迟到者。
2. 要在开头就议题的要点做一番简洁的说明。
3. 要把议题的进行顺序与时间的分配预先告知与会者。
4. 要引导大家在规定时间内做出结论。
5. 必须延长会议时间时，要取得大家的同意并明确延长的时间。
6. 要把整理出来的结论交由全体人员表决确决。
7. 要把决议付诸实行的程序整理成文，加以确认。

会议进行中主持人须密切注意的几个问题：

1. 发言内容是否偏离了议题？
2. 发言者的观点是否出于个人的利害？
3. 全体人员是否都在专心聆听发言？
4. 发言者是否过于集中于少部分人？
5. 是否有从头到尾都没有发过言的人？
6. 某个人的发言是否过于冗长？
7. 发言的内容是否正在朝着得出清晰明确的结论推进？

开会十大禁忌：

1. 发言时不可长篇大论，滔滔不绝（一般应以 3 分钟为限。）
2. 不可从头到尾沉默到底。
3. 不要谈到抽象论或观念论。
4. 不可对发言者吹毛求疵。
5. 不要漫无边际，离题万里。
6. 一般不打断他人的发言。

7. 不可不懂装懂，胡乱发言。

8. 不引用不确切的资料。

9. 不谈些期待性预测。

10. 不要中途离席。

一些政务商务会议根据内容、形式、目的的不同，形成了独具特色的形式和内容：

1. 听证会

听证会是立法或行政主体在职权范围内就特定问题听取有关人士或组织代表意见或作证的会议。

听证会实务要点如下：

确定听证内容与发布公告。听证内容即听证会的主要议题。在我国，听证内容有两个方面：一是征求对某项法案（包括法律、法规和规章）的意见；二是征求对某项行政决策的意见。

一般情况下，听证会是公开举行的，因此内容确定后，听证人应当向社会发布公告。公告的内容如下：听证的目的；提案人和提案的内容，必要时可将提案文本公布；听证会的规模、参加听证会人的范围、名额分配和条件；参加听证人的报名方法、截止日期、遴选程序；听证会举行的时间和地点。时间和地点也可另行公告；听证人名称和公告日期。

遴选听证参加人。这一过程包括：接受报名，分登记。确定参加听证人名单以及旁听人的名单。发出通知。必要时将参加听证人名单向社会公布。

布置会场。听证会场的座位格局一般应为全围式或半围式，但应突出听证人的中心位置。发言人在前排就座，周围可设旁听席和记者席。会场正面可设会标，会场装饰要简朴。

听证会主要程序如下；主持人宣布听证会开始，说明会议的目的和法律依据，介绍参加听证人的组成以及人数，宣布会议注意事项和发言的规则。提案人介绍法案或决策方案。听证人宣读对法案或决策方案的初审意见。参加听证代表发言。提案人最后陈述意见。主持人做听证会总结。

由于参加听证会的代表各自的观点、立场和利益诉求不同，会上难免会发生争辩，有的代表还会延长发言时间或要求多次发言。因此，主持人一定要善于控制会议进程，适时运用会议规则进行调节，要保护健康合理的辩论，尽可能让每个与会代表发表意见。

听证会记录是形成听证报告的基础，记录全面与否关系到报告能否全面反映参加听证代表的意见，因此一定要安排足够的记录人员。记录人的座位要合理，能使他们听清每个人的发言。

在会议结束前，主持人应要求发言人会后留下，核实自己的发言记录，经其确认后签署姓名。发言人有发言稿的，可请其留下发言稿，附在会议记录后一起归档。

会议结束后，工作人员根据会议记录撰写听证报告，上报听证机关领导，作为立法或决策时的参考。

听证报告的格式大致如下：标题。由听证会名称和报告组成，如“2006 年铁路春运列车价格听证报告”。开头。记述听证会的目的、内容、听证人、参加听证人的范围和人数、时间、地点等情况，要求简明概要。主体。主体部分要按发言者的观点进行分类，分若干层次表述。每一观点都要列举发言内容，并说明发言人姓名。小结。报告的最后要对本次听证会进行小结，提出意见，供立法会议或决策会议参考。

2. 报告会

报告会就是请专人作报告的会议。报告会内容不同，具体的内容也不同，有学术报告会、形势报告会、事迹报告会等等。

报告会实务要点如下：

报告内容和报告人。一般应先确定报告内容，然后根据内容再选择合适的报告人。报告人要选择在某一领域具有深厚造诣的专家学者，或亲自经验、发明技术、具有独到体会的人士。报告人口齿要清楚，能够胜任作大会报告。

邀请报告人。报告内容与报告人确定后要通过适当的渠道发出邀请。邀请时要将举办报告会的目的、参加对象和会场的设置告知对方，以便报告人事先了解报告的要求和报告的对象，掌握好分寸。

安排好会场。报告会一般安排成上下对应式座位格局，也可布置成半围式格局，主席台上放置讲台，突出报告人地位。时间较长的报告会，也可不设讲台，报告人坐着作报告。

主席台上方或背景处要悬挂会标；要根据报告人的要求安装必要的设备，如扩音机、投影仪、计算机等。

介绍报告人。会议开始后，主持人应对报告人作必要的介绍，并表示欢迎和感谢。

回答问题。报告人现场回答提问时，主持人要控制好局面。

如果报告会采用录音记录的方式，或会后需散发记录稿，要事先征得报告人同意。

3. 新闻发布会

新闻发布会，简称发布会，也称记者招待会。这是一种主动传播各类有关的信息，谋求新闻界对某一社会组织或某一活动、事件进行客观而公正的报道的有效沟通方式。

新闻发布会工作的准备比较烦琐，一般包括主题的确定，场地和时间的选择，记者的邀请，来宾的确定，会议材料的准备等具体工作。做好新闻发布会的会前准备，可以保障会议的顺利进行，最大限度地减少突发事件的发生。

主题的确定。召开一次新闻发布会，首先应确定主题，主题确定是否恰当，往往直接关系到预期目标能否实现。

常见的新闻发布会的主题大致有两种类型。公布宣告性主题：如企业新产品的推介、企业的经营方针和新思路的确定，特别是重大人事变动等等。解释性主题：如企业产品出现了质量问题，企业惹上了官司，企业出现了重大事故或引起市民的种种猜测等等。

主办单位可根据具体情况，确定好新闻发布会的相关主题。新闻发言稿一定要言简意赅，因为许多媒体会直接引用散发的材料；同时，要特别注意文字的连贯、逻辑的严谨和意义的完整，不要让人产生误解。

时间选择是否理想，对新闻发布会的效果有着重要影响。选定时间时要注意：

（1）避开节日与假日。

（2）避免与本地重大社会活动相冲突。

（3）防止新闻界的重点宣传报道撞车。

（4）防止与重要来宾（主要是权威部门的领导）的时间安排相冲突。

避开其他单位的新闻发布会。但有些突发性事件，由于时效性极强，拖延时间举行新闻发布会可能会失去意义，因此，应抢时间，在掌握了事情真相的前提下，要马上组织召开新闻发布会。有些是一点点地水落石出的，那么，就要召开连续的新闻发布会。

确定举行地点。新闻发布会举行的地点，可以考虑本单位所在地，事件的发生地，当地较有名气的宾馆、会议厅，也可以在十分庄重的场地，如人民大会堂等等。

发布会的现场还应考虑交通是否方便，采访条件是否优越，音响效果和录像设备是否完好，座位是否够用等因素。

新闻发布会主要是面向新闻记者发布消息，所以记者是主宾。邀请哪些记者参加应根据发布会的性质而定。如果是为扩大影响和知名度，可以多种类、多层次地广邀记者参加；如果只在一定范围内进行宣传、解释，则邀请面可小些。

邀请的记者名单确定后，应提前3～4天将请柬或邀请信送到新闻单位或记者本人手中，并及时利用电话联系，落实记者的出席情况。因为有些记者临时有别的事情，媒体一般会派出其他记者来，这样就得做好衔接工作。有时记者需要单位派车去接送，这类小事都要事先了解到并做到相应的安排。

新闻发布会主持人、发言人的选择非常重要，选择是否得当，往往直接关系到会议的成败。因此，新闻发布会的主持人大都由主办单位的公关部部长、宣传部部长、办公室主任或秘书长担任，而且应该是仪表堂堂、反应灵敏、语言流畅、善于把握大局、善于引导提问、对主持会议具有丰富经验的人。

而发言人通常由本单位的领导人（主管领导、直接领导或单位一把手）担任，因为领导人对本单位的方针、政策及各方面情况比较了解，他们回答记者提问更具有权威性。

发言人应具有思想修养好、学识渊博、思维敏捷、能言善辩等特长。

此外，还要挑选一些本公司的员工负责现场的接待工作，最好选择素质较高的青年男女。

新闻发布会主办单位通常安排专人准备好如下四个方面的主要材料：发言人的发言稿。它既要紧扣主题，又要全面、准确、真实、生动。回答提纲。为了使发言人在现场回答问题时表现自如，可事先预测一下记者将要问到的问题，并准备好答案，以使发言人心中有数，在必要时可以参考。报道提纲。一个单位召开新闻发布会有自己的宣传目的，因此，可以事先将报道的重点、有关的数据、资料编印出来，作为记者采访报道的参考资料。在提纲上通常应列出来单位名称、联系电话、传真号、网址等等，供新闻界人士参阅。其他辅助或背景材料。这些材料包括图片、实物、模型、录像、光盘等，其目的是增强发言人的讲话效果，加深与会议主题的认识和理解。

新闻发布会的一般程序：签到。在新闻发布会的入口处要设立签到处，安排专人负责签分发材料、引入会场等接待工作，接待人员要热情、大方、举止文雅。会议三部曲：主持人将召开新闻发布会的目的、将要发布的消息或要公布的事情经过、真实情况作简要介绍。主持人应根据会议主题调节好会议气氛，当记者的提问离会议主题太远时，主持人要善于巧妙地将话题引向主题，当会议出现紧张气氛时，主持人要能够及时调节、缓和。主持人要切实把握好会议的进程和时间。领导人发言。领导人在会上发言时，切忌说大话、空话和套话，一定要突出重点，真实、生动和细致，恰到好处。语言要自然，吐字清晰，不能用太长的书面语言，宜用精炼恰当的口语。回答记者提问。领导人在回答记者提问时，要准确、自如，不要随便打断记者的提问。对不愿透露或不好回答的事情，不应吞吞吐吐，要婉转、幽默地向记者做出解释。遇到不友好的提问，应该保持冷静，礼貌地阐明自己的看法，不能激动发怒，以免引出负面报道，这样于己于公司都是不利的。会议结束。新闻发布会结束后，主办人员要向参加者一一道别，并感谢他们的光临。对于个别记者有特殊要求时，有关人员还应耐心地予以答复。

新闻发布会后，主办单位还应及时收集到会记者做出的报道，检查是否达到看了举办新闻发布会的目的，是否有不利于本单位的报道，并予以更正、说明。

4. 赞助会

赞助，通常是指某一个单位或某一个人拿出自己的钱财、物品，来对其他活动、单位或个人进行帮助和支持。

在现代社会中，赞助是社会慈善事业的重要组成部分之一。它不仅可以扶危济贫，向社会奉献自己的爱心，体现出自己的对社会的高度责任感，以自己的实际行动报效社会、报效人民，而且也有助于获得社会对自己的好感，提高自己在社会上的知名度、美誉度，为自己塑造良好的公众形象。

赞助会主要内容包括赞助的方式、赞助的计划、项目的审核、会务的安排、活动的评估等等。

赞助的方式，指的是赞助的具体形式。赞助方式选择得当与否，大都对赞助的效果直接产生影响。根据不同的标准，赞助的方式可有各种不同的划分方式。其中最为常见的划分方式有赞助项目和赞助物两种。

赞助项目。具体所指的主要是受赞助的对象。在目前情况下，赞助的项目大致上有以下几类：赞助公益事业。它是指对社会的公共设施、公共活动进行赞助，直接地造福于社会、造福于人民，并可赢得公众与舆论的欣赏。赞助慈善事业。它是指对社会慈善福利组织或慈善福利活动的赞助，既可以向社会表明本单位勇于承担自己的社会义务、社会责任，又助于获得政府与社会的好感。赞助教育事业。它是指对教育界的赞助。可以给予教育界以有力的支持，并且为本单位日后的进一步发展培养必不可少的广大后备人才。赞助科研活动。它是指对科学研究与学术活动的赞助。此举不仅表明本单位对人才与科技进步的重视，而且还可以使自己得到专家、学者的肯定、支持或指导。赞助专著出版。它是指对确有学术水平的学术专著的出版所给予的赞助。它主要可以表明本单位对知识的无比重视和对学术研究的大力支持。赞助医疗卫生。它是指对医疗、保健、卫生、文化康复事业的赞助。他体现着本单位对社会的关怀，同时也对社会的一种奉献。赞助文化活动。它是指对文化事业的赞助。它有助于促进我国的社会主义精神文明建设，用高尚的精神去鼓舞人民，教育人民提高其文化修养与精神境界。赞助展览画廊。它是指对具有一定艺术品位的非赢利性的展览、画廊的赞助。他体现着本单位的艺术品位以及对艺术界的支持和帮助。赞助体育运动。它是指对各类体育比赛活动的赞助。体育比赛是当今的社会热点之一，对其进行赞助，往往可使本单位名利双收，一举两得。赞助娱乐活动。它是指对群众性娱乐休闲活动的赞助。表达了本单位对广大群众的关怀与诚意，可以提高对方对本单位的认同感。

赞助物。在此特指赞助单位或个人向受赞助者所提功的赞助。通常，赞助物可以分为如下四类：现金。即赞助单位或个人以现金或支票的形式，向受赞助者所提供的帮助。实物。即赞助单位或个人以一种或数种具有实用性的物资的形式，向受赞助者所提供的帮助。义卖。即赞助单位或个人将自己所拥有的某件物品进行拍卖或出售，然后将全部所得以现金的形式再捐赠给受赞助者。义工。即赞助单位或个人派出一定数量的员工，前往受赞助者所在单位或其他场所，进行义务劳动或有偿劳动，然后以劳务的形式或以劳动所得，向受赞助者提供帮助。

制定赞助计划。制定赞助计划的指导思想为：赞助活动必须同本单位的经营策略、公共关系目标相一致，赞助活动的终极目标应当是赞助单位、受赞助者和社会三方同时受益。赞助政策的制定、赞助方向的选择，均应以此作为指南。在一般情况下，赞助计划需要专人草拟，并经本单位的决策机构批准。

相关项目的审核。在进行正式的赞助活动之前，对于既定的赞助项目进行审核，往往是极其必要的。赞助项目的审核，主要是指赞助单位事先对自己所参与的赞助项目所进行的核定与审查。

在正常情况下，它是由赞助单位专门负责赞助活动的工作部门进行的。对赞助活动的各个具体环节逐一进行细致的分析研究，发现问题，防患于未然。审查核定的重点应放在如下方面：赞助项目是否符合本单位的经营策略与公共关系目标；赞助的具体方式是不是合适，赞助的时间是否得当；赞助将会产生多大的社会作用；赞助之后对本单位会有多大的积极作用和负面影响。

现场布置。赞助会通常应由受赞助者出面承办，而由赞助单位给予其适当的支持。赞助会的举行地点，一般可选择受赞助者所在单位的会议厅。亦可由其出面，租用社会上的会议厅。举行赞助会的主席台的正上方，或是面对会议厅正门之处的墙壁上，还需悬挂一条大红横幅。在其上面，应以金色或黑色的楷书书写着“某某单位赞助某某项目大会”，或者“某某赞助仪式”的字样。一般来讲，赞助会的会场不宜布置得过度豪华张扬。参加赞助会的人士，数量上不必过多，但要有充分的代表性。除了赞助单位、受赞助者双方的主要负责人及员工代表之外，赞助会应当重点邀请政府代表、社区代表、群众代表以及新闻界人士参加。

赞助会的一般程序：

宣布赞助会正式开始。赞助会的主持人，一般应由受赞助单位的负责人或公关人员担任。

奏国歌。此前，全体与会者须起立。在奏国歌之后，还可奏本单位标志性歌曲。有时，奏国歌、奏本单位标志性歌曲，可改为唱国歌、唱本单位标志性歌曲。

赞助单位正式实施赞助。通常是赞助单位的代表首先出场，宣布其赞助的具体方式或具体数额。随后，受赞助单位代表上场，双方热情握手。接下来，由赞助单位的代表正式将标有一定金额的巨型支票或实物清单双手捧交给受赞助单位的代表。必要时，礼仪小姐应为双方提供帮助。在此过程之中，全体与会者应热烈鼓掌。

赞助单位代表发言。其发言内容，重在阐述赞助的目的与动机。还可以对本单位的简况略作介绍。

受赞助单位代表发言。发言者一般应为受赞助单位的主要负责人或主要受赞助者。发言的中心应当集中在对赞助单位的感谢方面。

来宾代表发言。根据惯例，可邀请政府有关部门的负责人讲话。内容主要是肯定赞助单位的义举，同时亦可呼吁全社会积极倡导这种互助友爱的美德。有时该项议程亦可略去。

此后，宾主双方可稍事晤谈，然后与来宾应一一告辞。在一般情况下，东道主大都不为来宾安排膳食。如确有必要，可略备便餐，不宜设宴待客。

依照常规，一次赞助会的全部时间，不应当长于一个小时。因此赞助会的具体会议议程，必须既周密，又紧凑。

对参与赞助会的评估。在赞助会结束后，尤其是在整个赞助活动告一段落之后，赞助单位有必要对其进行一次系统的评估。主要是对赞助活动进行综合分析和系统总结，对其社会效果所进行的科学分析与评价。赞助活动的评估工作，一般应由赞助单位的公关部牵头负责，有时，亦可由专司此事的班子主持此事。在评估完成之后，应形成书面报告，提交本单位的决策机构以及各位主要负责人，以供对方参考。

5. 茶话会

茶话会在一般情况下，大致可分为如下三类：本单位的人士。具体来讲，主要是邀请本单位的各方面代表参加，亦可邀请本单位的全体员工或某一部门、某一阶层的人士参加。社会上的知名人士。通常是指在社会上拥有一定才能、德行与声望的各界人士。他们不仅在社会上具有一定的影响力、号召力和社会威望，而且还往往是某一方面的代言人。此类茶话会，可加深对方对主办方的了解与好感，并且倾听社会各界对主办方直言不讳的意见或反映。合作伙伴。合作伙伴，在此特指与主办方存在着一定联系的单位或个人。以合作伙伴为主要与会者的茶话会，重在向与会者表达谢意，加深彼此之间的理解与信任。有些茶话会，往往会邀请各行各业、各方面的人士参加，这种茶话会，通常叫做作综合茶话会。

时间和地点的选择。通常认为，辞旧迎新之时、周年庆典之际、重大决策前后、遭遇危难挫折之时等等，都是酌情召开茶话会的良机。

根据国际惯例，举行茶话会的最佳时间为下午四点钟左右。有些时候，亦可将其安排在上午十点钟左右。需要说明的是，在具体进行操作时，不必墨守成规，而主要应以与会者尤其是主要与会者的方便与否以及当地人的生活习惯为准。

茶话会往往是可长可短的，关键是要看现场有多少人发言，发言是否踊跃，大都讲究适可而止。一般在一个小时至两个小时之内。

按照惯例，适宜举行茶话会的大致场地地要有：主办方的会议厅；宾馆的多功能厅；主办方负责人的私家客厅；私家庭院或露天花园。在选择举办茶话会的具体场地时，还需要同时兼顾与会人数、支出费用、周边环境、交通安全等诸问题。

根据约定俗成的惯例，目前在安排茶话会与会者的具体座次时，主要采取以下四种方法：环绕式。环绕式排位，指不设立主席台，将座椅、沙发、茶几摆放在会场的四周，不明确座次的具体尊卑，让与会者在入场之后自由就座。散座式。散座式排位，多见于举行于室外的茶话会。它的座椅、沙发、茶几的摆放，可以自由的组合，自行调节，随意安排。圆桌式在茶话会中，圆桌式排位通常又分为两种方式：一是仅在会场中央安放一张大型椭圆形会议桌，而请全体与会者在其周围就座。二是在会场上安放数张圆桌，而请与会者自由组合就座。当与会者人数较少时，可采用前者；而当与会者人说较多时，则应采用后者更方便。主席式。主席式排位并不意味着就要在会场上摆放主席台，而是指在会场上，主持人、主任、重要来宾应被有意识的安排在一起就座，并且位于上座之处。

茶话会不会安排主食，不安排品酒，而是指向与会者提供一些茶点。选择茶叶时，应尽力挑选上等品，同时要注意照顾与会者的不同口味。对中国人来说，绿茶老少皆宜。而对欧美人而言，红茶则更受欢迎。在选择茶具时，最好选用陶瓷器皿，并且讲究茶杯、茶碗茶壶成套，千万不要采用玻璃杯、塑料杯、搪瓷杯、不锈钢杯或纸杯，也不要用热水瓶代替茶壶。所有的茶具一定要清洗干净，并且完整无损，没有污垢。在茶话会上还可以为与会者略备一些点心、水果或是当地的风味小吃。需要注意的是，在茶话会上向与会者所提供的点心、水果或当地的风味小吃，品种要对路，数量要充足，并且要便于取食，为此，最好同时将擦手巾一并上桌。按惯例，在茶话会举行之后，主办单位通常不再为与会者备餐。

在正常的情况下，茶话会大体程序如下：主持人宣布茶话会正式开始。在会议正式宣布开始之后，主持人还可对主要的与会者略加介绍。主办方的主要负责人讲话。其讲话应以阐明此次茶话会的主题为中心内容。除此之外，还可以代表主办方，对全体与会者的到来表示欢迎与感谢。与会者发言。为了确保与会者在发言之中畅所欲言，通常不对发言者进行制定与排序，也不限制发言的具体时间，而是提倡与会者自由地进行即兴式的。主持人控制会议的全局。

在众人争相发言时，应由主持人决定孰先孰后。当无人发言时，应由主持人引出新的话题，求教于与会者；或者由其恳请一位人士发言。当与会者之间发生争执时，应由主持人出面劝阻。在每位与会者发言之前可由主持人对其略作介绍。在其发言的前后，应由主持人带头鼓掌致意。万一有人发言严重跑题或言词不当，则还应有主持人出头转换话题。与会者在茶话会上发言时，表现必须得体。在要求发言时，可举手示意，但同时也要注意谦让，不要与人进行争抢。主持人略作总结。随后，即可宣布茶话会至此结束并散会。

二、观摩会主持

观摩会是具有学习借鉴模仿欣赏等多重意义的社会活动。这种类型的社会活动为人喜爱，参加者众多。一般而言，观摩会活动具有四大特点：

范围广。观摩会所具有的这一特点，表现在下面两方面：第一，参加人员范围广，各行各业各种年龄的人都能集中于一体。范围广这一特点是观摩会的一个显著特色。参加活动的人员不受职业限制，也不受年龄限制，不分来自何处，都是基于对于同一观摩对象而聚集一起的。正是由于参加人员的范围广泛，这类活动的社会影响面也比较大。第二，观摩的内容范围广。凡是和人们的精神生活相关的一切活动都可以列为观摩的内容之列。观摩活动的内容广泛这一特性也增添了观摩活动的影响度。广泛的观摩内容不能使活动参加者开阔眼界，丰富知识，增长见识，还能极大地活跃这会生活，有时候，通过组织一次大型的观摩活动，甚至能改变的形成一种特定的社会心理。观摩会活动的内容相当广泛，如曲艺观摩、舞蹈观摩、体育观摩、军事观摩、军事演习观摩、戏剧观摩、影视观摩、书法观摩、美术观摩、摄影观摩、雕塑观摩、版画木刻观摩、围棋象棋观摩等各类专业技术观摩等等。在观摩过程中，有的还可以再细划分出几类，如体育观摩其中包括田径赛观摩、球赛观摩。

感染性强。观摩会对于活动参加者的感染性很强。它主要表现为，组织这类活动不需要做深入动员，就能保证有足够的参加人数。观摩活动有吸引力。能感染人的活动，必然是有吸引力的活动。活动对人的影响或者说感染，往往是先将人们吸引过来，然后再施加其感染作用。观摩活动内容是为活动参加者所需要的。参加者并不是通过动员才来，而是感到活动内容正是自己所需要的，才欣然前往。观摩活动带有技能色彩，当观摩者看到活动表演者高超的技能时，会不知不觉地为其所感染。特别是参加者对所观摩的活动技能有所了解时，就更容易为其所感染。

指导直观。观摩会活动和活动参加者的联系非常紧密。这种紧密的联系首先建立于观摩内容的基础上，因为参加观摩者的直接动机是要观摩一种特定的活动内容，并期望能通过观摩，从中学到知识和本领。所以，观摩活动对于观摩者具有指导意义。

普及性突出。在观摩会中，普及性突出这一特点是显而易见的，这是因为观摩会的内容具有普及性，是为大多数人所喜爱熟悉和感兴趣的。

观摩会所具有的这些特点，使得观摩会能够得以广泛开展，并且越来越受到有关主办方的重视。

观摩会虽然有众多的参与者，容易产生广泛的社会影响，但是这一活动的组织工作是很复杂的。如果主办方组织得不好，观摩会的社会作用依然发挥不出来。对观摩会的组织者有如下要求：

观摩会的性质要明确。观摩会是具有学习、借鉴、模仿、欣赏等特点的社会活动。观摩的本质意义就是观看彼此的表演、交流经验、互相学习。根据观摩一词的定义，观摩并不只是观看，它除了包含着观看、观赏的特点之外，还是一种特定意义的“专业欣赏”，能使个体受到教益。这一点与观看和欣赏有严格区分。

观摩会是集观、思、学、议写几部分为一体的一种特殊活动，是静态与动态相结合的一种活动。参与活动者不仅要观看活动表演，还要在现场学习各种有关的活动技能，并将这些技能保持在记忆中。要能给人以指导。观摩会的参与者，对观摩内容的要求，不是停留在一般的欣赏水平上。他们要求通过观摩活动，能对自己提高某种技能有所帮助。因此，举办观摩会的目的，不是为了让观摩者欣赏，而是要给予观摩者某方面的指导。要能让人进行模仿。在观摩活动中，观摩过程具有连贯性，首先表现为观看，而后，观摩者便开始思索。在思索的基础上，观摩者经过分析，找到了自己要学习、模仿的部分，这样，观摩者又步入模仿阶段。观摩者的模仿方式有两种、一种是在现场的行为模仿、语言模仿；另一种是通过记忆将准备学习的观摩内容储存起来，并通过内在的“言语活动”进行心理方面的模仿。

观摩会的内容要求：组织观摩会，选择观摩会内容是关键因素。观摩者要是对内容不感兴趣，活动就很难有效果。观摩会的内容，最主要的是切合观摩者的要求。观摩会虽然大致分为十几类，但从这些内容中可以划分好几个部类，即艺术类，体育类，智力类，专业技术类。这 4 个较大的部类又包括许多在微观上有类型区别的各种活动。观摩者对观摩内容的要求，基本上都在这 4 个部类之中。因此，组织者在开展活动之前，可以将愿意参加活动的人分为上述 4 类，并在这一划分的基础之上，依据每一类人员的具体要求，对同类活动内容做出准确和有针对性的安排。

为了便于深入了解观摩者对观摩内容的要求，组织者应采用一些积极有效的方法，以了解观摩者的观摩要求。方法有以下两种：提问法。提问法是指即由组织者分别向愿意参加活动的人提问，了解他们渴望观摩什么。征集法。征集法主要是要求参加观摩会的人用书面方式，反映各自的观摩意愿。通过这两种方法了解观摩者的需求，有的放矢，这样才能使观摩会的内容正是观摩者需要的。观摩会的要求。参加观摩会的人并不一定是越多越好。要针对观摩会的类型而定，参加者应控制在一定的数量之内；否则，便会影响活动表演者的竞技状态，使表演者的技能达不到最佳水平。具体来讲，应从以下三个要素来考虑。注重观摩效果。观摩注重观摩会的效果的体现，观摩效果是和观摩人数的多与少相关联的。在一般情况下，观摩的人数越多就越不好组织。所以观摩会组织者应估计到自己的管理和组织水平的实际标准，并根据这一标准来确定参加活动的人数。保证表演者演技的正常发挥。有些活动内容的表演者，其最佳演技水平的发挥，不光取决于平时的勤学苦练，还在于临场竞技状态。这些人的临场状态，主要是靠坐在观众席上的观摩者的情绪感染。因此，人多一些表演者是欢迎的。观摩者的学习不受干扰。观摩会中，表演者表演每一个项目或节目，都是为了让观摩者有所收益，从而提高同表演的项目、节目相关的某种技能，或是能从观摩中得到启发。这样，就必须考虑到观摩人数与观摩者学习过程的关系。观摩活动的人数必须要控制在不影响人们学习的数量标准之内。比如说，有的观摩活动，适合 200 人参加，但若让参加者过多，就会干扰观摩者的学习，使他们的听觉活动、视觉活动以及思维活动都受到影响。

观摩会的举办要求：观摩会有着极大的吸引力，但是这种吸引力只是在一般意义上的估计，在每一次观摩会中并不一定都能体现它的吸引力，这是因为观摩活动本身还具有个体效益问题。

要保证每一次观摩会都能受到个体效益，组织者应当善于将观摩会化整为零，按不同阶段、不同专题的区分，开展各种小型的、特点突出的、内容集中的观摩会活动。观摩会组织者要记住：热闹不是观摩会的真正效果，而是观摩者通过本次观摩能在各方面都有不同程度的提高，观摩会才算取得了真正的效果。实践证明，分阶段、分专题开展观摩会活动是一个重要方面，因为它具有三种保证作用：一是，能保证活动组织按程序进行；二是，能保证活动的内容直观，明了，便于观摩者学习；三是，能促进观摩者和活动表演者的情感交流，有助于提高表演者的演技水平。

把握好观摩会的这些要求，注意观摩会的特点，才能使一个观摩会获得成功。

观摩会对主持人的要求很高，不但具有优雅的外形形象，还要有较强的组织能力，其特点表现如下：有现场的指挥能力。观摩会主持人对观摩会的现场指挥能力表现在安排好组织观摩会表演者和向现场观摩者提出问题和要求。观摩会的主持人，负担者两方面的组织指挥任务，一方是表演者，另一方是观摩者。在观摩会中要求组织者必须加强指挥。它表现为：观摩会开始时，对到场的所有人，提出要求和希望；合理安排观摩会程序；发挥有关人员的作用，建立指挥系统；控制活动的时间以及观摩秩序，如纪律控制、节目的顺序拉制；对观摩会进行小结，做出讲评，公布成绩。具有内在气质。展现观摩会主持人独特风格的还在于本人气质。人的气质由综合要素形成的，包括人格修养、道德情操、文化结构、思想感情、个性意志等诸多因素。气质是装不出来的，它完全是自然袒露。观摩会主持人要用自己内在的气质感染观赏者，打动他们，激发他们参与观摩会，使观摩会成功。知识面广。观摩会的类型很多，内容广泛，尤其是现场观摩会，观赏者的情绪全靠观摩会的节目现场本身来引导，它要求主持人要博学多才，知识面广，在观摩会上既能向观赏者提出各种各样的问题，也可以回答观赏者的问题。从而达到观摩会要求的现场效果。

观摩会的主持工作很复杂，加上类型很多，比起其他会议，主持起来是有一定难度的。因此，观摩会主持人在主持时，要使用技巧，这种技巧主要表现在以下几点：

会前要参与观摩会的组织工作。观摩会的内容比较宽泛，组织起来也很复杂，因此主持人要积极参与观摩会前的组织工作，对观摩会的内容、方式、要求和目的等都了如指掌，才能运用自如地主持好一个观摩会。首先要选择好观摩会的组织形式。观摩会的组织方式可以随具体情况来确定。例如，观摩方式可以采取多样性的原则，使观摩者的观摩活动不拘一格。主要的观摩方式大致有四种：现场式。现场式的观摩就是指观摩者亲临现场来进行观摩。这种观摩的方式应用比较普遍，具有直接作用。放映式。放映式是指以放映电影、录像的方式组织的观摩会。放映的电影、录像一般都是和观摩内容有直接关系。这种方式对于在没有条件组织现场观摩的情况下，是很有作用的。比如，某个国家来华演出民间舞蹈，因为观摩者不可能过多，为了保证其他人都能看到，在现场转播实况，或在现场录像都是有效的方法。特别是录像，既能为更多的观摩者、服务者服务，又能将录像作为资料保存起来。放映式的观摩不如现场式的观摩直观，但是它具有可调性，可以多次重播、重放。静态式。静态式的观摩是指观摩者和观摩会的表演者，只有意识、情绪方面的交流，而没有言语活动和行为方面的交流。一般表现为观摩者只是作在观众席上进行观摩，不和观摩活动的表演者发生任何关系，因此是一种处于静态之中的观摩方式。动态式。这种方式与静态式截然相反，是观摩者处于动态情景之中进行观摩，比如，边观摩边学习，边观摩边座谈，边观摩边交流。这种观摩方式的动态特征是体现在总体的，即在观摩的全过程中让观摩者根据演出者的示范，做练习，进行模仿，或者是组织观众和演员围绕某一观摩者进行座谈、讨论，交流体会。动态式观摩较为活跃，观摩效果明显，对观摩者有立体的指导作用。

精选观摩项目。在观摩会中，观摩者要求观摩内容具有较高的水平，包括思想水平、艺术水平、表演水平、演技水平等。对每个观摩内容的要求都有不同的侧重点。基于这种情况，主持人和主办方在举办观摩会的时候，务必注意精选观摩项目，既要保证有一定数量的观摩项目，为观摩会提供充足的观摩内容，也要保证所提供的观摩内容水平高、质量过硬。精选观摩项目是个非常重要的环节。如果不注意这方面的要求，对观摩项目不进行严格挑选，就容易降低观摩会的整体水平，从而使观摩者失去观摩兴趣。

不同类型观摩会的主持风格应该是不一样的。此外，由于参加观摩会的人数不一样，所选取的主持风格也应各异。艺术类的观摩会的主持应该轻松、活泼一些，主持人应多用一些欢快的语言。衣着装上应活泼、明快、亮丽一些。体育类的观摩会的主持应具备该体育项目的专业知识，主持时语言节奏应快，体现出迅捷、热烈的风格。衣着装扮应为轻松运动型。智力类的观摩会的主持应善于巧于启发，主持时时间和节奏的把握应适中，风格为轻松、随意一些。在衣着装扮上亦随意些。专业技术的观摩会的主持应具有较强的专业技术知识，主持风格应认真、严肃、忌调侃、嬉戏。在衣着装扮上应庄重、严肃。

三、展览会

在展览会上，展览主持主要是解说技巧。由于展览会战线的是展览品，因此，展览会的主持技巧主要是指参展单位的主持人在向观众介绍或说明展品时，所应当掌握的基本方法和技能。具体来讲，在宣传性展览会与销售性展览会上，主持人的解说技巧既有共性可循，又有各自的不同之处。其共性在于以下几个方面：要善于因人而异，使解说具有针对性，同时，要突出自己展品的特色，主持人还可以安排观众看与展品相关的影视片，并向其提供说明材料与单位名片，主持人要善于与观众进行沟通。

展览会就是通过实物并辅之以文字和图表或示范性的表演等来展现工作成功或企业销售的一种宣传方式，它是国内外许多单位或企业公共关系计划中的主要活动，是人们接触最多的宣传性或商务性会议。

各种类型的展览会，不仅具有较强的说服力、感染力、还能以现身说法打动观众，使主办单位广交朋友，还可以借助与个体传播、群体传播、大众传播等各种传播形式，使有关主办单位的信息广为传播，提高其名声与声誉。应该说，展览会是公共关系活动的一种常规手段。

一次成功的展览会不亚于做电视广告。展览会之所以受到人们的欢迎，是因为它具有以下几个特点。展览会是一种十分直观、形象生动、复合性的传播方式。一是，文字注解、印刷宣传材料、介绍材料等文字媒介；二是，讲解、交谈和现场广播声音媒介；三是，照片、幻灯片、录像片以及电影等音像媒介；四是，实物媒介和现场表演、示范等动作语言媒介。

吸引力强。对于公众来讲，展览会可以接踵许多行业中不同展览，或者集中同一行业中多种牌号的展品，琳琅满目，还可以触摸、试用、品尝或用其他一些方式加以为检验，能唤起公众的好奇心并具有娱乐价值：另外，它还有社交性，因而有观众参与其中。这种混有社交的和精神的刺激具有磁铁般的吸引力并吊人胃口。

提供与公众直接进行双向沟通的机会。在展览会上，展览者与参观者可以见面、交谈。在商务性的展览会上，展览者还可以了解消费者的需求，搜索市场信息，直接听到社会公众对新产品或样品的反馈，听到人们对产品的抱怨和期望，还可以进行解释或解决问题、消除误会，能使厂家更接近顾客，得到来自消费大众的第一手资料或信息。

展览会往往成为新闻媒介追踪报道的对象。展览会是一种综合性的大型活动，往往会成为新闻媒介追踪的对象，成为各类媒体争相报道的题材，可以起到轰动效应，提高单位或企业的知名度。

因此，成功的展览会能使单位和企业建立自己良好的形象或打开展品销路，成功的展览会需要出色的主持人来主持。主办者选择展览会主持时，一定要慎重。

举办展览会要求主办方要做好会前工作，它主要包括展览会的分类，展览会的组织以及展览会的参加等三个方面。展览会是有一个覆盖面很广的基本概念。从不同的角度，或按不同的标准区别展览会，它可分作许许多多不相同的具体类型。要开好一次展览会，主办方得先确定其具体类型，然后再进行相应的定位，并根据类型来确定主持人，否则，很可能会出现不少的漏洞。站在不同的角度上来看待展览会，往往可以对其进行不同标准的划分。

宣传性展览会。这是按展览会的目的而划分的展览会，既依照展览会的目的标准，展览会可分为宣传型展览和销售型展览会两种类型。顾名思义，宣传型展览会显然意在向外界宣传，介绍参展单位的成就、实力、历史与理念，所以它又叫做陈列会。它的要求是：有明确的主题，以传播信息为主；面向的对象一般范围宽泛；多为配合某一活动而进行，有一定的时效性。销售型展览会则主要是为了通过展示参展单位的产品、技术和专利来招揽顾客，促进其生产与销售。通常，人们又将销售型展览会直接了地称为展销会或交易会，它的要求是：主要是促进产品的销售；以介绍产品性能，用途为主；与会人员多为本行业人士。主持人在不同的展览会上应有不同的表现。

在一次展览会上，展览品具体种类的多少，往往会直接地导致展览会的性质有所不同。根据展览品具体种类的不同，可以将展览会区分为单一型展览会与综合型展览会。

单一型展览会，往往只展示某一大的门类的产品、技术或专利，只不过其具体的品牌、型号、功能有所不同而已。因此，人们经常会以其具体展示的某一门类的产品、技术或者专利的名称，来对单一型展览会进行直接的冠名，如化妆品展览会、汽车展览会、服装展览会等。在一般的情况下，单一型展览会的参展单位大都是同一行业的竞争对手，因此这种类型的展览会不仅会使竞争更为激烈，而且对于所有参展单位而言不失为一场公平的市场考试。

综合型展览会，也叫混合型展览会。它是一种包罗万象，同时展示多种门类的产品，技术或专利的大型展览会。与前者相比，后者所侧重的主要是参展单位的综合实力。主持人应根据展览会的规模，调整自己的语言。

根据展览会规模的大小，展览会又有大型展览会、小型展览会与微型展览会之分。

大型展览会。通常由社会上的政府、社会行业团体机构出面承办，其参展的单位多，参展的项目广，因而规模比较大。举办此类展览会，要求一定的操作技巧。因其档次高、影响大，参展单位必须经过申报、审核、批准等一系列的程序。有时，还需支付一定的费用。小型展览会一般都是由某一单位自行举办，其规模相对比较小。在小型展览会上，展示的主要是代表着主办单位最新成就的各种产品、技术和专利。微型展览会是小型展览会的进一步缩影。它提取了小型展览会的精华之处，一般不在社会上进行商业性展示，而只是将其安排陈列与本单位的展览室或荣誉室里，主要用以教育本单位的员工和供来宾参观之用。展览会的人员范围。根据参展单位所在的地理区域的不同，可将展览会划分为国际性展览会，洲际性展览会，全国性展览会，全省性展览会和地方性展览会。

规模比较大的国际性展览会，洲际性展览会和全国性展览会，往往被人们称为博览会。组织展览会不一定非要贪大求全不可，特别是忌讳虚张声势，名不副实。若是根据参展单位所属行业的不同，则展览会也可分为行业性展览会和跨行业展览会，根据各个展览会的特点，主持人应有针对性地进行主持。

举办展览会，是要占用一定面积的场地。就以所占场地的不同而论，展览会有着室内展览会与露天展览会之别。室内展览会大都被安排在专门的展览馆、宾馆或本单位的展览厅、展览室之内，它大都设计讲究、布置精美、陈列有序、安全防盗、不易受损，并且可以不受时间与天气的制约，显得隆重而有档次，但是，其所需费用往往偏高。在展示价值高昂、制作精美、易与失盗的展品时，室内展览会自然是其首选。露天展览会则安排在室外露天之处，它可以提供较大的场地，花费比较小，而且不必为设计、布置费力。展示大型展品或需要以自然界为其背景的展品时，此种选择最佳。通常，展示花卉、农产品、工程机械、大型设备时，大都这么做。不过，它受天气等自然条件影响比较大，并且易使展品丢失或受损，场合考虑不周，主持人就会失措。举办展览会所用的具体时间的长短，称为展期。根据展期的不同，可以把展览会分作长期展览会，定期展览会和临时展览会。

一般的展览会，既可以由参展单位自行组织，也可以由社会上的专门机构出面张罗，不论组织者由谁来担任，都必须认真做好具体的工作，力求使展览会取得完美的效果。根据惯例，展览会的组织者需要重点进行的具体工作，包括参展单位的确定、展览内容的宣传、展示位置的分配、安全保卫的事项、辅助服务的项目等等。参展单位的确定。一旦决定举办展览会，由什么单位来参加的问题，通常都是非常重要的。在具体考虑参展单位的时候，必须注意两相情愿，不得勉强。按照商务礼仪的要求，主办单位事先应以适当的方式，对参展的单位发出正式的邀请或召集。邀请或召集参展单位的主要方式为：刊登广告、寄发邀请涵、召开新闻发布会等。不管是采用其中哪一种方式，都需要同时将展览会的宗旨、展览的主要项目、参展单位的范围与条件、举办展览会的时间与地点、报名参展的具体时间与地点、咨询有关问题的联络方法、主办单位提供的辅助服务项目、参展单位所应承担的基本费用等等，一切如实地告之参展单位，以方便对方据此加以定夺。对于报名参展的单位，主办单位应根据展览会的主题与具体条件进行必要的审核。切勿来之不拒。当参展单位的正式名单确定之后，主办单位应及时地以专函进行通知，令被批准的参展单位尽早有所准备。主持人还要清楚展览会展台的位置。展览内容的宣传。为了引起社会各界对展览会的重视，并且尽量地扩大其影响，主办单位有必要对其进行大力宣传，宣传的重点应当是展览的内容，既展览会上的展示陈列之物。因为只有它，才能真正地吸引各界人士的注意和兴趣，对展览会，尤其是对展览内容所进行的宣传，主要可以采用下述几种方式：

1. A 举办新闻发布会；
2. 邀请新闻界人士到场进行参观采访；
3. 发表有关展览会的新闻稿；
4. 公开刊发广告；
5. 张贴有关展览会的宣传画；
6. 在展览会现场散发宣传性材料和纪念品；
7. 在举办地悬挂彩旗、彩带或横幅；
8. 利用升空的彩色气球和飞艇进行宣传。

以上八种方式，可以只选择其一，也可多种同时并用。在具体进行选择时，一定要量力行事，并且要严守法纪，注意安全。为了搞好宣传工作，在举办大型展览会时，主办单位应专门成立对外宣传的组织机构。其正式名称，可以叫新闻组，也可以叫宣传办公室，主持人应协调好他们的关系。

对展览会的组织者来讲，展览现场的规划与布置，通常是其重要职责之一。

在布置展览现场时，基本的要求是：展览陈列的各种展品要围绕既定的主题，进行互为衬托的合理组织与搭配。要在整体上显得井井有序。可以说，所有参展单位都希望自己能够在展览会上拥有理想的位置，展品在展览会上进行展示陈列的具体位置，称为展位。

理想的展位，应当面积适当，客流较多，处于展览会上的较为醒目之处，设备齐全，采光，水电的供给良好，在一般情况下，展览会的组织者要想尽一切办法充分满足参展单位关于展位的合理要求。假如参展单位较多，对于较为理想的展位竞争较为激烈的话，则展览会的组织者可依照展览会的惯例，采用下列方法之一对展位进行合理的分配。对展位进行竞拍，由组织者根据展位的不同，而指定不同的收费标准，然后组织一场拍卖会，由参展者在会上自由进行角逐，由出价高者拥有自己中意的展位。对展位进行投标。既由参展单位依照组织者所公告的招标标准和具体条件自行报价，并据此填写投标单，再由组织者按照“就高不就低”的常规，将展位分配给报价高者，明晓后果。对展位进行抽签。既将展位编号，然后将号码写在纸签之上，而由参展的每一单位的代表在公证人员的监督之下，每人各取一个，以此来确定其各自的具体展位。按“先来后到”分配。所谓按照“先来后到”进行分配，既以参展单位正式报名的先后为序，谁先报名，谁便有权优先选择自己看中的展位。不管采用上述何种方法，主办方必须事先将其光而告之，以便参展单位早做准备，尽量选到称心如意的展位。

展览会主办方要根据其类型以及规模大小，来挑选合适的主持人，只有这样，才能使展览会成功召开。一般来说，展览会主持人有以下几个特点：要努力维护整体形象。在参与展览时，参展单位的整体形象直接映入观众的眼里，因而对主办方参展的成败影响极大。参展单位的整体形象，主要由展示之物的形象与主持人的形象两个部分所构成，对于二者要给予同等的重视，不可偏废其一。展示之物的形象，主要由展品的外观、展品的质量、展品的陈列、展位的布置、发放的资料等构成。用以进行展览的展品，外观上要力求完美无缺，质量上要优中选优，陈列上要既整齐美观又讲究主次，布置上要兼顾主题的突出与观众的注意力，而在展览会上向观众直接散发的有关资料，则要印刷精美、图文并茂、资讯丰富，并且注有参展单位的主要联络方法，如公馆部分与销售部门的电话、电报、电传以及电子邮箱的号码等等。主持人的形象，主要是指在展览会上直接代表参展单位露面的主持人员的穿着打扮，要时时注意以礼待人。在展览会上，不管它是宣传型展览会还是销售型展览会，参展单位的主持人都必须真正地意识到观众是自己的上帝，为其热情而竭诚地服务则是自己的天职，为此，全体工作人员都要将礼貌待人放在心坎上，并且落实在行动上。展览一旦正式开始，全体参展单位的工作人员既应各就各位，站立迎宾，不允许迟到，早退，无故脱岗，东游西逛，更不允许在观众到来之时坐卧不起，怠慢对方。当观众走进自己的展位时，不管对方是否向自己打了招呼，主持人都要面带微笑，主动向对方说："您好！欢迎光临！"随后，主持人还要面向对方，稍许欠身，伸出右手，掌心向上，指尖直指展台，并告知对方："请您参观。"当观众在本单位的展位上进行参观时，主持人可随行与其后，随时等待对方向自己进行咨询，也可以请观众自便，不加干扰。假如观众较多，尤其是在接待组团而来的观众时，主持人也可以在左前方引导对方进行参观。对于观众所提出的问题，主持人要认真做出回答，不允许置之不理，或以不礼貌的言行对待对方。当观众离去时，主持人应当真诚地向对方欠身施礼，并道以"谢谢光临"或"再见"。

在任何情况下，主持人都要以顾客利益为第一，不得对观众恶语相加，或讥讽嘲弄。对于极个别不守展览会规则而乱摸乱动，乱拿展品的观众，主持人要以礼相待，对方不听或是要赖时，可请保安人员协助，但不许可主持人本人对对方擅自动粗，进行打骂，扣留或非法搜身。主持人要时刻紧记，对观众始终保持展览会礼仪之风范，不能因为个别观众的失态而导致自己形象的损坏，因为观众既然来参观，就是抱着对展品的喜爱之情。

在展览会上，展览主持的技巧主要是解说技巧，由于展览会表现的是展览品，因此，展览会的主持技巧主要是指参展单位的主持人在向观众介绍或说明展品时，所应当掌握的基本方法和技能。具体来讲，在宣传性展览会与销售性展览会上，主持人的解说技巧既有共性可循，又有各自的不同之处，其共性在于以下几个方面。要善于因人而异，使解说具有针对性。展览会上的解说首先要实事求是，在此前提下，要注意扬长避短，要突出自己产品的特色要强调"人无我有，人有我优"之处，在必要时，还可邀请观众亲自动手操作，或由主持人为其进行现场示范，让自己的产品"说服"在场的观众。安排观众观看相关影视片。主持人还可以安排观众观看与展品相关的影视片，并向其提供说明材料与单位名片。

通常情况下，说明材料与单位名片应常备于展台之上，由观众自取，其不同之处是：在宣传型展览会上，解说的重点应当放在推广参展单位的形象之上。主持人要善于与观众进行沟通。主持人要善于使解说围绕着参展单位与公众的双向沟通而进行，时刻都应大力宣传本单位的成就和理念，以便使公众对参展单位给予认可。而在销售型展览会上，解说的重点则必须放在主要展品的介绍与推销之上。

四、宴会主持

宴会是一种常见的礼仪社交活动。宴会是以会餐的形式而举行的聚会，即宴请。这是一种常见的礼仪社交活动，比家宴要正式。

宴请，就活动的性质而言，有如下三种。礼仪性宴请。例如，为欢迎外国元首、政府首脑来访；为庆祝国庆日、建交日和其他重要节日；为庆祝重大工程的竣工；东道国为某一重要国际会议的召开，由于礼仪上的需要而举行宴请。这种活动要有一定的礼宾规格和必要的礼宾程序。交谊性宴请。主要是为了表示友好，发展友谊，如接风、送行、告别等。有的时候并无特定的题目，也有时是借题目做文章。这种宴会，规格讲究不那么严，讲究气氛热烈，强调亲切、友好，促进友谊的发展。工作性宴请。主人或参加宴会的各方，为解决特定的工作问题而举行的宴请，以便在宴会期间进行商谈。这三种情况，有时交相为用，兼而有之。

由于活动目的，邀请对象以及经费开支的不同，宴请也可分为多种不同的形式，国际上通过的宴请形式有宴会、招待会、茶会、工作餐等。每种形式均有自己的特点。宴会分为以下几种：礼仪性的宴会规格高，要排座次，宴会厅内悬挂国旗，安排军乐队演奏国歌以及席间乐、席间呈词、祝酒等，这种活动要有一定的礼宾规格和必要的礼宾程序，规范性强，内容复杂，要求严格。交易性的宴会。这类宴会主要是为了表示友好，发展友谊，如，接风、送行、告别等。这类宴会的特点是：有的时候并无特定的题目，也有时是借题目做文章；规格讲究不那么严；讲究气氛热烈，强调亲切、友好、促进友谊的发展。工作性的宴会。这种宴会就是在工作间隙安排的进餐活动，是现代社会和商务活动中人们经常采用的一种非正式宴会形式，多是由主人或参加宴会的各方，为解决特定的工作问题而举行宴会，以便在席间进行商谈。其特点为：参加宴会的人员边吃边谈，或就彼此关心的问题交换意见，或就双方已经会谈、谈判过的问题做出回顾和评价，以便为双方再次回到会谈或谈判桌前，使会谈或谈判尽快取得成果而创造条件；为了便于交谈，共走宴会可排好席位，一般用长桌，这种作为排法以双方参加者职务高低安排席位；由于工作宴会是工作间隙安排的进餐，一般只是与工作有关的人员，不请配偶参加。其他便宴。冷餐会，也称自助餐。这种冷餐会不用排席位，菜肴以冷食为主，也可用热菜，连同餐具陈设在菜桌上，供客人自取。冷餐会有在室内举行的，也可在露天、环境幽雅的庭院里、花园里举行，这时席间不设座椅，站立进食，自由活动，客人可以按照自己的喜好随意取食，酒水陈列在桌子上，也可由招待员端送。根据主办者的意图和主客双方的身份，冷餐会所备菜肴品种可多可少，档次可高可低，时间一般安排在中午 12 点至下午 2 点或下午 5 点至 7 点。酒会，又称鸡尾酒会。用多种酒类和果汁等调制而成的混合饮料。酒会不设座椅，仅摆放小桌或茶几，客人可以自由走动。酒会上的酒不一定都是鸡尾酒，但通常所备置的酒类品种比较多，同时配以各种果汁，来客随意取用。酒会食品为三明治，面包片，小香肠，炸春卷等各种小吃，以牙签取食。饮料和食品可放在小桌上。这种会较轻松活泼。酒会举行的时间很灵活，一天中的中午、下午、晚上都可以。客人可在酒会进行过程中的任何时间到达和退席，来去自如，这种宴会便于广泛接触的交谈。家宴，就是在家中招待客人，以示友好。这是一种非正式宴会，常见的有午宴，晚宴，不用排座位，也不用做正式讲话。家宴大部分由主人亲自下厨烹调，也可以请厨师或亲友掌勺，大多情况下，是全家人共同招待的形式。茶会就是请客人品茶，以品茶作为款待客人的主要方式的招待活动，一般在上午 10 时和下午 4 点左右。茶会通常在客厅举行，厅内设茶几，座椅，不排席位，但入坐时，应有意识地将主宾与主人安排在一起，其他人则随意入坐。茶会主要是请人品茶，因而对茶叶，茶具的选择要有所讲究，或具有当地特色。举行茶会时，应充分照顾客人的饮茶习惯，并略备点心和地方风味小吃，根据客人的特别要求，不用茶而用咖啡者，实施方式与茶会相同。在以上诸多宴会类型中，前三种宴会是比较正式，隆重的宴会。

宴会，也就是宴请，是一种常见的礼仪社交活动，它与日常工作，生活紧密结合的其他社交行为活动不一样，它有许多专门化的社交礼仪活动。其作用如下：加深宾主双方的感情。宴会活动是专门用来处理各种人际关系的，宴会上，主任热情周到的礼仪招待，诚挚的祝福，在这友好的氛围中，宾客也会被感染，被主方的友好打动，使主宾双方的感情于不经意间加深。增进了解。一场成功的宴会可以缩短宾主双方的感情距离，宾主双方原本就有友谊做基础，宴会上言语，感情的交流，会使彼此间有更深的了解。为以后的继续友好往来奠定坚实的基础。巩固宾主双方的友谊。宴会的礼仪有很对规矩，大部分都是为了方便宾客而定的，这些礼仪是对宾客的尊重。当参加宴会的宾客得到如此盛情的接待时，感触非同一般，从而对主方如此看重双方的友谊深为感动，可以巩固双方的友谊。

宴会是比较正式，隆重的招待。是对其组织、礼仪环境等的要求十分严格的。宴会的组织要求。确定好宴会的目的和缘由宴会的目的的一般都很明显，如节庆日聚会、工作交流、贵宾来访等。根据目的决定宴请什么人出席，请到哪一级别，邀请多少人，并列出客人名单，宴请人数，通常应为偶数。避免邀请平时有积怨者同时赴宴。要确定好宴会的地点。官方正式隆重的活动，一般安排在政府，议会大厦或宾馆饭店的大厅举行。其余按活动性质，规模大小，宴请方式及实际可能选定。小型正式宴会，宴会厅外另设休息厅（又称等候厅），供宴会前交谈用，待主宾到达后一起进入宴会厅。要认真安排好宴会的服务。宴会举行之前，组织者一定要安排好宴会工作，尽可能周全地做好宴会的各项准备，以便为来宾提供完善的服务。比如，在宴会厅附近辟有休息厅，吸烟室，设有存衣处。还应在宴会厅门口安排迎宾人员、引导人员，在休息厅安排接待人员等。

要确定宴会参加者的范围。也就是说，要确定好拟邀请哪些方面、多少人赴宴、有多少人出席作陪。这要根据宴会的性质、目的、主宾的身份及双方的关系、习惯做法和国际惯例等确定。大型招待会有时可以适当多邀请一些客人，但过分扩大邀请范围，客人太多，招待不过来，效果反而不好。所以，一般而言，邀请的范围不宜过大。小型宴会的邀请名单，更应逐个研究。邀请夫妇一同参加的活动，要注意有些人是独身的男子或女子，写请柬时要有所区别。为人送行的宴会，一般以请熟人作陪为好。家宴一般也只请已经认识的人。出席宴会的主人，同客人人数的比例要适当。未被邀请的人员不可进入宴请活动场所。要确定好宴会的菜单。在确定菜单时，即要符合有关规定的惯例，考虑规格的限定；又要尽可能地照顾赴宴者，尤其是主宾的年龄、性别、健康、民族饮食习惯和个人特殊的口味。不要以主人的爱好为准，应当着重讲究质量，精心调配。在正式的宴会上，菜单至少要一桌一份，或是人手一份，以便使大家在用餐时可以各取所好，量力而行。要确定好宴会的形式。这主要决定于自己的习惯做法。目前我国宴会基本上都是中餐宴会、自助餐、酒会等简便的用餐形式，正在被提倡用来代替一些正式宴会。要确定好宴会的主持人。宴会主持人的言行代表着宴会主办单位的形象，关系到宴会的档次和规格。原则上讲，对外宴会的主持人，一般应为我方出面接待外宾的身份最高者。国内宴会的主持人，通常应为宴会主办单位的最高负责人，宴请客人应当采取他个人名义。要确定好宴会的时间。宴会时间的选定，应以主客双方的方便为合适，不要选择重要的节假日，活动日，要避开双方或其中某一方的禁忌日，如，对信奉基督教的人士不要选 13 日，伊斯兰教在斋月内白天禁食等等。小型宴请的时间，应首先征询主要客人的意见，主宾同意后再邀请其他宾客。根据国际惯例，晚宴被视为规格最高的宴会。要慎重填写和及时发出请柬。请柬内容一般应包括活动的主题、形式、时间、地点、主人的姓名等。外文请柬通常还打上被邀请人的姓名称呼，中文请柬则把被邀请的姓名写在信封上。请柬行文不用标点符号，其中的人名、单位名、节日名应尽量采用全称。请柬上的字迹应清晰美观。除了宴请临时来访人员和时间仓促的情况除外，宴会请柬一般应在两三周前发出，至少亦应提前一周。已经口头邀约好的也以补送请柬备忘为好。

五、舞会主持

随着现代社会的高速发展和人们对业余生活的要求，人们已经不满足一般的朋友聚会了，带有社交性质的舞会，成为人们忙碌之余的消遣和放松。在各式各样的社交性聚会当中，舞会是人际交往中最受欢迎的文艺性社交聚会，它是在年轻的异性之间所进行的一种轻松、愉快的良好形式。舞会之所以能受到大众的欢迎，是因为它所具备的特点所决定的。

舞会少不了音乐，在有节奏的鼓点中，人们起舞。舞步和着鼓点，是跳舞的基本功。舞会把人和音乐连接起来，使人在音乐中活动身心，达到一种享受。

优雅乐曲、迷离灯光、高雅舞姿是舞会的迷人之处，这是一种浪漫的氛围。在这里人们可以从容自在地自我放松，充分地使紧张的神经松弛，在翩翩起舞中，人们的身心获得愉悦，联络老友，结交新朋。在舞场上，可以是与分别很久的亲朋好友相聚，同好长时间不联络的老朋友碰面，互诉离别之情，重新接上头，让友谊之花开放。但是，一般来说，参加舞会的人有很多一部分都是生疏的面孔，人们在尽情放松的同时，还可以结识志趣相投的新朋友，进一步扩大自己的社交面。在舞会上，音乐响起，灯光闪烁，两人相拥而舞，气氛十分浪漫。尤其是一些单身的年轻男女，相邀共舞，倾心的一句话、传神的一个眼神，都会使对方觉得舞伴正是自己今生要找的另一半。随着舞会上的亲切交流，舞会结束后的多次接触，两个人可能会成为相伴一生的情人。舞会能够给人们带来的诸多好处，使的舞会各种各样，大到百人舞会，小到家庭舞会，虽然舞会种类不一样，大小不一样，但是，参加舞会的人都从中放松身心，获得一定的收益。随着生活水平的提高，工作节奏的加快，高雅而上档次的舞会更为一批人们所青睐。

舞会虽然早已不是一件稀罕事了，许多单位、家庭经常举办舞会，但是一场正规的舞会倒有许多的讲究，要把一场舞会办的出色，需要根据来宾情况做好切实的安排。

在举办舞会时，应当注意的主要问题有时间、场地、舞曲、来宾、接待等。由于舞会的要求很多，舞会主持人最好和主办方一起筹办组织舞会，这样可以让自己在主持时得到更好的发挥。

在举办舞会时，首先必须选择适当的时间，举办舞会的时间要恰当。任何一场舞会，都是主办方尽心想过或是因为什么事而举办，一般来说，一场舞会都会有一个恰当的名义，如庆祝生日、纪念结婚、晋职升学、欢度佳节、款待贵宾、周末举办家庭舞会等等。这种情况都适合举办舞会以示纪念和祝贺，也是举办舞会的最佳时机。另外，周末和节假日，也适宜举办舞会。舞会的时间也要恰当，在筹办舞会之前，就要确定此次舞会需要多长时间，还要考虑到具体什么时间开始，什么时间结束。其中最重要的是，不要另人过度疲劳，以至于妨碍工作和生活。在正常情况下，舞会最适合于傍晚举行，这时候不管是下班后还是周末，都是人们放松的时间，精神正渴求娱乐之时，但是，舞会的时间也不能太长，最好是 2～4 小时，时间过长的话，会让人感到疲惫。

选择场地时，要选择幽雅的环境，一般来说，舞会的场地问题分为举办地点与舞池选择两个方面。举办地点主要是要考虑来宾的人数、舞会档次与气愤，还要注意交通、安全问题。一般来说，举办小型舞会，如家庭舞会，要选择比较宽敞的房间，如自家的客厅、庭院并调节好室内灯光，还可以选择公园、广场。而举办大型舞会，则宜在单位的俱乐部，或是营业性的舞厅。场地选择好了，接着要选择舞池。对于小型的舞会，可以在舞会举办地点之内专共跳舞的地方就行了。而在举办大型、正式的舞会时，对于舞池的选择与布置，必须再三考虑。其中以下四个细节一定要引起重视。舞池的大小应当适度，最好与跳舞的总人数大致般配，人均1平方米最佳。舞池的地面务必干净整洁，若其过脏、过滑、过糙，都会有碍于跳舞。舞池的灯光应当正常，并且在柔和之中又有所变化灯光。过强、过弱，都不甚合适。舞池的音响需要认真调试，音量也要适度，切勿影响附近居民的休息。

选择适合的舞曲。舞曲是渲染舞会气氛的灵魂。舞会往往追求高雅的情调和浪漫的氛围，因此需要高雅的舞曲。主持人和主持者务必要选择好有档次的舞曲，营造舞会的气氛。小型舞会在准备充足的音乐同时，既要有优雅和宁静气愤的助兴音乐，也要有华尔兹、探戈等伴舞乐曲。而在大型舞会中，主办方和主持人在为舞会选择舞曲曲目时，还得考虑好以下四条。考虑不同人的不同“口味”。大型舞会邀请的人多，每个人的欣赏水平都不一样，对舞曲的要求口味也不一样，在这种情况下，主持人选择舞曲是应采取少数服从多数的曲目，选择舞曲时应依大部分人的欣赏曲目为主，不要挑选。最好选择众人熟悉的，节奏鲜明、清晰，旋律优美、动听的曲目作为舞曲。不同的舞曲交错播放。舞曲曲目的安排有“快”有“慢”，在节奏上令人一张一弛，各取所需。可将不同国家、不同风格、不同节奏的曲目穿插在一起，使舞曲时而宛转抒情，时而热烈奔放，好似波涛起伏一般，令人为之陶醉。准备好曲目单。在正式的舞会上，主持人最好提前将选好的舞曲印成曲目单，届时发给到会的宾客每人一份。曲目单上所列的舞曲总数，应与舞会所定时间相呼应，一经确定，便不能再做改动。跳舞者一看到曲目单上舞曲数量，便对舞会的时间长短一目了然。遵守约定俗成的惯例。在选择舞曲曲目时，还须遵守约定俗成的惯例。即开始是什么样的曲目，如《友谊天长地久》人们一听到这首曲子，就知道舞会开始了，结束时是什么样的曲目，许多人都选择《一路平安》等作为最后的一支舞曲。此曲一经演奏，等于是在宣布“舞会到此结束”。

舞会的来宾要确定好。舞会的主角是来宾，一个是出色的舞会除了主持的成功外，来宾来很重要。在确定舞会参加者名单时，最好邀请志趣相投、文化水平相当的朋友，陌生的朋友最好不要超过来宾中的1：3，参加舞会的客人中，男女人数要大体相当，这样可以避免大比例失调而造成冷场。举办舞会与其他会议不一样，邀请的来宾应该适量。来宾少了，舞会显得冷冷清清没有欢乐气氛，让人感到气氛不活跃；来宾过多，又会在现场造成拥挤，使舞者难尽兴，还有可能危及来宾的人身安全。因此，在筹办舞会时，舞会组织者及主持人须以舞池面积为重要依据，规定参加者的具体数量，并予以认真掌握。在较为正式的社交舞会上，相邀共舞之人不应当是同性，而必须是异性。要做到这一点，舞会的主办方和主持人就要采取一切可行的具体措施，保证舞会的全体参加者在总量上，做到男女比例大致相仿，基本上占一半。对已婚者，一般邀请夫妇两人共同参加。

舞会是否能顺利进行，是掌握在主办方手中的，而具体的接待工作最为重要，其中较为重要的工作，是确定舞会的主持人，同时要准备好适量的茶点。舞会的顺利进行，与主持人关系密不可分。合适的主持人是舞会成功的重要因素。在时间较长、较为正式的大型舞会上，主办方要为来宾提供适量的饮料、点心和果品，以供选用。提供茶点的具体方式，可以是按桌量供应，也可以是宾主两方都方便的自助式。主办方做好这一切的工作后，舞会就成功了一半。

舞会主持人不像电视主持人那样，要求主持人具备很强的专业知识、有出众的口才和外表形象等，舞会主持除了做一系列的舞会会前的组织工作外，还有以下特点。

在主持人的数量上，往往是一男一女，男女搭配应该和谐，在主持风格上形成一致或互补。舞会主持人没有太高的要求，但要会跳舞，只有这样，在舞会上，主持人可以直接加入到跳舞的行列中，这样使舞者更好的融入到现场的气氛中去。主持谈吐有风度。主持词应适应接下来的舞曲的氛围。一般来说，轻松的舞曲应说一些轻松、放松的话；抒情、怀旧的舞曲，相对来说，主持词应更注意温馨、柔和一些；浪漫的舞曲的主持词最好能营造一种浪漫的氛围；快舞则可以说得热情、高亢些，甚至能煽动起人们的热情。必须熟练掌握舞会场合的社交艺术。舞会社交艺术是主持人必须要了解的，也是最重要的一条。主持人只有熟练掌握了舞会的社交艺术，才能在主持舞会时做到知己、知彼、知礼，处理好舞会中突发的事情。当有男士邀请舞伴须按照一些既定的顺序，即就舞会主人方面而言，自舞会上的第二支舞曲开始，男主人应当先去邀请男主宾的女伴跳舞，而男主宾则应回请女主人共舞。接下来，男主人还须依次邀请在礼宾序列上排位第二、第三的男士的女伴各跳一支舞曲，而被那些男主人依照礼宾序列相邀共舞的女士的男伴，则应同时回请女主人共舞。舞会社交礼仪是一门学问，主持人要把舞会主持好，必须要在了解舞会社交礼仪的基础上主持舞会，只有这样，才能使自己在主持舞会时得心应手，在一些突发问题前不慌手慌脚，能迅速解决。

舞会活动是一种高雅的社交性活动，主持人的主持只是把整个舞会的各个舞曲串联起来，不必说太多的话，话不多却要恰如其分，短短的几句话语要营造舞会高雅文明的氛围。即舞会主持人的起舞氛围，这很需要舞会主持人适当运用主持技巧。舞会的主持技巧有以下几点。

舞会的成功需要来宾的支持，一些有经验的舞会主持人很懂得借助来宾的配合，那就是希望参加舞会的来宾要互相尊重，讲究礼貌。舞会重在参与，一个人的舞姿不必美不胜收、舞技也不必无可挑剔，但是他在跳舞的动作行为，却必须尽量达到合乎规范的标准，而要做到这一切，舞会的高雅氛围十分重要。为此，首先主持人必须做到文明大方。舞会主持的着装须高雅，合乎舞场的环境和氛围，不能太暴露，甚至出奇出怪，应该为所有来宾所接受。舞会主持说话既要热情明快，有要大方文明。不失高雅，不失内涵，既体现水平又展现气质，这样的主持语言，应是主持人所力求的。主持人在步入舞池时，须女先男后。中间休息时，不要吸烟、乱扔果皮，不宜高声谈笑，随意喧哗。对于自己不熟识的人，除非对方主动致意，否则不宜向其问长问短，闲聊不止；如果对方已同别人谈话，应主动让开。舞会进行时，不宜穿越舞场，应该顺边绕行。如有人出现不雅的举止，要善意委婉提出劝告，或者协助舞会组织者妥善处理，切忌急声怒斥，惊扰别人。总之，在舞会上，每个主持人的一言一行均应符合文明规范。主持时的具体话语，要与届时演奏的舞曲协调一致。在任何时候，都不要自我创作，乱说一气。尤其是不允许有意采用夸张、怪异、粗野甚至色情的言语或舞蹈动作。

舞会主持人也可以进入舞池跳舞。要用自己优美的舞姿引导跳舞者标准文明地起舞。跳舞时，舞姿尽量标准，注意跳出高雅优美的舞姿来。在舞池中，要潇洒、舒展、自然，尽量以自己优美的舞姿和良好的素养，给人以美好的形象。这时，主持人还应当注意舞会的礼仪规范，力求做到以下几点。

主持人在跳舞时，男女姿势、动作要互相配合，领会彼此意图。通常，男士挽在女士腰上的右手与女士搭在男士右肩的左手，右手手心向下，以大拇指的背面接触对方身体。男士左手掌心向上轻轻托握女士右掌，两手不可贴得过近或过远；男士右手轻靠女士腰部左侧正中，不宜超过中部。双方头部不可以贴在一起，不应把头放在对方肩上，身体不应靠得太紧，跳舞中双方之间应保持1～2拳的间距。共舞中双方身体应保持平、正、直、稳；双肩要平；身体要正，尤其是上身不要摇晃，动作幅度不要过大；身体挺直，目光平视，神情应谦和愉悦；动作要协调舒展，给人以和谐感；要兼顾前后左右，留心周围舞友的动作，以防碰撞他人，但不能左顾右盼或低头盯脚；目光应自然，一般双方目光沿对方肩下方注视，以余光注意周围，双方目光最好不要朝同一方向看；跳舞中看见了朋友应点头致意而不必口头招呼，尤其遇到异性朋友决不可边舞边扭头与之交谈，否则会影响舞伴的情绪。跳舞时，双方要配合默契。任何一方都不能有嚼食物、叼香烟、哼舞曲或搔痒等不雅之举。跳舞必须举止文明得体，自然大方，形成一种轻松愉快而高雅礼貌的社交氛围，进而加强人际关系的沟通。主持人在优美的舞曲中翩翩起舞，迷离灯光下的身姿精巧别致，就会调动起来宾对美的追求。在与舞伴共舞时，主持人应尽量做到能与舞会气氛相吻合，把自己跳舞的舞技发挥到极致，并力求尽善尽美。舞会主持的装扮要得体端庄，正式舞会讲究高雅，来宾也具备修养，因此，舞会主持人的化妆要恰到好处。男主持人最好不化妆；女主持人易化与舞会灯光相映成趣的淡妆；在穿着上，男主持人可以穿衣服打领带；女主持人可以是旗袍、晚礼服等，但不要穿得过于暴露。

六、拍卖会主持

拍卖会司仪也称拍卖师，英语为 Auctioneer，是一场拍卖会的主持者，他通过自己对拍卖物品的描述和报价过程，达到将拍卖物品卖给拍卖会上出价最高的人的目的。作为一名拍卖师不但要懂得拍卖会的程序和礼仪，更要有良好的语言艺术，因为拍卖师最终是通过语言为传播手段达到拍卖的目的的。因此，拍卖师在面对形形色色的竞买人，拍卖各式各样的物品时，就要求拍卖师的语言要礼貌谦虚、情感真诚、热情生动、要有节奏、语气的变化、表达准确简洁、形式丰富多样、正确使用体态语，慎重运用诱导的语言。

拍卖师的素质高低，主要是通过语言表现出来的。拍卖师的语言不仅是拍卖内容的载体，同时还折射出拍卖师的文化底蕴和魅力，也影响着拍卖师能否完成拍卖会的预期目的。

拍卖师的语言要礼貌、谦逊。

作为拍卖场上的发言人，拍卖师的一举一动都体现着拍卖公司的形象，体现着拍卖师本人的基本修养。竞买人是拍卖师的服务对象，拍卖师在观念上要树立“竞买人第一”的服务观念，对他们要真诚与尊重犹为重要。

拍卖师的真诚与尊重主要是通过你的亲和力的语言来体现，这样说话才具有“可接受性”，拍卖师在语言表达时候要表现出礼貌谦逊、适宜得体。拍卖师主持拍卖会时礼貌谦逊的语言直接关系到拍卖师在竞买人心目中的形象和声誉，并且与竞买人的自我需要有关。从竞买人对拍卖师的期待来看，往往“朋友”色彩多于“权威”色彩，礼貌和谦逊往往意味着拍卖师的真诚服务。因此，拍卖师在语言上要体现谦和、亲切和平等的交流，尽量运用谦词敬语如：像“请”、“您”、“谢谢”、“……好吗”、“能不能……”等。

拍卖师的语言要礼貌和谦逊还体现在语言的适宜性和得体性。这就要求拍卖师要了解竞买人的心理，不强加于人，不说可能伤害竞买人的话。某些拍卖师在拍卖场奚落和讽刺竞买人的做法是不可取的。拍卖师的语言不要有很长和复杂的表达句子，也不能过分的口语白话。

拍卖师的主持要情感真诚。

拍卖师的语言要情感真诚，是指拍卖师在主持拍卖会所讲的话要用真情实感，而不是矫揉造作，是真实的、热诚的。所谓真实，是指拍卖师说话时候的声音、语调和态势要“诚于中”，然后“行于外”。声音要自然，不要刻意修饰，姿态要大方，不要做作。如果语调为变化而变化，表情动作为做而做，眉飞色舞，满脸表情，故作姿态，那么势必让人讨厌，这种故作的语调和态势显然不美。当然，绝对以生活中的本色去拍卖，语音到姿态不做一点“加工”，也不合适，关键是不要让竞买人感到你在表演，应该让竞买人感到你是用心的、热诚的平等的去交流与沟通。因此，拍卖师与竞买人之间，尽量营造一个朋友式的交流氛围。朋友之间的语言是不要任何雕琢、装饰的有质朴才能让人感到亲切自然的人情味，用鲁迅的一句话就是“有真意，去粉饰，少做作，勿卖弄”。拍卖师有了真诚的情感做催化剂，才能说服和打动竞买人。

拍卖师的语言要热情。

拍卖师的职业是一个充满激情的工作，每当走上拍卖台，拍卖师应该具有一种精神饱满、跃跃欲试的“登台欲望”，这才是个合格拍卖师热情的源泉。在拍卖场上，拍卖师对与竞买者之间要有“微笑的传递”和眼神的交流，拍卖师的抑扬顿挫、热情洋溢的语言表达，都是拍卖师水平的体现，都会对竞买人心理和信心起到潜移默化的正面影响。

从拍卖师的出场的神态上我们可以看出拍卖师的交流欲望与冲动总是不同的。有些人身材奕奕，迫不及待要与人交流，有些人却面目冰冷，似乎是被迫走上拍卖台。两种表现，显露出两者交流欲望的不同。在实际生活中，如果你与交流欲望强的人交流，会感觉到交流很融洽，因为这种力的作用是相互的，对方的热情也会感染你，引发你的交流欲望；而与没有交流欲望的人交谈，他们的低调情绪会让人感到交流遭到了压制从而影响正常融洽的交流。

拍卖师总是希望自己主持的拍卖会能产生一个良好的成交结果，这是人们能够理解的，但问题在于这种心理不能在拍卖场上表露出来，否则就会引起竞买人的反感。有的拍卖师对拍卖公司的中介性质和公平、公正的身份认识不够，加之情绪的自控能力不足，一旦当拍卖场上出现高价位时，就明显表现出激动和喜悦，而在场上成交情况不佳时，就会表露出不安和情绪低落。为此，拍卖师登台后，一开始便应注意调节场内的气氛，以饱满的精神来感染竞买人，营造一个良好的竞买的氛围，切不可被别人的情绪所影响。气氛活跃，会导致良性循环，逐步出现高潮；反之又会出现恶性循环的局面。逢高不喜、遇底不妥是一个合格拍卖师应该具备的基本素质。

拍卖师语言要有节奏变化。

人们在说话、表达中，速度的快慢情绪的张弛、语调的起伏、音量的高底等等，变化对比，就形成了节奏。节奏在拍卖师的主持语言中起着重要作用。

不同的口语节奏具有不同的形象内涵和不同的感情色彩。适当的节奏，有助于表情达意，使口语寓于韵律的美感，加强刺激的强度。

就语言的节奏类型来说，一般分为四种。

轻快型。明快清晰，多扬少抑，听来不费力，让人感到活泼、流畅。艺术品拍卖会上多采用此种类型。

高亢型。声音偏高，语言昂扬，语势上行，给人以雄壮威武的感觉。用于配合拍卖场上的紧张激动的情绪。

舒缓型。拍卖师的表达从容舒畅，起伏不大，声音适中，是一种自然的主持方式。

紧张型。语速较快，句中停顿教短，但声音不一定高。多用于拍卖场上紧张快速的报价过程。

在不同场合、不同环境下，拍卖师可以分别侧重使用某一种节奏类型，并以其他节奏型为辅，相互渗透融合，从而使拍卖师的语言不呆板单调。拍卖师的节奏主要是对整个拍卖会的实际情况而不断变化的。节奏的变化影响着全场氛围，同时它的变化也受到不同拍品影响，主持人要根据具体情况在会前做好相应的活动整体节奏的设计，这样才能在现场主持时把握好主持的节奏。

拍卖师的语言要生动、讲究节奏，要有抑扬顿挫和快慢转折之分。也许，拍卖中的大部分时间，拍卖师的语言是平静、安详的，但随着竞买的节奏，拍卖师的语速和语调应不时加以变化以吸引拍卖场上的竞买人的注意。比如当竞价远没有达到预估的成交价时，拍卖师应适当放慢速度以等待竞买人作出决定；当竞争激烈、各不相让时则应适当加快速度以增加紧张感，迫使竞买人快速出价。当拍卖师报出落槌前的“最后一次”后，拍卖师应及时减慢速度，眼光环视场上一周，确认无人在应价后落槌。这样做的目的在于引起竞买人的注意，同时也避免一些人此时突然举牌而形成争执。缺乏节奏感的语言是平淡呆板的，而节奏感强的语言抑扬顿挫，富有表现力，是吸引竞买人的一项基本因素。

拍卖师应善于把握快慢节奏，张弛结合，挥洒自如，不可一味求快或拖泥带水。一味求快，会令竞买人来不及出价，令场内的人神经过于紧张，可能出现疲惫现象；拖泥带水，则是浪费时间，会起到催眠的作用。拍卖师应以抑扬顿挫的语音语调，来唤起竞买人的竞价欲望；而对竞买冷淡或无人应价的拍卖品，则以最快的速度迅速结束报价。总之，拍卖师此时应能准确捕捉台下竞买人的心理，该慢就慢，该快就快。若大势已去，即刻敲槌。

在拍卖中，拍卖师在处理高价位的拍品和低价位的拍品时，语言表达的语速、语调可以有所不同。低价位时，可以降低语调，加快报价速度；而当遇到高价位时，适时提高嗓音、放慢速度往往十分必要。又比如；竞买人踊跃竞买、频率较快时，拍卖师常以快速、平静的声音报价；一般时间无人应价后突然冒出的应价，拍卖师往往会突然加大或减小嗓音力度，以嗓音的转折提起竞买人的注意。当拍卖场内竞买人之间针锋相对、互不相让时，拍卖师可以逐渐加大嗓音力度和加快报价速度以推波助澜，激起竞买高潮。

有很多拍卖师掌握不好拍卖速度，快速报价能给竞买人一种压力，意思是说，“快点举牌，不然我就落槌了”。放慢速度给竞买人一个权衡、计算和考虑的空间。这两种速度应视情况而定，但无论如何在最后一次报价和落槌前的语速一定要慢，要慎重，一旦落槌便成定局，就很难改变。

一般而言，拍卖师在较大的拍卖场合里要注意适当提高声音，放慢语速，使语调呈一定幅度的上扬，以突出重点。反之，小的拍卖场所要注意适当的降低声音，增强词语密度，使语势呈下降趋势，追求自然效果。

拍卖师快速而流畅的报价，是拍卖师的基本功。拍卖师的速度应与竞买人的竞价速度同步。如果拍卖师的语速不能瞬间加快，则无法捕捉稍纵即逝的加价机会。语流的酣畅通顺能给竞买人一种爽心了感觉。这就要求拍卖师反应要快，也就是看到新举牌的报价，应马上反应到嘴上报出新价，同时手势、姿态做出相应的配合的表示。但是在表达的过程中的语速快慢要根据情况和需要而定，要有变化，如果一味的“快”或一味的“慢”；一味的“高”或一味的“低”都会给竞买人带来不好影响和感受，因此拍卖师的语言表达要有节奏的变化。

拍卖师的语言要有语气变化。

所有使用有声语言的场合，都离不开语气。语气包括思想感情和声音形式两个方面。拍卖师若想成为一个说话富于感染力的人，就一定要熟练掌握驾驭语气的能力，要善于运用合适的语气来表达复杂的内容和不同的思想感情。语气是有声语言的最重要的表达技巧，因为说话语气往往是一个人内心潜意识的表露。只有掌握了丰富贴切的语气，才能使我们有效地影响竞买人的竞买心理。

语气是以具体的思想感情为灵魂的，语气以具体的声音形式为躯体，语气存在一个个语句当中，受语境的制约和影响，比如：同样一个拍品，拍卖师在商业性拍卖会和公益性拍卖会为因为语境不同，描述此物品进行拍卖时所运用的语气也大不相同。语气在声音表达的形式中有四种，它们分别是波峰类、波谷类、上山类和下山类，他们都受到不同的感情色彩而不断的变化，因此不同的场合、不同的对象、不同性质的拍卖会，我们在运用有声语言表达时要根据表达的目的和对象运用不同的语气。

拍卖师的语言要准确、清晰、简洁。

拍卖师在主持时不但要有较好的语音基础，同时也要把事情用最简洁的语言表述和描述清楚，而且要表达准确。

首先拍卖师要对拍卖品了解要准确、详细，对拍卖程序操作准确、熟练，同时也要掌握拍卖的专业习惯，只有这样运用有声语言准确表达出来。在有声语言的描述拍卖品过程中用词要准确，根据你的理解找准重点，运用表达技巧准确的描述出来。在拍卖操作过程中，要准确无误，如报价时，68 号应价 5000 元，拍卖师应按拍卖习惯先报应价，再报号牌，那就是“5000，68 号”，若报“68 号，5000”就容易造成歧异，同时也容易造成竞买者不习惯，而产生误解。其次拍卖师在描述的过程中要用通俗易懂的语言，不要用书面语，我们的竞买人的层次不同，所以过分运用书面语会影响传播的效果，再次拍卖师的语言要简洁，表达层次要清楚，拍卖师在组织语言的过程当中要注意逻辑层次，简洁明了，不要含含糊糊，重复表达，减少无效语料，不传达与拍卖无关的信息。

拍卖师的语言要丰富、多样。

拍卖师丰富的语言和生动的话语通常令竞买人兴趣盎然，斗志昂扬。如果拍卖师只是被动的报号叫价，语言、情绪单一，没有变化，这样会导致场上气氛沉闷，影响成交效果。比如 1 号拍卖品的起价是 600 元，你可根据不同情况，和前后报价的方式进行多种报价方式，如：“第一号，拍卖品，起价是 600 元，哪位有兴趣？……”；或者可以这样“第一号拍卖品，现在以 600 元起拍，有没有应价的”；也可以这样“一号拍品，从 600 元起，大家有没有兴趣？”再比如报出价位和竞买人方位时，也可以有不同的方式表述，如：“600 元，左边的这位先生出价 600 元……，650 元有了，后排的男士加价到 650 元，下一个 700 元……，700 元，中间穿蓝衣服的女士加价到 700 元，哪位还有兴趣？……，1000 元在后面，站在后面的 63 号先生报价 1000 元……”

有时候我们适度幽默的语言，能扫除竞买人的疲倦和场内沉闷的气氛。比如：在普通民品拍卖会上，拍卖师在迅速报出价的同时，没有按部就班地对拍品的知识和现状进行呆板的说教，而是采用了生动、幽默、调侃的表达（拍卖的物品是旧剪草机）：“……现在前排的先生已出价到 500 元，有哪位还有兴趣，这台剪草机八成新，拿回去通上电就能使，对于门前有花园的家庭，能离得开剪草机吗？太太们最爱整洁，门前草坪总是乱糟糟，丈夫们肯定没法交代。如果几百快钱恩能使太太喜欢，就值了。550 元有了，左手这位先生决定减轻太太的劳动了?！还有再加 50 元的没有，一般家庭里都是一周剪一次草吧，买一台旧的剪草机其实比买一台新的划算，用几年没问题，有愿意出 600 元的没有？……”

因此拍卖师要根据每一件物品的具体情况和拍卖会的性质不同，以及场上情况，在不违反拍卖行业规范的基础上，进行语言表达形式的变化，从而形成拍卖规范语言的丰富多样。

拍卖师主持要慎用诱导语言。

为了让竞买人了解拍卖品，拍卖师可以在拍卖过程中对拍卖品的特点、市场、现状以及其他情况进行简单介绍，但介绍要尽量婉转、含蓄、点到为止，要让竞买人感到拍卖师对拍卖品在行、很自信，但却不是在强力推销拍品。拍卖师在拍卖台上一般不宜采取推销员推销产品时的表达方式。调动竞买人的竞买热情应采取间接和含蓄的方式，不给竞买人造成竞买压力，让他们自己去选择。尤其是在艺术品的拍卖会上，拍卖师的主持语言可以对竞买人有一定的引导作用，但过分的诱导的用语应是避免使用的。例如，拍卖师报价时说："后面的先生已经出价到 10000 元，56 号您还加价吗？"这里出现语言定向诱导，会使场上竞买人感到极为不舒服，此时，拍卖师可以用眼神去"定向"注视那位"56 号"，而不必说出来。

拍卖师在拍卖现场的作用很重要，一个好的拍卖师应能利用一切合理合法的手段，调动竞买人的购买欲望并适时调整拍卖现场的气氛。一个拍卖师希望通过自己的引导达成交易的愿望是可以理解的，但不能以高价为唯一目的，甚至不择手段达成高价。拍卖师切忌采用过分、夸张或挑逗的语言。例如，一句"怎么，就没有人愿意再多出一点了吗"给人以幽默亲切的感觉，而"快，下决心，你肯定不会吃亏"就有夸张和挑逗的嫌疑了。在某地举办的一场书画作品的拍卖会上，拍卖师对一幅名画一再吆喝，竟然无人应价，拍卖师急了，拍着胸脯说："我保证这幅画是真的，谁买了不会吃亏的。"台下一竞买人大声问道："刚才没做保证的都是假画吗？"拍卖会上，拍卖师不应就拍卖品的品质等做保证或过分的宣传，更不应该在拍卖现场示意竞买人应价。总之，拍卖师应充分意识到自己的言行对竞买人产生的影响，意识到竞买人可能因错误的信息受到诱导和误导，误导和诱导很容易给竞买人以口实，容易发生针对拍卖师报价的纠纷。

有时对于那些不了解拍品的竞买人，拍卖师的过度诱导也许偶尔能奏效，但久而久之的过分诱导会引起场上竞买人普遍反感，我们在拍卖场上听到人们常常哄笑过分诱导的拍卖师的情况就说明了这一点。竞买人会对过分诱导的拍卖师及拍卖公司的公正形象产生怀疑。从长远上看，这对于拍卖师和拍卖公司的信誉容易造成难以弥补的损害，过度诱导带来的一点点小利与长远的信誉损失相比往往是微不足道的。对于拍卖师来讲，诱导要有限度，诱导要有风度，诱导要用微笑和眼神的交流和语言上的点到为止而含蓄的表达出来。

拍卖师的体态语的运用。

竞买人对拍卖师这个职业角色有较理想化的要求，希望拍卖师是端庄、大方、礼貌、优雅、有活力、有个性的。拍卖师手势、表情上的一举一动、举手投足、眼神表情都会被场上的人们观察到，竞买人不仅在听其言，也在观其行。因此对于拍卖师的体态语的运用有着较高的要求。

每个拍卖师往往都有自己的主持"定势"，拍卖师常常采取最为接近自己性格本色的体态语进行主持。但是不同类型的拍卖会，有这不同的竞买人，他们对拍卖师有着不同的观赏心理和审美要求，这就制约着拍卖师体态语的运用。拍卖师应根据拍卖会的拍品内容、形式、参会人员的对象特点的不同而加以调节和选择体态语。如艺术拍卖会，场面大，竞买人多为有一定社会影响力的成功人士，懂艺术并富有的人，在此拍卖师的主持风格讲究沉稳、老练、，体态要求动作幅度小、姿态优雅、洒脱、利落，眼神表情要轻松、柔和、亲切，以及恰到好处的微笑；当主持大型破产企业或罚没物品的拍卖会时，因为拍品可能涉及严重违法事件或引起社会各界十分关注，拍卖师的风格则较为严肃、郑重、端庄，此时的体态语则讲究动作少而有力；在主持面对社会大众的生活物品和旧货拍卖会时，针对老百姓的好奇心强、爱凑热闹，文化素养参差不齐、场面热闹的特点，应采取相应活泼、灵活的主持风格，体态语活动性强、走位变化多、动作较为夸张，手势也较多、幅度较大，眼神、表情可以丰富许多。

拍卖师的体态语应十分自然，忌表情紧张、形体僵硬，忌动作突然、生硬；要合乎逻辑，目的明确，切记随心所欲、矫揉造作，动作多时要讲究变化，总是重复一个固定动作就会令人感到不舒服。拍卖师所体态语释放出的信息要集中、单一，不可以烦琐复杂，以免干扰竞买人对拍卖物品报价过程和感知。有的拍卖师手势过多，手掌莫名其妙的“翻手为云、覆手为语”，张开合拢、忽上忽下，弄得人眼花缭乱，这样的体态语非不能辅助信息的传递，反而分散了竞买人的注意力。

拍卖师在对自己的体态语进行推敲时，要注意去掉自己平时的一些不适合的习惯动作，平时并不让人注意的毛病需要及时纠正和控制。有些在生活中无伤大雅、不以为然的表情习惯，到数百人的拍卖场上“重复”、“放大”，毛病就突出了。

因此拍卖师体态语的运用正确自然是对拍卖师有声语言的补充，否则会起到适得其反的效果。

拍卖师的语言是拍卖师最后实现拍卖任务最后也是最终的环节，它关系着拍卖会的成败，影响拍卖品的成交率，也是一个成功拍卖师魅力的展现。因此拍卖师要真确运用拍卖师的语言艺术，主持好每场拍卖会。

第二节　训练材料

【例稿一】　2009 届决战中考誓师大会

在阳光明媚的日子里，我们今天在这里举行2009届决战中考誓师大会。初中3年的时光只剩下100天了，就像万米赛跑到了百米冲刺的时候，加速前进的嘹亮号角已经吹响，从现在起就要以满怀的信心投入竞争，以百分的精力投入复习，以充足的毅力投入决战，去抒写我们每一位同学人生的新篇章。我们盼望春天，因为春天给我们带来了希望，我们更盼望“今年花胜去年红”，更期待今年的6月“风光不与四时同”。

我们的口号是：师生携手、同心同德、全力以赴，为争夺2009年中考胜利而努力奋斗！我们的标语是：勤学3年，挥洒汗水终不悔；奋战百天，不夺佳绩誓不休。

今天参加会议的有学校全体领导、全体教师、全体初三学生和全体初三学生家长。

下面我宣布：曾家中学2009届决战中考百日冲刺誓师大会开始！全体起立奏国歌。

为了更好地把握这要害的100天，最大限度地发挥这100天的效益，让我们首先掌声有请张校长给我们进行战前总动员。

张校长发言。

……

张校长的动员令，让我们更加明确了努力的方向。同学们，我们一定要好好把握初中时代最后的100天，最后的2400小时，最后的144000分钟，最后的8640000秒，以最好的成绩来报答张校长对我们的殷切期望。下面，让我们以热烈的掌声欢迎教师代表何盛老师讲话

教师代表何盛老师发言。

……

感谢何盛老师的发言，老师的发言，字里行间真切地流露出了老师们的爱心和决心。同学们，请你们放心，在中考攻坚阶段，我们老师一定会以更加顽强的斗志、更加饱满的热情投入到工作中去，我们愿做涓涓细流，去滋润每一位同学的心灵，你们的生活琐事，处事哲学，学习难点，思想包袱，尽情地向我们倾泄吧，我们就站在你们的身边。下面，让我们以热烈的掌声欢迎家长代表陈悦的家长讲话。

家长代表发言。

……

感谢家长的关怀，他的一席话卸下了压在我们部分同学身上数日的思想包袱。同学们，尽管有时我们无法回避失败的命运，但努力或堕落，上进或自弃，却可由我们自己来把握与选择，纵使前景无法测定，也一定要顶风雨，披荆斩棘。人生因有拼搏才显得更加壮丽，只要生命依旧鲜活，前行的脚步就不会停止！所以我们有什么理由顺其自然或自暴自弃呢？同学，一切的荣辱得失都已

成为过去，鼓起你的勇气，抓住每一天地机遇，拼好这最后100天，搏一生无怨无悔。下面，让我们以热烈的掌声欢迎学生代表陈思思同学讲话。

学生代表发言。

……

感谢陈思思同学的发言。时光飞逝，历经3年的学习，如今同学们已进入了中考冲刺阶段。在出征迎战之前，同学们，请你们相信，我们所有老师，会更加兢兢业业地工作，孜孜不倦，不厌其烦地启发，开导你们。当你们将要展翅腾飞时，老师就是你们最坚强的后盾。

同学们，此时此刻，我们的心在澎湃，我们的思绪在高扬，我们更应畅想我们心中的期望。下面我们以热烈的掌声有请初三全体教师上台宣誓。

教师宣誓。

……

是啊，我们的教师个个斗志昂扬，意气风发，他们将暗下决心，奋战百日，创造辉煌！下面我们以热烈的掌声有请三（2）班学生上台宣誓。

班级宣誓三（2）班

三（3）班

三（1、5）班

三（4）班

……

师生同唱一首歌《真心英雄》

……

中考的战鼓声已在耳畔敲响，同学们，让我们一起见证朝阳，沐浴风雨，那隐约可见的绚丽彩虹就在我们拼搏之路的前方。“九年磨剑、六月试锋”置身于升学竞争的洪流，我们实际上已身不由己，重重困难在逼迫着我们，我们别无选择，只能破釜沉舟，背水一战，我们只有直面现实，挑战现实，挑战人生，才能在这场激烈的斗争中获得最后的胜利。同学们，在这历史庄严的时刻到来了，请写下你们的承诺，见证母校的辉煌。拿起手中的笔，浓墨飞扬，写下你们灿烂人生的第一笔。

签字仪式［初三全体教师、三（2）班、三（1）班、三（3）班、三（5）班、三（4）班］……

师生高喊年级标语

……

今天，我们在这里已为即将出征的你们吹响了战斗的号角。一定要牢记学校、老师对你们的期望。用实际行动去创造辉煌。待你们从没有硝烟的战场凯旋而归，像桃李吐出芬芳之时，我们一定以你们为荣。同学们，“实践是检验真理的唯一标准”，让我们行动起来吧，坚信：希望在这里实现，奇迹在这里创造！

下面我宣布曾家中学2009届冲刺中考百日誓师大会圆满结束。

【例稿二】 “九九重阳节，浓浓敬老情”座谈会

尊敬的各位离退休的老教师们、与会的各位领导：

大家上午好！

在我们刚刚普天同庆建国60华诞之后，又迎来了我国传统的九九“重阳节”。也就是温馨的“老人节”。俗话说：人生易老天难老，岁岁重阳，今又重阳，沧源黄花分外香。的确，在这云淡山清、风景宜人的沧源县，我们欢聚一堂共庆重阳节，大家心情格外舒畅、精神百倍。

各位离退休的老教师们，今天是您们的节日，没有昔日您们艰苦的创业，哪来我们上允镇今天的教育辉煌？为了表达对您们的崇敬，上允镇小学特别在此举办“九九重阳节，浓浓敬老情”座谈会，表达我们对各位离退休老教师们的尊敬和爱戴之情。

下面请允许我向大家介绍今天来参加我们活动的领导：

让我们以热烈的掌声欢迎他们的到来！

下面有请教育局人事股X股长为九九重阳节座谈会致贺辞。

刚才股长的一番热情洋溢的讲话，捎去了××县教育局对各位最诚挚的节日问候与深深的祝福。

最美不过夕阳红，温馨又从容。我想各位前辈们最大的安慰就是你们已经把全部的青春都奉献给了永不衰老的事业。下面我们用热烈的掌声欢迎××镇小学××X同志作学校情况汇报！

刚才李校长向各位领导、离退休老教师汇报我校近期的工作，明确了我校工作今后努力的方向。

尊重老人就是尊重历史，是啊，把自己最美的年华奉献给了我们学校，你们用青春、用热血铸就了学校今天的辉煌，会议第三项请××镇小学副校长、工会副主席××同志作本次活动介绍及几点温馨提示。

国兴家圆，吃水不忘挖井人。在这温馨的“老人节”。我们有请××镇小学教导主任、工会委员××同志宣传《上允镇小学职工福利制度》。

有一首重阳节赋写得特别好：九九重阳金光照，万紫千红大地明。人老不失戎马志，余热生辉耀九重。振兴九州心不老，下面我们请退休教师代表钟志勇同志发言。

常怀饮水思源之心、常怀敬老之情，是我们中华民族的美德。今天大家欢聚一堂共同度过了一个快乐、祥和而又美好的时光，我代表上允镇小学的全体

教职工祝大家健康长寿，万事好意！在过去的岁月里，你们为上允镇小学的教育事业作出了突出的贡献，没有你们辛勤的付出，就没有上允镇经济的繁荣和社会稳定。你们是上允镇小学的宝贵财富，现在你们虽然退居二线了，但仍然关心着上允镇小学的教育事业，希望你们在今后的日子里一如既往地支持学校的工作。您们勤勤恳恳，兢兢业业，无私奉献的精神将永远激励着我们前进。

衷心的祝福你们健康长寿，晚年幸福！

【例稿三】　学院第八届学生会成立大会

亲爱的同学们：

大家晚上好！

伴随着国庆六十周年的喜悦氛围，我们管理学院学生会又迎来了一张张崭新的笑脸，为我们这个大家庭增添了几分青春与活力。

在这里我想代表管院学生会向09级的新干事们表示祝贺，祝贺你们从众多的佼佼者中脱颖而出，成为学生会的一员，与我们一道来服务广大同学，服务大家，快乐自己。

今天，我们新老成员相聚在此，隆重召开管理学院第八届学生会成立大会。本次大会的嘉宾有：__________，让我们掌声欢迎嘉宾们的到来。

下面我宣布：中央民族大学管理学院第八届学生会成立大会现在开始——首先，有请学生会主席张洁师姐为我们大家带来新学期学生会寄语。

接下来让我们掌声欢迎学生会副主席__________

听完了主席团的寄语，我们大家都感受颇深，让我们一起努力，在主席团的带领下，心系同学，脚踏实地，使学生会更加深入人心。接下来，让我们一起走进学生会，了解学生会，看看每个部门的风采与特色——

有请学习部部长田琳。有请宣传部部长陈悟。

有请生活部部长幸鼎子。有请外联部部长王家宝。

有请体育部部长丛日宇。有请文艺部部长吴美仪。

无规矩不成方圆，无制度不成规范。接下来，有请办公小组组长杨涵晰为我们介绍学生会的相关制度。请工作人员为大家分发资料。

听了主席团及各部长的介绍，大家对学生会肯定有了更进一步的了解。自我们招新到现在已经一个多月了，这一个多月各部也或多或少开展了一些工作，比如新老生交流会，以及即将举办的新生运动会，新生游园会等。大家通过这一个多月的学习与工作，对学生会肯定有了一定的认识，那么现场的各位新干事们，有没有同学愿意和大家一起分享一下他对学生会的认识与体会呢？

前人栽树，后人乘凉。现在学生会的蓬勃发展离不开往届师兄师姐们的辛勤努力。今天我们请来了第七届学生会主席南洋师兄与副主席江海涛师姐，来为我们大家指点迷津。掌声欢迎南洋师兄。江海涛师姐。

听了师兄师姐们的指点，大家还有没有什么困惑与疑问呢？接下来是互动问答环节，你来问，嘉宾来答，大家踊跃发言哦。

青春在这里涌动，热情在这里绽放，让我们大家一起努力，在工作中磨砺，在磨砺中成长，一同祝福我们第八届管院学生会在新的一年中创造另一个高峰！

中央民族大学管理学院学生会成立大会到此结束，请大家有序退场。各部请到前面合影留念。

【例稿四】 活动会议主持教学成果展示会

1. 开场+引出酒吧主持

（女，男）现场的老师同学们，大家晚上好，我是本场“活动会议主持展示会”的司仪×××，我是×××。

（女）大家都知道，我们安广院每年都为全国各地的电台、电视台输送了许多主持人才，但其实在许多的广告公司、婚庆公司中，也有许多播音系同学的身影，这就不得不提到“活动会议主持”这门课程。

（男）是的，这门课是由我系全国首创开设，汇集了许多除传统播音主持以外的其他方面的主持内容，丰富了同学们的就业领域，提高了同学们的现场驾驭能力。那么今天，我们的展示会就根据实际情况，为大家呈现出其中的酒吧、拍卖会、外场、婚庆和仪式五种主持形式。

（女）首先为大家展示的环节就是酒吧主持，酒吧大约在十年前传入我国以后得到了迅猛的发展，对于喜欢夜生活的白领，酒吧是最好的去处，下面让我们有情“××酒吧”的金牌主持——穆超给大家带来精彩的表演。

（男）OK，let’s welcome the master of ceremony of the bar，Mr. MuChao！

2. 引出拍卖会主持

（男）好的，感谢“××酒吧”为我们带来的热力开场，相信大家在轻松的酒吧文化中，心情也得到了些许的放松。

（女）那么接下来让我们带着愉悦的心情，把目光转移到“××拍卖会”的现场，看看那儿又能带给我们怎样的惊喜。有请拍卖会的主持人——张鑫雨上场，掌声鼓励。

（男）Next，let’s welcome the master of ceremony of the auction，Mr. Zhang Xinyu！

3. 引出外场主持

（男）感谢以上同学的精彩演出。下面即将为大家展示的就是活动会议主持课程中最重要的课程之一——外场主持，还好这回要推销的商品不是我和××。

（女）是啊，我们逃过了一劫。随着社会的不断进步以及商品市场竞争的不断激烈，许多商家都会利用外场活动来吸引观众、推销自己的商品，那么这就为更多的主持人才提供了更为广阔的空间，商家对外场主持人的要求自然也越来越高。下面就让我们有请“××时装发布会”的主持人——彭鹏。

（男）The next partis ‘Fashion Conference’, and the master of ceremony isMr. PengPeng!

4. 引出感恩典礼

（男）现场的观众朋友们，我们的婚庆主持已经告一段落。接下来要为大家展示的是仪式主持部分，它叫做——感恩仪式。刚才参与婚庆的同学都是我的同班同学，来自07-31班，10年即将毕业的我们还有几个月的时间就要告别母校。但是我们永远也不会忘记广院老师对我们的谆谆教诲。

（女）“春蚕到死丝方尽，蜡炬成灰泪始干”。红烛的燃烧是短暂的，可她燃烧自己，照亮别人的心却是永恒的。老师之所以伟大，不仅在于传授我们知识和文化，更多在于给我们树立了一个做人的典范。今天就让我们借现场最美丽的新娘之手，将最美丽的鲜花献给我们的老师代表、播音系主任——蔡正兰老师，请她接受我们05级和07级毕业生的祝福。

（男）献花时解说词：感谢您——老师，您让我们成为自信的、能超越自己的人。您用事实向我们证明：学习并不是一种负担，而是一种快乐和责任。

（女）感谢您——老师，您是一个我们能永远信赖的人。您让我们知道：只要我们愿意，能把一切喜怒哀乐向您倾诉。

（男）感谢您——老师，是您让我们明白：我们能从失败中汲取教训，在困难中积聚力量，在黑暗中寻找光明。

（女）让我们再次把最热烈的掌声献给在场的所有老师们！

5. 结尾

（男）伴随着一首好听的“青春纪念册”，播音系“活动会议主持课程展示会”也接近了尾声。今天我们的课程展示在老师们看来，尽管还不尽人意，存在许多的缺点和不足。但是在未来的几个月里，我们一定会不断努力，在以后的工作岗位上，也会坚持学习，攀登播音主持殿堂的最高峰。

（女）心有多大，舞台就有多大。只要敢于秀出自我，人生的舞台上，你就是最棒的主持人！好了，本次“活动会议主持课程展示会”到此结束！

（合）再见！

【例稿五】　化妆狂欢舞会

男：尊敬的各位领导，各位来宾：

女：女士们，先生们：

男：亲爱的各位朋友们，各位艺术家们，大家好！

合：晚上好！

女：燃放激情，品味别样浪漫！欢迎您来到化妆狂欢舞会。

男：向您介绍一下，我身边的这位美女司仪还在上学，是中国传媒大学播音系的研究生，来，宋美琦同学向大家问好。

女：大家好！（鞠躬）我身边的这位帅哥也是我的授业恩师，有他的指导，才有我今天小小的成绩。中央电视台嘉宾主持人张培健先生！在各位艺术前辈的见证下，我再次向张老师鞠躬了……

男：小弟是河北人，常年在地方电视台工作，刚来到北京，在各位艺术家面前，我是诚惶诚恐啊……希望各位朋友、各位老师在这儿玩得开心，过得快乐，共度一个美妙多情的夜晚。

女：本次化妆狂欢舞会是由北京广文艺术联合机构主办，北京音乐电视承办的。

男：感谢主办方，有请广文老总，著名表演艺术家××先生致词。

（音乐起）

男：随音乐劲歌开始…大家开心吗？…（气氛带动）

女：我们今天的舞会既有欧美万圣节化妆舞会的神秘、恐怖，又有巴西狂欢节的疯狂、劲爆。不苛求呆板的形式，不要求机械的表情，燃放你内心潜在的激情，甚至郁闷、压抑，怎么爆发怎么来，怎么随意怎么着。玩出个性，跳出张扬！随意，神秘，疯狂，劲爆。

男：闪烁的舞池，优美的舞曲，狰狞或古怪的面具后，动感狂野的舞姿下藏着的，也许是颗可爱的心？是一张俊俏的脸？也许，他就是你心中的那支红玫瑰？

女：一切都从未知开始，所有皆在神秘里展开……走进舞池来历险吧。

男：这里不需要内敛和冷静，宽容的上帝将见证你的吼声，吼出心底的激情，宣泄压抑的郁闷，动起来吧…！

女：这里不欢迎温文尔雅，这里坚决杜绝羞答答，你就尽管释放本性，唱起来，跳起来，蹦起来吧…

合：尽情释放，一起来吧——

男：好，亲爱的朋友们，这一刻，我们曾经在一起狂欢，站在城市的中央，我们用最赤裸的姿势拥抱快乐、激情…

女：今天，此刻，我们用最尽情的舞姿证明我们的青春、激情…

男：让我们用不灭的激情，去面对精彩的明天。

女：化妆舞会到此结束，朋友们再见。

男：再见。

【例稿六】　　　　创业报告会

尊敬的各位来宾，亲爱的各位朋友：大家下午好！

（余世维碟片+新华保险10周年庆碟片）

［欢迎］首先请允许我代表新华人寿南京分公司直辖营业区的所有同仁对各位的到来表示最最热烈的欢迎！我是今天的主持人××X……

［介绍公司］寿险是一个朝阳的行业，新华保险的诞生顺应了历史的潮流，自1996年成立之初的7.7亿资产一直发展到2007年7月1048亿，新华保险从无到有，从小到大经历了11年的风雨，快速的发展促使机构不断的向外扩张，截止目前，新华保险拥有34家分公司，170家中心支公司，804家营销服务部，2007年上半年南京本部有玄武、中心、江宁、江北、梅山5大营业区，下半年将开设鼓楼、下关、栖霞、高淳、溧水等营业部，快速的发展需要强有力的人才梯队的支持，因此下半年我公司将会向市场全面招聘精英人才，也希望在座的各位可以早日加盟我们南京新华。

［训练掌声］正所谓小团队用感情来维系，中等企业用制度来管理，而大企业更多的是用企业文化吸引大批精英人才，新华保险有着独特的企业文化。其中有一种问好的习惯我很想和在座的各位来共同练习一下。那就是当台上的讲师或主持人向大家问好时，在座的每一位都要给予反馈一声："好"，然后共同击掌三下。现在我们共同练习一下好吗？

各位来宾大家下午好！……

很好，非常感谢各位的参与。不过，给别人掌声最大的收获者一定是我们每个人自己。我们再来练习一遍好吗？希望这一次的掌声会比第一次更加整齐.

［宣布会议纪律］我们的报告会就要开始，请允许我宣布一下会场纪律：

今天来参会的各位都是来自给各领域的高素质的人群。所以有请各位配合我做一个动作，拿出你们的通讯工具并调到静音或关闭状态。因为高素质人群是不会在公众场合做影响别人的事情。而且此时此刻没有任何事情比听报告会来得更重要。

第二，会议过程中请不要随意走动，大声喧哗，一会门将会关闭，如有事请事先离开会场，谢谢！

最后，如果各位在参会过程中遇到自己不明白的地方请不要彼此交流，我们会在会后安排专门的时间让您和您的主管单独沟通。那么请允许我宣布今天的创业说明会正式开始！

［包装引导讲师］接下来请允许我介绍一下本次和各位共同分享的这位讲师：（看投影仪的介绍）掌声有请×××！同时伴有上场音乐……

[结语] 借助各位热烈的掌声再次感谢×××，各位朋友，您是否也已经准备好在寿险的天空中放飞自己的理想，开始新的生活，新华保险已经张开怀抱欢迎您的到来，本次创业报告会圆满结束，感谢各位朋友的积极参与，请大家在会议结束后与我们的主管详谈，再次感谢各位！

【例稿七】 橙天音乐公司的临时记者招待会

各位媒体朋友，欢迎在百忙之中还能来参加我们橙天音乐公司的临时记者招待会！

那在今天我们橙天临时召开这个记者会呢，是有一件非常重要的事情要要告诉各位媒体朋友。

那究竟是马上重要的事情呢？相信各位在场的媒体朋友已经是满腹疑问了，那在说这件事情之前呢，首先请各位媒体朋友来听一段录音，[录音：张含韵的录音带……] 好，下面呢，我们就用最热热烈的掌声请出我们的小可爱…张含韵。

张含韵：hello，大家好，我是张含韵。

主持人：没错，我们橙天今天临时召开的这个记者会的原因就是我们的小可爱张含韵，在这里呢要告诉媒体朋友的就是我们的小可爱张含韵将在今天正式加入我们橙天音乐公司。

[过程略]

主持人：下面就有请我们橙天音乐公司的音乐制作总监，许琴雨小姐。

(许琴雨走上台，和大家打招呼，并且和张含韵握手。)

[过程略]

主持人：签约仪式正式开始……

(礼仪小姐拿上合约，给张含韵和许琴雨每人各式一份，双方看后正式签约。)

张含韵：这次能加入橙天呢，含韵非常的高兴，那含韵加入橙天的首张专辑 [哎呀呀] 的同名主打歌曲 [哎呀呀] 将在明天飞往香港进行实地拍摄，那我的经纪公司呢，对含韵也花了很大的心血，那含韵呢，也会用100%的努力做到最好，把我最好的一面呈现给大家以及我的歌迷和所有支持我的人。

许琴雨：…… [略]

……

主持人：橙天音乐公司的记者会到这里就结束了，希望大家可以支持我们的小可爱张含韵，感谢各位媒体的光临，感谢各位媒体一直以来对橙天音乐公司的支持！

【例稿八】　　　　中国未成年人网脉工程推广会

各位家长：

大家好！感谢你们在百忙之中抽出时间来参加今天的家长会。你们的到来充分体现了各位家长对子女成长的重视和关爱。为了加强学校和家长之间的联系，为了确保你的子女在网络时代下能够健康的成长和高效学习，学校召开此次家长会。

互联网正在全世界得到迅速普及和发展，使人类的生产方式和生活方式发生着深刻变化，给未成年人的学习生活和娱乐带来了全新的方式和渠道，但是互联网是一柄双刃剑，既为未成年人的成长开辟了广阔的空间，也使他们的身心发展受到广泛传输的不良网络信息、尚未形成有效监管体系的网络交流空间、缺乏道德自律的网络行为等现象的严重威胁。能否积极利用网络和有效管理，如何利用网络吸取更多的知识而不受到网络的不良影响呢？在这种背景下由共青团中央、国家教育部、文化部等九大部委携手共建了中国未成年人网脉工程，它利用先进管理手段对网络进行分区管理，为未成年人创建一个健康、安全的网络平台。它还整合全国顶尖的教育资源，聚集了从小学一年级到高中三年级所有科目的教学课程，和全国名校的教育试题练习等等，真正能够做到让我国的中小学生在健康上网的同时迅速提高学习成绩。这项工程对学生有利、对家长有利、对学校有利。所以从国家教育部到地方教育部门都非常重视并积极要求在各中小学校进行推广和普及。那么中国未成年人网脉工程究竟有什么好处呢？将为我们家长解决哪些难题，为学生提供哪些帮助呢？今天我们请来了共青团中央网络教育专家××老师（教授）为我们演讲。大家掌声欢迎。

各位家长大家下午（上午）好！

很高兴今天受长沙市教育局和团市委的委托，跟在座的各位家长，共同交流一下有关网络的话题。在正式开始交流之前，我想先和家长有个小小的互动，做一个数据调查：各位家长，现在家里已经有电脑的、或者日常生活中要接触电脑的，请把手举起来一下。大家想一想，这说明了什么？计算机和互联网已经走进千家万户，这说明，现在已经完全进入了一个网络信息化的时代。这个时代下的孩子具有什么样的特点呢？我给大家看一张照片——21 世纪的孩子是抱着鼠标摸着键盘长大的一代。2005 年 9 月 12 日，世界联合国教科文组织定义：21 世纪如果不会使用电脑和互联网的人，就是新一代的文盲！将来的孩子，他们的学习、工作、生活都离不开网络。所以，我们的家长、包括老师，都必须支持孩子上网。但是，前提是要让孩子安全、健康的上网。

为什么这么说呢？我给大家简单介绍一下我国的网络现状：网络信息非常海量，但良莠不齐，成年人与未成年人阅读的内容没有分区。小孩子上网的时候，就很有可能会接触到许多不利于他们健康成长的内容。比如一些暴力的、色情的、有害的图片和文字信息。他们现在还是未成年人，辨别是非的能力很差、自控能力很差，好奇心又很强，网络上不良的信息就会对他们造成很大的危害。

这里，我给大家看一幅画面，这是国内某大型游戏中杀人的血腥镜头，大家看到之后可能会感到震惊，但是在网络上，这样的镜头和这样的游戏却比比皆是。这种游戏不只是青少年喜欢玩，很多成年人也喜欢玩。大家知道为什么吗？——刺激！在这样的游戏当中任何人都可以扮演杀手的角色，对谁不满，就可以拿起刀拿起枪，想杀谁就杀谁。各位家长想一下，如果尚未成年的孩子长期沉浸在这种暴力游戏中，会有什么样的后果呢？不但性格上会出现暴力倾向、甚至还会有更加可怕的悲剧发生。大家请看广州日报2007年6月13日就有这样一篇报道，在广州市白云区的瑶台，一个17岁的少年，由于沉迷网络上的暴力杀人游戏，在向父母索要钱财去上网，遭到父母拒绝时，他竟恼羞成怒举起屠刀，用网络游戏中的杀人手法将自己的母亲活活砍死，将父亲砍成重伤。2006年10月19日~26日，仅一个星期，我们长株潭地区就有6起青少年因网络杀人或自杀。2007年11月13日，政法频道报道了一则新闻，一群未满18岁的青少年在网吧门口将一位的士司机残忍的杀害，年龄最小的案犯只有14岁。经过公安机关调查，他们的杀人动机仅仅是为了模仿他们所玩游戏中的杀人魔。(这样的问题已得到全社会的关注。2008年的央视3.15晚会上，就针对网络问题做出了专题报道)

说到这里，有些家长在暗暗自喜了：我们家是女孩子，不喜欢这些血腥的，可怕的游戏，所以我们不用担心。其实不然，女孩子基本上都喜欢上网聊天。这就是一幅真实的视频聊天镜头。由于网络世界的虚拟性，她们就很容易遇到一些不良网友的诱惑，说一些不堪入耳或者色情的话语来诱骗小女孩。很多未成年小女孩受到欺骗，甚至会走到现实当中去会网友，结果被骗财、骗色甚至发生恶性事件。河北省曾经破获过一起千人裸聊大案，最后发现参与裸聊的竟有70%都是在校的女初中生。什么叫做裸聊，这就叫做裸聊，一丝不挂赤裸裸呈现在网友面前。很多家长在接到派出所电话后十分震惊，哭着说："不可能！我女儿一向很乖的啊，怎么也不可能参加裸聊！"实际上我们的家长可以想一想：现在的孩子电脑水平普遍很高，可能在你推开房门的一瞬间，她就把她刚才浏览的界面关闭了。所以这些都是网络时代中非常大的一种安全隐患。

据公安部2004年的统计显示：未成年人犯罪中有近六成是由于沉迷网络所致。而短短两年后，这个比例更是上升到了九成，各位家长这个数据是非常可怕的，它已经给我们敲响了警钟。有教育专家预言：如果不对未成年人上网问题加以有效的管理和引导，那么21世纪的孩子将会是垮掉堕落的一代。

这种现象引起了党和国家领导的高度重视，在这样的历史背景下，由共青团中央、国务院新闻办、文化部、教育部等九大部委共同发起了一项工程——叫做中国未成年人网脉工程。工程的目的和宗旨是什么呢？就是要保护我们的孩子，在网络时代能够健康成长，利用优质的网络资源高效学习。（我这样说还不够具体，下面请大家看一段由中央电视台和团中央联合拍摄的网脉工程的工程篇）

好，看完了这段短片，我想大家对网脉工程已经有一个初步的了解，令人高兴的是，2008 年6 月30 日，网脉工程走进了湖南，在湖南省委大礼堂举行了隆重的启动仪式。团省委书记李晖，省政协副主席谭仲池，省教育厅副厅长葛建忠，都在大会上做了重要的讲话。我们知道团中央有两项工程：一项是希望工程，解决贫困地区孩子上学难的问题，而另一项就是网脉工程。网脉工程和希望工程是并列的，都是国家级的工程。网脉工程正式启动之后，实际上就是给我们学生构建一个健康广阔的平台，提供一个安全的保护伞。说到这里，大家或许还是不明白这个保护伞是什么？请大家看我手上这个酷似 U 盘的东西。它虽然体积小，但作用非常大，它可以让家长在网络时代对孩子上网非常放心。因为它是家长管理孩子健康上网的一把电脑钥匙。我的电脑中就安装了网脉 E 管家，除了这把电脑钥匙还设置了密码，这个密码是家长来设置的，起到双保险的作用。进入设置界面后，您可以选择您认为是对孩子有益的健康的网站，在前方打对号就可以了，这些就是孩子可以上的网站，那些色情的暴力的成人网站把他列入黑名单，就上不去了，这套系统一旦安装之后，还会自动屏蔽网页中的不良词汇，甚至包括一些垃圾广告。现在大家可以看，绿色的部分就是可以上网的时间，白色的部分是不可以上网的时间。同时当电脑使用到一定时间后，就会弹出一个对话框，告诉你现在已经进入到休息模式，进入休息的十分钟里，可以起来活动活动，放松一下眼睛。有的小孩子说，这十分钟里我不想休息，还想玩，不行。只有十分钟后电脑才会恢复正常。有句话说的好，没有规矩不成方圆，没有纪律就散沙一团。孩子是未成年人，像小树苗一样该管就的管，一开始你就加以管教，以后她自觉了，我们家长不在家里时候，孩子再上网你就可以安心放心了。我们提倡在家里为孩子提供宽松健康的上网环境，这样更有利于孩子的成长。

网脉工程还有一项非常重大的责任，就是教会孩子如何正确的使用网络，从网络海量的学习资源中获取知识，获取力量，获取成人成才的方法。网脉工程专们为全国各地的中小学生打造了一个优秀的网络学习平台，叫做网脉 E 代，它动用国家和政府的力量整合了我国目前最优质最顶尖的网络教育资源，并通过一根小小的网线传送到千家万户，彻底解决了家庭教育不足的问题。它是实名制的，在上面活动的除了来自全国各地的中小学生以外，唯一的成年人就是各地的老师了。网脉 E 代整合了从小学一年级一直到高中三年级的所有学科的知识点。并且，给同学们提供一个巨大的学习资源库，让他们在网络时代获得丰富的知识。现在给大家演示一下：(北大附中副校长张思明老师的数学课)。

跟着这样的名师学习，讲课的内容你一遍不懂可以看两遍、两遍不懂可以看三遍，直到看懂为止。大家知道为什么，网络会让这么多的青少年喜欢它吗？就是因为它和传统的教学模式不一样，它生动形象，可以听、可以看，而且有许多小孩子喜欢的 FLASH 动画。在网脉 E 代中整合了几万个 FLASH 课件，让孩子去学习，提起他们的学习兴趣。比如说一堂生动的地理课《回到拉萨》。不知道在座的各位家长看过之后感觉怎样，作为一个老师，我第一次看见的时候就深感震撼。网络就是有这样一种优势，将孩子们最喜欢的学习方式奉献给他们。还有许多中高考必考的物理化学实验，也是通过 FLASH 的形势展现出来的，在物理化学的考试中，实验是占很大分值的，但在实际教学中，有的实验只能做一次，有一些危险的化学实验还不能做，只能看。但是，在这样一个网络时代，这一切都已经成为可能。(演示化学实验的课件)

除了这些从小学一年到高中三年的同步知识以外，网脉 e 代还为我们的孩子打造了许多个性化的辅导方案。比如说，在网脉 e 代中做错的试题，都会自动的生成电子错题本。在这里我为什么要特别强调电子错题本呢，因为我记得去年有位考上北大的学生在做学习经验介绍时说：我之所以考得好有两大法宝：第一个，重复重复再重复，就是要重复巩固；第二个就是，错题本。我有很好的积累错题本的习惯，每次做错的题，我都会汇总在一起，考试之前再重点巩固一下，既节省时间，又提高效率。这就是我考上北大的两大法宝。那么凡是在网脉 e 代中做错的题，它都会告诉你这道题的难易程度怎么样，涉及到哪些知识点，你应该去寻找哪些相应的名师点拨。说到名师点拨，就要给大家介绍一下在线辅导栏目。这个栏目是每天晚上七点到九点钟开放，而这恰恰是我们孩子在家写作业的时间，你所有的疑难问题只要提交上去，有问必答。比如说，我问了语文课上廉颇和蔺相如是怎样的关系，答疑老师就会告诉我。这种最及时的回答，就会让我们的孩子更轻松的去学习。上网有时是要娱乐一下的，在 e 代上，每一个环节都是健康的，绿色的，纯净的。在娱乐空间里，有许多生活现象，也是以动画故事的形式展示出来的，让小孩子们更好的理解，下面就给大家看一下（车站骗局）。

现在做个小小的总结，经教育专家研究证实：孩子们通过网络教育这种生动的学习模式，注意力保持时间是看课本的 5.73 倍，理解掌握程度是看课本的 3.55 倍，目前整个网脉 e 代中有 1 万多节有声课堂，上万节课堂实录，50 多万道经典试题，10 万小时有声读物，每天有 3600 多所学校，50 多万教师，480 多万学生都在使用网脉 E 代上的学习资源。

说到这里，各位家长肯定都特别关心如何走进网脉工程，如何让孩子享受网脉E代上的教育资源。根据中央办公厅对网脉工程的批复精神就是：政府支持，国家大投入，个人小投入，我们的家长只要一次性的投入2260元，就可以使用网脉E代上从小学一年级到高中三年级十二年的所有资源。我要跟大家强调的是，网脉工程是我们国家政府的一项非赢利的公益工程，这2260元只是国家用来进行资源更新、系统维护等方面的基本费用。实际上算下来，你的孩子平均每年只需要100元左右的费用就可以享用价值9000多元的学习资源，也就是说国家每年为每个加入网脉工程的家庭在这项工程上还承担了8000多元的费用。

令人振奋的是，今天我给各位家长带来一个更好的消息。请看大屏幕：凡是今天现场加入网脉工程的家庭可以享受1970元的校园行优惠政策，请注意，一定是要现场填写申请表，才可以享受这项优惠政策。各位家长，1970元，从小学一年级到高中三年级的所有学习资源你都可以使用，以后不在加收任何费用，如果从小一到高三，一年165元，每天不到五毛钱。孩子的爸爸每天少抽一根烟、妈妈每月少做一次头发，换回来小孩子网络时代的安全健康却是无价的。为了我们的孩子能赢在网络的起跑线上，为了不让我们的孩子成为新一代的文盲，有条件的家庭应该立刻就让孩子加入网脉工程，没条件的家庭，应该创造条件也要加入网脉工程，您的一个决定就能影响您孩子的一生。再苦不能苦孩子，再穷不能穷教育。

作为老师我很高兴能把网脉工程推广下去，能够得到家长和学校的认可，我倍感光荣！最后用著名思想家梁启超的一句话来结束我今天的讲课，少年智则中国智！少年强则中国强！

加入网脉工程，掌控您孩子安全健康的未来！谢谢大家！

谢谢网络教育专家××老师（教授）的精彩讲解。在这个网络的时代，只有政府部门、网络运营商、游戏开发商、学校、家长、心理教育专家都参与其中，共同关注，才能最大程度上给孩子们一片纯净的网络空间。负责任的家长要学会如何使用网络，正视网络的积极作用，这样才能正确引导孩子上网，引导孩子健康上网。我们希望通过这样的一次交流，让家长更好的了解工程，同时也希望得到在座各位家长的支持，让社会、学校、家庭“三合为一”的教育得到充分的体现，并收到良好的效果。再次谢谢各位家长的来临，再次谢谢××老师（教授）的讲解。如果家长对网脉工程还有什么疑问，会后可以到咨询台处向我们的班主任和网脉工程的辅导老师进一步了解，办理加入网脉工程的相关手续。散会。

【例稿九】 重阳联欢会

女：尊敬的李承祥老师、慈祥的师母：

男：前程无量的郭斌总经理、美丽如花的李迎教练，我们综合班的助教、文雅睿智的张淑先老师，以及金玉贤老师、可爱的拳友们：

合：大家中午好！

女：今天是农历九月九日，重阳节。

男：重阳节，是我国传统的节日，是登高、赏菊、饮酒、赋诗的日子。最著名的诗篇是当属唐代诗人王维的《九月九日忆山东兄弟》："独在异乡为异客，每逢佳节倍思亲。遥知兄弟登高处，遍插茱萸少一人。"最流行的歌曲是《九月九的酒》。前者是牵挂异乡的兄弟，后者是外出打工者思念的乡愁。物换星移、时代变迁，重阳日又赋予了新意。

女：是啊，1989 年，政府把这一天确定为老年节。这是老年人的节日，也是年轻人敬老助老的日子。

男：在金秋十月，菊花飘香的日子里，让我们一起为俱乐部的老年人

合：祈福、祝寿，祝您们节日快乐、幸福永远！

女：我们今天能在这里相聚，首先应该感谢李承祥老师，是他组建的俱乐部、是他所传播的太极拳，有缘使我们大家聚集到这里，学拳并交流思想。

男：一个篱笆三个桩，德高望重有人帮。在这里，我们也不能忘记张淑先老师，是她情系师生、心细如丝的筹划，才有今天的盛宴，让我们大家把雷鸣般的掌声送给她。并请张老师讲话。

张老师：——

女：张老师一席话，情真意切表心声，兴奋藏在舒缓中。谢谢张老师。

男：在这样的日子里，请允许我把一首诗献给尊敬的李承祥老师：

……

女：下面掌声有请李承祥老师讲话。

李老师：——

男：人有情、树有根，老师的恩德似海深。我们学拳有进步，学生共同给老师打上 100 分。大家说应不应该。（学员齐声说：应该）好！谢谢李老师。

女：按照综合班历次活动的惯例，在联欢会开始之前，请大家先作自我介绍。

男：为了使大家说话时间均等，每个人只需要说出自己的姓名、练拳年限即可。

女：好，先从这桌开始。……

男：机会难得，大家相互做了介绍，没准，下次见面，没等练拳，就用今

天知道的名字开句玩笑，只要不影响课堂纪律，不动手动脚，别闪腰岔气，掌握好分寸，也无关紧要。跟大家开个玩笑，别当真事。

女：菊吐清香庆重阳。

男：情满日月共举觞。

女：清词美酒常相伴。

男：修心养性福寿长。

女：现在，让我们斟满酒、端起杯，为老年人的节日干杯！

男：为友谊和健康干杯！

女：为了把今天的联欢会开的更好，我们大家先积蓄点力量，现在举杯饮酒、动筷吃肉，十五分钟后，载歌载舞。好不好？

（自由喝酒、敬酒）

男：好了，酒过三巡、菜过五味，我也有点微醉，借着朦胧，我宣布联欢会正式开始：

你从遥杯换盏的酒桌走来，重阳，抹去了你学拳的迷茫。

女：我从豪情满怀的拳友那里走来，美酒，桃红了我们收获的面庞。

男：九九重阳，赏菊享芬芳。

女：人生路长，成熟赞夕阳。

男：重阳，让收获伴随着我们一起飞翔！

女：重阳，有无数个畅想，把我们的情感永远凝结在呈祥武术俱乐部用太极拳浇筑起的桥梁。

男：啊！记住了畅想，更忘不了脚下的桥梁。

女：今天，我们相约在这里，分享五谷酿造的酒香。

男：让轻歌曼舞、诗词曲赋庆祝这重阳的吉祥。

请听，下面这首诗不知来自哪个朝代，更不知出自哪个笨人之手，但我们中间有一个好人的名字却嵌在其中：

淑人尤喜太极拳，道为法先水无澜。

长弓懂劲逼后羿，摘金夺冠信步间。

女：请大家猜一猜，她是谁？

女：好，聪明、聪明、太聪明了，有请张老师表演节目。

张老师：京剧选段《——》

男：听张老师的歌，是享受。声情并茂，犹如轻岚出岫、泰山日出；品张老师的歌，品不够。像文火炖出来的鱼，京腔京韵很入味儿。

综合班，不一般，人才济济，群星璀璨。我身边的搭档，就是耳熟能详的我国著名评书艺术家单田芳的妹妹，有请她为我们表演一段祖传西河大鼓，好不好？掌声欢迎！

单：《西河大鼓》

男：人有灵性、歌放激情。这段西河大鼓，既有蚍蜉上树的悠扬，又有流星赶月的畅朗。真的不愧祖传，余音绕耳。我不懂什么是头板、二板、三板。什么紧五慢四等术语。所以无法找到合适的语言来称颂！只好借用俞平伯老先生品唐诗宋词时，遇到绝妙处，只晃着头说：好！好！！就是好！！！

女：请听：金镶玉、人贵贤，物我两忘开心颜。

斗转星移非关己，不离不弃太极拳。

好，猜猜看是谁？对了，有请金玉贤老师献歌一首。

金玉贤：——

女：金老师的歌情真意切，感人至深。能打动人的，都是用心表达的。

男：好，谢谢金老师，不用花的芬芳，不用美酒共举觞，您的歌声，送给大家是爱的光芒。

注意听：三生有幸出名门，花容月貌父母恩。

教练裁判总经理，光宗耀祖木子门。

猜猜看，她是谁？好，有请郭斌和李迎表演节目

郭斌、李迎：——

男：腰为主宰劲有根，行云流水连夺金，苦练十载迷太极，齐声喝彩吴氏门。

这首诗里还是蕴含着一个人的名字，请大家猜一猜，他是谁？

女：好，你爱的是美艳如花的佳丽。告诉你，我爱的可是行拳重心很低的、动作活泼的、帅呆了的那种阳刚之气。特别是国际大赛得了500元奖金的……

男：唉吆！（插话）我都馋涎欲滴了。

女：有请祁连根老师表演一个节目，大家欢迎！

祁连根：——

男：下面有一个重量级的人物要出场，注意听：

留得青山万花芬，人有缘来树有根。

花开花落都为果，忙前忙后冬日春。

女：他就是刘——万——国，有请！

刘万国：歌曲《——》

男：俱乐部，窗明几净，风欲入，找不到缝。好，谢谢你，刘万国。

女：不尽长江滚滚流，丽阳高照喜心头；梅开二度结连理，宴宾谢客拳不丢。猜猜看，她是谁？

男：有请刘丽宾大姐唱歌。

刘丽宾：歌曲《——》

女：好，谢谢，人美歌动人，绿叶绽花芬；远观一幅画，近前是熟人。

男：镜泊瀑布珠玉喷，夫妻商海齐打拼；

举重若轻学太极，高速路上宝马奔。

猜猜看。好，有请刘兴利、沈晓男表演节目。

刘兴利、沈晓男：——

女：好，一首歌唱得情深意切，一个媚眼看出地久天长。

男：木生土、水养鱼，彬彬有礼悟太极。

三伏叠绑多病腿，练拳参赛志不移。

猜猜她是谁？

女：好，有请俞斌表演节目。

俞斌：歌曲《——》

男：注意：坐如钟、卧如弓，行拳盘架处处松。

形神合一修太极，运气任都百脉通。

猜猜看，好！有请杜松表演节目。

杜松：——

女：请听：

月照关山醉忘归，拳打朝晖夜幕垂；

英气不减当年勇，夫妻牵手绽芳菲。

猜猜看是谁？

好，有请赵朝英表演节目。

赵朝英：——

男：请听：

流汗不关风和月，大爱无疆立本根；

时不我待争分秒，学拳悟道有精神。

猜猜看是谁？

好，有请刘爱时唱歌。

刘爱时：——

女：请听：

李树桃花相映辉，舞刀击剑抖精神；

粮经战线展身手，超然物外得庄髓。

猜猜是谁？

有请李辉表演节目。

李辉：——

女：天地有常日月辉，中俄交流显神威；

修练太极神采奕，疑似霜雪头上飞。

猜猜是谁？

好，有请常老师表演节目。

常老师：——

男：晓云托日升，流彩映天红；心有千千结，太极驻尔情。

猜猜是谁？

女：好，有请刘晓云演唱歌曲《红梅赞》。

刘晓云：——

男：因为重阳，让我们承载了无尽的祝福，因为相聚，让我们分享了这快乐的时光，让我们记住今天、记住友谊、记住这难得欢聚。让太极拳伴随着我们生活的每一天；让呈祥武术俱乐部，白鹤亮翅冲云天。

女：俗话说，没有不散的筵席，这次联欢的结束，意味着下次联欢即将到来，感谢李老师的光临，感谢张老师的策划，感谢大家的参与。

男：最后，让我们在《——》歌声中，结束今天的聚会！

第三节 项目操作

【项目一】

项目名称：奇松豪华型高效节能电暖器新品推介会

项目地点：新起点大酒店

项目时长：45 分钟

项目相关信息点及背景：

奇松科技开发有限公司成立于 2003 年 9 月，坐落于中国××市。是一家集科研、开发、设计、生产、销售、服务于一体的高科技开发公司。

公司业务领域主要定位于家电、汽车用品的研制、开发及销售。其中，已逐步成为国内知名品牌的“高效节能电暖器”系列、车载自热饮水器、车载自热暖风机是我公司的支柱产业，且建立了一套完整的销售体系。

自公司成立以来，企业不惜花巨资引进人才，组建科研团队投入研发，利用先进的机械工艺及先进的自动化控制方法，解决了用常规根本无法解决的关键性技术难题，最终自主研发生产出了新型科技产品——“高效节能电暖器”、“车载自热饮水器”、“车载自热暖风机”，它们不仅填补了国内同行业的空白，也在国际市场上产生了巨大的凡响。在公司不断发展壮大中，我们始终以“质量卓越，服务一流”的原则，以财务稳健、信守承诺、不断创新、完善销售网络为手段，让更加贴心的服务，赢得客户，稳步扩展市场，让奇松科技真正成为奔腾在国内外同行业的一匹黑马。

面对未来，我们的使命是：以“创建中国高科技企业”为目标，以“科技创造美丽新生活”为宗旨，努力提升和维护奇松科技的品牌体系，未来我们的企业将成为世界瞩目之焦点。

原理概述：是以水作为介质，通过特制的电加热器将其加热（初始功率2000W将水加热到85度自动转换为1000W，当水加热到93度时加热器停止工作，此时功率只是13W。根据房屋保温性能和外界气温环境、房屋散热多少热量本产品补充多少热量，也决定于用电多少），经微型水泵、导管将热水导入散热器并快速循环，再通过风扇将热气强行排出达到迅速提高室内温度的采暖效果。

性能特点：

本产品取代了常用的电油汀或其他类型的电暖器取暖，其利用空气自然流通散热耗电量大，取暖功效低、供暖成本高。第三代奇松豪华型高效节能电暖器是利用风机将热气迅速排出，使室内空气强制对流达到快速提高室内温度的效果，解决了同类产品的不足，取暖功效高于以往常用电暖器的4-8倍，通过实验及使用证明在20平米、温度3度的房屋内使用30分钟后室内温度达到13度。本产品具有升温速度快、热效率高、送暖范围广、智能控温、样式美观、节省空间等特点，可广泛应用于家庭、宿舍楼、办公室、宾馆饭店、边防哨所等，更适于房地产开发公司选择没有集体供暖地域配套安装。

来源：河北石家庄市奇松科技开发有限公司

主要优势：

1. 高效：利用风机使空气强制对流迅速提高室内温度. 通过使用证明在20平米、温度3度的房屋内使用30分钟后室内温度达到13度，一小时后室内温度达到17～23度。

2. 节能：取代了常用的电油汀或其他类型的电暖器取暖，其利用空气自然流通散热耗电量大，取暖功效低、供暖成本高。本产品解决了同类产品的不足，取暖功效高于以往常用电暖器的4～8倍。热能转换达到100%，可节能30%以上。

3. 安全环保：采用叶轮轴流风扇，噪音小，效率高，室内空气不干燥。设有微电脑自动控制、缺水报警、无水自动关机、并设有时间显示、温度调节等功能。，保障用户的使用安全。

4. 智能温控：可对室内的温度进行预先设定，当室温达到预定值时，电暖器会自动停机，当室内温度下降到一定值时，电暖器会自动启动。并设有时间显示、温度调节等功能。

5. 节省空间：可根据客户需要立放桌面、壁挂或镶嵌于墙壁内部，节省室内空间，且安装方便。

6. 质量卓越：3 年 5 万次实验，确保质量成为品牌最坚硬的基石，质量是品牌推广的强大后盾，我们的质量承诺：一年保换，正常使用三年保修，终身免费维护。

7. 型号齐全：产品型号齐全，可满足不同客户的特殊需求。用户可根据自身情况选择合适的型号。

8. 价格低廉：不断的提高管理水平来降低成本，同类产品、相同效果和质量下我们的价格最低。

项目任务：

任务一：根据上述信息和搜集的材料，撰写奇松豪华型高效节能电暖器新品推介会策划案。（推介会分三个会议现场：新闻发布会、产品展销会、舞会）

任务二：根据自己的策划方案，撰写奇松豪华型高效节能电暖器新品推介会主持词。

任务三：根据分组情况，选择或者综合组内成员策划和主持词，并分配角色，完成奇松豪华型高效节能电暖器新品推介会主持、前期准备、现场布置、现场协调、礼仪、音响等工作任务。

项目相关要求：

1. 个人要完成项目一和项目二的所有内容，并上交相关文案。

2. 填写项目考核表，注明项目任务及角色。个人写项目实训报告。

3. 本项目任务三建议 10 人为项目组完成。组长撰写项目小结。交相关影视资料。

【项目二】诚邀加盟 SPRCOFFEE 连锁店招商会

项目名称：诚邀加盟 SPRCOFFEE 连锁店招商会

项目地点：新起点大酒店

项目时长：90 分钟

项目相关信息及背景：

32.8 万——大学型咖啡店

适合 100m2 以下店面，主营咖啡、冰砂、果汁等各种饮品及西点。

39.8 万——智能型咖啡店

适合 100m2 ~ 300m2 下店面，SPRCOFFEE 智能型咖啡运作系统是咖啡馆的核心。包含了咖啡吧台区、order 区及机器设备；客席区的桌椅；体现咖啡馆气氛的壁画、壁炉、灯箱……显示了 SPRCOFFEE 的 CIS 及专业 KNOW-HOW。并且 SPRCOFFEE 智能型咖啡运作系统可以因地制宜的拆装组合。

70.5 万——专卖型咖啡店

SPRCOFFEE 专卖型咖啡店是更完美的完整咖啡店概念，除具备智能型咖啡店的一切优点外，更适合于单独店面运作，吧台长度由 5 米增加到 7 米，后台操作台面由木制结构升等为不锈钢结构，并且标准配备设施更完备，如增加了食品沙拉吧、冷藏柜、华夫机、比萨机、果汁机等等，不但可以提供最佳的咖啡，亦可以提供其他多种饮品，简餐品种亦可更加丰富，可以满足客人多方位的需求，因此拥有更大的利润空间。更配有可选项目：SPR 专业名贵红酒库、SPR 高档雪茄厅及 SPR 专属商务区。

作为国际休闲产业的知名品牌，SPRCOFFEE 带给中国及亚太的不仅是风靡欧美的咖啡饮品，更是丰厚的咖啡文化底蕴。SPRCOFFEE 迅速风靡全球在于其超越欧美亚空间设计美学，独步全球壁炉咖啡台设计，口感口碑远播的专业技术，一流的咖啡烘焙及设备，整体经营理念的转移，全方位教育培训及知名品牌优势。

无论您身在何处，您都可以在中国各城市品尝您最喜爱的 SPRCOFFEE。SPRCOFFEE 从世界各地搜寻最好的咖啡豆，结合一流的设备及世界最先进的专业技术，体现独特的咖啡风味，带给您没有句点的夜未眠。

SPR 凭借国际间多年的连锁经验及专业知识，现在开放对意式咖啡店有发展报复之业主加入 SPRCOFFEE“加盟专案”。欢迎来函、来电、传真或 EMAIL 申请及加盟 SPRCOFFEE。希望各位有识之士抓住良机，与 SPR 共同发展。

SPR 品牌咖啡加盟连锁的积极效应，成为 SPR 向前向上的动力，SPR 美丽辉煌的蓝图中，有你有我，让我们携起手来，精诚合作，不断开发新产品，共创国际休闲产业与企业生命的永续与卓越。

SPRCOFFEE 于 2001 年在中国青岛成立第一家咖啡店 SPRCOFFEESTORE，花费一年的时间设立 SPRCOFFEE 连锁总部的各个系统（工程设计、教育训练、采购物流、商品研发、加盟开发、企划宣传……）同时在中国大陆、台湾、美国发展 SPRCOFFEE 连锁店。

加盟 SPRCOFFEE 连锁店基本知识问答。

SPRCOFFEE 的风格？

SPRCOFFEE 是采用意式咖啡美式风格，意式咖啡高压萃取方式、怀旧爵士风格、半自助式咖啡连锁店。

SPRCOFFEE 与目前市场其它咖啡连锁加盟店的区别？

目前大陆市场上咖啡连锁系统比较知名的有：Starbucks、真锅、上岛、名典、老树、DoubleStar、季诺、绿茵阁、UCC……以及即将进军的：丹提、西雅图……

其中意式咖啡美式风格咖啡馆的巨子 starbucks 在欧美国家家喻户晓，但在国内则需要有大财团向美国总部申请区域代理经营权，除了向美国总部支付高额代理费外，营业限制较多，并且在区域内均以开设直营店为经营方式，今后即使开放加盟也将采取类似于麦当劳的加盟模式，门槛高，投入高。但是其进入大陆市场无疑带动了国内意式咖啡美式风格咖啡馆的风潮。

此外的咖啡连锁店大多以日式或台湾品牌居多外加一些地方品牌。店内均以贩售单品咖啡为主，各种饮料果汁，加上简餐或牛排西餐的结合经营。发展模式也各不相同，有从一级城市向二、三级城市发展的模式，也有从占据二、三级城市后再向一级城市进驻，或在一个城市范围内发展多家店铺。但这些店的共同特点为：一般投入均要 120 万人民币以上，店铺的平米数以 $150m^2$ ~ $600m^2$ 的独立门面，人事成本较高。这类咖啡连锁系统进入市场都比较早，大多 97 年、98 年就开始发展，经营模式比较老套。

SPRCOFFEE 契合咖啡流行的风潮，迎合意式咖啡美式风格的流行趋势、独创的智能咖啡运作系统，在世界各个城市令开咖啡馆变得快速、简便、低投入、高收益。

何谓 SPRCOFFEE 智能型咖啡运店?

SPRCOFFEE 智能型咖啡运作系统是咖啡馆的核心。包含了咖啡吧台区、order 区及机器设备；客席区的桌椅；体现咖啡馆气氛的壁画、壁炉、灯箱……显示了 SPRCOFFEE 的 CIS 及专业 KNOW-HOW。并且 SPRCOFFEE 智能型咖啡运作系统可以因地制宜的拆装组合。

何谓 SPRCOFFEE 专卖型咖啡店?

SPRCOFFEE 专卖型咖啡店是更完美的完整咖啡店概念，除具备智能型咖啡店的一切优点外，更适合于单独店面运作，吧台长度由 5 米增加到 7 米，后台操作台面由木制结构升等为不锈钢结构，并且标准配备设施更完备，如增加了食品沙拉吧、冷藏柜、华夫机、比萨机、果汁机等等，不但可以提供最佳的咖啡，亦可以提供其它多种饮品，简餐品种亦可更加丰富，可以满足客人多方位的需求，因此拥有更大的利润空间。更配有可选项目：SPR 专业名贵红酒库、SPR 高档雪茄厅及 SPR 专属商务区。

加盟 SPRCOFFEE 的优势?

2001 年 5 月在青岛开设 SPRCOFFEE 弄海园店，并成立总部。2002 年正式开放加盟，加盟店可共享总部各项资源及完整的后勤支持。短短四年间在国内开设加盟店二百余家，契合咖啡流行的风潮，独创 SPRCOFFEE 智能型和专卖型咖啡店运作系统，迎合意式咖啡美式风格的流行趋势，让开咖啡馆变得快速、简便、低投入、高收益。

更重要的是 SPRCOFFEE 为让更多爱咖啡的人士拥有自己的咖啡馆，特创加盟“三免”优惠：免管理费、免培训费、免保证金，大大降低了加盟者的投资金额及风险。

SPRCOFFEE 的店铺由何而来?

一般由业主自行寻找，总部给予立地评估建议。

SPRCOFFEE 的店铺要多大?

一般从 $30m^2$ 起的店铺就可以开设 SPRCOFFEE 大学店，而一个 SPRCOFFEE 专卖店需要 $300m^2$ 以上的店铺最为合适。

从开始洽谈到咖啡馆开业一般需要多少时间?

从您对 SPRCOFFEE 感兴趣与我们开始接触了解加盟事宜到成功开设 SPRCOFFEESTORE 的时间决定于店铺物业的选择与决定，双方合作意向的选择与决定。但是如果您已经拥有可以开设咖啡馆的店铺，与 SPRCOFFEE 签约合作起到拥有自己的 SPRCOFFEESTORE 的过程约为 35 天（甚至更短）的周期。

开设一家 SPRCOFFEE 需要多少投入资金?

目前加盟 SPRCOFFEE 是不需要向总部交缴加盟金、权利金、培训费的。

以开设一家 SPRCOFFEE 智能店而言，39.8 万的智能咖啡运作系统、约 1.5 万的原物料（约为 2 ~4 周的使用量）加上约 1 万元的现金周转。

以开设一家独立门面的 SPRCOFFEESTORE 而言，在上述费用以外，若以店铺面积为 $80m^2$ 大小计，在装潢费用约花费为 5 万元，外加申请独立的营业执照，取得各项证照的费用约 5000 ~ 10000 元，户外招牌的制作等，总费用在 50 万元内。

加盟 SPRCOFFEE 的一般期限是多久?

加盟 SPRCOFFEE 与总部签约期限一般为 5 年。若要续约，双方办理续约手续即可。

加盟店的员工由何而来?

加盟店的员工，一般由加盟业主自行招募，总部可提供招募人员的资格标准供加盟业主参考。

一家店通常需要多少员工?

用工人数的多少，要依照店铺大小及贩卖商品的品种多寡和营业时间而定。通常以智能咖啡吧而言，营业时间从 8 点到 23 点的一家店需要 2 ~3 位员工和 1 位店长。若是独立店面的 SPRCOFFEE 店营业时间从 7 点到凌晨 1 点而言，贩卖商品以咖啡和西点、套餐、沙拉、三明治、糕点为主则一家店需要 5 ~7 位员工和 1 位店长。若店铺设置厨房及相关商品，则需要适当的增加人员。总部在您加盟之前，都会给您最合理的建议。

人员的训练如何进行?

加盟店的员工到总部指定的培训中心，由总部提供完整的教育培训，包括专业知识、管理运营、现场实际操作。

加盟 SPRCOFFEE 就能获利吗?

店铺的获利主要取决于开店地址的选择、加盟者的经营能力和对事业的热爱。总部将在开店前协助对立地店面的设计，事后协助加盟店经营管理，营运分析，企划宣传，饮品的研发等。

若营业后店铺无法获利该如何?

在无法获利的店铺，总部将先根据店铺的营运资料分析店铺在运营管理上有无缺失，先做内部调整，在从外部考量企划宣传有无提升店铺的知名度；如此仍无法获利，就需考量是否需要换址。SPRCOFFEE 的智能运作系统的最大优点易移动拆装，在装修的部分投入较低对业主的损失也就较少，如果要换址也就十分方便。

店铺的装修设计由谁负责?

由加盟业主向总部提供完整的平面图纸、外观图及图片，总部依业主提供的资料出设计图、效果图预算，加盟店依设计图及效果图负责装修，总部将协助进行店铺验收。

店铺贩卖的商品如何决定?

作为 SPRCOFFEE 的总部有三种不同形态的 Menu 商品，适合不同大小的店铺使用，SPRCOFFEE 可以应地方特色，增加适合当地人口味的商品，但需要事先向总部报备，得到审核通过后方可执行，以保证不会影响 SPRCOFFEE 的整体风格。对于基本商品部分作为 SPRCOFFEE 的 know-how 各店必须统一贩卖。

商品价格如何制定?

对于统一性的商品由总部统一定价贩售，若各地区因消费水平及能力的不同可以采取商品组合、或企划促销来调整价格。就各店贩卖的地方特色商品由业主依据当地消费习性进行定价，总部协助审核。

商品原物料如何购买?

智能化咖啡运作系统由总部统一提供，制作店铺商品的各类原物料则分为统购品及自购品两大部分。统购品以咖啡豆等对商品品质息息相关的原料及咖啡纸杯等带有 SPRCOFFEE 标示的低值易耗品为主，加盟店每月向总部下单订购，总部发货至各店。自购品则是一些生鲜蔬菜、牛奶面包等等，由总部协助加盟店寻找地方厂商进行订货及配送。

SPRCOFFEE 运作系统中的一些设备可否要买?

SPRCOFFEE 运作系统是作为 SPRCOFFEE 的 know-how 提供给加盟店的，总部并不是以贩卖设备为主，而是依此系统的实用性、简便性、专业性为考量，因此通常不可以进行删减，但视业主的特殊需求、地方性等可作适当调整配合。

向总部订购的商品会不会价格比市场价高?

总部向加盟店的承诺是：总部提供给加盟店统购品的价格是低于市场同等

品牌的（以连锁总部的立场与厂商合作，因为系统的知名度及连锁店的使用数量庞大，自然可以获得比单店更低的价格）给加盟店创造出更大的获利空间。

免保证金，免培训费，免管理费。

加盟列车——各种类型咖啡店图文详解

项目任务：

任务一：根据上述信息和搜集的材料，撰写诚邀加盟 SPRCOFFEE 连锁店招商会策划案。（招商分九个会议现场：活动前部门负责人协调会议、新闻发布会、项目展销会、宴会、观摩会、新老合作伙伴经验交流茶话会、签约仪式、舞会、活动组委会总结会）

任务二：根据自己的策划方案，撰写诚邀加盟 SPRCOFFEE 连锁店招商会主持词。

任务三：根据分组情况，选择或者综合组内成员策划和主持词，并分配角色，完成诚邀加盟 SPRCOFFEE 连锁店招商会主持、前期准备、现场布置、现场协调、礼仪、音响等工作任务。

项目相关要求：

1. 个人要完成项目一和项目二的所有内容，并上交相关文案。

2. 填写项目考核表，注明项目任务及角色。个人写项目实训报告。

3. 本项目任务三建议 20 人为项目组完成。组长撰写项目小结。交相关影视资料。

第六章　综合实训

第一节　文艺活动主持综合训练

【训练一】　中央电视台2008年（戊子年）春节联欢晚会串联台本

主持人：朱军　董卿　白岩松　李咏　周涛　张泽群　刘芳菲

【第一时段（20：00—21：00）】

【片头】

一、开场　《飞向春天》　演唱：哈辉　王丽达　雷佳　李晖

【六位主持人开场词】

朱：飞向春天，春潮澎湃天地新。

董：飞向春天，春风浩荡山河美。

李：飞向春天，春光无限祖国好。

周：飞向春天，春意盎然万家乐。

朱：中国中央电视台——

董：中国中央电视台——

李：电视机前的观众朋友们，

周：这里是中央电视台综合频道、中文国际频道、英语国际频道、西班牙国际频道、法语国际频道，正在并机直播的2008年春节联欢晚会的演出现场。

张：在这万家团聚、辞旧迎新的时刻，我们向全国各族人民，

刘：向香港特别行政区同胞，向澳门特别行政区同胞，

朱：向台湾同胞、海外侨胞，向全世界的中华儿女们，道一声——

合：春节好！

董：祝大家——

合：新春快乐！万事如意！

【六位主持人下】

【《飞向春天》歌声起。结束。】

【主持人朱军、董卿上。】

朱：今年的春节与以往不同，南方的雪灾牵动着亿万中国人的心，在此，我们首先要向灾区的同胞特别是连日来奋战在抗冰雪第一线的英雄们表达我们最深切的问候和感谢。

董：也许，你经过连日的劳顿此时已经回到了家；也许，你留在了它乡过年；也许，此刻你正在回家的路上……不管你在哪里，我们春节晚会都要把最美好的祝福送给你，祝你春节快乐。

朱：过年了，家家户户门脸儿上，少不了一副好春联。董卿，怎么样，我送你一副？

董：好啊，我先送：笑看冰雪正消融，喜迎大地又回春。

朱：我回你一副：上上下下男男女女老老少少都添一岁，家家户户说说笑笑欢欢喜喜同过新年。

董：横批呢？

朱：中华全家福。

二、歌曲《中华全家福》　演唱：林依轮　吕薇　汤灿　江涛

【主持人周涛、李咏上。】

周：今天是除夕夜，吃年夜饭是咱中华民族的传统，一家人围坐一起，乐乐呵呵，免不了喝点酒，话家常，叙亲情……这里，我可要提醒电视机前的观众朋友们，千万别酒后开车。

李：记住了，为自己也为家人，平平安安是最大的福。

三、小品《街头卫士》　表演：句号　周炜　韩雪

【主持人朱军、董卿上 。】

朱：时间过的真快，2008 年的春天转眼就到了，此时此刻，在这阖家欢乐共度除夕的夜晚，我们代表全国亿万观众，向在过去一年中为祖国的现代化建设做出贡献的劳动模范，向节日期间依然坚守在工作一线的劳动者，向中国人民解放军全体官兵、武警部队、人民警察，真诚地说一声——过年好！

董：春天，正向我们走来，最先感受到春天气息的是那广袤无垠的田野……来，让我们一起随着宋祖英的歌声，张开手臂，拥抱又一个如歌的春天！

四、歌曲《田野的春天》演唱：宋祖英

【主持人周涛、李咏上。】

周：歌如潮，花如海，红红火火过大年，这会儿，煮饺子，贴春联，放鞭炮，打年糕……可以说，神州大地上，家家欢声笑语，户户张灯结彩，年味儿四处飘香。

李：是啊，咱中国人过年，还有一套很讲究的老礼儿，周涛，你能说上

几个？

周：我试试……二十三，糖瓜粘；二十四，写大字；二十五，扫尘土；二十六，炖炖肉；二十七，宰公鸡；二十八……

李：（接过）二十八，把面儿发；二十九，蒸馒头；三十儿晚上熬一宵……你知道为什么吗？

周：这还用说嘛？等着零点钟声呢，放鞭炮，拜早年……

李：看来你对咱们中国的年俗还很了解呀！

周：那当然！李咏，我还告诉你，咱老百姓过年，还图个一二三，一个字“乐”，两个字“祥和”，三个字……你来说……

李：要我说，就是“节节高”。（问观众）大家说对不对啊？

(观众互动。)

李：谢谢观众捧场。下面我就要送一个跟“节节高”有关系的节目给大家。

周：——芝麻开花呀？

李：不，《激情爬杆》，掌声欢迎。

五、杂技《激情爬杆》　表演：宣武区北京杂技团

【贺年榜+第一次播报。】

张：观众朋友！随着晚会节目的进行，中央电视台主办的“中国人寿杯我最喜爱的春节联欢晚会节目评选活动”已经开始。欢迎大家踊跃参与投票。

刘：投票方式为：正月初十以前，全国手机用户免费参与“中国人寿”杯我最喜爱的春晚节目评选，将您最喜欢的“节目名”或“演员名”发送到10669999。您也可以在正月初五之前寄出您的选单，选票刊登在2008年第二期至第五期的中国电视报上。另外，您也可以在正月十五以前登陆央视国际网站进行投票。

张：参与投票的手机用户有机会抽取幸运观众奖，奖品为湖南太子奶集团生物科技股份有限公司提供的吉祥物“金鼠迎福”。评选结果将在正月十五日晚播出的“元宵晚会暨2008年春节联欢晚会我最喜爱的春晚节目颁奖典礼”上公布。

全国手机用户免费参与“中国人寿”杯我最喜爱的春晚节目评选将您最喜欢的“节目名”或“演员名”发送到10669999。

六、小品《梦幻家园》　表演：郭达　蔡明　王平

【主持人朱军、董卿上。】

朱：董卿，我是北方人，你是南方人，一南一北虽说许多风俗差异很大，但过年有许多习俗都是一样的，比如：贴春联，贴窗花……

董：我们也贴，我们还有舞龙舞狮……

朱：我们那儿还要放鞭炮，敬财神，发压岁钱……

董：我们也是，都是为了除邪气，保平安，求吉祥……

朱：也是把所有的烦恼扔给旧年，祈盼来年福星高照。

董：看来中国老百姓过大年，不管你是哪里人，有一点是共同的，都图个人寿年丰，大吉大利，万事顺意。

朱：在这吉祥美好的时刻，我们要把一首好听的歌送给大家，愿新的春天带给我们花香满天，花开人间，花暖世界。

董：有请章子怡演唱《天女散花》。

七、歌曲《天女散花》　演唱：章子怡

八、相声《疯狂股迷》　表演：李伟建　武宾

【第二时段（约21：00—22：00）】

【主持人周涛、李咏上。】

周：李咏，2008年也是中国实行改革开放第30个年头，越来越多的中国人向世界学习各种语言和文化。同时，许多外国朋友也爱上了中国话。

李：据我所知，许多外国朋友到北京旅游，一下飞机就想三件事：爬长城、吃烤鸭、学汉语。

周：这三件事儿，就属学汉语最难了，那可不是一时半会儿就能学的会的。

李：不见得，还真有人唱着歌就学会了……

九、歌曲《中国话》　演唱：S·H·E

【主持人朱军、董卿上。】

朱：谢谢三位演员的演唱，各位观众，下面大家将要看到的这个小品，讲述了三位军嫂上岛探亲的一次特殊经历。

董：丈夫当兵远在天涯海角，聚少离多的军属生活，让三位军嫂对这一年一次的探亲充满着急切的期待。

朱：身为军人的丈夫，长年坚守海岛，为国尽忠，也同样渴望与家人团聚，等待着亲人们的早日到来。

董：结果怎么样呢？请看《军嫂上岛》。

十、小品《军嫂上岛》　表演：孙涛　黄晓娟　金玉婷　尹北琛

十一、歌曲《亲爱的人》　演唱：阎维文　张燕

【主持人董卿搀扶杨光上。】

董：观众朋友们，今晚，我们为大家请来了一位特殊的年轻人，他叫杨光，虽然8个月时，因患先天性眼疾，双目失明，但他从小开朗、豁达、乐观，热爱生活，热爱艺术，每年别人都是在看春节晚会，而他是靠耳朵在听春节晚会，因此他记住了很多艺术家的声音，下面就请杨光给我们展示一下。

十二、互动及歌曲《等待》　表演：杨光

【杨光表演】

1. 模仿文兴宇、曾志伟、马三立的语言片段。

董：杨光学得像不像？

（观众互动）

董：他不仅学得像，歌唱得也很好，大家想不想听？

（观众互动）

董：杨光，在唱歌以前能不能告诉大家，2008年，你有什么愿望？

杨：我想用一首歌来感谢社会各界对我们残疾人的关心和帮助（鞠躬）。（音乐起）我最大的愿望，就是能为北京残奥会贡献一份我的微薄之力。

董：大家为他鼓鼓掌，愿杨光梦想成真

2. 演唱《等待》。

【主持人白岩松上。】

白：（关于南方冰雪灾害话题，已有稿。）

十三、诗朗诵《温暖2008》　表演：演艺界人士、部分主持人

十四、歌曲《大雪无情人有情》

演唱：廖昌永、韦唯、韩磊、白雪等群星

十五、相声剧《公交谐奏曲》　表演：冯巩　闫学晶　王宝强　潘斌龙

【主持人白岩松迎上下场的王宝强。】

白：来，我和宝强为大家介绍一个群体，也是三多：人数多，贡献多，这些年全社会对他们的关注多，这就是人数超过了一亿的中国农民工兄弟姐妹，他们像新时代的“游击队”，从一个城市游动到另一个城市，都为我们留下了更适合生活的根据地，在这辞旧迎新的时刻，让我们用杯中酒和掌声对他们道一声：“过年好，辛苦了！”

宝强也曾经是他们中的一员，几年前就是在北京建筑工地上打工的时候，接到了导演的电话，从此走上影视之路。当然，不是每个人会成为“王宝强”，可王宝强却说明：每个人都有圆梦的路！

王：祝全国的电视观众们身体棒棒棒，挣钱多多多。

白：那宝强，给大家带来了什么新年礼物呢？

王：我和农民工朋友们，为大家献上一首歌，感谢全社会对我们农民工的关爱。

白：祝所有的农民工兄弟姐妹们，在新的一年社会保障多，挣钱多，欢声笑语多，掌声欢迎今年春晚舞台上新的明星们……

十六、歌曲《农民工之歌》　表演：王宝强　农民工群体

【主持人朱军上。】

朱：下面这个节目，在以往的春节晚会上很难见到，表演的主体是一双手，

这双手能做各种造型，能惟妙惟肖地塑造人和动物的鲜活形象。您信不信，不信，请看手影戏《逗趣》。

十七、手影戏《逗趣》 表演：焦建东 石磊

【第三时段（22：00—23：00）】

（表演结束后，主持人朱军现场邀请一位观众上场，再次模仿手的动作，形成联欢互动。）

十八、舞蹈《飞天》 表演：广州军区战士文工团

【主持人朱军、董卿上。】

朱：各位观众，刚才我们晚会中，抗冰雪节目《温暖2008》播出后，引起全国各地观众的强烈共鸣，他们纷纷发来短信和打来电话，表达他们对灾区人民的深切问候和真情祝福。

董：一位灾区教师来电说："党的亲切关怀，全国爱的互动，人间爱的奉献，大灾中的大爱，抗灾中的和谐，鼓舞人心，凝聚力量。"

朱：还有一位在广东打工的湖南观众在网上说："大雪堵住了回家的路，虽然不能回家过年，但广州的好心人留住了我回家的心。请家里人放心，我在这里过年很好。"

董：还有世界各地的华人和华侨通过春晚看到众志成城抗冰雪的感人画面后，也来电向灾区人民表示慰问。一位旅居加拿大华侨来电说，"虽然我们远在海外，大雪无情人有情，炎黄子孙的心永远连在一起。"

朱：由于时间有限，不可能一一传达。在此我们向这些关注灾情、关心灾区，关爱灾民的姐妹弟兄、华人同胞以及亲爱的朋友们，衷心的道一声：感谢你们。

董：接下来，请看小品《新闻人物》。

十九、小品《新闻人物》 表演：郭冬临 周涛

【主持人朱军、董卿上。】

朱：浓浓的乡情、亲切的乡音、难以割舍的乡恋，对于海外华人来说，一到逢年过节就更加强烈。

董：游子的心不论漂泊何方，永远离不开慈母的目光，儿女的路不管再远，家永远是一个方向。

朱：下面我们要为大家送上一首《千里之外》，那里有——你思念的和思念你的亲人。

董：除夕之夜，我们要把这份最甜最美的骨肉亲情，送给全世界的华人和两岸三地的同胞们。祝大家新春快乐。

二十、歌曲《千里之外》 演唱：费玉清

【主持人周涛、李咏上。】

周：李咏，喜欢看杂技吗？

李：当然！尤其是每年在春晚上表演的杂技节目，都是获得过国际大奖的。真正的高精尖、新奇特。

周：你能说出几个来吗？

李：你听着，05 年的《十三人顶碗》，06 年的《炫》，07 年的《俏花旦》……

周：如数家珍啊！看来你还是真喜欢！今天，让你再过一把瘾，下面你又将看到一个精彩的杂技……

李：错了吧……（指台上）大家看到了，他们在摆篮球架啊……

周：可是，他们也在摆跳板，打篮球可不需要这个……

李：好像王治郅也来了……

周：不会吧，沈阳军区杂技团的演员在那候场呢。

李：你没认错人吧？

周：肯定没错。到底是杂技还是篮球比赛，其实观众一看就知道了……

李：掌声有请。

二十一、杂技《花式篮球》　表演：沈阳军区杂技团等

【主持人朱军、董卿上。】

朱：董卿，在每年春晚的舞台上，观众朋友们都能看到许多老中青三代艺术家一起登台亮相，为我们带来春节的快乐。

董：今天，我们又请来了几位不同民族的老艺术家代表，满怀激情地和青年演员一起，载歌载舞，将优秀的少数民族歌曲和浓郁的民族风情融为一体，为我们送来新春的问候。借此机会，我们也向全国的老龄朋友们，由衷地道一声“春节好”。

二十二、少数民族歌曲联唱

《盘歌》　演唱：黄婉秋　祖海

《送我一枝玫瑰花》　演唱：克里木　陈思思

《美丽的草原我的家》　演唱：德德玛　五彩传说

《逛新城》　演唱：才旦卓玛　蔡国庆

《红太阳照边疆》　演唱：蒋大为　郁钧剑

《在一起》　演唱：刘一祯　陈莉莉　严当当　廖忠　亚民　师鹏

【主持人李咏、周涛上。】

李：谢谢各位演员的精彩表演。

周：各位观众，您现在正在收看的是中央电视台综合频道、中文国际频道、英语国际频道、西班牙国际频道、法语国际频道，为您现场并机直播的 2008 年春节联欢晚会的演出现场。

李：周涛，下面，我想出一个字，看你能说出几个相关成语。这个字就是和谐的“和”字……

周：那太多了，随便说几个，比如：家和万事兴，生活要和和美美，对人要和蔼可亲和睦相处，做生意要和气生财和气致祥，遇到困难要和衷共济……

李：看来，一个“和“字，你已经烂熟于心了。俗话说的好，没有规矩不成方圆，遵守法制和职业道德，是构建和谐社会人人应该具备的行为准则。

周：下面这个小品，就是通过一件生活中常见的小事儿——开锁，再次说明了这个道理。

二十三、小品《开锁》 表演：黄宏 巩汉林 林永健 董卿

【第四时段（23：00—24：00）】

【主持人白岩松上。】

白：1908年的《天津青年杂志》，对当时的国人提出了三个问题：中国何时我们能有一名运动员参加奥运会？什么时候我们能组织一支队伍参加奥运会？什么时候我们能举办一届奥运会？这沉甸甸的三个问号，没人能够回答，因为这不仅是奥运之梦，更是国运之梦啊！那么就让时间来回答吧，仿佛是巧合，从1908年到2008年，整整一个百年，三个问题被完满的解答，这种巧合，是不是对一个民族有梦并追梦的最好回应呢？今天，走得太远，或许也不该忘了当初我们是如何出发的，在百年圆梦的跑道上，最初站上去的中国人，当初该是怎样的孤单与感慨呢？让我们一起聆听……

二十四、奥运版块。诗朗诵《百年圆梦》 朗诵：刘澄宇等

二十五、奥运歌曲《同一个梦想》

演唱：韦唯 陈奕迅 梁咏琪 彭永琛 毛宁 郝歌 朱利安 大牛 梅琳 王菲菲 魏瑛侠等

三十一、歌曲《和谐大家园》 演唱：张也 谭晶 吕继宏

【主持人朱军、董卿上。】

朱：各位观众，转眼间，我们已进入我国农历的戊子鼠年了。

董：鼠年是生肖年的又一个新轮回的起始之年。

朱：这一年将是不寻常的一年，它是党的十七大胜利召开之后的第一个开局之年，我国改革开放将迈出新步伐，各项建设事业将呈现出新气象；

董：它又是奥运会在我国的举办之年，世界将把目光聚焦中国，众多的外国友人将云集中国首都，感受“新北京、新奥运”。

朱：这样好的年景，预示着吉祥和幸福、彰显着复兴和强大、传达着希望和梦想，无不令每一个中国人为之自豪和骄傲！

董：它将再次向世界展示当代中国的盛世雄风。

三十二、武术表演《盛世雄风》

表演：国家武术队、河南塔沟少林武术学校

【主持人周涛、李咏上。】

周：每年春晚，观众们都能看到一些新面孔，都能听到一些近年来广为传唱的流行歌曲。他们充满朝气的演唱给晚会带来了一股青春的气息，深受广大青少年观众的欢迎。

李：下面，我们给广大的青少年朋友献上一组歌，祝你们学业进步，工作顺利，心想事成，梦想成真！

三十三、点击时尚

《嘟咯情歌》　演唱：庞龙

《一家人》　演唱：张澜澜

《月亮之上》　演唱：凤凰传奇

《天天向上》　演唱：梁咏琪　黄圣依

【主持人周涛、李咏上。】

周：2008 年在中国举办奥运会，使中国将成为了世界上最受关注的国家。李咏，我考考你，在英语中，咱们中国这个词怎么读呀？

李：这还用问？china。

周："china"的本意呢？

李：瓷器。中国是瓷器的发源地，很早就风靡欧洲，早先的英国人就用瓷器指代中国了。

周：回答完全正确！奖你一首歌——周杰伦演唱的《青花瓷》。

三十四、歌曲《青花瓷》　演唱：周杰伦

三十五、歌曲《喜事多》

演唱：吴春燕　鲍蓉　梁音　高畅　马晓晨

三十六、歌曲《拉二胡》　演唱：刘和刚　耿为华　陈小涛　乔军

【六位主持人上。】

朱：观众朋友们，春风拂面满眼新，我们伟大祖国的各项建设事业，又将迈开新的前进步伐。

董：在新的一年里，让我们高举中国特色社会主义伟大旗帜，更加紧密地团结在以胡锦涛同志为总书记的党中央周围，

李：认真贯彻党的十七大精神，万众一心，开拓奋进，为夺取全面建设小康社会新胜利、谱写人民美好生活新篇章而努力奋斗。

周：朋友们，2008 年春节联欢晚会又到了与大家说再见的时候了。

张：难忘今宵，难忘这不眠的除夕之夜！那是心中涌动的亲情与感动。

刘：难忘今宵，难忘这万家团圆的时刻，那是心中永存的真诚与祝福。

朱：难忘今宵，难忘这欢乐的情景。

董：难忘今宵，难忘这幸福的时光。
周：让我们在歌声中相约，相约明年的除夕之夜！
李：让我们在歌声中许下心愿，共同拥抱扑面而来的——
合：美好春天！再见！

【训练二】　2007 年中央电视台春节联欢晚会串词

1. 开场歌舞《花开中国年》
朱军：中国中央电视台——
周涛：中国中央电视台——
李咏：现场还有亲爱的电视机前的朋友们，春节好！
董卿：这里是 2007 年春节联欢晚会的直播现场，
张泽群：在这万家团圆、辞旧迎新的时刻，首先我们要向全国各族人民、
刘芳菲：向香港特别行政区同胞、向澳门特别行政区同胞、
李咏：给台湾同胞、海外侨胞，给全世界所有的朋友们道一声：拜年了！
董卿：亲爱的朋友们，国色添香、富贵吉祥、普天同庆、
朱军：喜看花开中国年，
周涛：中华民族大联欢。

李咏：亲爱的观众朋友们，欢迎继续收看为各位直播的中国中央电视台 2007 年春节联欢晚会，今年的春晚将通过中国的中央电视台第一套综合频道、第四套中文国际频道、第九套英文频道和西班牙文法文频道向全世界同步直播，另外呢你还可以利用 CCTV 手机电视或者是登录 CCTV. COM 收看 2007 年春节联欢晚会的节目。

董卿：除夕之夜情满中华，今晚所有的中国心连在了一起，这是一年一度全球华人的深情团聚，这是一年一度中华民族的盛大联欢。

2. 歌组合《欢乐和谐民族情》

朱军：好！谢谢，谢谢各位精彩的表演。亲爱的观众朋友，接下来将要上场的这位演员已经参加过多届的春节联欢晚会了，周涛，他跟我合作过。

周涛：他不光跟你合作过也跟我合作过。
朱军：那他今年没跟你合作？
周涛：那跟你合作？
朱军：没有啊。
周涛：那他跟谁合作？
朱军：我也不知道，让我们一起来看吧，请欣赏相声《咱村的事儿》。
3. 相声《咱村的事儿》
4. 歌组合《欢乐和谐流行色》

刘芳菲：谢谢，谢谢阿牛、陶喆、蔡依林。观众朋友们这里是2007年春节联欢晚会的直播现场，中国联通贺年榜给全国人民带来新春的祝福。

张泽群：发来贺电的有……

观众朋友随着我们春节联欢晚会大幕的拉开，由中央电视台主办的“汇源果汁杯我最喜爱的春节联欢晚会的节目评选”也已经开始，请你为你喜爱的节目和演员投上一票。

具体的参与办法是：编写……

刘芳菲：接下来由南北笑星联袂出演的相声《免费电话》，有请：李金斗、大兵、赵卫国。

5. 相声《免费电话》

6. 歌曲《和谐乐章》

朱军：好，谢谢，谢谢演唱。亲爱的观众朋友们，咱们中华民族是一个最崇尚和的民族，和睦、和美、和顺、和谐、和气生财、和衷共济、天时地利人和，都突出了一个和字。

周涛：所以呢我们通过国际央视网和百度网向全国的观众征集春联，就是分别以和睦、和美、和顺、和谐为主题的已经有四幅春联胜出，我们会在我们直播的过程当中陆继为大家公布，我们央视国际会为入选的前20位春联颁发入选奖。对最终获胜的四幅颁发特别奖。

朱军：现在就让我们揭晓以和睦为主题的春联，让我们一起来看一下上联是：二十四时节气乾坤竞秀，下联是：五十六朵奇葩和睦同春，横批：天人合一。

周涛：这幅春联充分点出了咱们国家是一个有着五十六个民族和睦的大家庭，你看这个对春联是传统，抖空竹、唱大戏那也是传统。

朱军：说的一点都不错，咱们中国杂技团的演员们就把这个抖空竹、唱大戏进行了魅力组合，在第二十六届法国国际杂技大赛中一举夺得了最高荣誉。

周涛：赶紧来看，《俏花旦，抖空竹》。

7. 杂技《俏花旦》

李咏：让掌声再热烈一些好吗？

董卿：谢谢姑娘们给我们带来精彩的表演，李咏你看，空竹是传统、戏曲也是传统，这些都是我们民族宝贵的文化财富，而当我们的民族兴旺了，这些传统文化自然也就越来越受到全世界的尊重和喜爱。

李咏：是啊，过春节是传统，那登门、拜年啊也是传统，现在的科技发展真的是很快，过去我们是发电报、写贺卡拜年，后来是电话拜年，现在是手机短信拜年，而且是群发呢。

董卿：没错，不管时尚怎么变化，买上一点礼物走亲访友这种传统的拜年方式还是显得又热闹又喜庆。

李咏：登门送礼是人之常情。

董卿：对呀。

李咏：不过，如果两个不同的人怀着不同的目的撞到了一块，肯定要出笑话。

董卿：那怎么回事，让我们一起来看一看。

李咏：郭达、蔡明为什么送礼。

8. 小品《送礼》

周涛：谢谢几位的表演，也谢谢几位的小礼物。

朱军：亲爱的观众朋友们，一首优美的歌曲可以点燃我们难以忘记的青春岁月。一支优美的旋律可以引领我们当年陪伴我们度过除夕的春节联欢晚会，春节晚会已经成为我们情感记忆的一部分。

周涛：许多前辈艺术家为春节晚会做出了巨大的贡献。在这里我们向他们表示衷心的感谢，并且给他们拜年祝福。今天我们也请来的几位大家非常喜爱的老歌唱家，他们分别是：马玉涛、才旦卓玛、李光曦和胡松华，请他们和中青年歌唱家一起共同为大家演绎令大家难忘的岁月金曲。

朱军：亲爱的朋友们，热烈的掌声有请他们。

9. 歌组合《欢乐和谐家乡美》

刘芳菲：谢谢，谢谢老艺术家们，你们的歌声是我们民族共同的回忆。

张泽群：观众群众，随着晚会的演出……

刘芳菲：春风又绿江南岸，天街小雨润如酥，接下来请你欣赏舞蹈《小城雨巷》。

10. 舞蹈《小城雨巷》

李咏：好美噢。

董卿：真的是美轮美奂，充满了诗情画意呀。

李咏：是呀，这也是让我想起了自己的初恋呀，噢不是，我觉得这个节目啊容易把人们带进一个恋爱的季节。

董卿：那我问你一个问题吧，恋爱专家。你说在古代即没有电影院，也没有咖啡馆人们在哪约会呀。

李咏：古代河滩上。

董卿：河滩上?

李咏：有诗为证呀，诗经里说的：关关雎鸠，在河之洲。窈窕淑女，君子好逑。

董卿：这地方是有了，那时间呢。

李咏：晚上。

董卿：也有诗为证？

李咏：有，你看，月上柳梢头，人约黄昏后。谁白天谈恋爱啊！

董卿：听上去真得是很浪漫呀，他们一定不像现在的青年男女谈恋爱那么方便，你看现在隔得再远都可以网上交谈跨越时空。

李咏：是啊，连面都没见过，都能爱的死去活来的，唉董卿，咱把这诗改改好不好？

董卿：怎么改？

李咏：改成关关雎鸠，网上在线，窈窕淑女，不见不散。

董卿：好啊，接下来就让我们一起来看一个和网络有关的小品《将爱情进行到底》。

11. 小品《将爱情进行到底》

12. 歌曲《老婆老公我爱你》

朱军：好，谢谢，谢谢演唱，一句老公老公我爱你唱得人心里特别温暖，回顾过去的一年，我们都在紧张与忙碌中度过，同时也在爱与被爱中度过，心中留存了许多温馨与感动。

周涛：是的，一年一年就是这样，我们在爱的陪伴下走过春夏秋冬。好，一组美好的舞蹈献给大家，《欢乐和谐四季风》。

13. 舞蹈《欢乐和谐四季风》

李咏：谢谢，谢谢。这些年轻舞者脸上发出内心欢乐的表情，实际上就是今天中华民族大融合的表情。

董卿：民族大团结体现的也是一份和，日月相和，才有阳光的普照，天地相和，才有万物生长，接下来我们要为你揭晓的今晚入选的第二幅以和美为题的春联，请我们一起来看一看。

上联是：天和地和人和和融华夏，下联是：歌美舞美花美美在今宵，横批：新春大吉。

李咏：上联中有一和，下联中有一美，扣题。唉，董卿，问你一个问题必须如实做答。

董卿：什么问题？

李咏：谈恋爱时女方是如何考验男方的？

董卿：那招数可多了，比如说约会的时候迟到一会儿，考验他有没有耐心，偶而装个头疼脑热的，考验他会不会照顾人，还有我多和别得男孩子说话，我考验他是不是真心在乎我，总之啊这招数多多，考验多多。唉，我不说了，说多了我怕你接不住。

李咏：没关系，我过来人了。都是小儿科，唉，接下来这个考验我想我们都没有见识过，我们看黄宏如何经受得住这样的爱情考验。

14. 小品《考验》

周涛：谢谢，谢谢三位。

朱军：谢谢。

周涛：朱军啊，看来男人要娶个媳妇还真不容易！

朱军：没错，那简直是对我们男同胞智商极限的挑战！

周涛：你说什么？

朱军：挑战！

周涛：这哪叫挑战，下面这个节目那才叫真正的挑战。

朱军：真的？

周涛：有首歌叫青藏高原你听过吧，你歌唱的好把最后一句高音给我们来一下。

朱军：我真来呀？

周涛：来，来，来，表现的机会来了。

朱军：(唱)，怎么样？

周涛：不错，但我知道这不是你的最高水准。韩红唱的歌你有印象吗。

朱军：有印象。

周涛：那是什么调？

朱军：那高……

周涛：那用她的调再来那一句，掌声鼓励。

朱军：来就来，(唱)，我实在是上不去。

周涛：得得得，不难为你了，接下来这位要上场的神秘的演员，就要挑战韩红的高音，来一个高音对决。

朱军：那我们一起欣赏《在那遥远的地方》。

15. 歌曲《在那遥远的地方》

董卿：谢谢二位的精彩表演，谢谢！

李咏：过大年了，正赶上孩子们放寒假，孩子们高兴啊，可劲的玩，而且还有很多的礼物可拿，你说现在的孩子怎么这么幸福呀。

董卿：确实这样，我们也期望孩子们不断中华民族的传统美德，健康快乐的成长。

李咏：好，请欣赏海拔艺术团的小朋友送给各位的歌舞《阳光下的花朵》。

16. 歌曲《阳光下的花朵》

李咏：谢谢啦！

董卿：谢谢孩子们。

李咏：唱得跟我小时候一样，我喜欢儿童类的歌曲。唉，董卿，美声、民族、通俗、流行你喜欢哪种类型的歌曲？

董卿：好听的都喜欢，具体说吧，就是榜上有名的，网上流行的、彩铃下载率高的，这些都是广为传唱，也是我喜欢的。

李咏：好，既然喜欢，我们就一网打尽，继续是《欢乐和谐流行色》张韶涵、容祖儿。

17. 歌组合《欢乐和谐流行色》

刘芳菲：谢谢，谢谢张韶涵、容祖儿。……………（各地贺词）

张泽群：………………（号召大家投票）

刘芳菲：武术是中华民族的瑰宝，它刚柔并济、博大辉宏，接下来您将欣赏到的就是一个武术节目，这也是中国国家武术集训队的冠军队员们首次登上春节联欢晚会的舞台，一同来看《行云流水》。

18. 武术《行云流水》

董卿：实在是太精彩了，这个节目也上我们感受到了中国功夫所蕴含的和谐之美。

李咏：其实和谐呢一直是中国人所追求的境界，但过春节了家要团聚，人要团圆，所以回家过年一直是没有改变的一个传统习俗。

董卿：是啊，所有的中国心都期盼的回家，过年回家的脚步也将浓浓的中国年味弥漫开来。

李咏：那在回家的路上一定会发生有趣的故事，请欣赏小品《回家》。

19. 小品《回家》

朱军：好，谢谢，谢谢二位精彩的表演。亲爱的观众朋友们，2006 年青藏铁路全线建成通车，在中国民族的历史上写下了浓墨重彩的一笔。是中国人修建了世界上海拔最高、线路最长的高原铁路。

周涛：今年呢，也非常的凑巧，我们农历的春节和藏历的新年在同一天，我们现场也请来的一批特殊的客人，他们是西藏日喀则地区拉兹县的七十位地地道道的藏族农民同胞。

朱军：让我们掌声请出他们，为大家带来非常具有特色的《飞弦踏春》。

20. 舞蹈《飞弦踏春》

周涛：谢谢，谢谢各位藏族同胞。亲爱的朋友们，现在让我来揭晓第三幅以和顺为题的春联，一起来看。上联是：和和顺顺千家乐，下联是：月月年年百姓福，横批：国泰民安。

朱军：好，直抒胸臆，非常的扣题。周涛，我觉得这个和顺它讲的就是一个心态，凡事顺着他没错。

周涛：不不不，我觉得此言差矣，你只强调了顺而忽视了和，其实和呢是相互制约，恪守原则。

朱军：照你这么说来，我这个还不算什么，接下来的这位比我强多了，他不光顺着还惯着。

周涛：好，一起来听相声《我惯着他》。

21. 相声《我惯着他》

周涛：谢谢两位。亲爱的朋友们，当我们合家团聚，欢度春节的时候，我们不会忘记驻守在祖国边防，守护人民安宁的人民子弟兵。

朱军：在此我们以崇高的敬意和深情，给中国人民解放军全军指战员和武警官兵拜年，并送上全国人民最美好地新春祝福，请欣赏《欢乐和谐军旅魂》。

22. 歌组合《欢乐和谐军旅魂》

李咏：谢谢。亲爱的观众朋友们，2007 年春节联欢晚会，我们依然是开门办春晚，可以说春节联欢晚会的节目都是来自于全国的四面八方。

董卿：是呀，接下来我们要欣赏到的这个舞蹈，就是由东北师范的大学生们为我们表演的，这也是他们第一次登上春晚的舞台。

李咏：请欣赏舞蹈《进城》。

23. 舞蹈《进城》

朱军：在这里谢谢这些大学生，大家都看到了这些大学生特别投入、特别质朴的表演依然让我们感到震撼。

周涛：这个舞蹈表现了外来务工人员这个特殊群体的精神风貌，据统计，现在在全国各地有外来务工人员多达两亿多人，他们对于城市建设、对家乡的新农村建设都做出了重要的贡献。

朱军：是呀，今天我们就把部分进城务工人员的子女请到了我们的现场，请他们给大家说说心里话。

24. 朗诵《心里话》

朱军：谢谢，谢谢可爱的孩子们，满含热泪听完成孩子们的心里话，我想说我们今天城市的建设、城市的发展、城市的繁荣已经离不开你们了，这万家灯火中有你们的心血和汗水，在这万家团圆的除夕之夜，我们真想对你们深情的说上一句：谢谢你们。

周涛：万家灯火中有你有我也有他，祝福你祝福我祝福你身边的每一个，祝福的心哪怕一笑都是歌。万家灯火中送出祝福和收到祝福都是快乐。

25. 歌曲《万家灯火》

刘芳菲：万家灯火，璀璨中国，今晚是属于全球华人的除夕之夜，在这里……………（贺词）

张泽群：（投票）

刘芳菲：每年春节联欢晚会白云和黑土这老两口会来做客，给我们讲他们家里的事，今年这家里又来了客人牛群，来看一看这一次又有什么样的故事发生。有请赵本山、宋丹丹、牛群给我们带来小品《策划》。

26. 小品《策划》

朱军：好谢谢，谢谢三位精彩的表演。亲爱的观众朋友们，如今中国农村的变化可以说是翻天覆地，在2006年有这样一个故事，故事的主人公是河北灵寿县的一位农民，这位农民兄弟有感于2006的1月1日国家免征农业税，从此中国农民以实行了2600年的田赋彻底告别，于是这位农民兄弟亲自铸了一尊告别田赋鼎，以此来表达对党和国家富民惠民政策的感激之情。

周涛：想当年，在延安的时候，老百姓绣金匾，今天新时期的农民铸宝鼎，贯穿始终的都是一个情字。这发自老百姓内心的感激之情，充分体现了党和政府和人民群众心连心的那份温暖与和谐。

27. 歌曲《报答》

李咏：好谢谢彭丽媛。好，亲爱的观众朋友，我们现在要揭晓第四幅以和谐为主题的春联。各位请看，上联是：党心民心万众一心科学发展春风起，下联是：国运家运鸿图大运社会和谐旭日升，横批：万象更新。

董卿：在今天的晚会上，我们为大家揭晓了以和睦、和美、和顺、和谐为主题的四幅入选春联，从中我们也不难看出我们中华民族深知和的精神要意，并由此形成了许多传统的民族美德。

李咏：俗话说父母有爱，儿女有情，接下来请欣赏小品《假话真情》。

28. 小品《假话真情》

29. 歌曲《孝敬父母》

刘芳菲：观众朋友孝敬父母是中华民族的传统美德，在除夕钟声即将敲响之即，为自己的父母，为自己的亲人送上新春的祝福。

张泽群：是啊，朋友们，我们新春的钟声马上就要敲响了，我们请你赶快参加由中央电视台主办的“汇源果汁杯我最喜爱的春节联欢晚会的节目评选”活动，为你喜爱的节目和演员投上一票。

刘芳菲：具体的投票办法………

张泽群：（投票），亲爱的朋友们，刚才四位主持人已经给大家送上了新春的春联，那么我跟芳菲也要送上一幅刚刚撰写的春联，我们的上联是：和睦和顺和美和谐户户和谐迎新春，我们的下联是：兴业兴财兴国兴家人人高兴迎新春，我们的横批是：和兴中华。

李咏：在即将送走丙迎来丁亥了，在新的一年里，我们六位主持人也要祝现场的、电视机前的观众朋友们，尤其是今年生下宝宝的妈妈同志们。

朱军：亲爱的朋友们，零点的钟声就要敲响了，一个崭新的春天即将到来。

周涛：我们分明已经感到春天的脚步在叩响我们每一颗心。

董卿：让我们带着和美与和顺，去迎接生活的希望与收获。

李咏：让我们带着和睦与和顺，去赢得生活的从容与自信。

张泽群：朋友们，一个新的春天正走向我们，我们又在拥抱又一个崭新的春天。

刘芳菲：随着春天钟声的敲响，让我们把这对新春最衷心最美好的祝愿，

周涛：播洒在祖国的大地上，

李咏：播洒在每一个人的心目中。

周涛：喜迎花开中国年，新春的钟声马上就要敲响了。

朱军：来，亲爱的朋友们，

周涛：还有十五秒。

朱军：我们一起，十、九、八、七、六、五、四、三、二、一，
过年好!

李咏：新年好!

朱军：亲爱的朋友们，一个崭新的春天已经来临，在这美好的时刻，让我们共同祝愿中华民族，和谐兴旺国泰民安!

董卿：亲爱的朋友们，一元初始万象更新，真的是万紫千红总是春。花开璀璨又一春。

李咏：电视机前的观众朋友，各位戏曲票友，接下来是名家名段天上共锦绣，人间庆吉祥《天上人间共和谐》。

30. 戏曲《天上人间共和谐》

周涛：谢谢，谢谢各位艺术家，也谢谢小朋友们的表演。亲爱的朋友们新的春天已经来到了，在这里我们再次给大家拜年。

朱军：祝大家合家幸福、万事如意、宏图大展。

周涛：我们已经把祝福送到了您的身边，电视机前的观众朋友不知道您已经给自己的父母亲人拜年了吗？如果还没有来得及的话可要抓紧时间了。

朱军：没错，在这美好的时刻把心中最美好的祝福送给自己的长辈，送给自己的亲朋好友，送给自己的邻里同事，同时呢也让我们共同祝愿我们伟大的祖国在新的一年里风调雨顺、国泰民安。

周涛：接下来我们送给大家的是《欢乐和谐好光景》。

31. 歌组合《欢乐和谐好光景》

周涛：谢谢，亲爱的朋友们，除夕辞旧岁，花开中国年，下面让我们再对春节晚会经典歌曲的回顾中走进崭新的春天。

32. 歌组合《欢乐和谐闹新春》

33. 结束歌舞《难忘今宵》

朱军：亲爱的朋友们，每当《难忘今宵》的歌声响起，这就意味着又是一年的除夕过去了，新的一年开始了。

周涛：亲爱的朋友们，2007 年中央电视台春节联欢晚会又到了和您说再见

的时候了。

董卿：一曲《难忘今宵》让我们记住每一份感动，每一份欢笑。

李咏：一曲《难忘今宵》让我们留下了每一份祈愿，每一份祝福。

张泽群：一曲《难忘今宵》让我们珍藏每一份温馨，每一份关爱。

刘芳菲：一曲《难忘今宵》让我们拥有每一份希望，每一份梦想。

朱军：亲爱的朋友们，让我一起相约来年的除夕，去拥抱一个更加欢乐、和谐的中国年。

【训练三】 奥运火炬传递庆典仪式文艺晚会串词

2008 年 5 月 28 日 18：30 市体育馆 撰稿：胡建斌

主持人：吴艳梅（歌舞剧团） 王隽（歌舞剧团） 吴洁（市电视台） 张健（太平区电视台）

[开场歌舞《点燃激情传递梦想》]

合：加油！胜利！加油！胜利！

梅：各位领导，

隽：各位嘉宾，

洁：现场的观众朋友们，

健：大家——

合：晚上好！

梅：奥运圣火燃黄山，

隽：全球瞩目创辉煌。

洁：为了进一步传播奥林匹克精神，宣传构建和谐的理念，展示黄山人民建设和谐黄山的新成就。

健：今天由奥运火炬传递庆典仪式组委会主办的奥运火炬传递庆典仪式文艺晚会在黄山市体育馆隆重举行。

梅：加油！胜利！黄山人民正像黄山迎客松一样张开热情的双臂去点燃奥运激情，

隽：加油！胜利！150 万黄山儿女正用我们的希望去传递中华民族的奥运梦想。

洁：刚才大家欣赏到的是我们专门为这次活动精心创作的主题歌舞《点燃激情传递梦想》。

梅：王隽，今天奥运火炬传递到了我们美丽的黄山，黄山的小朋友无比骄傲和自豪，

隽：他们都有一个小小的心愿——奔向北京奥运，参加那举世瞩目的

合：2008 北京奥运会。

[少儿舞蹈《奔向北京奥运》]

洁：黄山是黄帝炼丹得道升天的福地，《轩辕车会》是民间纪念轩辕黄帝的一个精彩民俗节目。

健：今天，在黄帝炼丹和传递奥运圣火的地方，让我们炎黄子孙共同携手为中华民族伟大复兴、为北京奥运——

合：加油、呐喊！

[民俗表演《轩辕车会》]

梅：得胜鼓是休宁民间流传已久的地方民俗活动，传说是为了纪念唐代大将张巡、许远抗击安禄山叛军得胜而击鼓欢庆。

隽：队伍中一人持旗，上书“得胜鼓”三字，后随一队蜈蚣旗幡，整个场面威武雄壮，令人振奋。

梅：今天为了庆祝奥运圣火在黄山成功传递，同时也是预祝北京奥运会取得圆满成功，我们又敲响了《得胜鼓》那凯旋而归的铿锵锣鼓。

[民俗舞蹈《得胜鼓》]

洁：你就是黄山，你拥有世界文化遗产、自然文化遗产和世界地质公园三顶桂冠。

健：你就是黄山，你是安徽的黄山、中国的黄山和世界的黄山。

洁：同一个世界，象征五大洲的五环旗在属于世界的黄山之巅高高飘扬，

健：同一个梦想，它正是“更高、更快、更强”的奥运精神的传承弘扬。

[歌舞《你就是黄山》]

梅：为北京奥运喝彩，这是举世瞩目的奥运盛会，

隽：为北京奥运喝彩，这是中华儿女无比的豪迈；

洁：让我们携手并肩，把北京奥运会办的高水平，有特色。

健：让我们团结一致，把北京奥运会办成最好的一届体育盛会。

梅：请欣赏大型舞蹈——

合：《为北京奥运喝彩》

[大型舞蹈《为北京奥运喝彩》]

梅：奥运火炬传递庆典仪式文艺晚会到此结束，

隽：朋友们

合：再见！

【训练四】 ××学院国庆晚会主持词

开场辞（A、B、C、D、E、F）

A：滔滔江河水，淹不尽浩浩中华魂；

B：巍巍昆仑山，锁不住阵阵中华风。

C：又是一年秋风送爽时；

D：又是一轮花好月圆日。

E：走进十月，我们用一样的眼神凝望金秋；

F：投入国庆，我们有一样的感慨发自肺腑。

A：长江，黄河，惊涛裂岸，

AB：为您银激昂的颂歌；

C：泰山，黄山，刺破青天，

CD：为您捎上征服的欢乐。

E：此时此刻全中国都在欢呼，

F：全世界都在雀跃。

AB：我们只想为您送上一句话：

合：我们共祝祖国生日快乐，共祝中华繁荣富强！

2.《花好月圆》（E 上）<深情地>

E：民乐是我们华夏民族五千年历史中的艺术奇葩，那清脆婉转的箫音笛韵划破了寂寥的夜空，在烟波浩渺中积淀下来，趁着今夜明月皎洁，鲜花淀蕊之际。我校著名的琴韵民乐社将为我们献上民乐合奏《花好月圆》。以此来展开一副鲜花、明月相映成趣的美丽画卷，并且祝愿我们的中华大家庭能够早一天团团圆圆。

3.《谢谢你的爱》（C、D 上）<交谈般地>

C：什么是不求索取的牵挂？D：是爱。

C：什么是人类无私的奉献？D：是爱。

C：什么是内心涌动的清泉？D：…是爱。

C：什么又是茫茫沙漠中的一方绿野？D：还是爱。

D：在日常生活中，我们常常在不经意间接受别人的爱。

C：老师的微笑，父母的“唠叨”——这都是上一代对于我们青年一代的爱和期待。

D：我们总觉得自己好幸福--时刻浸没在爱的蜜汁中。

C：虽然我们知道你们的爱，我们再也报不完，但是我们还是请出高一（10）班的单佳乐同学代表我们到上一声《谢谢你的爱》。

4. 世纪访谈（1）（A、B 上）（高校校长）

5. 学生乐队（F 上）

不知是谁发明了音乐，从此世界变得多彩；不知是谁第一个在我们的校园里拿起的吉他，唱起了歌谣。美妙的音乐，悠扬的旋律，嘹亮的歌声，满腔的热情，醉得学习生活丰富多彩。希望下面这一个由 Ms 乐队带来的《光辉岁月》以及由 Ozone 乐队带来的《无地自容》，能给予我们精彩的完美诠释。

6. 西洋名曲连奏（E 上）

东方文化与西方文化共同构成了我们五彩的精神生活。不久前，我们已经欣赏过了中华土生土长的《花好月圆》，不如，现在就把目光投向西方，去采撷世界文化当中的另一半精彩。

7. 《我的舞台》（A 上）

建平站上了中国大舞台，一时间，龙腾虎跃孕英才；中国融入了世界的舞台，奏响一曲东方神韵，人间天上唱了起来。在我们自己的舞台上，虽少了一份深沉却多了一份率真与富足。我们同样也在用自己的行动为世界这个大舞台润色、添彩。看！我们高三（4）班以及高二（9）班的同学们迫不及待的上台了。

8. 《扁鹊见蔡桓公》（B 上）<诙谐地>

一千多年前的蔡桓公讳疾忌医最终丢了性命，但他实在心有不甘，所以今天也穿越时空与扁鹊相约我们的大会现场，一起为大家讲述一番“新世纪的《扁鹊见蔡桓公》”。

9. 教工歌曲联唱（C 上）

相信我们的同学们早已熟悉了捏着粉笔头的老师们，却从未见过他们在舞台上的风采。我们的老师今天一改平日里的威严变得深情款款，为大家娓娓道来一名教师的内心世界。

10. 世纪访谈（2）（D）（留学生）

11. 学生歌曲联唱（E、F）

E：哎，××同学，刚才老师们的歌曲唱得不赖吧？

F：是，但我们这的同学早已按捺不住了，他们说：“今天我们要向老师们发出挑战！”同学们，我们对战胜老师有没有信心？

学生：有！

学生代表：亲爱的老师们，我们一定比你们强！

E：好好好！那么我们现在就给你们这个机会，向老师挑战。

12. 教工乐队（B）

《最远的你是我最近的爱》时光不能冲淡真爱的酒，距离无法拉开真爱的手，纵使我们远隔万水千山，相思之情还是会来到你身边，让最远的你成为我最近的爱。

13. 《山路十几弯》（A）

伴随着西部大开发主旋律地奏响，我们有幸走近了普通土家族生活。走过十几弯，终于见到了一派怡然自乐的土家风光，下面就让我们随着高二（5）班张乙波同学的歌声步入祖国西南边陲，共同去走一走那《山路十几弯》。

14. 青春劲舞组合（C）

今天是个特殊的日子，今夜是个不眠之夜。世界因我们而精彩，今夜由我们来主宰，踏起青春的步伐我们舞姿翩翩，和着青春的旋律我们风采乍现。跳起来，年轻是我们最大的财富；舞起来，随着欢快的鼓点。

15. 世纪访谈（3）（建平校友）（B、E 上）

16. 上师大小乐队（F 上）

今天，我们有幸请来了上师大艺术学院表演系的小乐队，他们是一支技艺娴熟、富于时代感、永远年轻的乐队。我们有理由说服自己先听为快，感受一下这支小乐队给我们带来的无尽遐想。

17. 浪花一朵朵（A 上）

虽然现在已经时值中秋，但是各位嘉宾以及同学们却用夏日般的热情对待我们的这一台节目，我们台上的人甚至有些把持不住了，但幸好，高一（1）班的同学们为我们带来了一部凉意十足的音乐剧《浪花一朵朵》。

18. 诗朗诵《祖国、祖国》（C、D 上）

C：五十二年的风霜雨雪。

D：五十二年坎坷历程。

C：五十二年上下求索。

D：五十二年同舟共济。

C：新世纪的第一个金秋十月，我们亲爱的祖国母亲迎来了五十二岁月华诞。

D：亿万中华儿女心潮澎湃；中华大地上所有炎黄子孙无数次地从心底发出呐喊——

合：中国，中国！

19. 升旗仪式

20. 举杯吧，朋友（E、F 上）

E：举杯吧，朋友，今夜月光如酒。

F：举杯吧，朋友，在这举国欢腾的时候。

E：让我们共唱起一首凯旋歌谣。

F：让我们共举一杯成功的酒。

21.《今天是你的生日，我的祖国》（C、D、E、F 上）

D：祖国啊，母亲，请听我们为您唱支歌……

（结束句）

A：黄皮肤记载着我们共同的籍贯。

B：黑眼睛折射出我们共有的虔诚。

A：新的一天已经露出晨曦；

B：未来大门还在等待开启。

A：在这一天的开端，我们共同祝愿。

全体演职人员：祖国，一路顺风。

【训练五】　“畅想07”——忘年会主持人台词

1.（序）公司简介

2. 舞蹈《开门红》

（《开门红》舞蹈唱最后一句时，主持人快速出场，礼炮响起。）

甲：尊敬的各位领导，

乙：亲爱的各位来宾，

丙：女士们，

丁：先生们，

合：大家晚上好！

甲：看，阳光灿烂，那是新年绚丽的色彩。

乙：听，钟声朗朗，这是新年动人的旋律。

丙：舞起醉人的红扇，我们走在瘦西湖的长堤柳岸。

丁：敲起震天的锣鼓，我们畅想＊＊明天的辉煌灿烂。

甲：扬州＊＊＊“畅想07”忘年晚会现在开始。

乙：出席今天晚会的领导和嘉宾有：……

丙：还有在座的各位热情观众，欢迎你们的到来。

丁：同时，由于生产的需要，还有部分同事无法赶到晚会现场，在此，我们向坚持工作在一线的朋友们道一声：你们辛苦了。

甲：2006是不平凡的一年，风雨历程，我们一路走来，团结一心，＊＊人用自己的汗水续写着昨日的辉煌。

乙：2007年是值得骄傲的一年，经过精心策划的新厂投入使用，这座新工厂的启用将为＊＊今后的发展奠定坚实的基础。

甲：一曲《开门红》唱出了对未来美好的向往，在新的一年里，我们的总经理对2007年有哪些寄语呢？

乙：有请刘总为我们“畅想07”，大家掌声欢迎。

（刘总上）

甲：刘总，您看，今年我们的营业额再创历史新高，下半年又喜迁新址。可以说是双喜临门，在这个特殊时刻，我们大家都希望能够听到您的新年寄语。

3. 刘总讲话

乙：谢谢，说的太好了，刘总不光说的好，唱的更好，大家说是不是呀！（台下：是！）面对这么多热情的粉丝，刘总献歌一曲吧。

（音乐响，歌曲，抛出玩具）

4. 刘总唱歌

丙：让我们用热烈的掌声再次谢谢刘总！

乙：＊＊＊，我记得02年的忘年会让一对主持人成为了一对有情人，你今年有这个愿望吗？

丙：有呀，可我是有贼心没贼胆，敢想不敢说。

乙：要大胆点，把爱说出来，你看她们来了，请欣赏热舞。

丙：《说爱你》！

5. 舞蹈《说爱你》

乙：哎呀，好热烈呀，一下有4位。让＊＊＊都有点不知所措了。

甲：别说他了，就是我都有点眼花了。

乙：眼花没关系，千万别心花。

甲：恐怕没几个男人心不花的。

乙：那不一定，有这么几个人一心扑在工作上，业余时间还要排戏。

甲：你说的是谁呀，还有这种国宝级人呀？

乙：有呀，到现在还在排戏呢，地点就在这，有请国宝，噢，不，是＊国宝等人带来的小品《好好排戏》。

6. 小品《好好排戏》

丙：今年我们公司发生了翻天覆地的变化，比如说搬工厂就是一件大事！

丁：搬新厂当然是公司最大的大事，但是我相信对我们这些员工来说，新工会成立毫无疑问也是一件大事。

丙：是啊，工会刚一成立就为员工举办了丰富的业余活动，比如说拔河啊，卡拉ok大赛啊，不知道你最喜欢哪个活动呢？

丁：当然是卡拉ok大赛了，这次大赛让我知道原来我们公司有那么多很棒的歌手，要是能在这儿再听到他们动听的歌声就好了。

丙：这个你别说，我们的节目策划组早就想到这一点了，因此我们特意请到了今年卡拉ok大赛得奖选手＊＊为大家带来一首《断点》。

丁：让我们用热烈的掌声有请＊＊！

7. 歌曲《断点》

甲：＊＊，不知道你认识＊＊不？

乙：当然认识咯，＊＊人人都认识，著名的笑星啊。

甲：是啊，记得当年他戴着棉帽，穿着破袄，一炮走红，转眼已经三年了。

乙：赵本山一卖卖三年，他是三年一卖。

甲：哎呀，现在款了，有钱了，不卖了。

乙：不卖了，那他干啥？

甲：在家搂着新太太呢

乙：新太太？那还有旧太太？

甲：不，是新婚的太太。

乙：咳，吓我一跳。

甲：人家不光是在家抱着太太，还收徒弟了。今年就是他的徒弟出来卖担架。不知道这次又有什么高招，请看小品《卖担架》！

8. 小品《卖担架》

丙：哎呀，真是名师出高徒。

丁：徒弟就这么厉害，这等自己有了小孩，那还了得。

丙：那是，* * 是藏龙卧虎之地，个个都厉害，再将厉害的基因遗传给子女，那正是青出于蓝而胜于蓝。

丁：对对对，别看我们 * * 的孩子年纪小，可自己都组建了一只小乐队了。

丙：看他们来了。

9. 集体演奏《开心宝贝乐队》

乙：好可爱的小朋友，看着他们就可以知道他们的父母也很可爱。

甲：想当初他们的父母手牵手，肩靠着肩，坐在咖啡店谈情说爱，两情相悦，手续齐全以后才有他们的。

乙：哈哈，看来你就是这样的，你那时在咖啡店谈请说爱时都喝什么咖啡？

甲：我喝白开水，省钱给她喝好的 cappuccino。

乙：真可怜，爱情呀苦苦的美丽滋味。

甲：下面请欣赏舞蹈《cappuccino》。

10. 舞蹈《cappuccino》

丙：爱情像 cappuccino，浓浓的眷恋泡沫。

丁：爱情像两只蝴蝶，翩翩起舞，双宿双飞。

丙：我们要是那两只蝴蝶就好了。

丁：你想得美，要想变成那只蝴蝶，你先得十八里相送。

丙：我送，我送，送你到后台。（对观众说：有戏）

丁：你说什么呢？

丙：没什么，《梁祝》开始了。

11. 电子琴独奏《梁祝》

丁：一曲梁祝把大家带入了一个爱情神话里。

甲：你们加工班也一对正在热恋的情侣用他们无尽的爱演绎一段不朽的神话。

丁：是吗？我怎么不知道。

甲：那是因为你年轻，你不懂，今天有请他们为我们现场演绎这段《美丽的神话》。

12. 合唱《美丽的神话》

乙：女士们，先生们，今晚第一次激动的时刻要到来了！上半场抽奖活动马上开始。

甲：今年是＊＊＊变化最大的一年，所以我们的抽奖方式也发生重大改变，我们今年采用的是电脑抽奖的方式。目前我们每个人手上都有一个号码，当我们的抽奖嘉宾点击鼠标“停”后大屏幕所显示的号码便是中奖号码。

乙：我们的抽奖程序是完全随机取出其中的号码，当一个号码被随机选中后，该号码将被自动记忆，不再在后面的抽奖中出现，因此我们每人最多只能中一次奖。

甲：同时，我们今年还设置了一项特殊奖项：幸运观众奖，一共10位幸运观众，奖品红封一个，只要您坚持到晚会结束，您就有机会获得这份红封。而且，此奖和前面任何大奖不冲突，就是说即使你中了头等奖，您仍然有机会获得此份红包。

乙：好，闲话少说，我们还是赶快开始第一轮大奖的抽取吧！

(第一轮抽奖，主持人自由发挥)

13. 游戏

甲：喧闹的抽奖之后，让我们将心情放松一下，下面我们来做个互动游戏。

乙：现在我们从现场招募8位游戏参与者，其中要求男、女各四位，欢迎大家踊跃上台。

(观众上场)

甲：下面由我介绍一下游戏规则：我们的游戏分成4组，每组一男一女。大家看，我们这里有很多气球，请你们选择两只已经打好气的，另外要自己吹起一只气球。游戏方法很简单两个人面对面，双手夹住我们准备好的气球，同时要用面部夹住自己吹的气球，当主持人说开始时，向前走，先到终点为优先。如果中途掉了，要拾起后继续。

甲：紧张激烈的游戏过后，让我们情绪稳定一下，将心情放松一下，一起来欣赏歌曲《真心英雄》！

14. 歌曲《真心英雄》

甲：海鸥，你现在是不是还住在梅香苑那边啊？

乙：是啊，怎么了？

甲：和邻居经常串门吗？

乙：不怎么！现在与邻居的交往越来越少，甚至都不知道旁边的邻居什么模样。有个急事都不能找个人帮忙。想以前那种“邻居好，赛金宝”的滋味，好多人都不知道了。

甲：哎，如果你要是遇到我这个邻居就走运了。就说那一天，我从楼上下来赶去上班，到了楼下一看见对门的大娘站在一个煤气罐旁，气喘吁吁。喊了声早。我一看这不是我表现的机会吗，我说大娘我帮您吧，她说不用，一会儿子就回来了。我想这那行，表现的机会不容错过，我扛起煤气罐就走，大娘说快放下，我想不行，我三步并作两步，把罐扛上三楼。放下后松了一口气，心里爽！这时大娘赶上楼来，我说不搬你还搬，看把你累的，我说没事，年轻。大娘又说了一句话，我差点从三楼摔下去。她说：那是我刚从楼上搬下来的。

乙：是啊！那你是帮了个倒忙，在康桥花园也有一对邻居，他们又发生了什么呢？

甲：请欣赏＊＊和＊＊＊带来的一段相声——《远亲不如近邻》。

15. 相声《远亲不如近邻》

丙：想必站在我身旁的这位就不用介绍了，大家应该都认识吧

丁：他可是＊＊大名人，最近还到电视台露了脸了，＊＊，可不可以给大家介绍一些比赛的情况。

丁：没关系，居伟，我们永远支持你。

丙：今晚为大家带来什么歌曲呢？

16. 歌曲《就是爱你》

乙：有一个美丽的地方，让我魂萦梦牵，有一个美丽的地方，让我朝思暮想。这个美丽的地方，是我的向往，这个美丽的地方，是我的故乡。请跟我来，我带大家走进这个美丽的地方。

17. 舞蹈《有一个美丽的地方》

甲：现在的学生真是不容易，从小就很多作业，上了大学还是闲不住，为了学习可谓是跋山涉水，南征北战，历尽千辛万苦，不为别的，就为了找一个可以学习的地方，这个经历对于每一个人都是难以忘记的。这不我们今年新进大学生把他们的经历带到了舞台，让大家重温一下那段时光。小品——《大学生自学进行曲》。

18. 小品《大学生自学进行曲》

丁：各位观众，晚会进行到现在，巅峰时刻也即将到来。

丙：本次晚会第二轮抽奖现在开始，有请＊＊＊＊＊＊

丁：现在所有的奖项全部产生了，只剩下最大、最丰厚的大奖。

丙：安静，安静，再安静，

丁：呼吸，呼吸，深呼吸。

丙：在此之前，让我们先产生优秀节目奖和幸运观众奖。

丁：让我们拭目以待谁将成为 2007 第一幸运儿！

(第二轮抽奖，主持人自由发挥)

甲：踏着青春的节拍，我们向春天走来。

乙：激扬着青春的风采，我们向春天走来。

丙：走进春天，走进蓬勃的希望。

丁：走进春天，走进时尚的动感地带。

（工作人员上台，背景音乐响起《明天会更好》）

甲：昨天我们铸就了辉煌，今天我们欢聚一堂，让我们共同期待——

合：明天会更好！

乙："畅想07"忘年晚会到此结束，我们明年再见！

（同时抛散玩具）

合：再见

【训练六】 携手走进春天——迎新春军民联欢会主持词

迎新春军民联欢会主持词（节目单）

1. 乐曲《喜洋洋》电声乐队

男：尊敬的各位首长、各位领导，

女：65635部队的官兵同志们、铁通公司的兄弟姐妹们，

合：大家春节好！

男：我们刚刚走过一个极不平凡的年代。

女：我们刚刚度过一个令人难忘的岁月。

男：在这一年里，西部吹响了大开发的隆隆号角，十六大指引了新时期的前进方向。

女：2004年的中国，向世界展示了一个光辉的风采。

男：在这一年里，铁通公司改革创新，开拓进取，并积极拥军助军，向社会树立了一个崭新的形象。

女：过去是辉煌的，然而，辉煌已成昨日。

男：面对一个新的起点，我们将把热血奉献。

女：面对一个新的开始，我们将把春天呼唤。

男：首先，有请铁通公司总经理梁清洁携领导班子向共建部队官兵拜年。

女：接下来，65635部队首长向铁通全体员工拜年。

男：携手走进春天——迎新春军民联欢会——

合：现在开始！

2. 舞蹈《欢乐中国年》 演出单位：铁通公司韩晶晶、康卉等。

3. 男：请欣赏女声独唱《兵哥哥》 表演者：65635部队田锐。

4. 女：部队是课堂，部队是熔炉，这里造就了一批又一批的人才也加深了战友之间的感情。请听相声《军营好兄弟》表演者：65635部队丁赵、李波。

5. 男：每逢佳节倍思亲，这句话对于在座的各位官兵来说一定体会更深。

为了祖国，为了人民，你们放弃了与亲人团聚。在春节即将来临之际，就让铁通公司的王辉把这首《母亲》献给所有军人的妈妈吧。(《红星照我去战斗》)

6. 女：请欣赏独舞《撇扇》 表演者：铁通公司康卉。

7. 男：请看由65635部队林双军等表演的哑剧小品《理发》。

8. 女：女声独唱《为了这一天》 表演者：铁通公司张露露。

9. 吉他弹唱《明天》 表演者：65635部队李子鹏。(不报幕，直接在台上演唱)

10. 男：2003年，是中国走向辉煌的开始，也是铁通公司发展的关键一年，我们相信在党中央的正确指引下，铁通公司一定会开门红。舞蹈《开门红》表演者：65635部队。

11. 男生独唱《呼儿嘿吆》、《大阪城的姑娘》 表演者：铁通公司张辉(自己报幕)

12. 男：器乐联奏表演者：65635部队梁全峰、郝雁然。

13. 女：配乐诗朗诵《铁通的春天》 表演者：铁通公司刘晓光。

14. 女：男声独唱《爱一个人好难》 表演者：铁通公司朱虹宇。

15. 男：今天我们非常有幸请来了列车文工团的张力新，他给大家带来了萨克斯独奏《牧民新歌》。

16. 女：军爱民，民拥军，军民鱼水一家人。下面的这个节目是由铁通的张辉和65635部队的杜宪武共同合作演唱的歌曲《打靶归来》。

17. 男：体育舞蹈是近几年比较流行的健身方式，深受各个年龄层次的人喜欢，铁通舞蹈队的小队员们，可以说把体育舞蹈演绎得淋漓尽致，接下来就请欣赏体育舞蹈表演《青春恰恰恰》。

18. 女：相声《老兵新兵》 表演者：65635部队赵宝山、孟翔全。

19. 男：一个时代有一个时代的骄子，一个时代有一个时代是偶像，但是无论什么时代，最具风采、最令人羡慕的仍然是当兵的人。请听男声独唱《军人本色》表演者：65635部队杜宪武。

20. 合唱《难忘今宵》 全体演员

男：携手走进春天——迎新春军民联欢会到此结束。

女：感谢各位光临，我们明年见。

【训练七】 庆“八一”广场文艺晚会主持词

女：各位尊敬的领导，

男：各位亲爱的来宾，

同：大家晚上好！

男：八月里，骄阳似火，英雄城，战旗猎猎。77年前，嘹亮的军号声响彻古城南昌，如同浩荡春雷，宣告了人民武装的诞生，预示着一个新时代的开始。枪杆子里面出政权，党领导下的人民军队用鲜血筑成了共和国的不朽丰碑。

女：红军不怕远征难，万水千山只等闲。77 年的艰苦征程，77 年的辉煌功勋，正是中国人民解放军，一次又一次的站在历史的浪尖，闯过一道又一道的艰难险阻。她，不愧为人民的威武之师、常胜之师！

男：为庆祝中国人民解放军建军77 周年，特举办第十届“苇城之夏”——庆“八一”广场文艺晚会。

女：出席今天晚会的领导同志有：……。今天到会的还有各部队的官兵们，让我们以热烈的掌声欢迎子弟兵们的到来！下面请＊＊同志请话！……

男：庆“八一”广场文艺晚会——

合：现在开始！

1. 男：＊＊，听说今天晚上，有几位远道而来的朋友，要为大家献上精彩的节目呢。

女：是啊，＊＊文艺工作者们，特意赶来为子弟兵们献上他们的绝活——“滚灯”艺术，这个节目获得过全国群星奖，还参加过北京汇演呢。

男：是嘛，那么让我们用掌声欢迎＊＊朋友们带来的滚灯表演“欢乐”！

2. 男：刚才的表演真是精彩，令人大开眼界。咱们解放军战士也都个个是能人，绝活还真不少哪。下面请欣赏我的战友为大家准备的曲艺节目“十八岁”。

3. 女：真没想到，军营里、乐事多，刚才的表演让我们真切地感受到了部队生活的热火朝天。接下来让我们穿越时空，去感受古战场的金戈铁马、鼓角铮鸣吧。下面请欣赏由上海歌剧院的艺术家们带来的舞蹈“秦王点兵”。

4. 男：今晚的演出真是群星闪烁，接下来为我们表演的是上海戏剧学院＊＊老师她曾出访意大利、西班牙，在当地深受欢迎。让我们用掌声欢迎她为我们献上一曲“沙拉拉”。

5. 女：解放军是和平的守护神，他们趟过千山万水，他们历经战火硝烟，他们在战场上的飒爽英姿深深留在我了我们心间，请欣赏由＊＊部队为我们带来的舞蹈“枪林弹雨”。

6. 男：我们的战士个个都是多面手，上可九天揽月，下可五洋捉鳖，他们不仅军事训练过硬，而且能歌善舞。下面再让我们欣赏由＊＊队官兵带来的管乐小合奏“轻骑兵”。

7. 女：刚才部队官兵的精彩演出的确让我们大开眼界，军营的文化生活真是丰富多彩，而我们的社区精神文明建设也同样取得了丰硕成果。下面请欣赏由＊＊文体站带来的健身球表演。

8. 男：我们部队新事多，战士都是棒小伙，个个要把功劳立，一片丹心报祖国。下面请听＊＊队战士合说的相声“警营新事”。

9. 女：下一个节目是＊＊幼儿园的老师们精心准备的舞蹈“祖国颂”。掌声欢迎。

10. 男：琼楼玉宇、月兔嫦娥，动人的月光在多少颗年轻的心中投下阵阵涟漪。下面请欣赏曾获＊＊先生为大家献上男声独唱“透过开满鲜花的月亮”。

11. 女：身在大上海，就不能不提到我们的上海滑稽剧团。他们的表演幽默而不失深刻，大俗中自有大雅，深受广大市民的喜爱。今天上海滑稽剧团的演员们也来到了我们的会场，下面请欣赏独角戏“欢声笑语”。

12. 男：我们生长在红旗下，我们团结在红旗旁。迎风飘扬的红旗，代表了我们永远不变的信念。请欣赏由上海歌剧院为我们精心编排了舞蹈“红旗颂”。掌声有请！

男：今夜星光灿烂！

女：今夜欢声笑语！

男：晚会虽然要告一段落，但我相信军民深深鱼水情定会浇灌出新时代的文明之花。

女：是啊，让我们乘着争创全国＊＊城区的东风，把＊＊这颗璀璨之星，必将在城区上空熠熠生辉。

男：各位尊敬的领导，

女：各位亲爱的来宾，

同：今天的晚会到此结束，欢迎大家的光临。

【训练八】　五十年华建室一周年晚会主持词

回望篇：

1. 女：各位来宾、各位朋友，大家晚上好，欢迎你们来到五十年华。

男：先生们、女士们，大家晚上好，感谢你们光临五十年华。

2. 女：又是一年秋去冬来，我们五十年华也伴着岁月的脚步，走过春夏、走过秋冬，走进一周年的纪念日。

男：是的，朋友们，今天 2003 年 12 月 30 日，是五十年华诞生一周年的纪念日，我们欢歌、我们笑语，我们同庆！

3. 女：今晚的五十年华盛装霞披，张灯结彩，高朋雅客的到来，更使此刻的年华蓬荜生辉、光彩夺目。

男：今晚的五十年华装饰一新，喜气洋洋，迎接着新朋老友的到来。朋友们，让我们共同唱响一曲《相逢是首歌》！

4. 女：相逢是首歌，歌声是你和我。在这同聚共庆的美丽夜晚，朋友们，让我们一起高歌欢唱吧！

男：是啊，朋友们，欢腾吧，歌唱吧，为五十年华走过了昨天，走进了今天，更走向美好的明天！

5. 女：朋友们，现在有请我们五十年华的室主红梅女士为晚会致辞，有请红梅女士…感谢我们的室主红梅女士的致辞，感谢今晚所有来到五十年华的朋友们，谢谢你们的光临！

男：回顾昨天，瞻看今朝，畅想未来，我们的年华将更加前途似锦。再次感谢室主红梅女士的真挚致辞，感谢您为大家提供了一个温馨友好的家园！

6. 女：朋友们，祝福的话语说不完，感谢的词句道不尽，让我们一同放飞歌声，用歌声来表达这份真挚情谊吧！（接下来有请今晚的第一位歌手出场……）

男：（感谢**歌手的演唱，现场组词）

一年前的今天，我们的五十年华才刚刚起步；不说举步维艰，也是路途多坎坷。回望过去，面对困难，我们的室主和他的朋友们，没有退却，没有畏缩，他们迎着困难上，摸索中建设着自己的家园！（下面有请歌手….）

7. 女：（感谢**歌手的演唱，现场组词）

五十年华从无到有，历尽了风霜雨雪，也遍尝了人事无定与变迁的酸楚；然而值得庆幸的是：我们的室主们经过无悔的辛劳，不懈的努力，使我们的年华不断绽放出勃勃生机！（下面有请今晚的歌手出场……）

男：（感谢**歌手的演唱，现场组词）

五十年华从衰到兴，浸透着室主红梅的多少心血、多少精力，也记载着多少悲喜的苦乐历程啊！在此谨代表朋友们向您道一声：辛苦了，红梅女士！感谢您为创办五十年华所付出的一切！（下面有请今晚的歌手出场……）

8. 女：（感谢**歌手的演唱，现场组词）

回溯过去的一年，我们的年华有过低迷，有过飘摇，有过动荡，也有过辛酸。起步的艰难与生存的坎坷是多么的令人焦灼不安啊！然而，我们的室主们相互激励着一路走来，无怨无悔！（下面有请今晚的歌手出场……）

男：（感谢**歌手的演唱，现场组词）

朋友们，不忘走过的辛酸，才能更好的品味今天的甘美。永不能放弃的是成长的意义，永不能丢失的是我们自己——五十年华我们的网络家园！（下面有请今晚的歌手出场……）

9. 女：（感谢**歌手的演唱，现场组词）

回忆过去是为了展望未来，当阴霾渐渐消散，灿烂的阳光必将放射出光芒。“谁言寸草心，报得三春晖”，今天的年华正用自己的热情和真诚换得了广大朋友们的支持和关爱。（下面有请今晚的歌手出场……）

男：（感谢**歌手的演唱，现场组词）

捡拾快乐与忧伤的片段，然后串成昨天的故事。当一切都演变为过去的往事，朋友，你的心是否也会温存着相同的记忆？你无须叹息，至少我们曾经努力过！（下面有请今晚的歌手出场……）

10. 女：（感谢＊＊歌手的演唱，现场组词）

剪些风言云语，装饰曾经的故事，我们坚信黑夜总会过去，曙光照耀下的一切将是美好的！五十年华的明天将更加光辉灿烂！（下面有请今晚的歌手出场……）

男：（感谢＊＊歌手的演唱，现场组词）

是的，我们的五十年华用它的坦荡和热情迎接着八方来客，正所谓“有朋自远方来，不亦乐乎”。让我们用真情融化成音符，谱成一曲友谊的赞歌吧！（下面有请今晚的歌手出场……）

展望篇：

1. 女：看，五十年华经过了365天的时光荏苒，今天它已变的逐渐丰腴和成熟起来；在这里我们用真诚托起了欢歌如云，在这里我们用友情装点了春之回归，在这里放飞着欢快的长歌！

男：一次次晚会的成功举办，一场场歌手的成功演出，无不浸透着室主们和管理员们同心协力的付出。歌声里流淌的是心灵的交汇，歌声里珍藏的是生活的长醉，歌声里，凝铸的是家的回归！

2. 女：千次微笑，涌向你，变成一颗颗情的泪滴，洒落在失去的岁月里；万次呼唤，向着你，悄悄的种下希望的种子。

【训练九】　机关晚会主持串词

男：尊敬的各位领导、各位来宾：

女：××们、××们：

合：大家好！

男：××××送冬去，

女：××××迎春来。

男：回首过去的一年，我们深入贯彻落实省××××会精神，坚持以“三个代表”的思想为指导，

女：以改革创新、科技进步为动力，以实现企业跨越式发展和提高职工生活福利水平为目的，

男：企（事）业之舟一路劈波斩浪，浩浩而行！

女：我局（处、所、等等）圆满完成了各项生产经营任务、增供扩销又攀新高，××××再创佳绩。

男：基本建设进展顺利，×××建设成果喜人。

女：职工生活福利大幅度提高，××综合实力明显增强。

男：企业稳定，人心团结，职工生活环境日益改善，生活福利水平日益提高，企业发展蒸蒸日上！

女：面对着××企业的深化改革，我们必须积极转变观念，勇于创新，与时俱进，潜心打造××品牌，为早日实现一流××企（事）业的战略目标而努力奋斗！

男：汲取着十六大（或最近召开的政府机关最高级会议名称）的阳光雨露，沐浴着电力体制改革的春天。

女：让我们共同描绘锦图，我们共同创造辉煌。

男：今天，我们××战线全体职工在此欢聚一堂，一起回忆辉煌的过去，共同畅想美好的未来！

女：让我们尽情欢畅，让我们尽情高歌。

男：××××××××二〇〇三年春节联谊会——

合：现在开始！

男：首先，让我们以最热烈的掌声有请我局××战线的总带头人：×局长，向全体来宾致新年贺词，掌声有请！

女：×××是职工之家，一年来，在局领导的亲切关怀下，×××娱乐设备与设施不断更新和完善，管理制度日趋健全，现已成为×××××××××，真正成为了×××××。下面有请×××的×××为您献上一首：《×××》，掌声有请！

女：各位来宾，各位朋友，现在我告诉大家一个好消息：我们这次联欢会设立幸运抽奖，在座的每位朋友手中的纪念品上都有一个兑奖号码，在联欢会进行过程中，我们会相继抽取幸运三等奖三名、幸运二等奖两名、幸运一等奖一名，每人都有重奖的机会，小小的惊喜等着您。现在让我们以热烈的掌声有请幸运三等奖的抽奖嘉宾：×××部主任×××、×××长：×××、×××长：×××上台抽取幸运三等奖三名，掌声有请三位抽奖嘉宾！

男：下面我们来进行一个游戏，游戏的名字是敲锣：游戏每一组由一人参加，游戏的规则是这样的：在您几步远处有一面锣，你只能用眼睛去衡量你与锣之间的距离，不可以用步量，看准之后，工作人员会把你的眼睛蒙上，然后在主持人说开始后，你拿着锣锤向前走去敲锣，把锣敲响就为胜利，如果您把锣敲响，我们将有一份精美的礼品送给你，希望大家积极参与，希望大家踊跃参加。首先请×××科代表参加，然后是：××室代表、××代表、×××部代表、×××代表、来宾代表。

女：×××××××局，以完善的管理制度，信得过的××××质量，已逐步成为了被广大消费者所认可的响亮品牌。下面请××××为您带来的一首：《×××》，掌声有请！

男：又到了我们幸运抽奖的时候了，下面有请本次联欢会幸运二等奖的抽奖嘉宾：×××××长：××××、局×××长：××上台抽取幸运二等奖两名，掌声有请抽奖嘉宾！（获奖人员表演节目、讲话或拜年）

女：×××局，多年以来一直是我局的×××××，特别是今年我们，抓住商机，远见卓识，现我局的×××已占领了××××市场，市场形势喜人，全年效益可观。下面有请×××的×××为您带来的一首：《×××××××》，掌声有请！

男：下面让我们进行一项游戏：顶气球，比赛的规则我就不用说了，我们规定三局两胜制，胜出的他有奖品，每一队五人，各代表队出两名代表。

女：我局××××部（科），几年来可以说是硕果累累，圆满完成了×××××××任务，全局职工办公条件日益改善，×××××花园小区的落成，现已成为我市一道靓丽的风景线。下面有请×××××部的×××为您带来一首《×××××》，掌声有请！

男：下面进行的是抢凳子游戏，每一组由六人参加，五个凳子放在中间，六个人围凳子准备好，在音乐响起之后，六个人围着凳子转，音乐停止后，六个人共同抢凳子坐，没有抢到凳子的被淘汰出局，最后一名参赛选手为获胜者，我们将有两份礼品送给最后两名选手，第一轮每个单位各出一名代表：×××和×××、××××和×××、××××。

女：各位朋友，各位来宾，最激动人心的时刻到了，下面我们将抽取幸运一等奖，“花落谁家”让我们拭目以待大奖得主，下面让我们以热烈的掌声有请×××××副局长上台抽取幸运一等奖一名，掌声有请赵局长！（获奖者必须表演一个节目）

男：×××物业公司，开创了局后勤体制改革和住宅小区实施物业管理的先河，几年来，在局领导的亲切关怀指导下，全体员工的积极努力下，取得了一个又一个阶段性成果，特别是今年，他们以大胆创新的思维，大刀阔斧的工作力度，圆满完成了公司内部的机制改革。住宅小区环境的改善，维修改造工程的施工，综合市场的稳步经营，×××××的投产使用，处处体现了××××局的整体实力和企（事）业发展的后劲。下面有请物业公司经理×××为您带来的一首：《×××××》，掌声有请！

男：尊敬的各位领导、各位来宾，

女：广大职工同志们：

男：我们的努力创造了辉煌的过去。

女：我们的畅想预示了灿烂的明天。

男：成绩只代过去，成功者贵在展望明天。

女：在新的一年，让我们全体职工一同携手，共同努力，为创造×××××局更加辉煌灿烂的明天而不懈努力！

男：最后让我们共同祝愿大家在新的一年里，身体健康，心想事成，祝我们的事业

合：兴旺发达，再攀高峰！

男：联欢会到此结束，答谢酒宴正式开始。

【训练十】 ××单位元旦晚会

各位来宾，各位领导，各位亲爱的同事，请大家坐到自己的座位上去，演出马上就要开始了，请大家准备并睁大你们一双双聚光明亮的眼睛和举起一双双热情的手！

在节目开始之前我作为主持人先给大家宣布一下会场纪律。希望我们大家一起遵守。

第一，请大家把自己的手机和小灵通改到震动或关机。

第二，请大家在节目过程中，不要随意走动，以免影响其他同事观看节目演出。

第三，最重要的一点，请大家在今天的活动中，要注意保持每个人座位及周围的环境卫生，不要随意丢弃垃圾。

好了，谢谢大家的配合。让我们静静的等上一分钟。好戏马上就要开始了。(稍等片刻)，让我们一起从10开始倒数好吗？来——10—9—8——……1。噢。演出开始了!!!（模仿唐老鸭在节目开始前的配音）

记得在去年的元旦节目中，我们公司总经理＊总说了在2003年我们公司要做几件大事？不知道大家还记不记得？——五件——两件——一件——不对——是？——三件？是三件吗？——对！——是三件……你——非常棒！

好！我们现在就进入节目第一项：请＊总讲话（掌声响起）

（讲话结束）好谢谢＊总，他又给我们指明了2004年的奋斗努力目标。我觉得现在我浑身都充满了力量。

——好，再次感谢＊总（鼓掌）。

现在进入大会第二项，员工代表来发表新年致辞。。

（请各位店面经理人做好准备。）

掌声有请我们温柔，大方的员工代表——＊＊（鼓掌）

（男）哎，＊老师呀，这公司总经理和员工代表都发言了，那我们的各位督导老师和店面经理人有没有什么节目来给大家欣赏欣赏呢？

（＊）有呀。你看，那不是她们来了——请欣赏由督导老师和店面经理联合表演的手语操——《中华民谣》——和——《我真的很不错》。

（男）：我真的很不错，我真的很不错。其实我们大家都是很不错的。

（表演结束）

(女)：年丰人寿羊得草，花好月圆猴采桃。这是一个新年的开始，更是一个收获的季节，下面有请第一批收获硕果的员工。(鼓掌)

有请公司＊总经理和技术总监＊老师来为她们颁发奖状和奖品。

(男) 看着她们一个个上台领奖，我就在想——

(女) 想什么呀?

(男) 想我什么时候也像她们那样，在这欢快乐曲中喜洋洋的上台领奖。哎，曹老师你说我什么时候才可以像她们一样呢?

(女) 呵呵，你也想像我们的＊＊天使一样上台领奖?

(男) 是呀。

(女) 哈哈，那你就先变成女士吧。哈哈哈。

(合) 谢谢! 谢谢＊总和＊老师。

请大家回到自己的座位上。

(男) 接下来呢，就要开始我们店面的节目了，

(曹) 金猴献瑞财源广进，紫燕迎春生意兴隆。第一个请欣赏＊＊店面舞蹈——《开门红》。(鼓掌)

(男) 有＊＊店面做准备。

(完) 新年发大财，开门就见红。谢谢由＊＊带给我们大家的开门红! 谢谢。(鼓掌)

(男) 接下来请大家欣赏由＊＊店面的《快乐宝贝》。有请宝贝们! 由＊＊店面做准备。

(＊) 一群非常快乐的宝贝走了，她们到什么地方去了呢? ——噢，她们原来回快乐老家去了。

(男) 下面请欣赏由＊＊店面带给大家的《快乐老家》。

由＊＊店面做准备。

(女) 她们回到了快乐老家，咦，她们都回家了要干什么呢? 噢——原来是羞答答的玫瑰要静悄悄的开。接下来请欣赏＊＊堂店面的《羞答答的玫瑰静悄悄的开》。由＊＊店面做准备。

(男) 接下来请欣赏＊＊店面的舞蹈《长藤挂铜铃》。由＊＊店面做准备。。。

(男) 长藤挂铜铃，长藤挂铜铃……多优美的曲子，(女) 是呀，我们的美丽使者舞的多美呀。好谢谢她们，接下来欣赏＊＊店的《健身秧歌》。由＊＊店做准备。

(女) 轻松的健身舞之后，我们来看看＊＊店献上的是什么节目呢?

——哇! 好劲道的音乐呀，请欣赏拉丁舞——《格兰丝美导》。由＊＊店做准备。

（男）感谢＊＊店面的辣舞，……在欣赏完动感的拉丁舞之后呢，我们进入轻松一刻。请大家欣赏＊＊店的小品：《＊＊＊的魅力》。

（男）真看不出来，＊＊还有这么大的魅力，＊＊天使这么厉害。

（女）你不知道了吧，＊＊的魅力大着呢，这只是其中的一小部分。要不然，怎么会有这么多的女士来我们＊＊＊做＊＊，喜欢我们的＊＊师呢？

（男）这么说，我也喜欢了，＊老师你看是不是也给我做做，让我也变的像你一样漂亮呀？

（女）好呀，不过要先看你有什么表示了。

（男）那行呀，我在新年到来之前先给他们发奖品和奖状。叫笑盈盈辞旧岁，喜滋滋迎新年。

（女）那好，接下来我们有请第二批优秀员工上场。

（男）有请＊经理和＊经理为她们颁奖……（鼓掌）由＊＊店做准备。

稍等颁奖结束。谢谢＊经理和＊经理，谢谢各位优秀＊＊。

（男）她们非常开心哦，都上台领奖了。那谁给我＊＊呢？

（女）你这还不够的呀，太少了。

（男）还不够呀，那好吧，我就给她们一把火。看看行不行。

（女）接下来，请欣赏＊＊店的《冬天里的火把节》（鼓掌）由＊＊店面做准备。

（男）谢谢你们的火把节，你看——＊老师呀，这火烧的不错吧？

还有呀，你看，把她们都快乐得跳起来了。

（女）是吗？在哪？我看看。喔，她们来了，请欣赏舞蹈《快乐恰恰》。

由＊＊店做准备。

（女）谢谢，谢谢你们快乐的恰恰舞蹈，我都想现在就跳了。

（男）你别慌呀，我的事还没有完呢。

（女）什么事呀？

（男）＊＊呀。这么好的效果我也想试试。——咦——怎么有个小朋友跑到舞台上了呢？

（女）他呀，就是我们下一个节目的主角，你就等一会吧。接下来请欣赏儿童舞蹈《九十九道弯》。表演者＊＊＊。由＊＊店面做准备。

（男）谢谢小朋友，谢谢你，你是一个人来的吗？你叫啥名字呢？——＊＊＊好棒的名字，。＊＊＊我问你一个问题，你说我和这个＊姐姐谁好看？＊姐姐呀，我不好看吗？——

（女）我好看是天天运动，练健美操练的，你看我们现在又练上了。请欣赏＊＊店面的：健美操。由＊＊店做准备。

（男）怪不得了，你们这么好看，原来是天天练健美操。那我先练健美操吧。＊＊以后再说吧。

（女）谢谢，谢谢大家。接下来请欣赏＊＊店面的：《春舞曲》。由＊＊做准备。

谢谢她们，带给我们的春天的舞蹈，接下来请看：军体拳。

由＊＊做准备。

（男）好威武，好精神的军体拳，真是巾帼不让须眉呀。谢谢你们，接下来请欣赏独唱：＊＊＊——由＊＊做准备。

（男）在他的歌声中，（在她们的舞姿中）我仿佛又回到了那遥远的过去，——在那遥远的地方——（雄赳赳，气昂昂，跨过鸭绿江……）

（女）停停停——你干吗呢？

（男）我也想唱歌呀，

（女）没你的事，下面是浪漫、神秘的——孔雀舞。

有请＊＊的孔雀上场。（鼓掌）

这孔雀舞比你的歌声好看吧？你看多柔美的身段，舞姿。

（男）看肯定是比我好看，但听的话，哼哼，不一定呀。我下面让大家听到的肯定是大家非常喜欢，鼓掌最厉害的——

（女）什么呀？——

（男）请以下人员上台领奖。

请大家上台。

大家鼓掌欢迎！

请财务部＊总和＊公司＊总上台颁奖。（鼓掌）

（由＊＊店做准备……）

（男）谢谢大家。谢谢＊总和＊总！——

在过去的一年呢，我们度过了一段难忘的日子，初夏的 SARS 病毒，横扫祖国大江南北，刹时，世界口罩流行，一个喷嚏就叫人心惊胆战。避之不及。惟恐自己沾上一点可怕的病毒。终于，在整个世界万众一心的情况下我们战胜了可怕的 SARS 病毒，迎来了我们祖国的又一次伟大的胜利。这就叫：神州青山千年不倒，祖国红旗永远飘扬！就让我们欢呼，让我们尽情的跳吧！

接下来请欣赏＊＊店面的——《眉飞色舞》……下面由＊＊店准备。

（男）一曲《眉飞色舞》表达了我们战胜困难的喜悦心情，面对困难我们拥有坚定的信心，因为，我们的民族是勤劳、勇敢、智慧的民族。我们的山峰是世界上最高的山峰：珠穆朗玛峰！

接下来，请欣赏＊＊店的舞蹈——《珠穆朗玛》！

（女）高耸入云的珠穆朗玛峰是我们向往的地方。他那洁白代表我们纯洁的心灵，他脚下的绿色代表欣欣向荣的生机。我们生活在一个五彩缤纷的世界之中，下面请欣赏我们＊＊店的——《颜色》。

由＊＊店面做准备。。

（女）谢谢，谢谢颜色带给我们生活五彩缤纷的世界，在这个五彩缤纷的世界里，我们因为拥有一个最重要的东西，所以我们快乐，我们开心。你知道是什么吗?

（男）什么呀?

（女）那就是一个字。“爱”。因为有了爱，我们的世界才会是五彩缤纷，光彩耀目。请欣赏＊＊店面的舞蹈：——爱的主打歌！由＊＊做准备。

（女）爱，在我们的世界里是一个永恒的主题，有爱才有真情人。请欣赏＊＊店面的——《真情人》。由＊＊店做准备。

（男）有爱才是有情人，其实不光是人有情，你听，就连风，水也是有情有意的，请欣赏＊＊店面＊＊＊独唱——《风含情，水含笑》。

由＊＊店面做准备。

（男）谢谢＊＊＊为大家带来的——风含情，水含笑，谢谢。

你说呀，＊老师，这风和水也有感情和笑容的对不对?

（女）是呀。

（男）那你知不知道，不光风可以含情，水可以含笑，就是大自然里的动物也是有丰富的感情的。

（女）是吗?

（男）真的啊，不信，你看——《美女与野兽》。由＊＊店面准备。

（男）谢谢大家。（对＊老师）怎么样？不是骗你吧?

（女）没有骗我，真是世界真奇妙，不看不知道呀。呵呵呵呵。

（男）呵呵，就是，你看，下面还有来自遥远的云南原始森林的傣族姑娘为我们献上的独特的民族舞蹈呢。。。

（女）请欣赏——＊＊店面民族舞蹈-----傣族姑娘……由＊＊准备。

（女）哎。你都是从那里找来的这些让人耳目一新的新鲜舞蹈呀?

（男）你知道吗？为了准备今天这场开心的演出，我可是足迹踏遍祖国的山山水水，长城内外的，就是为了给大家一个——快乐指南……

请欣赏—＊＊店面——快乐指南——

（女）谢谢＊＊带给我们了快乐指南，今天真是非常的开心了，

（男）＊老师，你别忙呀，这还不是最开心的，下面的才是让大家最开心的，

（女）什么呢?

（男）有请2003年度西安＊＊＊＊公司的优秀服务明星上场：……

有请教育部郭老师和汪老师为他们颁奖。

（男）有请大家上场，在过去的一年中，你们用自己辛勤的劳动和良好的服务态度，专业的服务精神。赢得了顾客和客户的信赖。在客户心目中建立了良好的公司形象你们是当之无愧的服务明星，是我们学习的榜样。感谢你们，感谢大家。（鼓掌）

（女）你说，咱们这么多的店面都有丰富的节目表演，那为我们店面挑选人才，选拔经理人辛苦一年的总公司办公室怎么没有节目给我们大家表演一个节目呢？

（男）呵呵，*老师呀，你别急嘛，你看下面的节目就是由他们表演的呀！辞旧岁十亿神州传捷报，迎新年万里江山扬凯歌。请欣赏公司节目：东北秧歌——《大中国》。有请她们上场。（鼓掌）

由**店面做准备。

（男）怎么样？东北秧歌扭得不错吧？（做扭状）

（女）哈哈哈，你扭的啥嘛！哎，你是新疆的吗，是不是？

（男）是呀，怎么了，你看，新疆的民族舞蹈—《掀起你的盖头来》—来了，（男）在哪？我们新疆的民族舞蹈在哪呢？——噢——在那呢。——

请欣赏——**店面——民族舞蹈——《掀起你的盖头来》。

由***做准备。

（男）我们新疆的民族音乐好听吧？

（女）我们**的舞蹈才好看呢。

（男）呵呵，那是，那是。都好听。都好看。

接下来呢，还有大家没有看过的呢，那就是***合作的舞蹈——《军中姐妹》。有请她们——由**店面做准备。

（男）*老师呀，我可不可以问你一个问题？

（女）你说。

（男）就是想问你，你和咱姐夫开始谈恋爱的时候，是你先追我们姐夫呢，还是姐夫先追你的呢？

（女）这个问题必须回答吗？

（男）（向观众席说）大家说，是不是要必须回答呢？（场下）必须回答!!!!

（女）呵呵，好吧，我说，（男）不许说谎喽。

（女）当然是我老公追我啦。（男）那你们就是自由恋爱是不？

（女）是呀。（男）那你一定没有尝过—相亲—的味道是吗？

（女）没有，（男）那你想不想知道相亲是怎么样的呢？

（女）是怎么样的？你说说看——

（男）往下看，你就知道相亲是怎么回事了。

请欣赏＊＊店面小品——相亲——由＊＊分公司准备。

（男）这回知道相亲是什么样的感觉了吧？

（女）（恍然大悟状）知道了，知道了。还好我不是这样的。（如果有机会我也尝试一次这种感觉。）——

（男）相亲是咱们的传统，接下来上场的可是完全现代化的节目了。

（女）请欣赏现代化节目——＊＊分公司——模特秀——由＊＊街店面做准备。

（女）谢谢漂亮的模特们，谢谢她们为我们带来的精彩模特舞步。

我们的生活真是丰富多彩，有声有色。接下来请大家欣赏＊＊店面的舞蹈——《笑红尘》。由＊＊店面做准备。

（女）谢谢＊＊店面的美女，谢谢你们。

欣赏完东方味十足的笑红尘。接下来的是一个带有浓郁西方文化氛围的节目，下面就让我们来领略一下纯西方味道的——街舞——有请她们。由品牌部做准备。

（男）谢谢她们让我们领略了西方的街舞味道。谢谢你们。再过一会，我们的晚会就要结束了，在节目的最后呢，我送给大家一艘军舰好不好？因为我们都是在＊＊＊这艘军舰上生活的，到现在她已经有一艘小舟变成了一艘航空母舰了，在＊＊公司的领导下，我们＊＊＊，＊＊＊，＊＊＊，＊＊＊＊等等美容品牌才可以乘风破浪，一往无前。

（女）下面，请大家欣赏——《众人划桨开大船》。我们大家一起来，

（男）对我们大家一起来开动＊＊公司这艘航空母舰。

各位领导，各位来宾，各位亲爱的同事们，＊＊＊＊咨询管理有限公司2004年迎春晚会完美结束，谢谢大家，谢谢。下面请大家收拾好自己身边的卫生，按顺序退场，享受我们的元旦大餐去！

【训练十一】　××学院毕业生晚会

女：尊敬的各位领导，老师们，同学们，

男：亲爱的04级的师哥师姐们，

合：大家晚上好！

女：如果说四年前的邂逅仅仅是一次命定之外的偶然，那么今天的离别则是四年丰富、幸福、温存时光经过后的必然。

男：每年的这个时候，除了互道别离，互致珍重之外，年复一年的毕业生晚会似乎已经成了我们踏入社会前的最后一次集体聚首。

女：也正因为此，“六月情怀”承载了太多的祝福与惦念，寄托了太多的关怀与企盼，藏匿了太多的故事与情节。

男：在今晚，当“六月情怀”的第一枚音符响彻礼堂的时候，也就意味着又一届材料学子的青春往事将被再次提起，接着在几小时后被封存在这座熟悉的礼堂，留驻在我们每个人的脑海。

女：今晚，让我们再一次重温，那些感动过我们的人和事：灯火通明的教学楼里用功的身影，篮球场上捍卫集体尊严的男儿霸气，满是欢声笑语的宿舍边不着边际的闲谈……这一切在今天看来是如此的美丽而生动。

男：在今夜，有些东西是可以忽略不计的，但这种相守了四年的友谊所散发出的能量却是不可限量的。

女：又一个四年轮回之后，在同样微凉的夏夜，你是否会记起校园里的梧桐树连同那些小幸福，你是否会记起日记本里的书签连同那些五彩缤纷的日子，你是否还会记起你爱过的女孩儿或是追过你的女生？

男：无数个四年之后，你们的思念是否会有增无减？在你成长的岁月里，在你闯荡社会的每一天，是否会有那么几个瞬间让你渴望回到过去？

女：让我们静静享受一下挑战，在日复一日与时间的赛跑中，你会变得更加坚强，更加神采奕奕！又一个青春之旅从今晚启航，又一个光阴的故事在今晚讲述。

男：“光阴的故事”——材料学院04级毕业生晚会——

合：——现在开始。

女：本次晚会得到了我院领导的亲切关怀和大力支持，今天他们也来到了我们的现场，他们是……

男：让我们以最热烈的掌声欢迎各位领导和老师的到来！

女：首先请欣赏歌曲《栀子花开》。

男：掌声有请！

女：陈可辉《____》。

男：钢琴配乐诗朗诵。

男：“我怕我没有机会，跟你说一声再见，因为也许再也见不到你，宁愿我要离开，熟悉的地方的你，要分离，我眼泪就掉下去”，相信大家已经听出来了，是的，这是那首《再见》，下面请听李璟为我们演唱歌曲《再见》，大家掌声有请！

女：璟叔，请留步！都说最美好的时光走得最急，璟叔，你的大学最怀念的是什么呢？

李璟：……

男：是啊，当学校刚建成的时候，你们迈进了这所大学，那时图书馆还正在开工，现在想起来都怀疑那段时光是怎么走过来的。

女：虽然那时候条件简陋，但是我们的青春也不正是已经开场了吗？我们的友谊也开始延续。谁又能让瞬间变成永恒，谁又能让未来回到重前，请听歌曲《陪你等天亮》。

男：掌声有请！

女：陈园坤《____》。

女：四年的校园生活，留下我们磨炼翅膀的身影，那背影是如此深刻的印记在我的脑海里。虽然，我们就要道别；虽然，我们就要分离。可是，母校啊，我们是多么的恋恋不舍，因为这里有太多太多美好的回忆，还没来得及一一向你倾诉。

男：是的，没有恩师的含辛茹苦，呕心沥血，你们的成长就会多一些曲折，多一些弯路；没有同学之间的朝夕相处，互思互学，你们的成长就会少了一些乐趣，少了一份鼓励。正因为我们的相聚，你们的努力，青春才会变得如此五彩缤纷，烂漫愉快！

女：又一届毕业生即将离校，我想此时此刻，各位师兄师姐最希望得到我们学院领导的寄语，下面请看我们特别制作的一个短片。

女：短短的话语，浓浓的情意，蕴含着老师对你们多深的爱呀！四年来，彼此结下的师生情，就像深千尺的桃花潭，永远温暖着我们彼此的心窝！

男：那么下面的节目是否要轮到我们的老师了呢？

女：是的，下面有请我们敬爱的王院长请为我们带来《____》。

男：大家掌声有请！

（翰林协会）

女：大家说我们的王院长唱得好不好？

男：接下来还想听谁为我们唱歌呢？

女：看，陈书记已经准备好了！

男：有请陈书记为我们带来《____》。

读毕业生寄语（优秀毕业生）

女：人们总是在离别在前，开始怀念。

男：是啊，也许我们怀念的并不是那一个个人，那一件件事，而是那段独一无二的青春岁月。

女：而这一切，我们已经回不去了，就让我们以青春的名义，为校园再次畅想我们动感的旋律吧！

男：请欣赏民族舞《____》

女：在这里，我们第一次明白了独立的艰辛，学会它意味着学会坚强。

男：在这里，我们第一次体会到友情的温暖，拥有它能让我们充满力量。

女：在这里，我们第一次知晓了爱情的伤痛，忘记它比我们想象的更难。

男：在这里，有明亮的阳光在我们的掌心跳跃，有淡淡的离愁在我们的眉间纠结。

女：下面请欣赏张雨绮为我们带来的钢琴弹唱《____》。

男：大家掌声有请！

朱瑞宁、帅楚凡：情歌对唱《梁山伯与朱丽叶》。曹原《____》。

女：在这个夜晚，我们彼此会讲很多很多祝福的话。

男：在这个夜晚，我们真的不想说再见。

女：四年，带给我们了什么？是成熟？自信？还是责任？

男：我想是珍惜，是希望，是青春！

女：请欣赏现代舞《____》。

男：大家掌声有请！

合唱《爱因为在心中》

女：再见了，那条通往教室的林荫小径上，请记住睡迟的我一路飞奔的身影。

男：再见了，那个挥洒汗水的塑胶操场，请记住等待流星的我写满期待的双眼。

女：再见了，那个风景宜人的校园湖畔，请记住背单词的我清脆婉转的声音。

男：再见了，母校！因为我们要勇敢去追，我们迫不及待地走进精彩的世界！

女：再见了，给我教导和鼓励的老师。

男：再见，与我朝夕相处的同窗伙伴。

女：再见，我们亲爱的昌航。

男：说完再见，我们要放心去飞。

合：我们有理由相信，母校会有为我们骄傲的那一天！

男：材料学院04级毕业生晚会到此结束！

女：祝老师们身体健康，工作顺利！

男：祝同学们事业有成，一路顺风！

合：再见！再见！

【训练十二】　校庆文艺晚会主持词

男：尊敬的各位领导，各位来宾，

女：亲爱的老师，同学们，

合：大家晚上好！

男：五十年风雨砥砺五十年艰辛创业。

女：半世纪春风化雨半世纪春华秋实。

男：今天，我们欢聚一堂，共同庆贺母校50岁生日。

女：我们总是回眸，你昔日岁月的峥嵘和风采。

男：我们总是呼唤，你春风化雨的智慧和责任。

女：母校，我亲爱的母校！

男：在这被歌声和盛典簇拥的圣地，我们以学子的赤诚、忠心和庄严向你献礼致敬，向你祝福。

女：踏着时代的节奏，怀着青春的憧憬，让我们相聚在这美好的时刻，安徽广播影视学院五十华诞校庆文艺晚会——

合：现在开始！

男：出席今天晚会的嘉宾及领导有：……让我们以热烈的掌声对各位领导的光临表示最衷心的问候和感谢！

女：下面有请王诗文院长为我们致辞。

女：有一种激情让我们感动，有一种生活令我们回往，

男：有一种力量让我们奋进，有一种精神令我们昂扬，

女：她就是广院里有你，有我，有他的难忘岁月。

男：请欣赏诗朗诵《光辉历程五十年》。

男：朋友们，如果我们把今天的安广院和五十年前的安广院做一个比较，我们不能不承认，我们的学习、生活发生了多么巨大的变化。一幢幢高楼拔地而起，一间间教室宽敞明亮，喜事一个连着一个，乐的我们嘴都合不上。

女：是呵，我们的学校建设蒸蒸日上，我们的生活越来越好，请欣赏歌伴舞《越来越好》。

女：还记得当年你的老师吗？还记得当年与你一样青春四溢、一样激情奔放的班主任吗？

男：他们把满腔的热忱奉献给了校园，奉献了学子，他们的内心与你一样涌动过青春的律动。

女：请欣赏由学院青年教师表演的交谊舞——《园丁风采》。

男：音乐室里，甜蜜的歌声还在飘荡，优美的琴声在指尖流淌；运动场上，矫健的身影，跳跃着你的青春、我的梦想。橡皮筋、踢毽子、丢沙包，摇滚乐，街舞，记录着我们的快乐成长。

女：丹青泼墨，陶冶美的情操。挥毫奋笔，春辉浪花指点江山斥方遒。一切仿佛就在昨天，一切仿佛就在眼前。

男：请欣赏街舞：《活力青春》。

女：那年金秋，我们辞别亲人，远离故乡，来到美丽的合肥，迈进梦想中的安广院。

男：那年金秋，我们怀着同样的信念，同样的理想，沿着大禹的足迹，从

此挽起了双手。

女：五年的摸爬滚打，风雨无阻，铭刻着我们的坚定和执着。

男：五年的流金岁月，铮铮铁骨，铸就了我们的热血和容光。

女：我们手挽手，我们肩靠肩，

男：无论来自天涯或海角，我们都是广院人。

女：请欣赏傣族舞蹈：《竹楼风情》。

男：我想飞，在风里浪去飞翔我想飞，让梦想去晒一晒太阳。

女：我想飞，让彩霞作我的衣裳，我想飞，让月光为我画张像。

男：心中的小徽，心底的母校，带着你的嘱托，背着你的愿望，把世间最美的礼物献给您——我的母校！

女：请欣赏吉它合奏：《小徽》。

男：相声是大家喜闻乐见的节目，幽默的语言、夸张的表情会把我们带进开心世界。相声演员的口才更是让我们惊叹不已。

女：是啊，相声演员能说会道，但是我们学校的拳头专业播音系的学生比他们更能说会道。

女：下面就请欣赏由播音系选送的相声《废话趣谈》。

男：每当我踏着晨光走进美丽的校园，心中便涌起无限的激情与畅想，作为一名老师，我深爱着我的事业，我的讲台。那一根根充满灵性的粉笔啊，搭起了一层层华声飞扬，一只只荷满风帆的小船正在这里积蓄力量，准备远航。

女：每当我踏着星光离开校园，回头凝望，那不夜的灯火啊，竟和天上的星星一同闪亮。我是教师，教书是我的本职，育人是我的责任，我愿做一支燃烧的蜡烛，把光明留给大地，我愿做人类文明的接力手，把知识传给后人。

男：请欣赏器乐合奏：《师魂》。

女：青春，是多梦的时代，更是多思的时代。

男：校园，是知识的殿堂，更是思想的乐园。

女：请欣赏小品：《如此辨证》。

男：不屈不挠，自强不息，敢为天下先，这些精神凝聚了中华民族的精、气、神，树立了中华儿女刚直的脊梁，是广院人乘风破浪、勇往直前的精神动力。

女：请欣赏武术表演：《中华魂》。

男：亲爱的母校，我回来了！

女：亲爱的母校，我们回来了！

男：还记得吗？昨天，在母校美丽的校园里，我光荣地加入了中国共产党。

女：还记得吗？昨天，在母校坎坷的操场上，我跑步得了第一名。

男：是母校的老师为我们打下了坚实的知识基础，是母校的老师为劳动归来的我们打好了洗脸水。

女：是母校的同学叫醒了贪睡的我，是母校的同学唤醒了我什么是无私的爱。

男：是母校的同学与我共同度过艰难的岁月，是母校的同学与我共同分享成功的欢欣。

女：啊，母校，母亲，我心中的圣地。

男：请欣赏歌曲独唱：《母亲》。

女：信封里装满祝福，电话里说着祝福，歌声中唱着祝福，舞姿中流露着祝福，所有广院师生学子脸上洋溢着祝福，

男：祝福母校，祝福母亲，祝福您健康长寿，祝福您蒸蒸日上。

请欣赏男声独唱：《祝福》。

结束语：《二十年后再相会》背景音乐起

女：金秋十月，我们品尝累累硕果洋溢的激情与欢乐。丰收的时节，我们收获着点点喜悦，挥洒着幸福和骄傲。

男：今天，我们在这里欢聚一堂，共同为母校祝福，用最美的舞姿，最动人的歌喉诉说对母校的深情。

女：是啊，飞扬的歌声，吟唱难忘的岁月，凝聚心头醉人的情意。熟悉的旋律，洋溢时代的激跃，回荡恒久不变的真切。

男：过去的50年，母校用她慈祥的胸怀，温暖了无数学子的心灵。

女：过去的50年母校用勤劳的双手，铸就无数遨游苍穹坚强的翅膀。

男：过去的50年是丰收的50年，未来的50年，仍然是蓬勃的50年。

女：告别今天，我们又回到新的起跑线。展望未来，我们将用奋斗创造更加壮丽的明天！

男：老师们，同学们，安徽广播影视学院校庆50周年文艺晚会到此结束，谢谢光临，再见！

【训练十三】　安徽广播影视职业技术学院2009年迎春晚会节目串词

1. 男：这是四川大地震后的一个镜头。

女：当一个中年妇女面对电视镜头，泣不成声。最后她哽咽着说出："我骄傲，我是中国人。"

男："我骄傲，我是中国人！"四川大地震发生后，整个中国都在哭泣，整个民族都在飞泪。这奔涌的泪水，为同胞的不幸而来，为民族的灾难而来，更为无数的感动而来！

女：人性总是相通的。中国人在面临灾难时显现出的坚强的民族精神，在赈灾过程中不同角色所写下的一个个动人的故事，一个个细小的动作，都在让

世界感动，让世人流泪。

男：这是与生俱来的民族情感，这是与生俱来的血肉亲情，这是与生俱来的不屈精神！

女：“我骄傲，我是中国人！”这绝对不只是那个妇女一个人的心声，这更是我们所有中国人的呐喊！

男：是的，如果有来生，如果有来生的来生，我们还要做中国人！

女：中国，永远不会被打垮！（诗朗诵《我骄傲，我是中国人》）

2. 男：冬天来了，春天还会远吗？这是英国著名浪漫主义诗人雪莱在《西风颂》中的诗句。

女：当寒冷的冬天来临时，寒风瑟瑟，万物凋零，给人萧瑟之感。但不要忘了，在冬天之后，就是春天的降临，到那时，阳光明媚，草长莺飞，万物复苏，生机勃勃。

男：而在春天即将到来之即，让我们一起提前用耳朵来倾听这来自《春天的话语》。

3. 女：古人云“祸福之兴，莫不本于室家。”因为在某种程度上来说，一个领导干部的廉洁自律很多时候往往系于妻子的廉贪。而现在有人为了达到某种目的，就千方百计地去敲领导干部的“后门”，走“夫人路线”，企图从领导干部们贪财的“内助”身上打开“突破口”。事实上，有些领导干部为什么能由一个好人变为人民的罪人，除了自身的原因之外，“内助”不廉，“后院起火”也是一个重要原因。

男：由此看来，领导干部夫人能否当好《家庭纪检书记》，不仅能堵死这道“后门”，而且对丈夫能起到很好的把关、监督和教育作用。

女：因为人说“知夫莫若妻”，综观古往今来，成也妻子、败也妻子的英雄豪杰不乏其人。所以，愿我们当今领导干部的夫人们不要充当“钱内助”“贪内助”，要争当“贤内助”、“廉内助”。都能自觉地挑好“家庭纪检书记”这副重担，好让自己的丈夫们全心全意地去为人民服务。

4. 男：有人问我：青春是什么？我告诉他：青春是年轻时的张狂，青春是少年时的憧憬。青春时，你或许变的内敛，或变得张扬，或变得冲动。青春，就是你年老时最想重新再过一次的时光。

女：青春是一种令人艳羡的资本。凭着健壮的体魄，你可以支撑起一方蔚蓝天空；凭着旺盛的精力，你可以开垦出一片神奇的土地；凭着巨大的强力，你可以变得出类拔萃，令人刮目。青春是一本厚厚的书，需要你慢慢的去理解他。

男：但有时青春，不是人生的一个时期，是一种心态。也许在我们年老的时候回忆起我们这段如火的青春的时候，我们又要感叹起它的《似水年华》。

5 男：陈晨啊，这马上也快过年了，问你个问题啊，这大年三十晚上你都干些什么啊。

女：吃年夜饭，看春晚啊。

男：呵呵，我和你啊也基本雷同，不过相信在场的同学大部分也和我们一样。而年三十看春晚已经成为我们中国人过除夕夜必不可少的活动之一了啊。虽然近些年来大家对央视的春晚褒贬不一，但是铁的收视率告诉我们，大家还是对春晚充满了期待。陈晨，春晚你最喜欢看的是什么样的节目呢！

女：最喜欢的是语言类的节目啊，比如相声，小品，双簧等等啊，这也应该是职业习惯吧，因为我们也是从事这样的语言工作的啊。

男：对对对，其实大家看春晚大都就是为了图个热闹，逗个乐，开心一下，缓解这一年沉重的工作带给我们的巨大压力，而接下来播音系为大家带来的相声和双簧希望可以放松一下您疲惫的心情，让您开怀大笑，给您乐和乐和。

6. 男：陈晨的个儿很高，身材也很好，平常有经常刻意的去进行体育方面的锻炼吗？或者去做一些有氧或无氧运动吗？比如说瑜伽，跳舞，跑步之类的。

女：当然有了啊，因为我从小就很喜欢跳舞，所以从小到大一直都有在跳啊。

男：恩，不错不错，女孩子跳舞真的很好看，不像我，所有人都说我没有舞蹈细胞，一跳舞跟北极熊挠虱子一样，呵呵，开个小玩笑啊。陈晨喜欢跳什么舞啊？

女：什么舞都喜欢，都有尝试过啊。

男：真的啊，兴趣那么广泛啊，那街舞知道吗？

女：当然知道啦，跳起来不管男女都非常的帅气的啊，我很喜欢的啊，也有试过啊。

男：好啊，那现场给大家来一段吧。呵呵，因为衣服的原因，我就不为难你了，咱们还是看看专业的，来自院艺术团的 THE ONE 街舞社为我们带来的精彩表演吧。

7. 男：结束了一段非常劲爆、动感、活力十足的街舞后，咱们再继续和大家讨论舞蹈方面的问题啊，我们知道啊，什么舞蹈都是有固定的模式，或者说都属于一个流派，超出了就不属于这种舞蹈的范畴。和中国的武术一样各家有各家的招式，各家练的也是各家的内功，完全不一样，但也都是固定的，不容改变。但是在舞蹈界却有这样一种舞蹈却不受这种限制，陈晨知道是什么舞蹈吗？

女：这可难不倒我，肯定是现代舞啊，它是以合乎自然运动法则的舞蹈动作，自由地抒发人的真实情感，就像美国现代主义舞蹈家海伦·汤米尼斯概括现代舞的与众不同之处说的一样：“不存在普遍的规律，每一个艺术家都在创造自己的法典。”

男：说了这么多，大家一定已经很想看看现代舞究竟是个什么样的舞蹈了，下面请欣赏由实训中心为我们带来的现代舞《告诉我》。

8. 女：戏曲是中国传统的戏剧形式。是包含文学、音乐、舞蹈、美术、武术、杂技以及表演艺术各种因素综合而成的。它的起源历史悠久，早在原始社会歌舞已有萌芽，在漫长发展的过程中，经过八百多年不断地丰富、革新与发展，才逐渐形成比较完整的戏曲艺术体系。王天翔，你喜欢戏曲吗？

男：喜欢还不能谈的上，但是略知道一些啊。

女：恩，那好，今天你也问了我这么多的问题了，我也来考考你吧。你知道与希腊的悲喜剧，印度的梵剧合称为世界三大古老戏剧的剧种是什么吗？

男：是昆曲啊。

女：那戏曲的角色分为那四大行当？

男：生、旦、净、丑。

女：享有“东方歌剧”盛誉的是那个剧种？

男：那不肯定是京剧吗？

女：这都难不倒你啊，那京剧“四大名旦”分别是谁？

男：梅兰芳、程砚秋、尚小云、荀慧生。

女：那好最后一个问题啊，发源于湖北黄梅县，发展壮大于安徽安庆一带的剧种是什么？请举出一个剧目。

男：这我不回答了，现场的同学们知道是什么吗？黄梅戏《天仙配》。

女：大家果然对戏曲还是有着一定的了解啊，那我也不啰嗦了，就请大家就一起来欣赏由管理系为我们带来的《戏曲联唱》吧。

9. 男：为顺应职教事业快速发展的形势，壮大办学实力，实现科学发展目标，学院在省广电局的领导和支持下，在合肥市职教基地兴建新校区。该项目占地618.89亩，总建筑面积38万平方米。一期工程建设教学楼、实训楼、学生公寓、食堂、图书馆、影视制作中心等15万平方米工程，投资3亿元。工程力争明年9月竣工，届时新校区将迎来首批新生。

女：新校区建成后，学院将继续本着“以教学为中心，以就业为导向，以服务为宗旨，以质量为生命”的办学理念，坚持“立足传媒，依托广电，面向社会，为地方经济和社会服务”的发展思路，不断加强教育教学改革，积极探索创新人才培养模式，努力把学院建成“行业领先、水平达标、特色鲜明、全面合格”的高等职业技术院校。

男：陈晨，一说到这，我的心情就特别的激动。咱们广院终于要搬新家了。

女：是啊，虽然老校区留给我们的是无尽的思念与回忆，但是新校区带给我们却是新的起点，新的希望。

男：新校区的建成将是我们广院事业一个转折点，同时新校区的建成也是具有一个里程碑的意义。而我们的梦想也将从这里起航。

女：请欣赏小品《新校区》。

10. 男：陈晨，有时候我感觉特悲哀。

女：为什么呀，这么高兴的日子里说这么丧气的话干吗呀？

男：你想啊，在现在的社会里面，崇洋媚外的现象太平常了。很多年轻人只是一味的去崇尚外国文化，把老祖宗留给我们的几千年的灿烂文化早就忘得一干二净了，当然我的意思不是说大家去抵制任何的外来文化，那样就太死了，也不好。但我们应该有目的的去接受或学习一些国外的先进文化和理念等等。而不是说把头发染成个五颜六色，在耳朵鼻子上打几个钉子就可以的。

女：对啊，其实老祖宗给我们留下来的东西有很多到今天我们都还是可以用得着的。

男：就是啊，中国古代的绣花鞋多好看啊，非穿个什么高跟鞋，跟踩个高跷似的，本来个子就高，还非得穿个这个玩意儿。你知道这严重伤害我的男性自尊啊。

女：你不也是好好的唐装不穿，非穿个西服。多难看呀。

男：得得得，咱俩半斤对八两，谁也说不得谁啊。

女：就是，还是赶快来欣赏一首有着浓浓的中国味的《四双绣花鞋》吧。

11. 女：下面即将开始的节目呢，又和舞蹈有关了，而且又是一种和之前几个舞蹈风格完全不同的哦。王天翔，知道是什么舞蹈吗？

男：节目单我都快能背下来了，你还问我哦。爵士舞嘛。

女：那你见过爵士舞吗？

男：当然见过啦，你还真以为我是农村来的，什么都不懂哦，不过啊这次我不说，你也不要说，让同学们自己来看看，自己来感受一下什么是爵士舞。

女：好的，有请基础教学部为我们带来爵士舞《I BELIEVE》。

12 男：怎么样听到下面的欢呼声和尖叫声了吗？这就是看完爵士舞跳完后应有的效果哦，同学们啊，用自己的实际行动来表示了对爵士舞的热爱哦！

女：呵呵，我也开始有点爱上了爵士舞了，回头找基础教学部的同学们讨教讨教，我也要成为一名爵士舞高手。

男：那就祝你愿望早日成真哦，新的一年，我们总会有新的期盼，新的希望。刚才陈晨就说出了她在接下来的一年里的第一个愿望，那么同学们在新的一年即将到来的时候说出你心中的希望吧，规划这新的一年，规划你未来的人生，它也许是昨日的瓢泼大雨，也许是今朝的晴空万里，也许是清晨的朦胧薄雾，也许是黄昏的似火朝霞，或是沙漠中的绿洲。但它必定是你前进的力量。

女：愿我们每个人的新年希望都能够得以实现，愿我们在新的一年里学习和生活可以更加绚丽多彩。请欣赏舞蹈《希望》。

13. 女：有时候生活就像一列火车，机遇和缘分会让许多素昧平生的乘客，在旅途中相遇、相识、相交、相知。多变的人生，生活的缤纷，构成人生一幅流动的风景。当然我们或许不会知道火车的终点站是哪里，我们也没必要去知道，即便终点站也许就是死亡。我们需要做的就是静静的去欣赏这一路的好风景。以一颗最平和的心态去欣赏，去理解，去体会。

男：那在接下来的时间里，我们就一起屏住呼吸静静的去欣赏这首好听的歌曲，来自院工会。有请。

14. 男：岁首和年终总是送祝福的时候，今天在晚会接近尾声的时候，我们要先将祝福送到。首先要祝福我们的祖国更加强大昌盛，祝福我们的祖国更加繁荣富强。

女：祝福我们的领导和老师们在新的一年里工作顺利，家庭幸福！祝福我们的同学学习进步，再创佳绩。且知盛世不遗贤，但临大事必须敌；精思宜放胆，已邃群科气自华。

男：最后我祝在场的所有朋友们在新的一年里万事如意，心想事成，事业有成，年年都有好收成。来年牛气冲天。

女：请欣赏由影视艺术系为大家带来的舞蹈《好收成》。

【训练十四】　爱心助残大型文艺晚会主持词

（开场前请领导讲话）

男：尊敬的各位领导、各位来宾，

女：亲爱的观众朋友们，大家——

合：晚上好！

女：扶残、助残是我们中华民族的传统美德。

男：我国有一个节日叫“全国助残日”，为了庆祝今年的“全国助残日”，今晚，我们在这里举行爱心助残大型文艺晚会，欢迎大家的光临。

女：在演出开始之前，首先有请——讲话。

（开场歌舞《好运来》）

男：朋友们，也许你没有真正注意到，在我们身边，有这样一个群体，由于种种主客观的原因，他们成为了社会最困难的弱势群体——残疾人群体。

女：是的，同在蓝天下，由于身体状况等因素的限制，残疾人的总体生活水平仍是大大低于健康人。

男：今年的助残日的主题是：平等共享，促进残疾人就业。让我们关怀残疾人，关心残疾人事业。

女：献出你的爱，留下你的情，共同为残疾人撑起一片晴朗的天。

男：好，文艺演出现在开始，首先请欣赏开场歌舞——

合：《好运来》。

（其他节目串词）

【舞蹈《荔乡春牛舞》（县育智学校）】

女：在我们＊＊，大约有三万多残疾人处于社会最低收入阶层，在还没有解决温饱问题的贫困人口中，残疾人家庭约占三分之一。

男：相当部分残疾儿童由于种种原因未能上学读书，多数残疾人的康复需求尚未得到满足。

女：残疾人在生活、康复、就业和参与社会生活等方面仍然面临着诸多严重的困难。

男：所有这些，都需要全社会的关爱、扶助，使他们那颗颗容易受伤的心多一点温暖、多一点安慰。

女：好，接下来请欣赏由县育智学校表演的舞蹈《荔乡春牛舞》、小品《携爱同行》。

女："平等共享，促进残疾人就业"，是今年全国助残日的主题；全社会关心、扶助残疾人，残疾人也通过种种方式回报社会，涌现了许许多多自强自立、身残志坚的感人事迹。

接下来请欣赏小品《携爱同行》。

（结束歌舞《中国，我们共同的名字》）

男：走在阳光里，你如此的美丽。

女：同在蓝天下，不分我和你，

男：献出一份爱，捧出一颗心，

女：助残扶残，行善积德，

男：倡导文明，功德千秋。

女：请欣赏歌舞《中国，我们共同的名字》、舞蹈《渔家姑娘在海边》。

女：阳光、沙滩、海浪、仙人掌，还有那美丽的渔家姑娘，接下来我们将把大家带到美丽的大海边，共同领略海边的醉人风光……

请欣赏歌舞《渔家姑娘在海边》。

看完刚才这个舞蹈，相信大家的心情和我一样的激动，一样的沉重，这帮可爱的小演员是来自县育智学校的学生，他们都是聋哑人。也许，我们根本无法想象他们听不到声音、说不出话、甚至看不到这五彩缤纷的世界是怎样的一种感受……（设计对话）此时此刻，我们最想说的一句话就是：我的兄弟姐妹们，愿你们在以后的日子里更加快、更加幸福。

朋友们，让我们再次把热烈的掌声献给他们！

（抽奖环节串词）

男：朋友们，为增加晚会的互动性，我们在晚会中安排了抽奖环节。

女：参加我们抽奖活动的方法很简单……

（捐资环节串词）

男：扶残、助残，是我们中华民族的传统美德，为了残疾人事业的蓬勃发展，在县委、县政府的、县残工委的大力倡导下，各单位以及各界人士踊跃捐资，献出爱心。

女：在这里，我们宣读各单位及各界任士的捐资、献爱心情况……

（结束语）

男：情系我的兄弟姐妹，帮扶贫困残疾人。

女：让我们都伸出温暖的双手，为残疾人事业献上一份爱心。

男：＊＊县2005年爱心助残文艺晚会到这里就全部结束了。

女：朋友们，再见！

【训练十五】　平安夜百事促销活动

1. 场地：合肥鼓楼门前

2. 时间：平安夜前夕

3. 目的：利用平安夜加大百事购买量

4. 形式：舞台演出和给现场的观众发放小礼品

5. 内容：

（1）播放百事音频广告及促销启示

（2）开场热舞

（3）主持人串场

（4）游戏互动

6. 活动节目流程

1. 开场热舞《百事正义歌》

2. 歌曲《爱上你》

3. 街舞秀

4. 互动游戏

5. 流行歌曲串烧

6. 小品《非常百事》

7. 歌舞《你快乐我随意》

主持人现场词：女士们先生们，忙碌的朋友们，请停下您匆忙的脚步，给我一分钟的时间，这一分钟，将给您带来一个不一样的惊喜，在今天的大街上，最美的是你们，最累的也是你们，放慢您的脚步，我们百事可乐公司的圣诞老人将为您送上满满一杯百事可乐，祝福您和您的家人圣诞快乐！（圣诞老人倒可乐）刚刚倒出的可乐还冒出一个个幸福的小泡泡，晃动您手里的杯子，满杯的幸福就是我们深深的祝福。接过圣诞老人的礼物，让我们一起品味幸福的味道！

（歌曲《爱上你》）

有您的支持就是我们最大的幸福，您觉得百事百事可口是我们最大的快乐，您觉得可乐是我们最终的目标，我们百事可乐公司为了答谢各位朋友的厚爱，百事可乐在平安夜大变装，在今年的平安夜，特别推出了百事可乐平安夜收藏版，现在让我们请出漂亮的帅哥们为我们展示百事可乐圣诞装！

《街舞秀》

接下来圣诞老人将要为路过的您送上一个大大的红包，只要您走上我们的舞台，和我们一起玩，您就会得到我们的大红包，现在台上已经放了几个板凳，我们一起玩抢板凳的游戏。还等什么呢，有好玩的，赶快来参与吧，大礼包等你拿！

一场游戏结束，现场的气氛更火爆了，千万不要走开，休息一下，还有更多的礼物在等着你们哦！

（歌曲串烧）

游戏好玩，还有更好看的，每个人都希望自己在这个世上遇到什么事都可以百事可乐，可是在我们这有个“帅哥”他有多百事可乐呢？

（小品《非常百事》）

不管是非常百事，还是百事可乐，我们最终的目标就是让您开心快乐，您的每一次光顾都是我们的幸福，你快乐所以我快乐，在这个平安夜，快乐平安是我们最终的目标！最后，送上《你快乐我随意》希望大家永远百事可乐！

【训练十六】　雅诗兰黛的新品上柜的活动

热场：路过的朋友请你们停留脚步。待会我们将有精彩的节目，和丰富的礼品赠送。

开场：这里是雅诗兰黛的新品上柜的活动现场，台下的美女们，面对永无休止的工作和应酬常感到烦躁、心闷、与阵阵不安吗？淘气的痘痘也趁机偷偷地溜了出来，这时你要警惕了。因为这些外在体现是毒素侵袭身体的信号。放下压力，释放活力，就是现在。快来加入我们雅诗兰黛的德阵容中。

游戏：我们请几位观众上来做游戏，只要来参加我们游戏者，我们都将有小礼品赠送。

我们先来玩个简单的，热热身。

…………

剩下两位观众……经过游戏，有一位胜出。

访问优胜者。

现在排毒正当红，瑜伽、慢跑、大声呐喊，已是时下最多追捧的新兴潮流。你，身在其中吗？

你用过我们雅诗兰黛的产品吗？

我们雅诗兰黛也推出了排毒的产品，送你一份小样。体验下我们的新产品，好不好？

歌曲：做了游戏……我们来听一首好听的歌。

问答：台下的观众想不想要体验我们的新产品试用装阿？举手向我示意下，这么多人啊，那可怎么办呢？我也想给你们每人一份。可是我们的赠品有限，我也不能偏心说给谁……那你们听好我接下来所说的重点，我会提问的。你们答对我将有礼品送哦。

如今，雅诗兰黛带来了先端的排毒理念，经过压萃的新石榴精华，被源源注入，“全新营养系列”，鲜活营养洁面乳，鲜活营养精华水，鲜活营养精华露，鲜活营养晚霜。在5000年前的波斯，它的果实，就像一颗红宝石的红石榴的精华。蕴含超强的抗氧化成份，可以让肌肤恢复明亮。

我们也将新包装换成了红色。

现在我要开始提问了，我们的鲜活营养系列是从哪里面提取的？很简单。

对，是红石榴，那大家知道红石榴的作用是什么呢？提示下，石榴里有什么成份？

我们雅诗兰黛的新品已经不再是以往的蓝色了，我们将包装换成什么颜色？

我们雅诗兰黛鲜活营养系列有哪些产品？

舞蹈：请我们的舞蹈艺员，给我们带来一段街舞。

介绍：这里是雅诗兰黛的鲜活营养的新品上柜的现场。在这个高速运转的繁华闹市中，萦绕内外夹击的毒素侵扰、加班、饮食不当、生活不规律，眼看肌肤越来越粗糙、暗沉、失去光泽。身心远离浊质，肌肤也一样渴望排出毒素，重返出新生般的纯净肌肤。曾被《本草纲目》赞为解毒珍品的红石榴，她蕴含着两大抗强氧化成份---石榴多酚和花青素，卓越的排毒和抗氧化功效，比起绿茶，更胜一筹！几年前，雅诗兰黛的理肤专家，在他的中国旅行中偶然发现红石榴的天然的排毒功能。

游戏：……

歌曲：……

结束：雅诗兰黛，邀你给肌肤做瑜伽。一觉醒来，肌肤就开始映射动人光彩。从清洁，精华，保湿到防晒。拥有高效石榴萃取精华和先进水分全方位渗透技术，令肌肤做瑜珈，吸入新鲜。

拥有健康的肌肤红润纯净的心情的你，还需要一款适合自己的健康妆容来提升魅力，我们的专有专业人员，观众可以到我们的专柜选购。

我们雅诗兰黛祝大家有个健康的身体，一个快乐的心情！

【训练十七】 3.15 主题活动

尊敬的各位来宾，各位朋友，您现在来到的是健康维权、蒙牛公司，2009“3·15”特别专场的活动现场！我是本场活动的司仪，潘婷婷。今天是一个特别重要的日子，就让我们一起隆重的来祝贺！祝贺蒙牛公司荣获中国消费者协会“3·15”标志产品荣誉称号！激情的旋律已经唱响，让我们的心情都一起澎湃吧。不管您是蒙牛公司的老朋友，还是蒙牛公司的新朋友，请和我们一起为荣誉欢呼庆祝！请大家拿起身边快乐健康的气球，123，抛起来！一起声势浩大的揭开2009“3.15”主题的序幕！

尊敬的各位来宾，各位朋友。各位为健康和权益而来的蒙牛公司的新老朋友们：

大家上午好！

在这里，我们代表所有的蒙牛公司的健康使者们欢迎您的到来！

衷心感谢所有嘉宾朋友热情的光临和支持！

说到“3·15”，我们就不得不谈到一些无辜受害者悲痛的事情，不得不谈到一些令人极度愤怒和讨回公道的事情！

2008年，从屡禁不止的假酒中毒事件，到大头娃娃们的撕心裂肺的哭喊；从垃圾油、垃圾肉；到“毒大米”、“毒面粉”、“毒点心”等等，越来越多的假冒伪劣产品对我们的生命产生了严重的危害和威胁！我们多么希望天天都是“315”，天天都生活在放心和安心的环境中。

为了关注消费安全，保护生命健康，倡导健康消费，蒙牛公司特别组织了今天“3·15”的专场活动。通过今天的活动，我们要让大家全方面认识到如何保护自己的权益，如何选择让自己放心的健康产品。

有请我们的歌手为我们带来好听的歌曲《明天会更好》。

谢谢歌手精彩的表演，谢谢，现在就让我们一起走进今天的活动内容。

今天是一个快乐的好日子，健康的好日子，诸多领导的专程出席让本次会议更是隆重珍贵、气氛高涨！让我们欢迎他们，有请他们发言。

朋友们，今天对于我们蒙牛公司人来说，真是一个年度以来最大的好日子，也是我们所有蒙牛公司的顾客们最值得高兴和骄傲的日子！你们知道今天是个什么样的日子吗?

我非常荣幸能把这个好消息告诉大家，这个喜事就是：蒙牛公司荣获了湖南省消协“消费者信得过产品”荣誉称号！今天在现场，我们就要举行这个隆重的授匾仪式！(走上舞台)。

这金光闪闪的八个字，浸透了蒙牛公司人对消费者负责的汗水和泪水，更收获着蒙牛公司的顾客们赠予蒙牛公司的最至高无上的荣誉！

一份耕耘，一份收获，一份信任，一路高歌。今天的荣誉将激励着孩子们更加勇往直前、鞠躬尽瘁！此时此刻，我们非常想听听董事长——

赠与我们这项荣誉的心里话。掌声欢迎！

谢谢董事长信任和支持！您的话语会激励着蒙牛公司人更有爱心和责任心去赢得更大的荣誉！再一次感谢！

为了活跃一下现场的气氛，下面有请我们的舞蹈演员，为大家带来好看的舞蹈。大家掌声欢迎。

作为消费者的“贴心小棉袄”，面对大家给予我们的荣誉，我们更要在这新的一年里，给所有的顾客朋友们一个放心的承诺！接下来让我们用热烈的掌声欢迎蒙牛公司集团总经理王先生走上舞台，代表所有的蒙牛公司人宣读《3.15 安全保障书》

朋友们，我们要不要为张总的信念和决心来些热烈的掌声呢？……谢谢！

朋友们，我又要问大家了，所有所有的荣誉，您觉得主要是来自于什么地方？如果您觉得是来自于服务，请举举手。

如果您觉得是来自于产品的质量，请您拍拍手。

看的出来，产品的质量是我们共同的认可！

接下来，我们进入第三版块——质量篇。来充分了解蒙牛公司的一流品质！请外面的模特为我们展示我们的产品

看完了模特展示，您是否找到答案了呢？

现在我们再通过顾客的亲身感受来进一步验证蒙牛产品的优秀的质量。下面我们要做一个游戏，优胜的选手可以获得我们丰厚的奖品。

游戏很简单，是这样的，事先准备一些纸片，上面写好各种职业，或者体育运动。然后让每个人分别抽一个，不要让别人知道。然后分别表演，不能说话，让别人猜猜看是什么职业。

我们今天活动现场有很多蒙牛的维护者，我想他们的体会、他们的感受，是对我们优质品质最好的验证！有请……

我想问一下现场的朋友们，现在您已经认可了我们蒙牛公司的产品的话，请举举手，有多少。

已经有很多很多朋友对产品认可了

现在进入我们真情回报时间……

音乐《难忘今宵》，在快乐的旋律中，我们今天的活动就圆满结束了！

衷心的希望今天的活动能给您带来新的一份快乐和健康！再次感谢您热情

的光临和支持，谢谢大家，我们下次期待着与您再相会。

再见！

【训练十八】 保健品公司正月十五联谊会串词

正月十五联谊会构思

主题：正月十五闹元宵

气氛：热烈、欢乐，春节气息浓厚

程序：

一、新春锣鼓 9：00—9：05 灯亮

尊敬的来宾朋友，欢迎您参加由珍奥集团举办的“春天的感动——第二乐章万家团圆闹元宵”大型公益系列活动。金风送喜、紫荆花开，在这春风送暖的时刻，让我们在新春锣鼓声中拉开本次活动的序幕。

二、《送给你一个祝福》开场 9：05—9：10

1. 锣鼓结束，“送给你”前奏起，配舞演员上场、礼花放起；

2. 主持人从会场后方合唱《送给你》跑上场（仅唱一段）。

三、开场白 9：10—9：15

欧：银羊赐福轻歌去，

刘：金猴携宝慢舞来，

夏：绿柳轻风歌富岁，

唐：红梅破雪兆丰年。

欧：带着新春的祝福与歌声，我们相会“春天的感动”。

刘：和着吉祥的鞭炮声，我们万家团圆闹元宵。

夏：今天是农历正月十五，是中国传统节日——元宵节。同时今天也是一年中第一个月圆之夜，所以称之为元宵节。

唐：是的，中国的节日好像都与吃有关，那顾名思义元宵节当然就要吃元宵了，不知道您今天早上吃了没有，如果没吃的话，中午一定要补上。

欧：正月十五元宵节不仅仅是吃元宵，人们更多的是参加到了各种活动当中，你比如观灯、猜灯谜、舞狮子等等，真可谓是正月十五闹花灯、一年更比一年好。

刘：是啊，可以说正月月十五喜庆多，合家团圆幸福多，

夏：心情愉快朋友多，身体健康快乐多，

唐：财源滚滚钞票多，年年吉祥如意。

欧：没错，在这里我们四位祝愿现场院的来宾朋友：

女：万事大吉、好事成双！

男：身体健康！

合：恭喜发财！

四、中央电视台节目评选活动9：15—9：20

刘：今年的春节晚会你们都看了吗？

欧：当然看了，春节晚会可是我们家年三十的一道大餐。

夏：是的，自1983年以来，已经举办22个年头的春节晚会和年夜饭一样成为除夕夜必不可少的一道佳肴。

唐：今年的春节晚会无论从形式或是内容上面，比以往都有所创新。为了增加晚会的观众参与性，由珍奥公司独家冠名的“珍奥核酸杯”我最喜爱的中央电视台春节联欢晚会节目评选活动也如火如荼地展开了。

欧：珍奥公司自成立，已度过了它8周岁的生日，从最初几十平米的厂房到占地12万平方米珍奥生态园的建立、产品行销从国内走向国际、从公司组建为集团、从一个产品到一个概念，珍奥人都在大步向前迈进！

夏：此次CCTV“珍奥核酸杯”我最喜爱的春节联欢晚会节目评选活动由珍奥集团独家冠名，是我们珍奥人的骄傲，同时也是企业实力的象征。

刘：具体情况，让我们结合前方大屏幕共同了解一下。

五、第一轮抽奖环节：9：20—9：30

欧：虽然今年的春节联欢晚会已经落下了帷幕，但是在正月十五颁奖晚会上会演更加精彩的内容，同时我们大连市夏德仁市长将代表珍奥集团公司发表讲话，这是我们珍奥人的骄傲，更是大连云港的骄傲。

唐：是的，在这需要提醒大家庭今天晚上一定要看啊！

夏：哦，为什么呢？

欧：因为今天现场所有奖品的抽取都是由珍奥公司专门为大连的朋友特别设立的。

夏：也就是说，大家除了可以参加中央电视台正月十五元宵晚会的抽奖之外，又多了一次现场参与抽大奖的机会是吗？

欧：是的。今天我们为大家准备了6轮大奖的抽取环节，奖品分别是

价值120元的托玛琳夫妻健康袜一对；

价值280元的托玛琳护理靠垫；

价值500元的海尔微波炉；

价值2000元的29英寸彩电；

大连——北京夫妻免费双飞三日游；

大连——三亚夫妻免费双飞五日游；

免费参加中央电视台正月十五元宵晚会。

夏：欧阳，说了这么多，我们还得一轮一轮地为大家抽取。

欧：好的。首先为您送上的是价值120元托玛琳夫妻健康袜的抽取。我们

将从现场抽取出10位幸运来宾。

夏：在进入会场时，相信您都已将贵宾卡的副券投放到了抽奖箱当中，我们将凭借卡号及您的名称进行抽取。

请出抽奖嘉宾。

欧：今天可以说是好礼不断，惊喜连连，抓紧时间，让我们抽取出价值280元的托玛琳护理靠垫获奖者名单。

夏：现场将会有3位幸运来宾可以获得此项大奖。

有请抽奖嘉宾于鑫，请出颁奖嘉宾：王红。

价值500元的微波炉的抽取环节将在职10：00准时为您送上。

六、情景剧9：30—9：40

欧：春节是最具有凝聚力的一个节日，每逢新春佳节，漂泊他乡的游子都要赶回家中，与家人团聚。

刘：是啊，特别是远方的老父亲、老母亲也在盼呀、盼呀盼着儿女都能回来，全家人团团圆过大年。

欧：细想想，这样日复一日，年复一年，我们的父母也一天天地老了……

七、游戏9：40—9：55

欧：送惊喜、送祝福、还要送健康。我们珍奥人从事的是健康产业，天下的每一位父亲、母亲都能够健康长寿，人人都能幸福平安是我们最大的心愿。

夏：想拥有健康的来宾朋友请您快速把手举起来。

您认为您现在就非常健康的请举手。

欧：这么多朋友有自信，掌声鼓励一下。

刘：请出10位来宾朋友。

八、讲座10：00—10：20

九、健身操10：20—10：30

十、咨询时段落0：30—11：40

【训练十九】　教堂圣诞晚会主持词

灯暗，小组唱成员上。主持人手执点燃的蜡烛上。

主持人朗诵，传光。

男："神爱世人，甚至将他的独生子赐给世人，

女：叫一切信他的，不致灭亡，反得永生。"

男：这位被称为"神的独生子"的人就是主耶稣。

女：1900多年前，他出生在犹太地一个贫寒的家庭。

男：照人的眼光看，他不过是一个普普通通的人，

女：他没有写过一本书，也没有担任过什么职务，

男：他从来没有进过大学，也不曾拥有百万家财。

女：他在世界上只生活了短暂的33年，

男：但他的一生却改变了整个人类历史；

女：他如同一盏明灯，照耀了苦难的人间。

男：耶稣对众人说："我是世界的光"；

女：跟从我的，就不在黑暗里走，必要得着生命的光。"

小组唱：《当以感谢进入他的门》（灯渐亮）主持人开场白：

男：亲爱的弟兄姐妹们！

男、女：晚上好！圣诞快乐！

男：哎，今天来了这么多朋友。有小朋友，大朋友，男朋友，女朋友，

女：除了老朋友，还有新朋友。

男：说起来，像今天这样的圣诞晚会我们已经办了五次了。

女：参加的人数一次比一次多，每次神给我们的恩典也越来越多。

男：现在不光是我们信主的人在庆祝圣诞，各行各业都在流行过圣诞。

女：是啊，你看现在满街都是圣诞树，圣诞老人，餐厅在推出圣诞大餐，商店在进行圣诞促销。

男：其实，好多人都是在赶时髦，以为这是进口的节日。他们不一定都明白圣诞节真正的含义。

女：而我们今天在座的每一位都知道圣诞节是为了纪念并庆祝主耶稣的降生。

男：耶稣的降生给我们带来了平安和喜乐。

女：让我们同声欢呼，来赞美这位人类的救主。

男：请大家起立。全体站唱：《欢呼主耶稣》（小组唱成员下）。

女：下面我们请牧师祷告。

祷告

男：请坐。

女：哎，黄海，你小时候印象最深的一件事是什么？

男：那是我10岁的时候，有一次，我贪玩爬到了一棵大榕树上，一不小心掉下来，掉到了河里。

女：哎哟，那你会不会游泳？

男：那时候我还不会，但我还是挣扎着爬到了岸上，可是我战战兢兢回到了家里，生怕爸妈骂我。

女：结果呢？

男：他们竟然原谅了我。

女：那你是不是如释重负？

男：那当然，我心里高兴极了。

女：哎，黄海，我们下面将要表演的这个短剧，可能跟你的经历有点类似。

男：好啊，我们一起看看吧！

短剧：《一笔勾销》（道具：宾馆门童服装三套，皇冠一顶，桌、椅一张，鹅毛笔一支，墨水瓶一只，纸一叠，仿古手枪一支，信一封）。

男：刚才短剧中伊凡的经历和我们每个基督徒的得救经历很相似。

女：圣经上说："我们若认自己的罪，神是信实的，是公义的，必要赦免我们的罪，洗尽我们一切的不义。"

男：只有这样，我们才会有内心的平安和喜乐。

女：主将平安赐给我们，这平安非世界所能给。

男：让我们来唱诗《主的平安》和《赞美之泉》。

唱诗：《主的平安》唱诗：《赞美之泉》

女：尊主为大是家庭和睦的源泉。下面这个短剧讲述的是一对年轻基督徒夫妇之间的故事，他们结婚已经好几年了，可是夫妻关系却总是紧张兮兮的，经常为一点小事吵吵闹闹。这不，你看，礼拜天的早晨，他们刚起床，就为一件小事吵上了。

短剧：《和睦的家庭》（道具：桌一张，椅两张，围裙、女包、塑料袋、菜罩各一）

女：哎，黄海，你演的志良怎么老是跟阿芳吵架。

男：没办法，导演安排的。不过，现实生活中这种现象确实也不少。我们家里只有主的同在才会有真正的爱。

女：我们一起来唱《爱的真谛》。

唱诗：《爱的真谛》

唱诗：《耶稣给你平安》

男：请看游戏表演《福音手》。

表演：《福音手》

女：圣经上说：我们要赞美耶和华。击鼓跳舞赞美他，鼓瑟弹琴赞美他。

男：你知道吗？赞美诗上有很多诗歌都是用中国古乐改编的，比说如赞美诗 380 首就是由古乐《梅花三弄》改编的。

女：对，它用古朴悠扬的乐声，如歌如诉地表达出对神的赞美。

男：下面请欣赏琵琶独奏：《诗篇 100 篇》。

琵琶独奏：《赞美诗第 380 首》

男：你有没有发现，现在的人们都偏爱"8"这个数字。

女：就是，现在结婚的日子，车牌的号码、电话号码都要挑带 8 的。这是为什么？

男：还不是想图个吉利，想发一发吗？现在好多人都把发财当作最大的理想和追求。现在的福利彩票，就有很多人买，如果中了奖，就有几十万呢。

女：哎，其实，发了财不等于人生幸福。也许，发财反而会带来更多的烦恼。

男：是啊，看了下面这个短剧，我们也许会更加明白这一点。

女：请看短剧《彩票风波》。

短剧：《彩票风波》

（道具：桌一张、椅三张、钱币若干、茶杯两只）

男：看完短剧，下面请顾约瑟牧师为我们证道。

证道

女：黄海，我问你，你最喜欢什么花？

男：我最喜欢的花是百合花。

女：是阿，野地里的百合花，洁白、馨香又美丽，圣经里还经常把万王之王耶稣基督比作馨香的百合花。

男：让我们来欣赏小组唱《野地的花》、《万王之王》。

小组唱：《野地的花》、《万王之王》

男：我们杭州风景秀美，被人称为人间天堂。生活在杭州，真是我们的福气。

女：其实，只要世界充满爱，天国就仿佛在人间；只要我们心中充满爱，天国就在我们心中。

男：请唱诗《天国在你心中》

唱诗：《天国在你心中》、《荣耀圣洁归于神》

祷告

祝福

全体工作组人员：《祝你们圣诞快乐》

第二节 民俗活动主持综合训练

【训练一】 烛光婚礼主持词

［场景］

18：18 新郎新娘及伴娘在婚宴门口迎接嘉宾；酒店内安排2名接待小姐或先生，在签到台负责来宾签到，并安排来宾宴席桌号和人员。

每个酒桌上都放有两包喜烟和两盒火柴，桌子的正中央摆放有玫瑰圣火烛及鲜花台；椅背用红色蝴蝶结编制而成。

背景音乐：重锣三声+民乐《梁祝》+春节序曲

18：58 烛光仪式开始。

全场灯光慢慢暗下来，六对冷烟花准备在通道两侧，每个餐桌上的红烛已经点燃。

背景音乐：《花好月圆》中，一男一女两名主持人上场。

［男主持人］尊敬的各位来宾，

［女主持人］各位亲朋好友：

［男、女主持人］大家晚上好！

［男主持人］海上生明月，天涯共此时。情人怨遥夜，静夕起相思。

［女主持人］灭烛怜光满，披衣觉露滋。白头搔更短，还寝梦佳期。

［男主持人］朋友们，爱情是给千古不变的话题，古往今来的人们一直在动情的讴歌爱情的圣洁与美丽。

［女主持人］爱情使婚姻更加美丽，爱情因婚姻更加美丽。

［男主持人］今天当历史的指针指向××××年×月×日这个大吉大利的时候，我们满怀喜悦地迎来了×××先生和×××小姐的新婚之喜。

［女主持人］如果这一天迟早要到来，等上一万年我们也不会觉得太久；如果那幸福的时刻马上就要到来，哪怕一秒钟我们也不愿意再等。

［女主持人］一万年太久，只争朝夕。好，朋友们，让我们共同采一段正午的阳光，再续一段往日情缘，伸出你我的手拍出生命的精彩，迎接一对新人共同走进这爱情的圣殿，吉时已到，有请新人闪亮登场！

［女主持人］漂亮的裙子舞起来，漂亮的领带打起来，红红的蜡烛点起来，大家的掌声响起来，把我们的新郎新娘请出来。

（音乐《感恩的心》起，音乐中灯光渐暗，追光灯打到新人入场口）

（新娘挽着父亲，新娘前边有两个花童撒鲜花瓣，新娘后面有两个花童拖着新娘的拖地婚纱裙，走到鲜花拱门处停下）

（新郎与伴郎从典礼台侧走到此处各执一束鲜花迎候）

（《给你幸福》音乐起，岳父嘱咐新郎并与新郎答词，之后新郎向岳父献花。追光灯打在他们身上）

（礼仪人员送上金色引火器，新人在花童与男女傧的陪伴下，手持金色引火器，在追光灯的照耀下神采奕奕入场）

［男主持人］朋友们，我们新人手持着烛杖来到我们中间，这跳动的不仅仅是烛光，更是爱的火舌在激情的舞动，是我们周围浪漫的空气不断升温，希望他们爱的圣火能映红在座来宾的每一张笑脸！

［女主持人］接下来，请新郎和新娘将着寓意美好的烛火传递给在座的亲

朋好友，让我们大家共同分享这份喜悦和幸福，也同时送上他们的谢意和祝福。

（接着，新郎拉着新娘台下绕一圈，新人一边走一边向大家打招呼问好，每桌作揖感谢大家，然后两人携手在主桌旁的主烛前站定）

［男主持人］朋友们，现在你们看到的是一支特制的一尺来高的结婚纪念烛，上面清晰的表可这 1～100 周年的刻度，它象征着百年好合，美满一生，接下来，请新郎新娘一起点燃他们爱的烛火。（在总指挥的引导下新郎新娘点燃他们的爱情蜡烛，全场来宾们沸腾了，响起了热烈的掌声）

［女主持人］以后，每一年的结婚纪念日他们都可以把这支象征着百年好合的蜡烛拿出来点燃。（掌声又一次响起来）

［男主持人］朋友们，在我们的共同见证下新人点燃了他们红红火火的喜烛。

［女主持人］在这里，让我们用掌声祝愿他们爱的圣火激情燃烧永不熄灭，愿他们相亲相爱、相思相守、相濡以沫、白头偕老！（热烈的掌上响起）

［男主持人］各位亲朋好友大家好！今天是个花好月圆的日子，我们在这里为×××先生××小姐举行结婚典礼仪式，真可谓喜中有喜，吉祥如意。

［女主持人］尊敬的各位领导、各位来宾、各位亲朋好友，今天我能接受双方家长的重托，和我的同事×××先生共同为新人喜结连理主持典礼仪式，我感到非常荣幸。特别是在这充满着欢乐和喜庆的时刻，能和在座的各位相识也是我感到格外的亲切和难忘。为此，我真诚的希望大家和我一起，用欢笑、用掌声祝福新郎新娘，我们大家为他们编织的人生最美好的瞬间永远留在他们的记忆里，成为新郎新娘将来生活中最珍贵的、最温馨的回忆！（掌声）

［男主持人］燕尔新婚，良宵美景时。在今天这个大喜的日子，各位亲朋好有送来了温暖，送来了友情，送来了吉祥，送来了最美好的祝福。在此，我受×××及其夫人的委托对各位领导和亲朋好友百忙之中的光临表示衷心的感谢和热忱的欢迎！

［女主持人］天赐良缘，云端上月老含笑；

［男主持人］花开并蒂，绿阳春新人踏歌。

下面我来介绍一下今天的男女主角。

相貌堂堂好儿郎，

风度翩翩帅模样，

一心一意爱新娘，

忠厚诚实热心肠。

我们的新郎是一位才华出众的好青年。

［女主持人］我们的新娘子眉毛细，眼睛大，鼻子下面小嘴巴，温柔大方又美丽，心地善良人人夸。

[男主持人] 新郎的才华出众配新娘的心地善良，新娘的温文尔雅配新郎的风度翩翩。他们二人的结合可以用八个字来形容，那就是“郎才女貌，佳偶天成”，大家说是不是?

[来宾]（高兴的呼应）是——!

[女主持人] 美丽的新娘，听到了吗?这一刻，整个世界因你而喝彩；英俊的新郎，看到了吗?这一刻，整个宇宙为你而祝福！在这鲜花盛开的时候，在神圣庄重的幸福时刻，祝福你们：云里雾里从此比翼双飞，风中雨中从此荡起爱的双桨。

[男主持人] 大千世界芸芸众生，能够寻觅到终生相伴的知己，真是人生一大喜事。我们看到这对新人真可谓是机缘天作媒，良缘地注定!

[女主持人] 是啊，他们从相识、相知到相恋，成就了一段美好良缘。从相恋、相伴到相守，写成了一篇爱的华章。朋友们，让我们以热烈的掌声祝愿这个即将成立的小家庭。祝愿他们，在生活的海洋里，一帆风顺，二人同心，三羊开泰，四季平安，五世其昌，六六大吉，妻唱夫随，八仙同贺，九龙呈祥，十全十美，百年偕老，千载良缘，万事胜意。

[男主持人] 真挚的烛光辉映着甜蜜的笑容，交织着不变的希望。爱，不是稍中即逝的闪电，而是永恒不熄灭的烈焰，它照耀着新人的现在，更照耀着新人的未来!（舞台上的灯光又换成一种浪漫而温馨的色调，在烛光的映衬下，场上的气氛一下子变得庄重起来）

[女主持人] 呼吸着爱的气息，

[男主持人] 合着美妙的音乐，一对新人点燃了他们心中的爱情之火。

[女主持人] 这是心灵与心灵的呵护，这是情感与情感的交融。

[男主持人] 这是永结同心，共度美好人生的起点，这是至善至美、至纯至真爱情的礼赞。

[女主持人] 爱情是长途跋涉中手挽手的搀扶，

[男主持人] 爱情是艰难困苦心连心的眷顾。

[男、女主持人] 祝福你们——真心相爱的情侣，在这激情燃烧的时刻，愿这温馨美丽的红烛，永远照亮你们的锦绣前程。

（两位新人在温馨的烛光里相对而立）

[女主持人] 让你们的目光深情对视，让你们的双手紧握在一起，让你们彼此呼吸着爱人的气息，让你们的心儿跳成一个频率。此情此景让我想起了《诗经》里的一句话：“生死契阔，与子成说；执子之手，与子偕老。”

[男主持人] 请问新郎，你是否愿意娶×××小姐为妻，不管疾病、灾难、痛苦，你都会终生爱她、呵护她吗?

[新郎] 我愿意!

［女主持人］请问新娘，你是否愿意嫁给×××先生为妻，不管疾病、灾难、痛苦，你都会终生爱他、陪伴他吗？

［新娘］我愿意！

［男主持人］大家都听得出，这是两句发自肺腑的话，我希望新郎新娘能够终生铭记。

请所有的来宾在心中和我一起默念5秒钟，然后我们共同聆听两位有情人在今天为心上人许下的爱情誓言。

［新郎］亲爱的×××，你知道吗，我今生最大的希望，就是和你一起慢慢变老。

［新娘］我能想到最浪漫的事，就是和你一起慢慢变老，那时我仍然是你手心里永远的宝。

［女主持人］多么浪漫而朴实的愿望和想法啊。当岁月的光华流失于额头鬓角，当生活的艰辛填满脑海心间的时候，我希望你们还能彼此深情的说一句：你永远是我手心里的宝！

［男主持人］现在，请两位新人紧紧拥抱、亲吻。请所有来宾伸出你们热情的双手，再次以热烈的掌声祝愿新郎新娘同甘共苦，钟爱一生。

［男主持人］亲爱的来宾朋友们，接下来，按照传统习惯，二位新人将以夫妻身份行新婚大典。请新郎新娘面对广大来宾们站好。

这对新人能够有今天，要感谢在座的各位亲朋好友，请新郎新娘向前一步走，为大家三鞠躬。首先，面向左边的来宾，一鞠躬：祝愿大家东成西就！

［女主持人］面向中间的来宾再鞠躬：祝愿大家左右逢源！

［男主持人］面向右边的来宾三鞠躬：祝愿大家南通北达、上下皆宜、财源广进、生活幸福、家庭美满、身体健康、万事如意！（全场响起雷鸣般的掌声）

［女主持人］新郎新娘，今天你们喜结连理，面对养育和教导你们的父母，太多太多的感激聚集在心头，仿佛忆起了家中收获你夜归的灯火，想起了雨天在学校门口盛开的伞花，又想到了临行前为你一针一线赶织毛衣的身影，还有那一个个如同过节一般欢迎你回家的每一个日子。

［男主持人］此时此刻，父母的眼中都含着闪闪的泪花，那是幸福的泪花。在这里，请你们向父母捧上一杯孝敬茶，再叫一声“爸爸”、“妈妈”，说一声“你们辛苦了”。

（新郎新娘向父母献茶，并改口）

［女主持人］希望新郎新娘把对父母的感激之情化作你们日常生活中的孝敬之心，愿在你们的精心呵护下，父母能够安度晚年。

［男主持人］朋友们，唐代大诗人孟郊有一句脍炙人口的诗叫《游子吟》，

开首两句“慈母手中线，游子身上衣”，写出了父母为儿女操不完不心。在这里，我代表今天所有的来宾向天下所有的父母说一声：谢谢你们。下面请新娘的父母讲话。

（新娘的父母讲话略）

［女主持人］谁言寸草心，报得三春晖。父母为了儿女的成长染白了青丝，费尽了心血。值此大喜之时，让我们以热烈的掌声欢迎新郎的父母大人讲话。

（新郎的父母讲话略）

［男主持人］今天的新郎，显得春风得意，神采飞扬，眉宇之间掩饰不住内心极大的喜悦与幸福。新郎××是一位行政骨干，新娘是医疗战线上不可多得的一名优秀的白衣天使。我建议，让我们用热烈的掌声，为他们能够走在一起，为他们将来家庭的幸福表示最衷心的祝福！（掌声）

下面我们请新郎单位的领导×××局长讲话。

（领导致辞略）

［女主持人］有缘千里来相会，听说他们的相识与结合还有一段小故事，下面请新郎新娘为我们大家讲述他们的爱情经历。

（新郎新娘酌情讲述恋爱史）

［男主持人］花飞花落花满天，情来情去情随缘；雁去雁归雁不散，潮起潮落潮无眠；夜深月明梦婵娟，千金难买是红颜；若说人生长苦短，为何相思情难断。

新郎新娘，从当初的偷偷的单相思，到今天的修成正果的相缠相绵，此时我想你们的心情一定格外激动，在座的都是至亲好友，有什么心里话对大家说说？

（新郎新娘致答谢词）

无尽的感谢真的是难以言表，请再次把对亲友、对父母的感谢表现在下面的鞠躬中吧。

［男主持人］面向来宾一鞠躬，（因为老百姓是天地，所以面向朋友们）意味深长！

面向高堂再鞠躬，（请新郎新娘转身面向父母）幸福安康！

夫妻对拜散鞠躬，（最好头撞一下，这样有喜剧效果）地久天长！

［女主持人］有请礼仪小姐送上新郎新娘的激情香槟！（香槟酒送上来）

［男主持人］请新郎新娘端起你们爱情凝聚的美酒，将它们甜甜的注入你们的心田。

（新郎新娘喝交杯酒）

［女主持人］每一杯酒都倾诉着爱的故事；

［男主持人］每一杯酒都斟满了爱的誓言。

［女主持人］有多少花前月下，只因企盼这一天而美丽；

［男主持人］有多少日思夜盼，只因期待这一刻而浪漫。

［女主持人］让这甘甜的美酒，注入晶莹的杯塔之中，散发出爱的芬芳；

［男主持人］让这幸福的时刻，停留在你我的心头，融汇成爱的海洋。

［男、女主持人］让我们再一次为他们祝福，祝福有情人终成眷属。

［女主持人］下面，请新郎新娘互换结婚信物。（礼仪小姐呈上新人的信物）

［男主持人］钻石恒久远，此爱最绵长。愿你们的真情能够演绎出“此情只应天上有，人间哪得几回闻”的爱情千古传奇。

［女主持人］现在请新郎新娘来一段配乐情诗朗诵。（灯光变暗，工作人员打开准备的烛光灯，现场的气氛一下子变得幽雅起来，背景音乐巴赫的《温馨的佳节》）

［新郎］让我怎样感谢你，当我走向你的时候，我原想收获一缕春风，你却给了我整个春天。

［新娘］让我怎样感谢你，当我走向你的时候，我原想捧起一簇浪花，你却给了我整个海洋。

［新郎］让我怎样感谢你，当我走向你的时候，我原想拾取一片红叶，你却给了我整个喜悦！

［新娘］让我怎样感谢你，当我走向你的时候，我原想亲吻一朵雪花，你却给了我整个世界！

［新郎新娘］谢谢你，让我拥有了属于我们共同的天地！

［新郎］在你盈盈的眼波中，玫瑰在一朵朵地盛开，如同你圣洁的礼服拥裹下，靓丽而灿烂的笑颜。终于，今天你成了我今生今世的新娘。

［新娘］在今天，让我执你有力的大手，让我拥着你温柔的心，在深情的凝视下，许下我们一生的誓言。你是我生命中永远的亮点！

［新郎］你是我生命中不灭的引航灯！（热烈的掌声）

［男主持人］非常深情的配乐诗朗诵。朋友们，我还听说我们的新郎的嗓音也非常的了不起，今天，我们也请他为大家一展歌喉，大家说，怎么样？（好！来宾们欢呼着）

［新郎］（和新娘商量）既然盛情难却，接下来，我和我家娘子献丑了，我们为大家献上一首非常美丽、非常动听的《有情人终成眷属》，希望大家能够喜欢。（大家的掌声响起）

（新郎新娘深情款款的对唱赢得了全场来宾们的阵阵掌声和欢呼之声，在大家的喝彩声中，新郎新娘唱毕）

［女主持人］真是分外的感人哦，我已经被他们的演唱感动的稀里哗啦了。

看着新郎深情的拉着新娘的手，唱着动人的词句，又是那样的专注，再结合这首歌的特殊意味，我们似乎看到了一个美丽的意境，在那个美丽的意境里，有情人相许终身，共同向往着美好的未来。

［男主持人］是啊，此情此景，他们两个人的演唱可以用一个成语来概括，那就是声情并茂。唱得是超级好听，感情是非常的真挚。唱出了有情人的独特感觉和味道。

朋友们，快乐的时光是短暂的，但朋友们的真情却是永恒的。今晚的婚礼庆典到这儿就结束了，在此，让我们为幸福的小夫妻祝福，为快乐的爱侣唱歌，为火热的爱情举杯，愿他们的人生之路永远洒满爱的阳光，溢满花的芬芳，充满爱的情趣！

［女主持人］让我们再次以热烈的掌声表示对新郎新娘衷心的祝福，同时，也代表两位新人及其全家向各位来宾表示热烈的欢迎和真心的感谢。

［男主持人］华灯初上正当时，来！请斟满手中的美酒，让我们全体嘉宾端盏举杯，为一对新人喜结良缘干杯！

［女主持人］为各位领导、各位朋友的身体健康干杯！

［男主持人］为我们幸福美好的明天干杯！

［男主持人］今天我们在此相聚，谢谢各位来宾带来吉祥和幸福。

［女主持人］在这里，我们祝愿一对新人永浴爱河，祝愿大家年年有余！

［男主持人］祝愿新郎新娘万事如意，祝愿在座的各位来宾一切顺心顺意。

［女主持人］愿我们的祝福闪烁在晨曦，闪烁在日暮，闪烁在大家生命中的每一天。

［男、女主持人］吉日良辰，美酒飘香，幸福的婚姻，地久天长。好，×××先生暨×××女士的婚礼庆典到此结束！谢谢大家，祝大家良宵美满，吃好，喝好！谢谢！

【训练二】 军营婚礼主持

【女主持人】绿色的军装穿起来，绿色的领带扎起来；

【男主持人】大红的喜字贴起来，大红的日子就要火起来；

【女主持人】尊敬的各位领导，各位嘉宾。

【男主持人】亲爱的各位亲朋好友，各位最可爱的人。

【男女主持人】女士们先生们：大家中午好！

【女主持人】今天阳光明媚，歌声飞扬，在这个美好的日子里，我们来到了浪漫温馨的×××大酒店，参加×××先生和×××小姐的新婚典礼，举行21世纪最佳爱情故事的颁奖典礼，真是人人心情激动，个个笑逐颜开。

在这里我代表新郎新娘以及他们的家人，向各位的光临表示衷心的感谢和热烈的欢迎！

【男主持人】首先，有请新郎的父母到前面就座，有请咱们娘家客人到前面就座，有请主婚人、证婚人、介绍人到前面就坐。谢谢大家。

参加今天婚礼的还有……欢迎你们的到来！（主要嘉宾在嘉宾席上一一就座）

【女主持人】在这拥有五千年文明历史的国度，在这拥有数代王朝建都的城市里，在这喜庆吉祥的×××大酒店，各位来宾喜聚一堂，翘首企盼，此时此刻大家的心情都和我一样，都在急切地盼望着、盼望着、盼望着一对新人的到来，好！时针指向了11：08分，良辰吉时已到。

【男主持人】现在我宣布：×××先生×××小姐的婚礼仪式正式开始。请所有的朋友起身，请音响师奏响《婚礼进行曲》。让我们以最热烈的掌声，还有尖叫声、欢呼声请出今天的两位最佳男女主角。

【女主持人】有请新郎×××和新娘×××上场，奏《婚礼进行曲》。朋友们，让我们用最热烈的掌声欢迎新人登场！看哪，幸福的两位新人正手挽着手，心连着心，面带着微笑，眼含着深情，共同走向神圣的婚礼殿堂，开始他们美好幸福新生活，让我们衷心的祝福两位新人：红花绿叶永相伴，金管紫竹九连环！

（全体来宾掌声响起，花童撒花引路，新郎新娘胸带大红花，在男女军人陪同下缓缓步入殿堂，一群少男少女簇拥着喷五颜六色的飘带，向天空抛出缤纷的玫瑰花蕊）

【男主持人】真是：绿色牵出同心结，碧树花开并蒂莲！

【女主持人】比飞却似关雎鸟，并蒂常开连理枝！

（新郎新娘在音乐声和祝福声中登台）

【男主持人】好，现在两位最佳男女主角已经站在台上，他们身边还站着两位最佳男女配角，分别是伴郎×××先生，伴娘×××小姐，那么伴郎旁边的是××军区宣传干事×××小姐。

【女主持人】站在伴娘旁边的是××军区宣传干事：×××先生。

【男主持人】现在，我们的最佳导演×××先生，最佳摄影师兼灯光师××小伙子，还有音响师×××先生，他们都已一一就位。

【女主持人】OK，现在言归正传。下面我给大家介绍一下今天帅气的新郎和美丽的新娘。

【女主持人】请大家再仔细看看台上的两位男女主角，他们真的是天生的一对，特别是女主角，长得非常的迷人，下面，我先抓紧时间，向她做个现场的采访。

请问这位尊贵的白雪公主，你愿意嫁给站在你左边这位风度翩翩的黑马王子（男主持人），做你的终身伴侣吗？

【新娘】对不起，我现在已经决定嫁给站在我右边这位风度翩翩的白马王子了！（来宾大笑）

【女主持人】哎呀，想不到呀，这位姑娘真是好眼光，没看错人，请大家再次给点掌声这位漂亮的白雪公主。

【男主持人】损人也不是这样损吧，我不过长的是黑了点，啤酒肚大了点，也不至于没人要。请问新郎，你看你右边的那位拿着话筒的小姐长的有没有新娘子漂亮?

【新郎】你说呢?（众人鼓掌）

【男主持人】真想不到新郎这么狡猾，我还是收回我的问题吧。

【女主持人】算你聪明，不至于挨我的拳头。

【男主持人】OK，谢谢大家！各位领导，各位嘉宾，各位亲朋好友，各位最可爱的人，女士们、先生们，在伟大的社会主义新中国昂首走进新时代之际，这长在红旗下、笑在花丛中的新人终于结束了他们的爱情马拉松长跑，携手大跨步走进婚礼的礼堂。

新郎名叫×××，今年13.5公岁，籍贯在×××，毕业于×××军校，现任××部队第三大队队长，是一名德才兼备，前途无量的年轻干部。同时，这位老兄也是实践“三个代表”重要思想的杰出青年：第一个代表就是“酷哥”的代表。大家看他，长的真是一表人才，风度翩翩，生的是玉树临风，高大威猛，用一句流行话说，就是酷毙了、帅呆了。那么第二个代表呢，就是成功人士的代表，因为×××不仅年轻有为，而且还娶得娇妻，真是可喜可贺呀。第三个代表呢就是优秀青年的代表，×××文武双全，不仅致力于地方的安全保卫事业，而且还担任《××日报》的特约编辑，总之，他就是我们新世纪优秀青年的杰出代表。

请大家再次将热烈的掌声送给新郎先生。

【女主持人】介绍完新郎，下面由我为诸位介绍一下今天这位美丽的白雪公主——新娘子芳名叫×××，芳龄二十五周岁，祖籍××，来自南方的水乡，是一名美丽的白衣天使，如果说新郎是实践“三个代表”重要思想的杰出青年，而我坚持认为新娘是“三讲”的积极分子。哪三讲呢？我认为，首先是讲话比较温柔。那么第二讲是什么呢，是讲究打扮。大家看新娘今天的打扮，真的是花容月貌，美丽动人，确实是打扮的非常漂亮，非常得体。

【男主持人】俗话说“爱美之心，人皆有之”，女人打扮得漂亮一点，也是我们男人的福分，因为，有一句话说的好“女为悦己者容”，只要你得到女孩子的芳心，她就会天天为你打扮得花枝招展的。（掌声）

【女主持人】OK，现在大家是不是想知道新娘子的第三讲是什么呢？好，告诉大家也无妨，她的第三讲就是喜欢跟新郎讲悄悄话！至于具体讲什么呢，有兴趣的朋友可以等今天晚上闹完洞房后在他们窗户外面偷听。

【男主持人】好，新郎新娘的情况我就为大家介绍到这里，下面，我宣布：×××先生和×××小姐的结婚典礼仪式现在就开始，鸣炮奏乐。

（煞那间，音乐声、礼炮声顿时大作）

【男主持人】今天的一对新人都是中国人民解放军的一员：新郎是××部队的一名宣传干事，新娘是××部队医院的护士，共同的使命和天职使他们走到了一起，他们的爱情已成为一段军旅佳话。

【女主持人】首先，让我们领略一下军人的风采。

（新人的战友们齐刷刷的站起来向来宾们敬了个漂亮的军礼，又齐刷刷地威武雄壮地说了一声：大家好！引起全场来宾的热烈鼓掌）

这些重情重义的战士们还为新郎新娘带来了非常珍贵的礼物，大家想知道是什么？（来宾们齐声说：想）

好，那就是炊事班的班长亲手下厨烹制的酸甜苦辣汤，这可是班长的看家本领。想必大家都没有听说这样一种汤名。那是当然。谁能轻易把自己的拿手绝活外传呢，否则，岂不是砸自己饭碗啊？

【男主持人】是啊，但是好事也是会传千里的，经过我们一番苦口婆心，“威逼利诱”之后，班长这块阵地还是被我们打出了一个很大的缺口，也就是说，我们使出了浑身解数终于攻克了班长这块堡垒。

【女主持人】真可谓是用心良苦啊，其中过程的艰辛在此就不细说了。我们只注重结果，那就是：当我们胜利侵入阵地之后，班长自然也就缴械投降了！（来宾被两位主持人的一唱一和的幽默逗得开怀大笑）噢，不是，应该说我们是宽待俘虏。（男主持人在一旁附和：对，对，对……）记得我们当时的口号是：缴汤不杀！

【男主持人】是啊，为了能够拿到烹制酸甜苦辣汤的独家秘方，我们可是刹费苦心。记得攻克班长这块阵地之前，我们对班长的宣传策略是：一切好商量！这才让他紧闭的口有所松动，我们才有机可乘！（来宾们掌声响起了一大片）

【女主持人】说了这么多，我还是将酸甜苦辣汤的烹制方法传授给大家吧，不过还需提前申明，这可是申请过世界专利，获得法律的保护，所以，希望大家不要以为自己获得了真传就去另立旗帜，作假去害人。大家听清楚了没有？

【来宾】听清楚了！

【男主持人】此汤的烹制程序是：将厨房里所有的调味料通通拿出，凑成一小碗，再加三小碗水，然后用大火烧 26 分钟，再改成小火煎熬 38 分钟，即成一碗酸甜苦辣俱全的酸甜苦辣汤。当然，调味料的剂量和水的剂量还可以根据大家的意愿适时添加。

大家记清楚了没有？

【来宾】(笑着) 记清楚了!

【女主持人】记清楚了，就用掌声向我们这两位用心良苦的主持人表示一下你们的感谢!

(来宾们响起热烈的掌声和欢快的笑声)

【男主持人】谢谢大家的厚爱，这独家秘方一般人我可不告诉他! (主持人惟妙惟肖地模仿某电视明星经典的一句广告语引起了大家又一次的掌声和笑声)

【女主持人】关于这个酸甜苦辣汤在婚礼上的独特用法，我们还需要郑重地交代大家几句。这汤可不是一般的汤，也不是谁想喝就能喝的上的。此汤是在新郎新娘在婚礼现场不听众人“招呼”、“命令”、或者“建议”的时候端上，让他们品尝，美名其曰“尝尽人间干苦”。当然了，该汤也可充当新郎新娘节目表演失败时的受罚物。

【男主持人】新郎新娘你们也该清楚了吧，这么优厚的待遇，谁还忍心夺爱呢? (来宾们又会心地大笑)

【女主持人】好，朋友们，我们不能光说不练。大家就希望我们的新郎新娘能喝下我们精心为他们调制的美味汤剂! 当然，新郎新娘能否“如愿以偿”与大家的“厚爱与关怀”是分不开的。(掌声、叫好声又一次响起)

好，接下来，我们首先进行的是结婚典礼的第一个仪式：拜天地。

不靠天，不靠地，军人靠自己。

首长就是天，战友就是地。请新人向部队首长、战友及全体来宾敬礼。(新人向首长敬礼、向战友敬礼、向来宾敬礼)

(部队首长和战友敬礼回敬，全场响起热烈掌声)

【男主持人】在父母的呵护下，我们长大。

为了保卫国家，我们离开了家。

不管走到哪里，也忘不了爸和妈。

接下来，是进行第二个仪式：拜高堂。请新人向双方父母三鞠躬。一鞠躬，感谢父母养育之恩；再鞠躬，感谢父母操劳之情；三鞠躬，不管走到哪里儿女总会把你们牵挂。

【女主持人】好，新人的鞠躬真的是很真诚的，久久不起。而此时此刻他们的父母也是非常激动，我想父母今天的心情也是十分欣慰的。这二十多年来，他们是含辛茹苦，把儿子养育成人，今天终于盼到儿子成家了，心情一定非常的激动。曾几何时，我们忙于事业，陶醉于爱情，而冷落了操劳的父母。特别是作为一名军人，自古忠孝不能两全，我们欠父母的是在太多了，所以，希望新人婚后能带上爱人，带上孩子常回家看看，帮爸爸揉揉背，帮妈妈刷刷碗。

【男主持人】下面请两位新人向左向右转，在咱们××地方有这么一个风俗，夫妻对拜的时候啊谁鞠躬鞠的越深，说明谁爱对方爱得越深，下面就进行第三个仪式：夫妻对拜。一鞠躬。互相帮助比翼飞；再鞠躬，相互理解齐头进；三鞠躬，恩恩爱爱到白眉。

下面请新郎新娘交换结婚信物。

【女主持人】请新郎新娘互相亲吻以表爱意。

【男主持人】请新郎新娘勾肩搭背喝下他们幸福的新婚交杯酒。

【新郎】要喝完吗?

【女主持人】不，一人喝一小口，这样才叫“小俩口”嘛！

【男主持人】天生才子佳人配，只羡鸳鸯不羡仙。美丽的新娘就好比一杯玫瑰红酒，而新郎就是那红酒杯，就这样慢慢品味那融合的滋味。

是缘分把这对钟爱一生的信任结合得甜甜美美，从此形影不离；是天是地把这对心心相印的夫妻融合入得恩恩爱爱，从此幸福永远。

【女主持人】喝完了酒，请新郎新娘切结婚蛋糕。(新人切蛋糕)

【男主持人】在典礼前，新郎一再要求让我安排一下，他要与新娘表演一个节目，以表达他对新娘真挚的爱和对来宾的感激之情，大家说让他们表演什么节目？什么？(众人议论纷纷，争论不休)

【女主持人】看来大家的想法还是不统一，我看这样好不好，我们让两位新人唱一曲《纤夫的爱》好不好?

【宾客】(异口同声）好。

【男主持人】Music，go. 有请新郎新娘，大家掌声鼓励！

(新郎新娘唱歌，唱毕)

【男主持人】这下两口一唱一和还挺默契的，希望你们在以后的生活中也是夫唱妇随！(掌声)

【女主持人】在这里，我想问新郎，加入在今后的生活当中，你像歌里唱的那样拉纤，而新娘向歌词里唱到的那样在船上坐着，你有没有怨言、甘心不甘心?

【新郎】无怨无悔，愿意拉她一辈子。(雷鸣般的掌声)

【男主持人】新娘，新郎那样累，而你却在那悠然自得地坐在船头，你心痛不心痛?

【新娘】心痛！

【女主持人】我想，这也是我们共同的心愿，祝愿你们在今后的生活中永远记住今天，尊老爱幼，和睦相处，做一对相互体谅、相互包容的人间仙侣！

【男主持人】朋友们、女士们、先生们，而为新人以一曲《纤夫的爱》将今天的婚礼庆典推向了高潮，让我们共同祝福两位新人，祝福他们的爱情如喜马拉雅山上的雪莲一样高贵、纯洁，如长白山上的松柏一样挺拔、长青！

【女主持人】美丽多情的××河畔，曾是你们谈情说爱的地方；清爽迷人的×

××公园留下你们爱情的一行行脚印。

【男主持人】脚下的路越长，你们心中的爱越深；心中的爱越深，你们的情更浓。请你们珍惜这美好的时光，珍惜这幸福的时刻吧。

【女主持人】愿你们荡起爱的双桨，扬起爱的风帆，共同驾驶你们的生命之船，驶向那美好的温馨的港湾！

【男主持人】朋友们，刚才新郎新娘已经向大家展示了他们夫妻的默契度了，接下来，应某位嘉宾的强烈提议，我们还想用一个小游戏检验一下他们的心有灵犀程度。

【女主持人】游戏的规则是这样的：我们有请新郎的战友们一起上场，因为在同一个连队里一起生活，个头都差不多、身段也差不多，脸盘也差不多，像是从一个模子里面刻出来了，开玩笑！

【男主持人】哎哟，这简直就是一个人，一排的新郎倌。（大家笑）新娘子，你看他们一样吗？

【新娘】（笑着）不一样！

【女主持人】你看他们谁最帅？

【男主持人】这还用问吗，情人眼里出西施。停，停，停，打住，（做出要求暂停的手势）我想我们还是别问太弱智、太小儿科的一些问题了，还是请新娘蒙上她美丽的大眼睛，用她的巧手纪念来对新郎的感觉，亲自动手、动鼻、动脑子把藏在假新郎中的真新郎摸出来，大家说，怎么样？

【女主持人】当然了，为了避免新娘投机取巧，在新娘触摸诸位真假新郎其间，全体人员，包括来宾尤其是新娘的亲友团们，都不许出声，不出气最好，尤其是新郎，以不出声、不出气、不动不摇为最佳表现姿势，（大家都被主持人的话逗得笑个不停）否则，（郑重其事，威严的说）酸甜苦辣汤伺候。

【男主持人】（模仿古代的衙役，粗声粗气的喝道）威—武—！（让大家都禁不住捧腹大笑）

【女主持人】当然了，如果新娘在规定的时间内找不出新郎来，或者是找错了，一律酸甜苦辣汤伺候。新郎新娘可听清楚了？（新郎新娘粲然一笑，点头）

【男主持人】好，请礼仪人员把新娘的眼睛蒙上，由新娘来为我们表演《让我猜猜你是谁》。

（礼仪人员把新娘的眼睛蒙上，主持人跑到新娘面前，在新娘蒙着的眼睛前做了若干个动作，新娘都无动于衷，然后，笑呵呵地为新娘蒙眼睛的礼仪人员说）你办事，我放心。

【礼仪人员】（笑着回应，模仿受手掌检阅的士兵立正，然后敬礼，大声的说）为人民服务！（大家笑）

【男主持人】先请真假新郎们交换位置。（新郎和战友们交换位置然后站好）

所有参与人员请认真听，这次行动要小心，不管谁延误行动，都格杀勿论，重者酸甜苦辣汤伺候。

好，万事俱备，只欠口令。预备，开始！

（新娘在大家的掌声和起哄中开始了她的猜夫总行动，游戏过程略）

【女主持人】通过这次大检阅，我们大家都可以深刻的看出新郎新娘那真是：心有灵犀一点通。好，朋友们，掌声祝贺新娘子攻破重重陷阱，打破多重伪装，终于如愿以偿地找到了她的如意郎君。

（对男主持人说）可见人还是有差别的，在你的眼里都是差不多的，可是在有情人的手里，却根本不是那么回事！

【男主持人】我收回我刚才说过的话，并请新郎新娘见谅。

【新郎】（开玩笑道）算了，说出去的话如泼出去的水，肯定是收不回来了。还是请你喝一口美味的酸甜苦辣汤以示诚意，大家说，怎么样？

（来宾们跟着起哄）

【男主持人】（连忙说）别，别，别，这样百年不遇的美味佳肴，是战友们的一片心意，我可不敢享受。我晚上回家后还是亲自弄一碗喝吧，现场的这两碗还是留给我们后面的保留节目，大家说，我的建议好不好？

【来宾】（不约而同地说）好——！

【男主持人】应广大嘉宾的一直要求和强烈提议，我们需要新郎和新娘回答几个小问题，条件是必须用歌名来回答，谁违犯规则就亲对方一下。记好了，用歌名来回答。回答不上来的人（把话筒朝向来宾）

【来宾】（集体大声说）酸甜苦辣汤伺候！

【女主持人】看来我们的宣传工作做得非常好，大家对我们现场的规章制度真是耳熟能详、出口成章了。（大家好）

好，第一个问题，请问新娘子，你是哪里的姑娘？

【新娘】阿里山的姑娘。

【男主持人】你从哪里来？

【新娘】黄土高坡。

【女主持人】你坐什么来的？

【新娘】大花轿。

【男主持人】你和谁结婚？

【新娘】北方的狼。

【男主持人】没难住新娘子，大家也没看到激情接吻。不着急，还有新郎倌垫背呢！那请北方的狼自己自觉地向前一步走。请问北方的狼你和谁结婚。

【新郎】傻妹妹。

【女主持人】你爱新娘有多深?

【新郎】月亮代表我的心。

【男主持人】你和新娘是哪年认识的?

【新郎】我们相约1998,相爱在2002年的第一场雪。(掌声)

【女主持人】你爱新娘到什么程度?

【新郎】冬天里的一把火。

【男主持人】请你们分别用三个“最”说三句话,不得重复。这次男士优先,新郎先来。

【新郎】我昨天睡得最晚,激动;今天起的最早,着急;我的新娘子最美,心动。

【女主持人】请新娘原地360°转一圈,如果大伙认为漂亮的话给点掌声。(新娘转了一圈,掌声四起)

【男主持人】OK!全票通过。下面,有请新娘也用三个“最”说三句话。

【新娘】第一,我的婚礼最隆重;因为有在座的这么多的父老乡亲、亲戚朋友前来捧场,婚礼可以说是相当的隆重;第二,我的心情最激动。新婚大喜之日心情自然非常的高兴;第三,我的新郎最帅。

【男主持人】哇,没见过这么夸人的,小两口互夸。不过事实也确实是如此,大家说,是不是?(众人异口同声:是)这就叫:夫唱妇随吉利同,韩梁眷属世所宗;长杨日暖祥光集,细柳风高乐意融!

还是请新郎原地转一圈,立正、抬头、挺胸、收腹、斜视45°,确实是帅。好,给点掌声。(新郎喜娘向大家敬礼致谢)

【女主持人】下面是婚礼的下一个仪式,新郎新娘发表结婚宣誓。

【男主持人】请新郎新娘举起右手,跟我一起念:

工作事业无小事,不拖后腿多支持。洗衣买菜加做饭,家务劳动一齐干;夫妻互敬又互爱,坚决不准包二奶。

【新娘】娶了媳妇不忘娘,公婆爸妈一个样;老婆讲话最有理,老公不要不服气。

【新郎】尊老爱幼是美德,夫妻同心百年和。

【女主持人】请大家以热烈的掌声祝愿新郎新娘花开并蒂,甜蜜一生。(雷鸣般的掌声)

【男主持人】祝愿他们琴瑟合鸣,白头偕老,早日“做人”。做人难,难做人,我们希望新郎新娘积极配合,早日做人成功,同时,也请新郎新娘要拥护国家的基本国策,搞好计划生育。

【女主持人】记得现代诗人郭小川曾写下一篇《祝酒歌》:一杯酒,开心扉；三杯酒，欢喜泪；五杯酒，豪情胜似长江水。今天，我们大家集聚一堂喝的是喜宴酒，醇香美；幸福闹，润心肺，千杯万盏都不醉；良缘酒、似玫瑰，生津止渴、温心暖胃。

【男主持人】帐挂芙蓉添喜气，展开翡翠夺开工；双星今夜银河渡，好事应看梦叶雄！

朋友们，值此良辰美景，主人已为我们备下丰盛的宴席，我提议，让我们全体起立，斟酌酒，高举杯，为新郎新娘的幸福生活，为我们今天的友情欢聚，开怀畅饮——干杯！

Very good，非常感谢大家！

【女主持人】各位来宾，亲爱的朋友们，今天的新婚庆典仪式就暂时先告一个段落，接下来进行的是新婚喜宴，祝在座的所有来宾吃尽天下美味不要浪费，喝尽人间美酒不要喝醉。

【训练三】 复婚婚礼主持词

{主持人}

尊敬的各位长辈、各位来宾、亲朋好友：

大家好！

琴瑟重调前情尽释都如水，姻缘见续来日方长总是春。

今天是公元××××年×月×日，农历×月×日，今天对于×××先生和×××女士来说，是个今生永远值得纪念的日子。因为曾经分手的他们将在这里重新幸福结合，让我们大家热烈的掌声恭祝他们——两情鱼水雅歌复咏，百岁鸳鸯宝镜重圆。

×年前的今天是他们结婚的大喜之日，那么，×年后的今天呢，又是他们复婚的大喜之日。同为大喜之日，意义却大不一样。他们中间经过了一段曲折的历程。但是今天，他们决定重新走一下×年前的今天他们走过的路，以此来鞭策自己在以后的日子里一定要克服以前的问题，力求比以前走得更好。真可谓：无奈花落去，有缘凤归来；琴弦欣再续，宝镜喜重圆。（来宾们响起热烈的掌声和欢呼声）

朋友们，在这草长莺飞的季节，在这富丽堂皇的人间圣地，来宾们脸上荡漾着微笑，亲朋们嘴角泛起喜悦的涟漪，四位老人又露出了舒心的笑容，两个孩子更是高兴的活蹦乱跳，欢呼雀跃。这所有的一切，到处充满着诗情画意，充满着天伦之乐，这真是：天作美，人合意，亲朋乐，邻里喜。鞭炮齐鸣来贺喜，乐队高奏婚礼曲。

琴瑟调和多乐事，亲朋团聚溢欢心。今天，又有这么多的新老朋友、亲戚、同事们来为他们夫妻俩的破镜重圆来祝福喝彩，在这里，我谨代表新郎和新娘向大家热切的关怀表示真诚的感谢，谢谢你们对他们生活和工作的关心和支持。

烛照洞房缺月依旧成满月，名登金榜故人从今做新人。朋友们，接下来，我们就请今天的新郎新娘再一次携手走上他们的新婚地毯。请乐师奏响经典的《婚礼进行曲》。有请新郎新娘在一双儿女的陪伴下闪亮登场。

（在庄严的音乐声中，在来宾们掌声的祝福声中，一身唐装的新郎和一身旗袍的新娘挽手走上婚礼的仪式台上，紧随他们其后的是他们的一对龙凤双胞胎儿女）

前情谅解都如梦，后景重欢总是春。新郎新娘，一年前到现在经历了那么一段好事多磨曲折的经历，现在重新站在了×年前的舞台上，你们两个人的心里肯定是感慨万千，有什么想对你的爱人和大家说的吗？

（音乐《再回首》响起）

{新郎}

亲爱的爸爸妈妈、岳父岳母。敬爱的×大妈，尊敬的各位领导、各位来宾、各位亲朋好友：大家好！

不忘一天伉俪情，常念百日夫妻恩。

经历了一段简短的感情波折以后，我们夫妻两人重新来到此地相邀大家来共同举杯，一同痛饮。此时此刻，我的心，就像翻江倒海一般，不禁生出无限的感慨。我们在决定结婚的那一刹那才感觉到我们两个人就像两个相交的圆，经过了两次简单的人生相逢，最终向各自的轨道迸发。尽管如此，我们很庆幸，毕竟我们在人生中相逢了两次，而不是像两条平行线一般，永远都没有交点。同时，看到我们的一对可爱的儿女露出了开心的笑容，听到双方的父母也长长地出了一口气，悬在心上的石头至此终于安全的落地了，看到各位亲友们也纷纷为我们的重归于好，破镜重圆来信来人祝贺，我们心中浓浓的谢意和深深的歉意油然而生。

今天，站在这个重新装饰一新、富丽堂皇的酒店里，感觉又回到了×年前，我又一次挽着我的爱人×××，重新登上这个曾经海誓山盟过的典礼台上，恍如×年前的今天，然而，物是人非，经过这么一番波折，似乎我们又回到了×年前的起点上，但是，事实却远不是那样。因为，这×年的时间教会了我们很多东西；一年的婚姻波折让我们学会了重新来看待自己的婚姻、自己的爱人，要学会互相理解、互相包容、互相爱护、互相体贴……虽然我们曾经有那么一段时间的误区，并因为这段失误耽误了很多机会，伤害了很多爱我们的人，但是，以此为代价，我们还是深感庆幸，庆幸自己没有走上让自己后悔一辈子的不归路，庆幸自己没有失去对方，庆幸自己的明智选择。

但是，我们能有今天，×年前应该感谢我们小区居委会的×大妈，×年以后，我们还要以同样的心情，同样的话语来感谢她老人家。因为×年前的今天，我们在大妈的撮合之下牵手，结为百年好合，×年后的今天，还是在她老人家的努力、辛苦的撮合之下又站在了这里。在这里，我们想对×大妈说：今生今世，你就是我们的恩人，你就是我们家的大恩人，我们家孩子的大恩人。

是啊，在我们恋爱、结婚、离婚、复婚的悲悲喜喜的那段日子里，×大妈为我们操碎了心，也为我们的两个孩子操碎了心，在这里，我想当着大家的面深深的叫一声：×妈妈，谢谢你，愿你好人好梦，好人一生平安。同时我还要感谢在座的各位朋友，你们也为我们的婚事帮了许多忙；我们的双亲更是伤透了脑筋，伤透了心，但堪以告慰他们的是：我，我们又走在了一起，而且有了上一回的轻率，这回是真心实意的，因此，也绝对不会再让你们失望了，而是会平复你们心头的创伤，驱散你们心头的乌云。同时，我还想说，请你们——我们敬爱的×妈妈，亲爱的爸爸妈妈，以及各位朋友们相信，×××绝非×年前的×××，而我×××也绝非×年的×××。今天的我们终于战胜了以前的偏狭，犹如涅槃的凤凰，经历了一次大的磨难之后获得了新生。

{主持人}

各位来宾、各位朋友，还有新郎新娘，如果说男人是船，那么女人就是帆，而他们成立的家庭就是他们向往的温暖港湾。结婚是爱情长跑的终点，同时，又是两人携手同行漫漫人生路的又一个起点。婚前的爱情常常充满着浪漫和幻想，然而，更深更厚的感情却需要婚后去培养、去经营。婚姻贵在美满，美满贵在情感，情感贵在长久，这一切只能在双方的尽心尽责中去实现。一对新人请牢记，茫茫人海，既然你们决定携手同行，就一定要珍惜这份旷世情缘。婚姻无戏言，愿你们双脚踏上婚姻的幸福船只的时候，要夫妻同心，同舟共济，将它划向幸福生活的彼岸。

好，接下来请新娘发言。

{新娘}

亲爱的×妈妈、尊敬的各位至亲好友：

大家好！

黛画青山春不老，香添绣阁月重圆。今天，对于我和我的爱人，对于我的两个孩子，对于我们一家来说是一个幸福的时刻，是一个团圆的时刻，这是我们又一次结束我们的单身生活，并肩携手共创美好前程的新起点。

记得×年前刚刚结婚时，我们的海誓山盟，白头偕老的愿望，是那么真诚，那么感人，彼此看对方，也那般称心如意。从来没有冷静地想一下，是否是人们常说的“情人眼里出西施”！然而共同生活之后，特别是激情平稳下来之后，一旦“舌头碰着牙齿”的时候，仿佛各自的缺点和不足一下子全暴露出来，放大开来，是那么的让自己不可接受。于是，一系列的热战和冷战之后，我们选择了离婚，不顾家人的感受，不顾亲友的好劝，义无反顾地离开了对方。

离婚后，出于赌气，我们都曾经想尽快组成新的家庭，让对方多一些痛苦，让自己多一些解脱，我们曾多次被热心的朋友介绍给别人。然而，痛定思痛，反思之后，终于发现了各自的孩子气和偏见，以及对爱情不尊重和不宽容。同时也看到了心理上的偏视症，重新看到了对方本质的耀眼之处，于是彼此原谅，理解了对方。

堂前乍见浑如昨，帐里回思恍似新。今天，再一次牵着爱人的手，感觉又回到了×年前我们谈恋爱的时候，我想经过这一番好事多磨，我们一定会紧紧地拉住彼此的手，不会再分开，从牵手到分手，再到握手，这期间的种种感受也只有亲历过的人才会懂得，因此，也就会更加珍惜所拥有的一切。所以，我会在以后的日子里，珍惜我重新拥有的一切的，包括我的爱人、我的家庭、我的孩子等等对于我的人生都非常重要的东西。在我们的这第二次婚礼的殿堂上，还看到了曾经在我们第一次结婚时候出现的许多面孔，虽然有一点难为情，有一点早知今日何必当初的感慨，但是，我们相信有了那些曲折，我们会走得更好，因此，我们也就是想让大家再次为我们的婚姻作证，为我们的爱情作证，为我们的诚信作证。

今天，由我们的父母、长辈、领导和亲朋好友在百忙当中来参加我们今天的婚礼庆典，为婚礼带来了欢乐、喜悦和真诚的祝福。借此机会，让我们再一次感谢介绍人×妈妈为我们的复婚所做的一切努力；感谢父母把我们养育成人，让我们正直善良；感谢我们的儿女牵绊着我们，让了我们有了团圆的机会；感谢领导的关心和培养，让我们坚韧向上；感谢朋友们的祝福，让我们同时拥有亲情、爱情和友情。感谢所有爱着我们的人们，谢谢你们！

{主持人}

现在，请新郎新娘向大家三鞠躬，以表示他们对大家的谢意！

一鞠躬，父母恩情比海深，儿女孝顺报大恩。

再鞠躬，各位亲友多关心，破镜重圆感谢你。

三鞠躬，各位来宾多支持，珍惜爱情和友谊。

谢谢大家！

{主持人}

我们中国有句古话叫做：亡羊补牢，犹未晚矣。新郎新娘的婚姻虽然在人生的大海上经过了一段风雨，但是无论如何，还是见到了他们人生中最为绚丽多姿的彩虹。因此说这就是他们的应该庆幸的地方，虽然付出了代价，但是得到了更为重要的东西，那就是：更加坚定了对爱人和这个家庭的热爱，因此，我们也就有理由相信他们在以后的人生路上会走得更好，走的更远。

接下来，我们就请新郎新娘的介绍人×大妈，上台讲几句话！

{介绍人}

新郎新娘，各位来宾：

大家好！

缺月依然成满月，故人仍旧做新人。说到新郎新娘的复婚，新郎新娘作为当事人是感慨万千，而我作为他们的见证人，并且亲自参与了他们×年前的新婚、今天的复婚，更是感慨万千。

×年前，经我热心的牵线搭桥，×××先生和×××女士相识、相知、相爱了，并于一年后，也就是×年前的今天结为百年好合，他们结婚的那天我至今还记忆犹新，那是多么热闹呀，新郎是英俊潇洒，新娘是如花似玉，而我这个做媒人的当时也是一个半老徐娘。新郎幸福陶醉，新娘温柔贤惠，我这个红娘也美滋滋的。一年以后他们还生下了一对双胞胎儿女，当时，这对小家伙过满月的情景我也记得，那天，我还做了他们的干姥姥，又让我的心里像吃了蜜一样的甜。可谁想到，一年前，新娘突然哭着跑到我家，说要离婚，说是当初结婚的时候看到的都是对方的优点，以至于把缺点也当成优点来看了。然而在生活了这么一段时间以后，感觉对方并不是当初看到的那样，缺点一股脑地跳了出来，就连以前的优点也似乎变成了缺点。他看起来是那样的刺眼，那样的俗不可耐，令自己是那样的难以接受，难以容忍。于是，他们由最初的委屈，互不服气，互相赌气发展到一碰到不顺心的事、不如意的事便互相揭短、互相挖苦、互相诅咒……让对方伤透了感情，也伤透了心，终于，在他们第一次脱口而出“离婚”之后，这个家，虽然经过多次调解、规劝，但最终还是崩溃了。他们很快地办理了离婚手续和孩子的抚养和监护手续以后，又很快地走上了各自不同的生活道路。

他们在法院判决离婚的那一天我也在现场，当时，我看着那可爱的一对小宝贝，我一个劲地流泪，就想：自己做了什么孽呀，让两个可爱的孩子从小就失去了一个完整的家庭。早知道会这样，当初也不会把他们两个往一起撮合了。还想：当初结婚不是说得好好的吗，怎么会说反悔就反悔了？然而，当时似乎伤透了心的他们谁也听不进大人们的劝说，也不管不顾两个孩子的可怜的眼神，终于还是领取了让人深恶痛绝的离婚证。

后来，每逢周末的时候，他们两个还偶尔单独跑到我家里聊聊天。说是一直托人介绍，想找一个合适的，但又没有找到，不是这个环节出了问题就是那个环节出了麻烦，并且都在担心以后找的那个人万一对自己的孩子不好怎么办，那是他们两个谁也不愿意接受的事实。并且两个人都还说到了：早知道这样子，还不如当初不要那么草率行事，言语之间流露出了对对方的理解和宽容，对自己的反思。

了解到他们存有这个心思以后，每逢他们一来我就多了一个心眼：多批评他们在以前家庭中的错误，多夸对方的优点，又说为了自己的孩子考虑，他们不应该那么草率、不应该那么不负责任。我让他们总结一下自己以前在夫妻生活中的失误和偏见，以及对爱情不严肃、不负责任的根源，重新看一下、想一下爱人的优点、闪光的地方、耀眼之处，让他们重新公正地评价往日爱情生活中的是非曲折乃至一切，学着站到对方的立场去看问题、想事情。后来，他们的对立情绪就慢慢地缓和了下来。看到他们两个人似乎都有所松动，我高兴坏了，当机立断，马上找到他们两个人的父母，经我们的商量，一致决定由我出面对他们进行第二次撮合。就这样，我第二次当了他们的介绍人。并安排了他们的又一次见面，当然，见面以前没对他们说，只是说：有这么一个人，感觉挺适合你们的，希望你们好好把握机会，不要让爱擦身而过……看着他们两个相继走进见面的地点，我的心都揪了起来，怦怦地跳个不停，万一他们两个又吵起来，自己这张老脸没地方搁不用说，关键是一个好好的家庭以后可真是说散就散了，再也没有机会走到一起了。但是似乎在我们的意料之中，进去了好长时间，他们都没有出来，里面还传来了哭泣的声音，当时我的心"噗"的一声就落下来了，那个轻松呀真是没法说，那个高兴呀，逢人就想笑，见人就想说。后来，听到里面传来了他们的说话声和嗔怪之语，我就兴高采烈地离开了。

鹊桥再嫁亲友高兴，破镜重圆子女喜欢。晚上，他们两个就手拉手，提着水果带着孩子跑到我家去了，当时家里那个开心呀，那个热闹呀，现在还在我耳边回响。后来，没过多久，我就收到了他们的结婚请柬。

琴瑟重调，前情尽释都如水；姻缘见续，来日方长总是春。今天的我真是高兴，比隔壁那个中了 80 万彩票的邻居都高兴。

花满酒满婚姻美满，月圆镜圆夫妻团圆。在这里，我想对新郎新娘说：未来的生活是爱的海洋，曾经失去过对方的你们在失去以后才意识到曾经拥有的可贵，因此，你们要万分珍惜你们的拥有，否则，老天也不会像现在这样眷顾你们了。从今天起，你们爱的扁舟就要重新起航了，愿你们夫妻携手荡起爱的双桨，愿你们失而复得的爱像大海奔涌，愿你们失而复得的情如喷薄朝阳。是啊，生活的大海是不会风平浪静的，也会遇到狂风大作波涛汹涌，会碰到暗礁，还会让你们暂时迷航；人生的路也不是一帆风顺的，总是预计不到的风雨大作和阴霾天气，但是，只要你们精诚相爱，胜利的彼岸、美好的未来一定会向你们招手的。

梅花二度花复艳，月缺重圆更光明。愿你们总结经验教训，轻装上阵，愿你们的家庭世界永远馨香淡雅，欢声笑语！（热烈的掌声响起）

{主持人}

请新郎新娘向劳苦功高的介绍人×大妈鞠躬致谢，感谢她老人家在关键时刻明察秋毫，当机立断，负责到底，没有她说不定你们两个就会成为别人的新郎

新娘了。(新人向×大妈鞠躬致谢)

朋友们，男女双方由热恋阶段的量变到结为夫妻的这一质变过程的这样一个庄严的仪式一经举行，就正式确立了夫妻双方的地位和关系：平等互爱，宽容互助。在家庭这个小小的舞台上，没有领衔主演，一切决策都产生于经过夫妻共同商量和讨论一番的协商和互让之中。所以，还请你们夫妻俩都站好，再行一次夫妻对拜的大礼，好让你们重新确立你们的关系，好让你们牢记对面的那个人才是你们今生的爱人。

一鞠躬，美满姻缘的来不易，破镜重圆皆大欢喜，愿你们互敬互爱互体谅；

再鞠躬，恩恩爱爱如如意意，和和睦睦顺顺利利，愿你们互帮互学齐向上；

三鞠躬，相敬如宾始终如一，白头偕老矢志不移，愿你们虎钳互让别打仗。

新郎新娘，怎么样，现在又什么感想？

{新郎新娘}

谢谢主持人对我们的良好祝愿，我们一定会把它付之于生活实践的！

{主持人}

如果你们婚后再犯了毛病，就请放一下你们结婚盛宴的录像，再仔细品味一下主持人的婚姻祝词和全体来宾们深情的祝福，看一下父母们喜极而泣的眼泪，看一下孩子们开心满意的笑容，再各自挖掘一下自己的思想根源，我想，一切问题都将得到圆满解决。

当然，我们大家也都相信，经过了严峻的考验，有了这段难忘的经历，你们的爱情会变得更成熟、更富理性，你们也更懂得怎样去爱人和被爱，去珍惜这来之不易的幸福生活和温馨世界。

好，朋友们，时间飞逝，婚礼进行到现在也快接近尾声了，现在，我们就掌声有请新郎新娘对着大家许下他们的诺言，或者说出他们最想说的话来！

{新郎}

我不想许下廉价的诺言，但我相信，我们的行为一定会让在座的所有亲友们满意的！（来宾们响起喝彩声）愧乏茅台酬上客，喜烧花烛映重门。今天所备的酒水，虽然并不能完全表达我们全家对各位的感激之情，但至少可以说明这是我们新生活的光辉起点，这是我们爱情路上的里程碑。为此，让我们举起杯来，为×大妈火热的菩萨心肠，为一对儿女的开心笑容，为四位欣慰的泪水，为朋友们的深情厚谊，为我们失而复得的爱，为我和妻子×××的第二次握手，干杯！

{主持人}

父母的关怀、朋友的深情、美丽的鲜花、醉人的美酒，一张张笑脸，一声声祝愿，都在向一对新人表达一个共同的心声：齐心协力，互谦互让，并肩前进，携手努力。我们真诚祝福有情人终成眷属，我们由衷的祝福好人一生平安，

我们热切地呼唤爱情的春天常驻，我们真诚地祈盼美好明天的早日到来。（热烈的掌声想起来）

也请新郎新娘记住这美好而又吉祥的喜庆时刻，请你们珍惜这新婚的第一天，因为从今天开始你们将翻开人生新的一页，新的生活将使你们踏上人生最美好的旅途。你们将扬起爱的风帆，共同驶向爱的彼岸！（欢快的掌声又一次响起来）

琴瑟重调，前情尽释都如水；姻缘见续，来日方长总是春。朋友们，时间是短暂的，生活还要继续，而我们的祝福却会永存，愿我们的祝福伴随着新郎新娘，还有他们的家人一生一世，愿他们在以后的人生路上一路走好，一路顺畅！

各位朋友，各位来宾，现在我宣布×××先生和×××女士的结婚仪式到此结束，为了答谢各位的盛情，他们在著名的××大酒店备办了丰盛的酒宴，诚望大家高举金杯，尽情畅饮。

朋友们，今天的酒幸福甜蜜似玫瑰，生津止渴还暖脾胃，一杯一杯都陶醉；今天的酒醇香味美，滋润心肺，千杯万盏都不会醉。愿大家高举金杯，喝出一个吉祥，喝出一个如意，喝出一份欢喜，喝出一份甜蜜，谢谢大家！（掌声）

【训练四】 再婚婚礼主持词

{场景}

周末，在一个布置十分精致的小型酒店里，人员攒动，××酒店的旋转门上贴着两个大红喜字，门口贴着一幅喜联，上联是：鼓琴鼓瑟鸾胶新续；下联是：宜室宜家熊莺同甘；横批是：相亲相爱。婚礼前，背景音乐：《今天是个好日子》。新郎西装革履，新娘一身紫色的袭地旗袍，他们笑容可掬地站在酒店门口迎接来宾。

{主持人}

鼓瑟鼓琴弦更张时风更韵，宜家宜室镜仍合处月仍圆。朋友们，今天是一个特殊的日子，因为从今天起，两个曾经有过不幸婚史的人将在这里与过去轻轻地说一声再见，在今天紧紧地握手，结成幸福的恩爱伴侣。因此，这里就成了一个特殊的地方，因为他们将从这里步入人生幸福的殿堂，踏上人生的新旅程。在这个难忘的日子里，诚邀在座的各位亲朋好友作他们特殊的证人，因为你们将在这灯光闪烁的、富丽堂皇的××酒店里见证他们幸福生活的开始。所以，我建议在座的朋友们全体起立，用你们最热烈的掌声欢迎我们今天的男女主人公闪亮登场。（掌声，音乐声一并响起，一身喜气的新郎携着幸福的新娘的收进入结婚现场）

在大家热烈的掌声中，在绵长的音乐声中，风度翩翩的新郎携着他美丽依旧的新娘缓缓地走进婚礼的殿堂里。

千年姻缘一夕会，半生结偶百年亲。朋友们，站在台上的就是我们今天主角，幸福的新郎和新娘。另外还有两个主要人物要介绍给大家，那就是他们的一双儿女：××小姐和××先生。(新人的儿女站起来向大家招手问好)

现在，我们将这两位新人的恋爱经过进行一番现场采访，请在座的来宾做好记录，以备后查。我们的采访将在××电视台的黄金节目《实话实说》特别节目中播出，届时还请大家再进行回看。(笑声)

请问新郎，你们是怎么相识的？

{新郎}

我们是通过介绍人介绍认识的。

{主持人}

请问新娘子，你们见面后，你对新郎的第一感觉是什么？

{新娘}

这个人还不错，应该就是自己要找的那个人！

{主持人}

好，新娘对新郎真是一见钟情啊。请问新郎，你见新娘子的第一感觉如何？

{新郎}

非常满意。

{主持人}

看来新郎对新娘也是一见倾心。好，我再问新娘，新郎是怎么向你表白的？

{新娘}

他说他爱我，想和我共度余生。

{主持人}

第一次见面就把实质性的问题说了，以后可说什么呀？（笑声）一看他们就不是第一次结婚。（笑声）不过，朋友们，作为研究恋爱心理的爱情专家，下面我免费教大家一招，谈恋爱时到了一定的火候，该出手时就出手，尤其是遇到了自己喜欢的，而且相信能够携手一辈子的爱人时，就更应该像我们新郎这样，毫不犹豫地说出让所有爱人都怦然心动的这三个字“我爱你”来，或者是“Ilove you”，然后，再含情脉脉地送上一枝漂亮的玫瑰花。

不过，我相信共度余生却一定是新郎新娘真心实意，发自肺腑的美好愿望。(掌声)

续弦有勇实堪赞，改嫁尚新应受尊。经过一段交往，该是讨论婚嫁的时候了，那么请问新郎和新娘，你们俩是谁先提出结婚要求的？

{新郎新娘}

(异口同声地）是我。(笑声)

{主持人}

你们争着抢着要结婚只能证明几个问题，一是你们已经两情相悦了；二是你们的感情已经到位了；（笑声）三是你们的爱情已经成熟了，彼此都认定对方是自己真正要找的那个人，对吧？（掌声）只可惜这件事情已经属于历史，我们没有具体的录音资料可考，也没有别的证人，所以，我们就暂不追究了，或许他们当时真的是不约而同地说了句：咱们结婚吧，就像刚才异口同声的样子。(笑声)

良缘窥玉镜，佳偶续金弦。朋友们，看来是新娘被新郎的人格魅力所深深吸引，新郎被新娘的大家闺秀所深深打动，两人才情投意合的走到了一起，我们也就能够在今天喝上他们幸福、甜蜜的新婚喜酒了！这真是：

喜烛高照佳人临，大庭广众结同心；

蝴蝶翩翩永相伴，幸福美酒细细品。(热烈的掌声响起)

在这里，我还有一个隐私问题想问一下新郎新娘，不知道你们是否愿意公开？请问你们谈恋爱多长时间开始有了第一次亲密接触的？(席中掌声大起，新郎新娘不好意思地笑着)

……

好了，为了尊重他们的隐私权，为了保护在场小朋友幼小的心灵，这个问题还是暂时放下不表，请大家在闹洞房时代劳，弄个水落石出吧。

为了你们的梅开二度，我总得送点礼物给你们，我即兴送你们一幅对联吧，上联是：鸾胶新续征双美，下联是：鸳被重温偕百年，横批是：梅开二度。(笑声和掌声)

按照我们中国婚礼的传统习俗，接下来的环节是拜花堂。在座的各位亲朋好友就是两位新人的天，就是他们的地，所以，面对台下的各位朋友，一鞠躬，感谢大家光临你们的婚礼，使你们的婚礼喜气洋洋，蓬荜生辉！这一躬鞠得时间要长些，目的在于提醒那些没上红包的朋友婚宴过后，把红包留下。(笑声)再鞠躬，感谢父母大人的养育之恩！三鞠躬，夫妻俩相敬如宾，花好月圆，一家人和和美美，欢欢喜喜！(掌声)

接下来，请新郎的好朋友×××先生讲话！

{来宾}

尊敬的各位来宾朋友们，新郎新娘：

你们好！

人间甚爱月轮满，梁上欣欢对燕亲。今天，看到我最好的朋友终于从曾经不愉快的婚姻中解放出来，和×××女士结为幸福伴侣，作为他的好朋友，我总算是松了一口气。现在，我真是感慨万千：在大千世界芸芸众生中，在浩瀚宇宙，茫茫人海中，能够寻觅到一位可以终生相伴的知己，真是人生一大喜事。

改嫁有勇破除旧习，续弦无妨建设新家。婚姻是一个人成人之后的最终选择，婚姻的理想程度从大的方面说关系到一个社会的文明程度，从小了说则关系到一个人的生活质量问题。在这里，我还想赞美像他们俩这样敢于跳出不美满的婚姻围城，重新建造美满的婚姻天堂的明智之举。婚姻原本不是围城，而是天堂，是乐园，所以，才不得不去面对分崩离析的家庭，不得不解散不合格的婚姻。我今天就是要赞美他们二人敢于追求自己人生最完美的爱情，达到最完美的婚姻境界。

海燕引雏朝凤阙，江鱼带子跃龙门。婚礼现场，还有两位主要人物要介绍给大家，那就是他们的一双儿女。在座的都是新郎新娘的至亲好友，对他们比较了解，他们可谓是经过了人生的风雨，今天，终于见到了属于他们的七色彩虹。我建议，让我们用热烈的掌声，为他们能够幸福地走在一起，为了他们能够同时拥有这样聪明，可爱，善解人意的儿女，为他们将来建造美满的家庭表示最衷心的祝福！（热烈的掌声）

最后，我将一首贺诗送给今天的新郎新娘，祝愿他们的爱情甜蜜，合家幸福！

款款艳情传韵事，双双丽影结良缘；

重斟美酒谱心曲，弹出七音幸福弦。

谢谢大家！

{主持人}

感谢×先生真诚的讲话！请入座！

接下来，让我们用热烈的掌声欢迎新娘子的儿子讲话。

{儿子}

爸爸，妈妈，在场的所有爷爷奶奶，叔叔阿姨，还有可爱的小朋友们：

你们好！

今天是妈妈和新爸爸的结婚大喜之日，我很开心，因为这个世界上又多了一个爱我的人，并且我还多了一个妹妹，我想在以后的日子里，我会努力做一个好哥哥，尽到一个做哥哥应尽的责任。我们可以在一起玩耍，一起上学，一起写作业，周末，和父母们一起出去玩。

我希望我的爸爸妈妈能永远幸福的生活在一起，我也希望我和妹妹能成为最要好的朋友，希望我们的家里每天都能充满笑声，歌声。

在这里，我代表家人感谢今天前来为我的父母祝福的爷爷，奶奶，叔叔，阿姨们和可爱的小朋友们，谢谢你们带来的祝福，我会将你们美好的愿望转化成我们追求幸福的动力。

谢谢你们。愿你们好人好梦，好梦连连，好人一生平安。

{主持人}

朋友们，热烈的掌声送给我们这位小小男子汉，越大越懂事，越长越帅气。

苑上梅花二度，房中琴瑟重调。朋友们，简便手续是改革，典礼程序不必多。按照新郎新娘的要求，他们就不必交换情物了，也不喝交杯酒了。我想可不可以这样理解他们的心情，随着感情的加深，他们早已交换了彼此相爱的一颗心，早已在心田里酿造了世界上最香醇的美酒。那些形式上的东西和他们的感情相比完全可以忽略不计，大家说，是不是？

{来宾们}

（异口同声地说）是！（掌声）

{主持人}

但是，有一道程序我们还是不能省的，那就是按照一般的婚礼的惯例，请新郎新娘他们每个人都用一句话说出此时此刻的感受。

{新郎}

（深情地看着新娘）你是我一生不变的脚步。（掌声）

{新娘}

（含情脉脉地看着新郎）你是我今生最终选择。（掌声）

{主持人}

花烛交心同立志，白头到老恩爱长。翡翠翼交连理枝，藻芹香绕合欢杯。各位来宾，让我们举起手中的酒杯，为他们祈祷，为他们祝福，共同祝福这对龙凤新人新婚愉快，白头偕老，永结同心！（掌声响起，大家共同一起说一声：干杯）

朋友们，既然新郎新娘都彼此认定对方是自己今生要携手共度一生的那个人。在这里，我想代表新郎新娘与大家来一个美好的约定，那就是他们在金婚典礼上能再次听到你们热情的掌声（掌声）谢谢大家！

朋友们，人与人的相识需要缘分，人与人之间的相处需要坦诚。虽然今天能非常荣幸地与在座的各位欢聚一堂，举杯同贺××和××结婚大喜，但在曲终人散之后，相信和很多朋友也仅有这一面之缘，而我们的新郎新娘却有缘在同一屋檐下相濡以沫，共度恩爱幸福的余生。这是一种非同寻常的缘分。百年修得同船渡，千年修得共枕眠。在这里，全体来宾和我一样衷心地祝福一对新人；同时也希望你么能够加倍珍惜这难得的缘分，仔细呵护这弥足珍贵的感情，携手并肩，比翼双飞，白头偕老。

孰云花落去，依旧凤飞来。珠帘月影充辉夜，锦阁花香两度春。亲爱的各位来宾，亲朋好友们让我们祈祷，让我们祝福，让我们举起手中的酒杯，共同祝福这对龙凤新人新婚愉快，永结同心，干杯！（酒杯相撞之声和祝福之声响起）

各位来宾，现在掌声欢迎新郎新娘入席敬酒（掌声有请）。

【训练五】 老年人再婚主持词

{主持人}

天意怜幽草，人间重晚晴。尊敬的各位长辈，亲爱的各位来宾，各位朋友们，大家好！

看，大红喜字中堂挂，结婚喜联两旁贴，上联是：风雨征途磨去青春岁月；下联是：灿烂晚霞涂上幸福光辉。

今天，亲朋好友齐聚一堂，人人脸上喜气洋洋，喜逢长者结成鸳鸯，衷心的恭贺晚年洪福。在这里首先请允许我代表二位老人以及他们的家人对各位来宾的光临表示衷心的感谢和热烈的欢迎！良辰吉时已到，本主持人在这庄严时刻，向各位宣布：×××先生与×××女士结婚庆典现在开始！

好，请我们的音响师奏响庄严的《婚礼进行曲》，让我们大家一最热烈的掌声有请二位新人与大家见面。（新人站起来向大伙点头致意）

暮岁新交同路伴，余生乐度艳阳秋。朋友们，让我们衷心地为他们祝福，为他们完美的结合，让我们再一次热烈的鼓掌，祝福他们能够拥有美好的未来。

初恋神秘常迷惘，可知爱情路漫长，人生之路风云变，难保中途出故障。匈牙利诗人裴多菲说得好：生命诚可贵，爱情价更高，若为自由故，二者皆可抛。我要说：人生之路多坎坷，几度风雨几度春秋，几多艰难几多磨难，人在危难结情谊，赤诚心儿感天地。

下面，请××区老年人健身俱乐部的部长×××先生为新人证婚。

{证婚人}

各位女士们，先生们：

桃夭溢彩抒先艳，丹桂生香居后新。大家好！

一世光阴今过半，百年伉俪喜成双。今天对于新郎×××先生和新娘×××女士来说是个非同寻常的日子，同样，对于我来说，也是个特殊日子，因为，已经70岁的我还是第一次为一对老年伉俪证婚。我是××区老年人健身俱乐部的部长×××，今天结成连理的两位新人就是我们俱乐部的成员，他们在锻炼身体的过程中互相帮助，互相支持，产生了好感，在我们俱乐部员工们的极力撮合之下，他们沉寂多年的感情终于如火山爆发，最终在今天踏上了幸福的红地毯。改嫁有识排旧陋，续弦尤胜乐新欢。在这里，我代表所有的来宾真诚的祝愿他们：晚年幸福，身体安康！

经过本人检查，××先生与××女士的结合符合中华人民共和国的法律程序，有结婚登记证为凭，有结婚照片为据，请各位放心，他们也必将恪守计划生育政策！（鼓掌）

在这里，触景生情，我还想即兴送给他们夫妇一幅对联，上联是：一对新夫妻，下联是：两个老家伙，（笑声）横批是：大赶快上。（笑声和掌声）

最后，欢迎这对新夫妻以后常会俱乐部看看。

谢谢大家！

{主持人}

谢谢××部长风趣幽默的讲话，有这样一位善解人意的领导，相信这个俱乐部里的氛围也是相当好，欢迎有更多的老年朋友来加入到这个协会中去，在锻炼身体的同事，能获得心情的愉悦！

夕阳无限好，萱草晚来香。各位来宾，各位朋友，人生难道一知己，喜逢晚年结连理，大家说，这是不是久旱逢甘露，他乡遇故知？（来宾们鼓掌回应：是！）

接下来，欢迎新郎的哥哥向二位新人致主婚词，掌声有请！

{主婚人}

亲爱的弟弟，弟妹，来宾们：

良缘窥玉镜，佳偶续金弦。

爱情是迸发出的火花，它如烈焰升腾不可阻挡！只要两人情投意合，我们就应当鄙视邪说，扬其流而浊其波，愿有情人终成眷属！

同时，爱情也不是年轻人的专利，人到老年更应该追求甜蜜的爱情，幸福的生活。所以，要正视现实，向不道德的世俗观念，传统的偏见挑战，要改变不如意的生活环境，在法律范畴内喜结良缘。

古诗说得好：莫道桑榆晚，微霞尚满天。又说：老骥伏枥，志在千里！我认为：老有所乐晚年欢，更需提倡黄昏恋。

苑上梅花二度，房中琴瑟重调。感谢大家来为弟弟和弟妹的婚礼助兴祝福，让我们举杯畅饮，这是枫叶酿成的琼浆玉液，这是甜沁心肺的甘露。喝千杯，饮万杯都不醉，只喝得爱情之花满天飞！

谢谢大家！

{主持人}

谢谢××先生的深情致词，下面，欢迎男方来宾代表向新婚夫妇致词。

{来宾}

同志们，朋友们：

大家好！

今天，对于××先生和××女士来说是个非比寻常的日子，因为勤勤恳恳为子女们操劳了大半辈子的他们，兢兢业业为国家贡献了几十年的他们，孤孤单单度过几个春秋的他们，终于在这春暖花开，阳光明媚的日子里幸福地牵起了彼此的手，走到了一起。在这里，首先恭贺二位再婚之喜，恭喜你们找到自己晚年幸福的归宿，正所谓“夕阳无限好，萱草晚来香”！希望你们两位并肩携手，愉快地度过自己的有生之年。

今天，借这个机会。我还想说的是：理解、支持父母结婚的儿女属开明青年，限制老人自由，阻扰老人结婚的儿女是逆子愚女！而我们今天结合的两位新人，他们的子女都是非常开明的子女，都是懂得老人心思的新时代的文化人。在这里，我特地代表他们的父母感谢他们的支持和理解！

续弦有勇实堪赞，改嫁尚新应受尊。老年同志们，我们要冲破封建社会枷锁，勇敢地追求自己的幸福生活。现在，法律规定：家长干涉儿女婚姻自由犯法，但我要说儿女干涉老年婚姻更有罪责！我们要设身处地想一想。鸳鸯戏水还要有伴儿，父母辛辛苦苦一辈子，到老一个人孤独寂寞。人吃五谷杂粮，哪个能长生不老？谁又能不经过老年时期？

朋友们，抛弃那些陈腐的礼教观念，用奋斗去开辟幸福的生活，追求光彩绚丽的安乐晚年！欢迎更多的单身老人加入到欢快的二人世界中来。

{主持人}

这位朋友的话说得是激情澎湃，说出了生活中实实在在存在的一些问题。讲出了单身老人的心里话。谢谢你！

下面，掌声欢迎女方来宾代表向新婚夫妇致贺词。

{来宾}

幸福的新郎新娘，还有在座的各位亲友，各位来宾：

大家好！

红唇白发别具靓丽，春华秋实更见真情。今天，×××先生和×××女士喜结百年之好，相互携手共度七彩人生。虽然他们的步履不如年轻人那样轻盈，但是他们走过的生活履历会使他们走向幸福的舞步更加翩翩。虽然，他们的容貌不像年轻人那样娇美，但岁月刻下的五线谱更能弹奏出美妙的爱恋圆舞曲。他们是浩浩白发的结合，因而更能赤心相伴，是晚霞与夕阳的结合！（掌声）

一世光阴今过半，百年伉俪喜成双。今天，两位新人虽然结合在人生的秋日，但我相信他们必将相拥在幸福的春天，相爱在浪漫的夏季，幸福美满的生活升华在美丽的冬季。因为过去的岁月为他们彼此的情感挽留着无限美好的如梦佳期。

俗话说：百年修得同船渡。历经种种生活的不如意，于茫茫人海中相遇，相爱的你们，用心去呵护这般难得的缘分吧。

骄阳似火，霞光灿烂。真心祝福我们今天的新郎新娘：白发同偕百岁，红心共映春秋。

谢谢大家！（热烈的掌声）

{主持人}

是啊，人生难得一知己，喜逢晚年结伴侣。感谢来宾×××先生的精彩发言。

接下来，请大家欣赏新郎新娘为大家带来的歌曲，二重唱《迟来的爱》。（音乐起，主持人为新郎新娘递上话筒）

{新郎}

你应该会明白我的爱，虽然我从未向你表白，多年以来，默默的深切的关怀，希望你能明白我的爱！

{新娘}

我一直都明白你对我的爱，虽然我从未向你坦白。

{新郎}

不能忘记你的爱，那是我今生的期待。

{新娘}

不能忘记你的爱，那是我不变的情怀！

……

{主持人}

依旧羹汤初洗手，重新举案定齐眉。这是一首表达新人心声的乐曲，希望二位能够将你们迟来的爱进行到底。

朋友们，今天×××先生×××女士的幸福结合是上帝的安排，月下老人的牵线，也是他们他们感情发展成熟的结合，是瓜熟蒂落的必然结果，是两情相悦的幸福产物。现在，我代表大家祝贺这对老人新人在爱情的长河中一路奔腾向前，流水欢歌，直到永远！

朋友们，×××先生与×××女士的婚礼庆典到此结束，他们为大家准备下了丰富的喜宴，请大家与新浪新娘尽情的享受。

最后，我想一段歌名的串词来祝福在座的所有朋友们：《不管有多苦》都让它《一笑而过》，因为《阳光总在风雨后》，让我们对着《流星雨》许下《一千零一个愿望》，愿《明天的明天的明天》，《幸福像花儿一样盛开》。（热烈的掌声响起）

（在一首《明天会更好》的歌曲中，婚礼结束，喜宴开始）

【训练六】　网友婚礼主持词

{场景}

晚上8：00，背景音乐《今天是个好日子》，×××酒店大厅里来宾朋友满座，欢声笑语。

{男主持人}

各位来宾，各位朋友，女士们，先生们：

大家晚上好！

欢迎大家来到××酒店。今天是一个特别的日子，也是《喜相逢》语音聊天室的一个大喜之日。在这个特别的夜晚，我们欢聚一堂，为英俊潇洒的孤月飘雪先生和如花似玉的美丽心情小姐两位网友举办隆重的婚礼。

{女主持人}

千里姻缘网络牵，百年好合网络缘。

{男主持人}

佳偶天成是知音，三生石上天注定。首先，我代表所有来宾和朋友们向新郎和新娘表示由衷的祝福：祝你们白头偕老，永浴爱河！

{女主持人}

愿你们一生相依，夫唱妇随。所有的鲜花和掌声都送给你们。

{男主持人}

愿所有的祝福和快乐都永远陪伴着你们。感谢所有的来宾，在这个美丽温馨的夜晚一同分享这份喜悦和幸福！

{女主持人}

朋友们，让我们共同举杯，向这对新人表示深深的祝福！（众人举杯同饮）

{男主持人}

美酒举起来，醉了明月，醉了星辰；星月交相辉映，今宵情更浓。

{女主持人}

明月升起来，亮了天空，伴着美丽的星星；月老牵起良缘，编织爱的衣襟。喜相逢唱起来欢快的歌，网友们跳起欢快的舞。

{男主持人}

在这样一个美丽的夜晚，在这样一个幸福的时刻，来自天南地北的网友们满载着深情和祝福，走下银幕，进入大堂，将他们的真诚祝福带到了这里，送给这对幸福的新人。

{男主持人}

现在，我隆重地介绍今天婚礼的重要人物：

新郎：忠厚传家久，诗书继时长，著名的网络游戏玩家，网名孤月飘雪——×××先生；

新娘：柔情似水，小家碧玉，著名的网络维护专家兼游戏玩家，网名美丽心情——×××小姐；

主婚人：《喜相逢》语音聊天室的室主仁者无敌——×××先生；

证婚人：皓月当空——×××女士；

伴郎：漂亮朋友——×××先生；

伴娘：谍影婆娑——×××小姐；

花童：小小石头——×××小朋友；

……

最让我们欣慰的是，还有几十名网友来踊跃参加我们这个婚礼大联欢。在此，我代表两位新人，向在座的各位来宾送上真挚的问候和真切的谢意。下面请我们的主婚人——《喜相逢》语音聊天室的室主仁者无敌×××先生为新人主婚。

{主婚人}

尊敬的各位亲友，各位网友，新郎新娘：

大家晚上好！

论坛喜庆又相逢，今天是我们《喜相逢》语音聊天室的大喜日子，是我们的网友孤月飘雪先生和他的妻子美丽心情永生难忘的特殊日子，我代表《喜相逢》全体网友向他们表示热烈的祝贺。孤月飘雪是我进入网络最早认识的朋友之一，虽然一开始未曾谋面，但从他的帖子和聊天记录中，我得知其与众不同，他拥有 MBA 学历，高居管理阶层，才知出众，毅力非凡；尤其是他对网络的那份激情，对网络游戏的那份痴情，那份感觉都让我等羡慕不已，他也因此喜获网络红人美丽心情小姐的芳心。

美丽心情小姐，在一家著名的网络公司工作，是网络游戏设计的领军人物。我与她仅有几言之交，虽然寥寥数语，却见其对工作之热爱、之狂热，对事业之雄心和为人之可靠，也流露出对孤月飘雪之痴情、之仰慕，他们两人的天作之合，堪称才女佳人配才子帅哥，同时也足见两人与生俱来的非凡魅力。他俩经历一年多的网络之恋，终至生死相随，共同度过了花前月下，共同承受了生活中的各种压力，共同打破了各种流言蜚语，也共同克服了许多不为外人所知的种种困难，心心相印，直到如今郑重签下生死相伴的盟约，可谓是瓜熟蒂落，水到渠成。

云汉桥成郎牵女渡，春台箫引凤求凰飞。美丽心情和孤月飘雪的结合，是网络成就的一段良缘，是我坛、我版、我室、各网络兄弟姐妹网络生活中的一件大喜事，是繁荣网络气象的大好事。

在这个值得纪念的特殊日子里，作为与两位新人未曾谋面的朋友，我无以为赠，请让我送上自己深深的祝福吧：祝愿孤月飘雪先生及其妻子美丽心情小姐不论贫穷或富贵，美丽或衰老，健康或疾病，都能生死相随，执子之手，与子偕老。衷心祝福两位甜甜蜜蜜，恩恩爱爱，为网络的未来而继续努力，尽快培育出我们的网络的下一代。

最后，我谨代表《喜相逢》向前来道贺的朋友们、嘉宾们表示衷心的感谢和亲切的慰问，祝愿更多的网友喜结良缘，让我们分享更多爱的喜悦、情的欢心。

{网友}

各位网友，新郎新娘：

大家好！

美丽心情小姐是我所见的第一位网友，能够通过网络认识她我深感荣幸，她可是一位人间少有的奇女子，集才女、美女于一身，让我不敢正视。后来，通过美丽心情小姐认识了她的老公孤月飘雪先生，更让我倍感开心，孤月飘雪是一位才子帅哥有责任心的男人。由此，我深深地感慨，他们两人结合正如我们经常所说是天作之合。在这美好的日子里，送上我诚挚的祝福：

愿快乐的歌声永远伴你们同行，愿你们婚后的生活永远洋溢着喜悦与欢快。

谨祝新婚快乐，相亲相爱，白头偕老。

{男主持人}

美好的祝福相伴年年岁岁，

{女主持人}

风雨同舟相伴生生世世。

{男主持人}

浪漫温馨的乐曲和歌声唤醒了多少甜蜜的回忆和憧憬，网络欢聚缔结了这份恩爱的姻缘。

{女主持人}

梅花点额艳新妆，珠玉双辉暖洞房；

{男主持人}

料得明年如此日，也应鸡酒约同尝。

{女主持人}

朋友们，这对新人是通过网络相识相恋，然后一起走过金秋寒冬，走过了阳春盛夏。

{男主持人}

他们从网络的虚拟世界走到了现实的真实世界。他们走下了网络，走进了生活，幸福地走到了一起。

{女主持人}

是这神奇的网络和这温暖如春的大家庭给了他们的爱情充足的土地、阳光和空气。

{男主持人}

是相互的信任、坚贞和相守给这份爱情带来甜蜜的收获。

下面，我们用热烈的掌声有请证婚人皓月当空×××女士为这对新人证婚。（证婚人在掌声中上台致词）

{证婚人}

尊敬的各位来宾、各位网友，新郎新娘：

大家晚上好!

喜紫燕翔黄道日，鸳鸯佳偶美景时，红梅吐芳成连理，芝兰永谐结伉俪。

今天是公元××××年11月11日。在这春风荡漾、生机勃发、大吉大利的日子里，我们欢聚一堂，共同庆贺新郎孤月飘雪、新娘美丽心情二位新人的结婚庆典。《喜相逢》成了传送爱的暖流，递送情的电波，到处春意盎然，到处鸟语花香，二位新人都不约而同地被这暖流、这电波给击中，不约而同地感染了这不可抗拒的“情流感”，从此以后，春心萌动，干柴烈火，一拍即合，于是便经常借着发帖子暗送秋天的菠菜给对方，终于，花开了，爱情的果实到今天也成熟了！我们大家也可以如愿以偿地坐在这里，欢声笑语地品尝他们爱情之花结出的爱情之果了。

作为证婚人，我谨代表中华人民共和国网恋委员会，中华人民共和国处男处女鉴定专家小组，同时，也代表中华人民共和国“孤男孤女一拍即合”婚姻介绍所，向新郎×××、新娘×××宣读并颁发结婚证书。内容如下：新郎孤月飘雪先生和新娘美丽心情相识、相爱于新时代的网络社会中，并在这个世界里彼此之间立下了非她不娶，非他不嫁的爱情誓愿。经过×年时间的网络缠绵，终于走下网络，走进现实生活。他们的结合属于孤男碰寡女，干柴遇烈火，一拍即合。经本网络查证、鉴定、拷问核实，此二人婚前行为检点，无重大经济问题和政策性的问题，拥护中国共产党，热爱网络事业，热爱丘比特爱神事业，主张自由恋爱，个人恋爱历史一片空白，极力主张实行一夫一妻制，严格执行分餐制，经其本人申请，我谨代表中华人民共和国民政部婚姻登记处、处男处女鉴定专家小组、网恋委员会，以及“孤男孤女一拍即合”婚姻介绍所批准，特予他们颁发结婚证书。(笑声和掌声响起一大片)

作为他们的证婚人，我想说的是：空间的距离不会拉开两位有情人心灵的距离，一条条热情洋溢的信息，一次次令人回味的交流，一个个相思无眠的夜晚，终于让两颗炽热的心无数次的在这个美好的夜晚零距离接触着、交流着……

在这个充满诗情画意的季节，在这个灯火阑珊的夜晚，让相聚在孤月飘雪先生和美丽心情小姐的婚礼现场的所有人，共同见证一个诗一般的童话在这里变成现实!

我手头有一段两位新人的一次网络聊天的记录，这可是费了我九牛二虎之力的功夫才抢来的，下面有请两位主持人激情朗诵一下，以飨在座诸位。

{男}

在每个月色阑珊，群星闪烁的夜晚，静静守候在电脑的屏前，只为了等你的到来，为了你那轻轻的召唤、深情的问候。你知道吗，我的宝贝？

{女}

在每一个不眠的夜晚，远方的我同远方的你一样，也是静静守候在屏前，默默地凝视着你那熟悉的头像，希望它快快闪烁起来，那焦灼的等待，只是为了听到你的声音，感觉到你的存在。你知道吗，我的爱人？

{男}

静静的守候、苦苦的等待，时间浓得如化不开的思念。记不得多少次了，我真想知道：千里之外的你在哪里？在做些什么？是否有什么事情把你羁绊？哦！不要紧的，即使那样我仍然愿意这样的等待，等待你的翩然到来，等待你的深情呼唤。

{女}

我千里之外的爱人呀！你可知道，每次回家的路上，我都行色匆匆，归心似箭。只为了能更早一分、更早一秒地来到屏前，因为我知道，那里有你深情的守候。

{男}

叮咚！每当听到你上线的声音，我仿佛聆听到世界上最美妙的乐曲，它是那么的令我激动，令我痴迷，让我难忘。你那晃动的彩色头像，从来都是那么迷人、那么可爱。一股幸福的喜悦，总把我的心充溢、灌醉。

{女}

哦！看到了，我的爱人！那熟悉的名字，在屏上闪烁的那么欢快。我知道！在那里面，有我的思念，有我魂牵梦绕，有我深深的叹息。指尖轻轻的点击，我来了！亲爱的。那份相思，瞬间化成了浓浓的爱意。

{男}

我翘首期盼的爱人，你终于来了。为你送上的那不是红色的玫瑰花，而是我那颗炽热的心，不变的情，顿时，所有的事物都因你的到来而变得美丽起来。

{女}

我望穿秋水的爱人！又听到你熟悉的声音，又闻到你清爽的气息，所有期待在这一刻结成了甘甜的果实，沉沉的从枝头坠下，滴入心里，甜蜜的滋味，醇厚馥郁。

{男}

你温情的低语，柔美的吟唱，把我带进你美丽的世界，梦中，我们携手相依，不离不弃。你偶尔一声幽幽的叹息，又让我顿生怜惜，忍不住想伸出那无形的手，轻轻为你抚去脸上的泪滴。然后轻轻地告诉你，我是多么的想你，多么的爱你。

{女}

我知道，你对我的浓浓爱意！我也知道，你对我的绵绵爱意。但你可知道，相距千里的我们相隔的不只是距离，还有时光的逝去。前世相守的约定，又在今生错失交臂。我只想哭泣，在夜阑人寂的梦里。相见时难别亦难，春风无力百花残。

{男}

我明白你无奈的叹息，我也何尝不想哭泣？多少次肝肠寸断的思念，多少次睡梦中流泪哭泣，只因没有你。情难舍，泪湿衣，聚散两依依。分离的日子里，我日日想你在心里，时时你在我的头脑里，我想分分含你在嘴里，秒秒捧你在手里。

{女}

亲爱的，请你别再说了！

{男}

不，我要让你知道我对你的深切爱恋，时钟转一圈，我想你一天；地球转一圈，我想你一年；十年同船渡，百年共枕眠；千载一瞬间，沧海变桑田；万载亦不多，爱你一万年！

{女}

哦，我的爱人，我多想用纤柔的手指轻轻将你的口掩住！我的爱人，让我们不要追忆那伤感的过去，也不要期盼变幻的明天，就让我们享受在这个静静的夜晚，不醉不归。

{男}

是的，今夜因为我们的相守而变得格外美丽，这万籁寂静的深夜，你我的几多相思，几多爱意，万种情意，都穿越那纤纤网线，透过那薄薄屏幕，飞到彼此的心里。亲爱的，我真的好想你。

{女}

不需要太多的承诺，也不需要永恒的约定，我只想在这个夜晚，能与你静静相守，感受你的心跳，触摸你的呼吸。亲爱的，我是那样的想你。

{男}

我想把你的模样永远镌刻在我灵魂里，梦里也能触摸到你；我想仔细地聆听你，把你的柔情细语，都深深地印入骨髓；我还想一直凝视着你，直到我们老去的那一天！

{女}

真的么？到我们老去，你还会记得我的名字，想念我的话语？如果是这样，我情愿，情愿现在就老去！现在就与你，携手在夕阳下，相依在星空里，看潮起潮落风起花飞。直到我们化为尘泥，随风而去！

{男}

我也愿意，也愿意与你就此老去！如果你百年晨风儿，我想变成随风而舞的沙儿，缠绵到海角天涯，相偎到地老天荒。

{女}

亲爱的，请牵我的手吧，拉我入你的心怀，让我们每一个夜晚，都能静静守候，永不分离。在徐徐的夜风中，泪满香衣。

{男}

感谢这美妙的夜晚，让我们可以如此的守候，感谢这丰富的网络，让我们可以如此的相爱。如果有这一天，我再也见不到你，我也会在屏前，静静的为你守候！哪怕……哪怕是一生。

{女}

为了这样的夜晚么？

{男}

还为了这样的思念！我的爱人，让我们静静守候屏前……（掌声）

{证婚人}

怎么样，感人肺腑吧。拳拳之心，绵绵之情，切切之意，全在这相思之语中，经过了苦苦的相思、默默的享受、殷殷的相伴，两位有情人终成眷属。

在这里，我代表二位新人感谢今天来参加婚礼的各位，你们是友谊和吉祥的使者，同样，你们是幸福和快乐的见证人！无论你与二位新人是否相识，都请留下你美好的祝福，让我们共同祝愿二位新人恩恩爱爱，一笃情深，珠联璧合洞房春暖，花好月圆鱼水情深！

最后，让我们为他们喝彩，为他们加油。祝福这对夫妻永远幸福，长长久久！谢谢！

女主持人：难忘的时光，美好的爱情。走进网络，走进生活。多么浪漫、多么富有诗意的结合。接下来，我们请新娘方的代表上台发言，致贺词。

{亲友}

尊敬的各位网友、各位嘉宾、各位亲朋好友：

大家晚上好！

有一种距离叫远，有一种东西叫缘，有一种情叫思念，有一种关心叫无言。有两个人在天边，他们却克服了那个远，找到了那份缘，现在站到了彼此面前。这就是我们今天的网络新人：美丽心情和孤月飘雪的网络情缘故事。

祝贺美丽心情，祝贺你找到了一个居然能够在千千万万人群一直找你的那个孤月飘雪，真不简单，可贺之至！

祝贺孤月飘雪，祝贺你找到了一个美丽如仙女、心情似阳光的女孩子（能够找到的概率据说是万分之一）来和你结婚，真神了！可贺之至！

今天，我代表新娘娘家人，对这对新人的结合，表示热烈的祝贺！

美丽心情是一个美丽善良的姑娘。她从小就热爱学习，爱护小动物。小时候，她经常将家里给她的零花钱，用来买连环画看，学习成绩总是名列前茅。长大后，她又经常将家里给她的零花钱，用来买狗食养狗儿，把狗养得跟狼一样健壮。学习使美丽心情更加美丽，爱动物使美丽心情更加善良。实话实说，美丽心情是一个打着灯笼也难找的好女孩，而孤月飘雪居然借着网络就找到了，这只能说明他们有缘。有缘千里来相会，这就是一个现代版的美丽童话——网络情缘。我们衷心祝愿这个童话在新郎新娘的共同创作中，能够一直续写到下个世纪。

曾经，你们在一个网络上聊天，聊到和谐地走到一块儿，此后，你们要在一个餐桌上吃饭，愿你们为今天白头到老的承诺而长久下去。

最后，我代表新娘娘家向前来道贺和祝福的朋友们表示衷心的感谢和亲切的慰问，祝愿更多的网友缔结良缘，让我们分享爱的喜悦、情的欢欣。

祝愿所有参加今天婚礼的好朋友们：工作清闲自在，打牌从不输钱；存款位数递增，口袋装满美元；健康围绕身边，没事上网聊天；好运连连不断，永远得意洋洋；精神事业旺，吃喝不愁永不发胖。

{男主持人}

感谢娘家亲友的发言。接下来，有请新郎新娘的姐姐×××女士上台致词。

{新郎姐姐}

尊敬的各位网友、各位网虫朋友们、弟弟弟妹：

大家好！

谁说网络情缘是那么的缥缈，谁说网络就不会有真正的情感？（众人的鼓掌声经久不息）弟弟弟妹，是你们这一对不远万里的金童玉女，演绎了一曲网络情缘的童话，你们用洁白的婚纱向世人昭示：你们的爱情天日可鉴，网络为证！在你们即将踏入婚姻的殿堂之际，我代表家人送上我们衷心的祝福、真挚的情意：谨祝我亲爱的弟弟、弟妹，从今后，爱河永浴！

我的弟弟，你长大了，懂得了许多，想要飞，选择成家，开始你崭新的生活。这新的生活洋溢着新的爱。这爱，是忠、是诚、是无私、是心有所属、是情有独钟。你可知道婚姻才是新生活的开始？爱是责任和义务，作为铮铮男儿，与生俱来就应该有着强烈的责任心，为她为己，担负道义，脚踏尘埃，赶趟先河，永挑重担，如山如海，沉默包容，千磨万阻，亦应无怨无悔。

我可爱的弟妹，我非常敬佩你。你这黄土地的女孩儿，为了心中的挚爱，为了心中难舍的情谊，敢于跨越千山万水，来到这四季常青的江南。我钦佩你的所作所为，相信你对我弟弟的爱情也会永远青翠！我知道，那多情的夜空，早就添上了两颗璀璨之星；这美好的世界，永远有你们二人携手同游。

亲爱的弟弟、弟妹，心心相印是爱的基础，互相给予才有了爱的结合。这些天看到你们为了未来所作的努力，我知道你们是做到了这点。希望你们两个人能撑起一片天地，开创一个世界。互相依赖，滴水汇成澎湃；并肩存在，群峰聚为山脉。地久天长，须日日协作；一生一世，要相依相守，白首偕老。

我还想对你们说，婚后两个人的世界，欢乐很多。但是，人不得不根于生活，植于社会，因此，难免也有烦恼忧愁，也有磕磕碰碰。但希望你们能够正视、善视；互爱、互谅；互敬、互让，能微笑着面对彼此，更希望你们微笑着走向生活。

还有，希望你们婚后勿忘双方父母，山高水长，不能经常回去，但要记得经常打个电话问候问候，关心关心。古人云：受人滴水之恩，甘当涌泉相报。何况生身之亲？天伦之乐情为本，吉祥门庭爱神多。

弟弟、弟妹，再次送上我真诚的祝福：祝你们新婚快乐，贺你们喜结良缘，愿你们福禄鸳鸯、珠联璧合、百年偕老、文定吉祥！（掌声）

{女主持人}

听完姐姐的真情告白后，让我们再来听听网友们的致词。

{网友致词}

各位来宾，《喜相逢》的各位兄弟姐妹们：

大家晚上好！

金秋 10 月正值枫叶翻红，金风送爽的日子。节值中秋娶淑女，时逢吉日嫁才郎。孤月飘雪先生和美丽心情小姐在网络上相识、相知并相爱，最终能够在今天走上婚礼的红地毯，这不仅是他们二人的人生大事，也是我们《喜相逢》建立以来的一件大事，同样也是看着他们俩一起走过了这段从相识到相爱全过程的网友们的一件大喜事。

我和孤月飘雪是在网聊时认识的，孤月飘雪先生风趣幽默、性格开朗、心思细腻而又胸怀宽广，我们完全相信他一定能够真诚地接纳并欣赏美丽心情小姐的所有风华与智慧。包容并珍藏她的缺点与不足，给爱情以最温馨的诠释。

美丽心情小姐，一如其名，是一位温文尔雅、端庄秀气的淑女名媛；她同样也是性格开朗的人，其言谈清丽脱俗、独具风格，在《喜相逢》这个大家庭里，一直拥有着非常广泛的人气和非常高的受欢迎指数，这一点大多数和她交过手的网友可以见证。她处事以心，待人以诚，常能让人感受到她那柔丝般的眷顾与温馨的呵护。

孤月飘雪先生能够与美丽心情小姐携手一生，我们为他们感到高兴，相信他们一定能够互相取长补短，相携一生。展望他们的明天我们有理由相信：有情相约、真爱永远！让我们一起祝福，共同见证这一对通过网络建立起真挚爱情的新人典范，网络明天将会更加普及，将来在网络上不知又将有多少对新人会走到一起，但无论何时，我们都会记得今晚的这个不眠之夜，因为他们是我们《喜相逢》的第一，我相信这绝对不是唯一，唯愿网络所有有情人忠臣眷属！谢谢大家。

{女主持人}

难忘的时光，美好的爱情。走进网络，走进生活。多么浪漫、多么富有诗意的结合。

{男主持人}

是啊，平平仄仄缔良缘，恋爱情丝自早牵。幸福的时刻，幸福的新人。

{女主持人}

到现在为止，我想新郎新娘应该上感谢天，下感谢地，中间还得感谢我们的网络搭建起的新式平台。既然今天是你们拜天地的良辰，我想请你们用天和地来造一些词句，以此来形容表达你们此时此刻的心情。好，新郎先请！

{新郎}

亲爱的，认识你是我有生以来天大的喜气。

{新娘}

见到你，我感觉自己将要做一件开天辟地的大事。

{新郎}

你还记得吗，我追求你时，真可谓感天动地。

{新娘}

是啊，思念你的时候，确实有些翻天覆地。

{新郎}

你还记得第一次亲吻你时昏天暗地的情景吗？

{新娘}

为了你，我想我可以上天入地。

{新郎}

这辈子娶到你做老婆，我是谢天谢地。

{新郎新娘}

今天我们终于可以欢天喜地地拜天地。（来宾们的喝彩声起）

{女主持人}

是啊，在现在为止，网上还热心的网友为新郎新娘留言祝福。

{男主持人}

一名中学教师留言说："希望你们生个聪明伶俐的孩子，将来考上清华、北大、做国家的栋梁之材。"

{女主持人}

朋友们，我们的网络真是普及的时代，一位居委会老大娘说："你们一定要拥护国家计划生育政策，只生一个好。”

{男主持人}

一名医生留言道：“你们要爱护身体，平时不要暴饮暴食。等你们生小孩的时候，希望你们到条件优越的医院接生。我们医院的地址是××××××，热线电话是×××××××。”（笑声）

{女主持人}

还有一名科技工作者说：“科学的发展一日千里，过几年你们如果还没生下小孩的话，只要法律允许，完全可以克隆一个。”

男主持人：非常有趣的留言，职业的特点使得他们说话时三句不离本行。

{女主持人}

是啊，一名度假村的经理留言说：“我们为你们提供五星级的蜜月服务和新婚旅游指南。这是我的名片及电话，希望能为你们效劳。”

{男主持人}

这所有的一切归结起来就是：非常时代、非常爱情、非常网络、非常祝福！（掌声）

{女主持人}

是啊，话又说回来，不管采取何种形式，爱情到婚姻确实是一段难忘的旅程。新人的网络相思语，由于证婚人皓月当空的努力争取，我们都已经听到了，现在，大家想不想听听新郎新娘的现场爱情对白呀？（众人异口同声：想）

男主持人：好，借着这良辰美景，乘着这福日佳期。新人心里一定是激动万分。千言万语道不尽喜悦心情；万语千言说不尽恋爱时光。现在就请新郎孤月飘雪先生和新娘美丽心情小姐进行他们的即兴表白——《为了今世的前缘》。

{新郎}

我从遥远的地方而来，朝着你的方向不停地奔走。我是那样地坚定，那样地匆忙，那样地迫切！你还在那里等着我吗？

{新娘}

是的，我在这里等着你，我已等了一个世纪。我向着你将要到来的路一直张望，我怕我稍不留意，就会错过与你的相遇。

{新郎}

我跨过高山长河，越过荒野丛林，雷电不能吓倒我，蔓藤不能阻挡我。在四季的风雨中，寻觅你是我唯一不变的主题。

{新娘}

我站在路边孤独地、痴痴地等候，当空烈日炙烤着我的身体，无常雨雪淋湿了我的衣服，但它们动摇不了我的信心和决心。

{新郎}

我不知道你到底在哪里，但我知道，我们今生有一段尘缘，这段缘让我找到你，让我把我的思念，把我的情和爱全都送给你。

{新娘}

我在你必经的路旁日夜等待，没有谁可以吸引我的目光，没有谁可以让我离去，我的万种柔情只为你盛开，我的千般心思只为你展开，我的羞涩也只会在你的面前化为娇艳的红霞。

{新郎}

我就这样寻寻觅觅，走走看看，终于在遥远的远方看到了你，看到了你伫立的样子，是那样沉默，又是那样专注。飘舞的衣裙把你衬托成一只蝴蝶，一直在风中飞舞的美丽蝴蝶。

{新娘}

我在远方就听到了你的脚步声，那样快，那样匆忙，又那样轻快，那样坚决。难道，你怕时间来不及吗，没关系的，我会在这里一直等你，等到你到来的那一天为止。

{新郎}

亲爱的，我想我们的相见，也许是繁华盛开的季节，也许是在红叶满山的时刻；也许是在激情燃烧着的青春时代。

{新娘}

但是，天一定会很蓝，阳光一定会很灿烂，我们也会像天真的孩子，陶醉在我们两个人的花园里。

{新郎}

那是，经过长时间的奔波，我的头发也一定会很凌乱，衣衫也一定会破烂不堪，当我经过你的身边时，你还会认出那时的我吗?

{新娘}

也许，那时，我的脸颊已不再红润，歌声也已不再动人，当你找到我时，你还会喜欢我吗?

{新郎}

我怎么会不喜欢你呢，多少次在梦里都有着你的身影，又有多少次在内心独自的呼唤你，只想牵你手，漫步人生路，一起去见证爱的伟大、情的纯洁。

{新娘}

是啊，在我的梦里来来去去也只有你。就这样，我痴痴的等……

{新郎}

就这样，我步履蹒跚地走……

啊，我终于看到了你，你的笑容像暖暖的春风，吹绿了我心田上干枯的草地，你的言语如夏日的徐徐凉风，平息了我燃烧欲裂的双唇。我知道，那就是你，我终于找到了你！

{新娘}

你终于来到了我的面前，我终于等到了这一天，你的眼神像闪亮的星星，溅落在我平静的湖心，从此我的心开始为你澎湃。当你用披荆斩棘的双臂拥抱我时，我知道，你的胸膛就是我今生停靠的驿站！

{新郎新娘}

为了我们今世的这段情缘！

{新郎}

就这样毫不迟疑地走向你！

{新娘}

就这样无怨无悔地等待着你！

{新郎新娘}

就这样，走近你，靠近你……（掌声）

{女主持人}

就这样经过了寻寻觅觅的，两位有情人终于走近了彼此的心灵世界。愿他们就这样一直走到天老地荒。

{男主持人}

走到夕阳落，

{女主持人}

走到星月升起。

{男主持人}

这正是：佳偶天成拜玉堂，争娇女配仙郎；

{女主持人}

尊前合成调鹦鹉，台上吹箫引凤凰。

{男主持人}

相逢是首歌，相聚是份缘。这样一个美好的夜晚，这样一个幸福欢快的时刻，多少话语都不能表达我们美好的祝愿，怎样的词汇都不能表达我们的快乐。让我们用歌声来表达这份喜悦和祝福。

{女主持人}

歌声是真情的传递，歌声表达了美好的祝福。衷心祝愿所有的朋友，满载着这份幸福和喜气，在这网络天地，在这友情的天空，尽情挥洒人生的快乐，共同谱就美满的人生。

下面，请新人对唱《知心爱人》

{新郎}

让我的心陪着你直到永远，你是不是感觉到我对你的心。

{新娘}

在相聚的时候，我才发现什么是缘。

{新郎}

让我的心陪着你直到永远，你是不是也在等待你的痴心爱人。

{新娘}

不管是现在，还是在遥远的未来，让我们彼此都保护好今天的爱，不管风雨会不会再来。

{新郎}

让我做你一生的知心爱人。

……

{男主持人}

朋友们，在天之涯，在水之畔，又有两个名字结成三生的情缘！

{女主持人}

相距千里，隔不断彼此的牵挂；

{男主持人}

纵有万难，挡不住两颗心的汇聚。

{女主持人}

让我们用掌声祝福这对知心爱人吧。

{男主持人}

从此以后，你独享我心的永久居住权；地方不大，但绝对温暖！

{女主持人}

从此以后，对于世界来说，你是一个人；但对于我来说，你是整个世界！

{男主持人}

接下来，热烈欢迎网友为大家献上精心准备的节目。首先是，鲜花灿烂、小狐狸、网络精灵为大家准备的辣舞。(激情似火的辣舞让大家掌声、喝彩声不断)

{女主持人}

请网络歌手黑山老妖为大家献上他的新作《相约网络》(搞笑滑稽的歌唱引得全场一片笑声)(节目一一上演，大家享受着温馨、欢快的婚礼节目)

{男主持人}

非常感谢，谢谢众网友的良苦用心，最后，请新人致答谢词。

{新娘}

在此，我们真诚地感谢所有能来现场参加婚宴的××余位网友！因其他原因来不了的网友，你们的祝福我都会感知到。以下是特别要感谢的人：感谢《喜相逢》室主仁者无敌在百忙之中担任我们婚礼的主婚人！感谢我的好朋友，被人称作“网络精灵”的皓月当空小姐但当我们的证婚人，感谢×××先生和×××小姐精彩、生动的主持！

{新郎}

感谢《喜相逢》版主率众网友亲临婚礼现场！感谢网友沙漠骆驼草赠送绝妙无比的对联！感谢网友风雨同舟、遥远的呼唤、酸酸乳、珊瑚和一生的路提供接亲车辆并亲自参加接亲队伍！感谢××××街道办事处的党政领导亲临我们的婚宴贺喜！

{新娘}

感谢风雨同舟和一生的路长达十多个小时的贴身随同和摄像拍照！

{新郎}

感谢从祖国的四面八方，风尘仆仆赶来的一批同学，虽然我和他们都没时间说上几句久别的话语，但你们的那份心情我心中会铭记不忘的。当然，需要感谢的人还有很多很多！

{新娘}

总之，我想，这个婚礼会长久地印记在我的脑海里。众网友真诚的祝福我都会用心去珍藏一辈子的！

{新郎}

热闹过后，生活仍会继续。精彩只是瞬间，平淡才是永恒。在今后的每一天，我们将在平淡的生活中体验、享受那不平淡的幸福！我们在祝福自己的同时，也在祝福你们在座的各位：我亲爱的网友们，因为你们我的生活丰富了许多；因为你们，让我感受到了太多的友情和真爱；因为你们，让我们体验到一场不同凡响的、有价值的婚礼！

{新娘}

最后，让我们再一次衷心地谢谢你们！恭祝大家工作顺利！

{新郎}

家庭幸福！

{男主持人}

未来的路还很长，未来的幸福靠自己的努力创造。在今天这个喜庆的日子里，所有的歌声和掌声都代表着一份真情，所有的欢乐和祝福都送给这对幸福的新人。

{女主持人}

让今宵的晚会带给你们欢乐，也带给所有来宾欢乐；让朋友们真心的祝福永远伴随着你们的甜蜜生活。任时光流逝，岁月如歌，愿每一份真情得到幸福的回报。

{男主持人}

难忘今宵，难忘这幸福欢乐的时光！今宵凝聚着欢乐，凝聚着朋友们的真情祝愿。

{女主持人}

愿这个美好的夜晚带给所有朋友们幸福和美好的心情。愿明天的阳光更灿烂，愿《喜相逢》迎来更多的朋友，愿更多的网友喜结良缘，走向更加辉煌的明天。

{男主持人}

朋友们，让我们再一次把美好的祝福送给这对幸福的新人。愿他们恩恩爱爱，甜甜蜜蜜，白头偕老，永结同心！

{女主持人}

也祝所有的朋友们事业正当午，身体壮如虎，金钱不胜数，干活不辛苦，悠闲像老鼠，浪漫似乐谱，幸福——非你莫属。

{男主持人}

愿大家：位高权重责任轻，钱多事少离家近，每日睡到大天亮，工资领到手抽筋，别人花钱你收礼，别人加班你加薪。

{女主持人}

愿新郎新娘：同心携手一帆风顺，举案齐眉满沼鲤欢。锋芒略敛夫妻和美，凡事无争伉俪温馨。

{男主持人}

最后，祝愿更多网络有情人终成眷属！

{女主持人}

今天的婚礼晚会到此结束，本主持人提议，恳请我们的新郎倌发扬“旧时代”愚公移山的精神，靓舞英姿，卖卖力气，抱上你的心上人，绕场一周，然后共同奔赴你们的洞房。(掌声响起)

{男主持人}

感谢所有的朋友们的光临！祝愿各位朋友身上不长膘，人前你最俏；手头有钞票，梦里都在笑。

{女主持人}

祝你：打牌运气拉不住，豹子金花把把出，别人瞪眼你笑脸，别人掏钱你收钱。

【训练七】 警察婚礼主持词

【主持人】

尊敬的各位领导、各位公安战线的朋友们、各位亲友、各位来宾：大家好！

梧桐滴翠欣闻引凤去，丹桂飘香喜见承龙来！

在这喜气祥和的日子里，在这激动人心的时分，非常高兴与大家相聚的在这里，一会儿呢一对新人的结婚典礼仪式就要拉开帷幕了。在婚礼开始之前，首先向大家做一下自我介绍，我是××××婚庆公司的婚礼主持人，我叫×××，今天非常荣幸地受一对新人的委托，为他们主持结婚典礼仪式，希望我的主持能给大家留下美好的印象，并能够得到大家的大力支持，谢谢大家！

我们的一对新人在工作中相识相知，在恋爱的道路上互相了解，互相体贴，在共同的信念和生活追求的指引下，今天将带着所有亲朋好友的祝福步入神圣的新婚红地毯，那么下面我就来向大家介绍一下在前排就座的嘉宾。

首先让我们认识一下新郎新娘的双发父母。（乐队奏响《感谢你》这支经典乐曲）

这一位是新郎的父亲（用手引导），这一位是新郎的母亲（用手引导）。（两位站起向亲友及来宾鞠躬表示谢意，然后坐下，宾朋掌声响起）

这一位是新娘的父亲（用手引导），这一位是新娘的母亲（用手引导）。（两位站起向亲友及来宾鞠躬表示谢意，然后坐下，宾朋掌声响起）

在这婚庆大喜的日子里，四位老人今天显得格外的高兴，请大家掌声道喜。恭喜！恭喜！

天上无云不下雨，水中无船难过江，新郎新娘成婚配，还靠红娘来帮忙。这一位就是红娘，请站起来让大家认识一下，啊！你不是红娘，你是月下老人，开个玩笑请你不要介意，让我们大家一热烈的掌声欢迎介绍人×××先生。

这一位是新郎单位的领导××公安局的×××局长，（用手示引导）同时也是今天婚礼的主婚人，掌声欢迎主婚人。这一位是新娘单位的领导××派出所所长×××先生，也是今天的证婚人，欢迎你。今天参加婚礼的还有男方的……女方的……欢迎你们。

朋友们，如果说人生是一片无尽的海洋，那么婚姻则是这片海洋上的一叶温馨浪漫的轻舟，有了婚姻人生才更加的完整，有了婚姻爱情才更加的温情。在这里，所有的嘉宾朋友们，让我们伸出双手用掌声欢迎我们的新人共同步入这新婚的殿堂！

（在绚丽夺目的梦幻灯光下，央视《新闻联播》片头曲拉开婚礼序幕）

【主持人】

亲爱的朋友们，你现在收看的是我们的《爱情直播现场》特别节目，今天，应邀参加婚礼庆典的两位重量级人物是——×××先生和×××小姐。

朋友们，在大家的掌声中，在神圣的《婚礼进行曲》中，头戴美丽的皇冠，身穿洁白婚纱的新娘挽着身穿黑色礼服的新郎，怀着两颗彼此相爱的心，走进了这神圣的新婚礼堂，百鸟在为新人歌唱，鲜花在为新人开放，亲朋在为一对新人祝福，来宾在为一对新人鼓掌。

他们正走在庄严的婚礼圣台，请接受所有人对你们的祝福，祝你们倾心相恋，愿你们共同在生活的长廊里吸取岁月的精华，在婚姻的爱河里体会生命的真谛！

熟悉新郎的人都知道，新郎是一名公安战士，在中华民族的字典里，公安是保卫一方平安的守护神，是人民群众安居乐业的保卫者，在爱情的道路上，他是一位有着侠骨柔情的好男人，他对新娘的爱像天上的星星一样闪亮，像冬天的白雪纯洁无瑕。据说我们的新郎倌啊，从三岁开始就暗恋新娘了，问问新郎是不是（新郎回答）看我们的新娘站在这新婚的舞台上，眼睛里流露出的是对新郎的爱意，那粉红的脸蛋露出的娇羞是因为初为人妇的紧张和激动，我们的新娘有着与众不同的气质，看新娘的眼就想到了香港著名的影星—关之琳，看新娘的皮肤就想到了中国影后—章子怡，看新娘的樱唇就想起了日本当红影星—山口百惠，我们的新娘今天是我们这个城市最美的新娘，全中国最美丽的新娘，大家说对不对？如果是的话，请大家用热烈的掌声祝福我们的新娘年轻漂亮，青春永驻！

朋友们，下面有请男方单位领导××市公安局××局长为一对新人主婚。掌声欢迎。

亲爱的来宾朋友们，我们的社会是个法制社会，我们的国家是法制国家，各个行业都有法律的保护和支持，同样，今天我们的新郎新娘的美好姻缘也要有中国的法律作保障，今天我们非常荣幸请到了女方单位领导××派出所×××所长来为新人征婚，现在就请×所长上台为新人宣读结婚证书！

×某所长的证婚是既幽默又严肃，总之是非常的精彩，掌声再次响起，感谢×所长为新郎新娘证婚。

亲爱的朋友们，今天到婚礼现场为我们新人送上祝福的都是新人的亲人、朋友、同事、同学。

说到亲人，我们首先想到的是我们的父母。说起父母，大家都知道，这是两个多么伟大的称呼，多么高尚的名称。今天，看着自己的儿女就要踏上他人生的另一个旅途，爸爸妈妈终于露出了微笑，那笑容是那样的温和，那样的慈祥！

今天，新郎新娘，我想问问你们，今天是你们大喜的日子里，你们心底最感激的人是？

【新郎新娘】（异口同声地回答）爸爸妈妈。

【主持人】天下小儿女，父母第一情，在这当中我们最难忘怀的就是父母情！

下面，就请新人拜天地。一拜天地，二拜高堂，最后是夫妻对拜！请新人

喝交杯酒。(礼仪小姐送上交杯酒)

朋友们，当我们一对新人端起了交杯酒的时候，我代表在座的众位朋友，预祝一对新人成为一对志同道合的伴侣，情深意厚的恩爱夫妻，今日栽下爱情树，明年结出幸福果，愿他们早得贵子。最好生出一对双胞胎，而且是一对龙凤胎。这真是：喜今日心心相印，望来年宝宝逗人。

应广大来宾的要求，下面，我们来进行一个互动游戏。要求新郎新娘用形体动作将他们从相识、相知到相爱的三步曲演示出来！掌声鼓励！

(新郎起步三步走第一次看见新娘手捧鲜花道：哇，靓妹你好漂亮！(新娘做害羞状)(掌声)

【主持人】表演得不错，做卧底绝对没有问题！(来宾掌声和笑声响起)接下来是两个人已经有一段恋爱的过程，是一个互相了解，彼此信赖的恋人了！

【主持人】(新郎又正步走三步，大声地)亲爱的，我爱你！(新娘做出一幅甜蜜的样子)

【主持人】好，豪爽、直率、坦诚！

【新郎】(新郎跑步带加速，拜倒在新娘的石榴裙下单膝跪地，双臂打开，痴痴地看着新娘)宝贝儿，嫁给我吧！

【新娘】(做出欣喜的样子，而后又害羞地说)讨厌！

【主持人】这婚还结不成了！(新郎又继续表现出一幅虔诚的样子)

【新娘】双手拿起裙边转三圈、蹲三下，我愿意、我愿意、我愿意！

【主持人】亲爱的观众朋友们，你刚才欣赏的就是我们的新郎坦率、浪漫的西式求婚和新娘子含蓄、优雅的中式恋爱的两两结合。(掌声)

【新娘】亲爱的，这是什么地方。

【新郎】这是咱们举行婚礼的×××大酒楼。

【新娘】那我们的新房在哪?

【新郎】在市中心的×××小区，离这里有6站路，差不多就是6公里！

【主持人】好，6站路，6公里，好一个吉祥如意的数字。下面，就请新郎抱着新娘绕场6周！(掌声、鼓掌声中，新郎抱着新娘绕场三圈)

【主持人】累不累?

【新郎】(神定自如)不累！

【主持人】不愧是科班出生的，抱着新娘子抓歹徒都不在话下！看来我们新时代的警察的素质就是过硬，我看×局长在不停的点头，看来我们的新郎表现真是非常的优秀！好，朋友们，掌声再响亮一些，鼓励我们的新郎再接再厉，完成最后三圈！(热烈的掌声又一次响起)

(新郎新娘完成他们的游戏以后)

【主持人】感谢新郎新娘的精彩表演，下面，请两位新人稍事休息，有请我们新郎单位帅气的男警察和漂亮的女警察为大家带来他们精心准备的小品《理解》!

（女警察上场）

【妻子】老公，我回来啦!（兴高采烈的空转一圈后发现无人）（叹气）唉，又不在家!

（自白）你说，这结婚有啥意思，这哪像个家呀? 结婚一年多，成天就我一个，回家真寂寞，睡觉凉被窝。结婚一年了，哪儿都没去，我定了两张海南双飞的票，要好好补补蜜月。

（铃…）喂，请问你找谁? ×××? 哦，他不在家，你哪位? 找他啥事啊! 喂…喂…

（挂电话）有毛病，不说话就挂了。

（独白）嫁给了警察，意味着每每在午夜时分被要求出警的电话铃声惊醒；

嫁给了警察，意味着经常几十天几十天地见不到他的身影；

嫁给了警察，意味着锅碗瓢盆、柴米油盐、老人小孩、家里家外的重担将更多地落在自己的肩上；

……

（叮铃…，电话铃又响了，抓起电话，不耐烦地）说了不在呢! …喂，是小×呀。我还以为是刚刚打电话那女的呢。是啊，我一个人呢，他不在…什么，提防? 不至于吧，他几斤几两我不清楚。什么，你今天在××看到他? 不可能吧! 你碰见了? 他没跟我说，啊，谢谢，我知道了。

（放电话，疑虑）老公跑××去了? 怎么可能? 啊，对了，昨天晚上凌晨2点接了个电话，他神神秘秘爬起来就出去了，问他又神经兮兮不说。真是奇怪……

想我跟他结婚一年来，他总是早出晚归，一个电话人影就不见了，要么几天不落屋。我看他们当警察的人事最多，工资最少。对了，他最近一两个月交上来的工资少得可怜，怎么可能这么少呢，莫非? 他在外面有情况了? 刚才好朋友叫我提防，看样子是要注意点。等他回来，我要好好审审他。（坐在椅子上发呆）

（男警察上场，向大家招手）

【丈夫】（自言自语）哎呀，这场战打得可真叫漂亮，虽然累了一整天，但是心里高兴亮堂，回家准能睡个好觉。（突然醒悟过来）唉呀，我的妈呀，一说起回家，就想起我那独守空房的老婆。局里的事说不准，说有情况就得马上动身，延误一分钟都不行，昨晚就是从暖和和的被窝里爬起来，连夜赶往××去执行任务的。（大大的打了个哈欠）

尤其是年底治安情况紧，我们就更下不来了。回家还不像住旅馆一样能睡个回轮觉，等下进了门，我那个老婆肯定要发脾气，还是学乖一点比较好！

（进门）

【丈夫】老婆，我回来了！

【妻子】（怒目圆睁）我以为谁呀，你还晓得回来呀？

【丈夫】嘿嘿，我是你老公。（东西放下，准备就座）

【妻子】哼，哪个叫你坐了？（发威）

（丈夫立刻站起，嬉皮笑脸的样子）

【丈夫】向老婆大人请示，我能否坐下来说话！（妻子不语）看你的样子有点疲劳，我给你按摩按摩。（旁边站立看脸色）

【妻子】哼，无事献殷勤，少来这套。

【丈夫】哎哟，脾气蛮大的，是哪个惹到我的心肝宝贝了？

【妻子】你自己事情你自己知道！

【丈夫】我自己的事情？我自己哪有什么事情，我的事情除了工作就是你！（纳闷，苦想）

（面朝来宾）我这个老婆就是这样，一时刮风来一时下雨，一会儿电闪一会雷鸣，搞不清楚刮的什么风，下的什么雨，闪的什么电，打的什么雷。给她点阳关光，她就灿烂，给她点雨水，她就泛滥。有掌声的同志就有同感。不过，我还是有办法治她。

（做出恍然大悟的样子）哦，我知道了，昨天早上老婆大人给了我十块钱，我两块钱买了面包，三块两毛钱买了灯泡，四块五毛钱买了牙膏，我看还剩了三毛钱，就做了私房钱。哎呀，老婆大人，您真是明察秋毫，这你也晓得了？

【妻子】（扑哧一声笑了）少来，不是这个！

【丈夫】（一愣）那是什么？（纳闷，拍脑袋）哦，知道了！那就是我昨天换了双臭袜子没洗，偷偷藏在鞋柜里，哎呀，老婆，你的鼻子真是比局里的警犬黑子还狠，这么点的蛛丝马迹也被你捉到了？真是厉害！（竖起了大拇指）

【妻子】（大怒）你少跟我七扯八扯的，跟你说正经事呢。（面向观众）大家说，这样头脑不清醒的老公，要不要教训一下！（来宾呼应：要）

【丈夫】正经事？（如坠五里雾中）

【妻子】你真是三天不跟你打，你就要上房揭瓦，三天不跟你练，你的皮就痒痒了。我今天一次跟你兑现，把你以前欠我的都补回来！（准备动手）

【丈夫】哎哟，可不能打疼了我家宝贝儿的小手！（急忙用手挡住，扶老婆坐下一拉一接，往怀里一抱）老婆，打疼了你的手疼的是我的心，你知道么？

【妻子】（手一甩）放开！

【丈夫】我不放！（妻子用鞋跟一踩）哎哟！老婆有话好好说，法律规定不能实施家庭暴力。到底是什么事啊？

【妻子】老实交代，昨晚到××去做什么？

【丈夫】老婆你怎么晓得我到××去了，看样子，你的眼睛也是贼厉害。

【妻子】那你几天不落屋，电话一来鬼影不见，老实说，你是不是在外面有新欢了？(哽咽)

【丈夫】这个，这个从何说起啊，老婆，有你一个旧欢我使出浑身解数都应付不来，哪里还想有其他的想法呀。是这样的，昨天我们捉了个盗车贼，他们是团伙流窜到这里犯案，最近一两个月的作案大部分都和他们有关系。经审问，知道老巢在××，就连夜行动，到××去捣了老巢，这一仗打得漂亮，你看，我马上就回来跟你报到了。

【妻子】那你有话要讲清楚，昨天你咋不说？

【丈夫】呵呵，这是工作机密，不能乱讲的。

【妻子】好，不说这事，那总有MM找你呢，这件事该怎么解释？

【丈夫】女的？啊……有，有。是有女的经常找我（妻子生气准备打人）

老婆有话好好说，开个玩笑嘛，你老公除了你看得上，还有哪个能相得中我。不过，话说回来，我的眼里只有你，没有她！找我的那个应该是我们问讯处的女同事，工作嘛。不过我敢保证，除了你，没女的找我。我发誓！

【妻子】不要以为我不在警察局我就不知道你们的工资情况，你这一两个月交上来的工资也比以前少了，肯定是贴别的女人去了！

【丈夫】冤枉啊，老婆，你把我的钱包搜得比小偷搜过的还干净，哪里还有钱养小蜜哦。

【妻子】鬼知道你说的是不是真的，反正我是不相信！

【丈夫】老婆，这都是由我的工作性质决定的，但我这又算什么呢！有的同志，因为工作朋友都飞了，我们每年都有兄弟与犯罪分子较量被打住了院，前段时间我们都为他进行了捐款，因为他家里的条件比较艰苦。

大家这么卖命，还不是为了地方的安宁！但又有多少人能体会我们的难处呢。苦，我不怕；累，我不怨，但重要的是理解两个字啊。老婆，你不理解我还有谁能理解我呢？(低头叹气)

【妻子】原来是这样，老公，你怎么不早点对我说！亲爱的，你真是辛苦，是我不好，误会你了。对不起！

【丈夫】没关系，也是我不对，有些事不该瞒你，让你瞎想了，以后我一定多陪陪你。

【妻子】那……我定了两张海南双飞的票给你放松放松，顺便补补我们的蜜月，明天早上7点发车，你有没有时间去呢。

【丈夫】这，这，老婆，我真的是抽不开身。这快到了年底，那些想趁过年浑水摸鱼的人啊，像蚂蚁搬家一样马不停蹄的忙个不停，你说我们停下来，能行吗？等忙完了这一阵子，我一定陪你双双飞！（看表）哎呀，8点了，时间来不及了，我还得赶回局里，继续审问今天捕获的大鱼呢？（出门）好了，老婆，我还有任务，先走了！

【妻子】站住！

【丈夫】又怎么了？（妻子拿起大衣帮丈夫披上）老婆，你对我一好，我还真有点不习惯，你还是吼我几句习惯些。

【妻子】没出息，我和你一起出门去。

【丈夫】老婆，你还是不相信我啊，准备来个跟踪调查？

【妻子】（嗔笑）哪呀，就你那点花花肠子我还不知道有几根？我是去旅行社把票改期，执勤小心点，到海南双飞，我等你！

我知道，嫁给了警察，就等于嫁给了义务，嫁给了责任，嫁给了风险与艰难，同时，也嫁给了自豪与光荣。

【丈夫】理解万岁！

（两人回到台上，谢幕，敬礼。雷鸣般的掌声响起）

【主持人】这个小品说出了所有做警察的同志的心声，是啊，做了一名光荣的人民警察就意味着家人要替你分担更多的责任，承担更多的义务，所以，我们要说理解万岁！警察同志辛苦了！

我们的新郎新娘能有今天，说明我们的新娘能够理解她爱人工作的神圣性了，我们为我们的优秀警员同志找到这样一个好姑娘感到自豪，感到骄傲。同时，借此良机，也向我们的新娘，我们的新警嫂，还有我们所有的警嫂们祝福，说声：你们辛苦了，我们安定的环境里也有你们的一半功劳，你们爱人功勋章里也有你们的一半。

接下来，请欣赏我们的女警察同志为大家带来的舞蹈《铿锵玫瑰》。

（舞蹈表演）

【主持人】飒爽的英姿，干脆的动作，不愧是身穿一身绿的人民的保护神！下面，请欣赏我们的警务工作者表演的《赤手抓歹徒》。

（动作表演）

【主持人】这绝对是一对一的真功夫较量，没两下子，早就给打趴下了，有这样好身手的警察为我们巡逻，为我们治安，我们就可以安心的工作，安然的入睡了！热烈的掌声再次送给我们今天最可爱的人儿！

好，下面有请新郎致答谢词。

【新郎】尊敬的各位领导，各位女士，各位先生：

大家好！

人生能有几次最难忘最幸福的时刻，今天我才真正从内心感到无比激动，无比幸福，更无比难忘。因为今天我和心上人×××小姐结婚，有我们的父母、长辈、亲戚、知心朋友和领导在百忙当中远道而来参加我俩的婚庆典礼，给婚礼带来了欢乐，带来了喜悦，带来了真诚的祝福。借此机会，让我们再一次真诚的感谢父母把我们养育成人，感谢领导的关心，感谢朋友们的祝福。请相信我，我会永远深深爱着我的妻子，并通过我们勤劳智慧的双手，创造美满的幸福家庭。同时，我也会努力履行好一名警察的职责，为我们这个地区的稳定、繁荣做出自己的一份贡献！

最后，请大家一起分享这幸福愉快的夜晚。祝大家万事如意，美梦成真。谢谢！

【主持人】感谢各位来宾的捧场，在这里，新人向左边的朋友们一鞠躬，祝大家心想事成，工作胜利，向右边的朋友们再鞠躬，祝大家家庭和睦，平平安安，向中间的朋友三鞠躬，愿大家鸿运高照，生活幸福！

最后祝福在场的所有好朋友都能在今后的生活中龙腾虎跃，万马奔腾，三羊开泰，激情勃发，牛里牛气。

【训练八】 老人寿宴主持词

各位来宾、挚爱亲朋，伴随着春天的序曲，我们相约来到“某某”酒店，屋里是张灯结彩，外面是鞭炮齐鸣，大家还沉浸在这新春佳节的喜庆之中，在这大喜大庆的时刻，我们高兴的迎来了“某某”老人家的“某某”华诞，我们大家用最热烈的掌声祝贺“某某”老人家长命百岁，我们的祝寿仪式现在开始——

谢谢大家，这是一位慈祥善良的老人，还有一个幸福美满的家庭，就在这举国上下，欢度新春佳节之际，我们就和这位老寿星在“某某”酒店，度过一段美好幸福的时光，下面我们用热烈的掌声有请老寿星率领他的满堂儿女入场——在它们儿女的簇拥下，老人家率领他的儿女向我们走来，掌声热烈一点，谢谢大家！

下面请老人家的儿女们把象征着×××华诞的蜡烛点燃。

这时象征老人家×××华诞的蜡烛全部点燃了，烛光璀璨，火红的烛光映红了爸爸、妈妈慈祥的脸庞，满堂的儿女们就站在老人家的身后，这是非常幸福的家庭，在这大喜大庆的时刻，大家沉浸在幸福和喜悦之中。

咱们看看老人家高兴不高兴，现场采访采访——老人家，今天是您老×××大寿，您老高兴不高兴啊？（高兴），您老平时最想的人，最亲的人，最近的人今儿都来了，高兴不高兴啊？（高兴），老人家今儿×××大寿，单独来个照片呀。老（妈妈）×××大寿，老（爸爸）更应该高兴啊，少是夫妻老是伴嘛，秤杆离不开秤砣，老（爸爸）站起来，有这么好的家庭都是党领导的好，老伴领导的好，咱们给某某老先生的掌声热烈一点，向您老也祝贺，“您老今年高寿了？×

××多了，您66的时候儿女们给您办了吗？也办了，也是这么大的场面吗？没有？孩儿们偏心眼，妈妈这么大的场面，到您老这糊弄糊弄就得了，世上只有妈妈好啊！等您老的得时候给您好好办办！我们用掌声祝二位老人晚年幸福，请坐——

今天请来了这么多得亲戚，都是实在亲戚，都是骨肉之亲，非常荣幸，下面我们有请一位来宾代表，给老寿星祝寿词，有请×××单位的×××代表我们所有来宾说几句祝福的话，谢谢，我们也把这份祝福回敬给你的全家，谢谢您！

老人家，今天您的儿女不仅给您准备了满堂红的寿台，还准备了精美的寿礼，下面的节目，就是儿女退场准备敬献寿礼。

我们开始敬献寿礼，一家一家来，都过来，到前台来，一家一家开始，大嫂拿的啥玩意啊？纸包纸裹的，一包肉，真沉啊，都赶上半拉猪了，反正低于6斤6两是不行的，祝福妈妈爸爸一句话。大儿子、大儿媳一家，转过来面向大家，让大家看看拿啥玩意，举起来，白衬衣白衬裤，在咱们东北祝寿有讲啊，白衬衣白衬裤，取的是白头偕老的意思，祝福妈妈一句话，年年有今日、岁岁有今朝、年年过节、岁岁祝寿、天天过生日，放这。二儿子、二儿媳，×××拿这个实在，举起来让大家看看，正经玩意，按咱东北讲烟、酒是吉祥物，烟是人丁兴旺、不断香烟，酒是天长地久、幸福久长的意思，万事如意；现在是大女儿，大女婿敬献寿礼，×××和×××，姑爷子你也是帮着拿一下啊，拿一样啊，转过来让大伙看看，举起来，肉和寿桃，这是今天上场的第一个姑爷子，咱们给他点掌声刺激刺激他，好像咱老×家慢待人家外来人是的，祝岳父、岳母一句话，把寿礼放下，二女儿，二女婿一家，你也是拿点啥玩意啊？咋空手来的啊？一人分点，是什么啊？寿粉、寿面，你这个便宜呀！寿粉就是挂面，寿粉、寿面，福寿绵长，祝寿离不开这个啊，福寿绵长、细分长流，这是上场最后一个姑爷子，咱都给大姑爷子鼓掌了，二姑爷子不鼓掌，不好。要不然好像咱老×家瞧不起人家似的，不是那回事呀！祝你的岳父、岳母一句话，等会别动啊，（问寿星）这个姑爷子对您老咋样啊？对您老平时好不好啊？我看他抠不手的就拿那点东西来的，平时舍得了吗？舍得了啊！（对大家）人家岳×都夸这个姑爷子了，最好！鼓掌！寿礼摆下。好！

您的儿子、儿媳，女儿、女婿他们给您准备了这么多的东西，小朋友们也准备了东西，接下来是小朋友们敬献寿礼，来，都到前面来，这是我们家族的希望，也是祖国的未来，把手里礼品举起来，让爷爷、奶奶看看，祝爷爷、奶奶一句话，讲完了上后面去，老人给你准备了红包了。叫什么名啊？祝爷爷、奶奶一句话，万寿无疆，过去形容毛主席的词啊，多伟大啊！这晚的孩子都会说话，看赏！以后嘴甜点，钱都让你唬去了；说一句话，话不多是一种心情，看赏！还有谁没有得到红包的啊？好，都退下。下面，有来自×××单位尊贵的客人也献上了精美的寿礼，有请××单位的××先生给老寿星献寿礼，这是浓厚的一片心啊，把掌声献给尊贵的来宾，谢谢您！

接下来是儿女拜寿，老人家，站在前面都认识吧？认识啊，真的、假的？那我得考考您？大儿媳叫什么名啊？大姑爷呢？行啊，老爷子，看来您活一百岁没问题啊！这是激动人心的时刻啊，此时此刻，台上和台下的心情紧紧的融为一体了，看看，这是生育你、养育你的父母双亲，儿子、儿媳，女儿、女婿，都一样，好像天上的星星，寄托着父母无限的希望，父母一生呕心沥血，都是为了培养你们的成长，在儿女的眼里，妈妈、爸爸也一样，永远是他们心中最红最红的红太阳，在老人家×××大寿之际，我们祝妈妈、爸爸，晚年幸福，福寿绵长，一鞠躬，再鞠躬，三鞠躬，向后转；在给老寿星祝寿的同时，虽然离不开儿子、儿媳、女儿、女婿的孝顺，更离不开在座亲戚朋友的关怀，送来的温暖，在老妈妈、老爸爸##大寿之际儿女们也对大家充满了感激之情，接下来，请儿女们出一位代表说几句心里话，这个机会就给×××同志吧，给点掌声鼓励！哥几个都很激动啊，代表爸爸、妈妈，代表×氏家族，向这么多年来关心我们的亲朋好友，给大家鞠躬了，谢谢大家！下面是孙儿一辈给老人家拜寿，一鞠躬，二鞠躬，三鞠躬，向后转，大家好，鞠躬！还有的是老人家的亲友，家族中有血缘关系的，请到前面来拜寿，祝老人家福如东海，寿比南山，一鞠躬，二鞠躬，三鞠躬，请退下，下面请在座的所有晚一辈的朋友，请大家全体起立，祝老人家晚年幸福，万寿无疆，集体拜寿，一鞠躬，二鞠躬，三鞠躬，谢谢大家，请坐，下面，我们大家用最热烈的掌声有请老寿星入席，我宣布：祝寿仪式现在结束，酒宴开席！

【训练九】　同事生日主持词

女：尊敬的各位领导，各位来宾

男：各位同事，大家

合：晚上好！

女：我是……

男：我是……

女：很高兴今晚能够邀请大家齐聚在这个绚美的舞台，与在座的寿星朋友们一齐分享生日的喜悦。

男：从此我们的生命里又多了一个特别的日子！灿烂只为你，祝福送给你；

女：我亲爱的朋友，今天是你的生日，祝愿你年年有今日，岁岁有今朝！

男：让我的祝福翻过深南路的栏杆，穿过白石洲的烧烤摊，游过浩瀚的深圳河，爬上巍峨的莲花山，向你所在的任何角落狂喊：祝你生日快乐！

女：呵呵，瞧你把大家乐得！哎，……，你知道这次生日的朋友都是哪些月份出生的吗？

男：嗨，这是今年的第三次，当然是 7、8、9 三个月出生的同事们的生日拉！

女：哟，看不出来嘛，你还挺关注我们生日晚会的！

男：那是！咱们环旭的生日晚会都有三年多的历史了，是员工朋友们每个季度的一件大事呢。那我考考你，知道这次有多少朋友生日吗？

女：还真是考到我了，主持生日晚会我可是第一次。不过听说上个季度有 500 多名同事生日，我想，上帝是公平的，所以本季度应该也差不多吧！

男：嗨，你没感受到今天这旺盛的人气吗？这可是迄今为止寿星最多的一届生日晚会，据说有 900 多个寿星呢！

好了，咱们言归正传：第十五届环旭员工生日晚会马上就要开始了！

（首先请允许我来介绍一下今天到场的领导：＊＊、＊＊＊）

女：首先让我们以热烈的掌声邀请邱宗义总经理为今晚的寿星朋友们送上最诚挚的祝福！有请邱总！

男：谢谢邱总，（请邱总不要下台）下面有请礼仪推上蛋糕，同时有请今晚的寿星代表上场一起许愿，吹蜡烛。（有人上台时）

女：台下的寿星朋友们也请一起默默许愿！

男：（音乐响起）让我们一起来祝福吧：

齐唱："祝你生日快乐、祝你生日快乐、祝你生日快乐、祝你生日快乐"！

女：请邱总和寿星代表一起切蛋糕！

女：谢谢邱总！也谢谢这 10 位寿星代表！请大家一起分享蛋糕！

男：现在正在热播的韩剧《大长今》里有这么一句台词：带着诚心去做食物，用食的人就能感觉到。

女：是啊。虽然我们不能把美味的食物在此呈现给大家，但我们给大家带来了曼妙的舞蹈。带着真诚去跳舞，我相信观舞的人一定也能感觉到！

男：请欣赏根据《大长今》主题曲编排的开场舞蹈《希望》，表演者：尹媛、郭霞和富春艳

合：掌声有请！

男：再次感谢三位美女为我们献上的精彩表演（掌声）下面有请 RD 部的金远熊和杜喜荣为大家带来一首情歌对唱——《广岛之恋》！

女：人家张洪量写《广岛之恋》那可是能写能唱双管齐下，咱们这的金先生也是能唱能吹！唱呢，大家刚才已经见识过了，对吧？这吹呢？当然，不是吹牛啦。不信啊？那我就让大家来开开眼界！下面就让你们欣赏一下金先生带来的竹笛独奏！不过此金先生非彼金先生。有请曾获得深圳竹笛大赛金奖的金歆峰先生用竹笛带大家去聆听！掌声有请！

男：俗话说：三个臭皮匠顶过一个诸葛亮，这才两个金先生加一块，就顶过人家一个张洪量了！这台上是精彩纷呈，我看台下的观众也按捺不住了，是不是呀？

女：那我们就来互动一下，请台下的朋友一起上来玩个游戏吧！大家看到我们台上准备了三张大报纸，这三张报纸呢，就代表三个孤岛。这个游戏的名字叫做《孤岛求生》，能不能生存下去就要看大家能不能答对我和＊＊出的题目了。

男：我们会给每个孤岛一个机会，即提出一个问题，如果答错或回答不上来，对不起，你脚下的报纸就会被折叠一次。最后能呆在孤岛的一组的朋友就胜出了。我们要请6位朋友上来跟我们玩这个游戏，咱们公平起见，男女各半吧！哪些朋友有兴趣呀？

游戏：《孤岛求生》

女：谢谢这6位朋友参与我们的节目！我看还有很多朋友跃跃欲试，不用着急，待会还有机会。下面这个环节我相信更激动人心！我们将请出在场的台干为我们抽出今天的三等奖寿星。

男：有请＊＊＊、＊＊和＊＊＊上台（台干上台时）请礼仪小姐将装有第三季度所有寿星名单的抽奖箱端上来。

（抽奖时参考台词：不知谁会成为第一轮的幸运儿呢？/这小小的箱子可是吸引了台下所有的眼球啊）

女：大家也不要高兴得太早，这天上也不会掉馅饼下来，想拿这个奖还得过过我这个小关。

男：你别难为大家了。

女：不难为！就请每位得奖的幸运寿星给大家表演个小节目，台下的观众要是叫好那才是实质名归呢，大家说是不是？

女：谢谢这三位寿星的精彩表演！我看大家也玩累了，不如我们一块来欣赏一段武术表演吧。

男：人说这台上一分钟台下十年功，我们这位表演者可是从小习武至今，那功夫叫了得！下面看了就知道了，有请一代宗师——陈勇。

男：毛主席说妇女也是半边天，我看这如今啊全天下都是妇女了！

女：此话怎讲？

男：你瞧瞧，这《大长今》呀是天天播天天看，这超级女生是天天听天天唱，这还能只是半边天吗？

女：哦，原来是在抱怨没有超级男生呢！

男：去去去，别揭我老底！我是在说我们环旭的超级女生呢！

女：哦，有这回事？我怎么不知道？

男：往这边看，她们来了……欢迎黄晓颖等带来的小品剧《超级女生模仿秀》。

游戏：《今天我生日》

独唱：刘勇（唱歌声音酷似张学友）

钢琴独奏（邀深圳大学缘音琴行）

街舞

女：缘分是久久长长的相系，

男：朋友是一生一世的牵挂，

女：时光带不走你我的笑容，

男：岁月冲不淡你我的快乐。

女：天上的每一颗星星是我对你的每一个祝福，

男：无论你在海角天涯我都为你祝福：

合：祝你生日快乐！

男：这么煽情的场面，怎么少的了音乐呢？

（音乐响起）女：有请第四届卡拉OK大赛冠军暨最受欢迎奖得主李成珍为大家演唱经典的苏格兰民歌《友谊地久天长》！

寿星抽奖——一、二等奖（请在场的台干抽取二等奖2名，获赠珠海/澳门环岛游旅游券一张，一等奖1名，获赠南昆山或丹霞山两日游旅游券1张）

合唱：《难忘今宵》

女：难忘今宵，今宵难忘！

男：各位新朋老友，在这动听的旋律声中我们度过了又一个欢乐的不眠夜！

女：人生是一道风景，快乐是一种心境，

男：春看桃，夏看柳，秋观菊，冬赏梅，愿幸福快乐一年四季都伴随你！

女：相聚总是短暂的，朋友们，第十五届生日晚会到此就要跟大家说再见了。

男：再次感谢各位领导出席今天的晚会！谢谢到场朋友的支持！也谢谢台前幕后的同事为这台晚会付出辛勤的汗水！最后让我们再一次祝愿所有的朋友：

合：生日快乐，天天快乐！我们下个季度再见！

【训练十】 悼词

今天，我们怀着沉痛的心情在这里向遗体告别。

◆默哀，奏哀乐。

◆向遗体三鞠躬。一鞠躬，再鞠躬，三鞠躬。

◆请兰州大学介绍生平。

◆请代表亲属讲话。

◆今天前来向遗体告别的领导、生前友好和单位代表有：××等共（）人

◆另外逝世后发来唁电、唁函，送来花圈、挽幛的单位、领导和生前友好还有：

在此我代表兰州大学和亲属向大家表示衷心地感谢！

◆瞻仰遗容，并向遗体告别。

×××先生（同志、教授）生平简介

中国共产党党员（民主党派），原×××单位离（退）休干部（教授、工人），×××同志（因病医治无效），于2005年×月×日×点×分在家中（医院、兰州、成都）不幸逝世，享年××岁。

×××同志于×年×月×日出生于××省××市××县，最后学历，工作经历，曾任职务，曾所做重要事项。

简短评价（实事求是为原则，不过分夸大，也不有意贬损）

×××同志安息吧。

【训练十一】 乔迁新居主持词（一）

各位嘉宾，朋友们：

建华堂，春风入坐；迁新居，高朋满堂！

今天，我们欢聚一堂。在这里祝贺＊＊市＊＊＊先生乔迁之喜，首先我代表＊＊＊先生向在座的宾朋表示热烈的欢迎，同时我也代表所有的来宾对＊＊＊先生乔迁新居表示热烈的祝贺！并祝他："楼舍乐成增如意，新居进住呈吉祥"。

朋友们：

今天来参加乔迁之喜的有……＊＊＊先生的同学，朋友，亲属，共计＊＊余人参加了今天的乔迁之庆祝宴会。户地呈现新气象，儒门不忘旧家风，介绍东道主，请＊＊＊祝词。

朋友们：

进华堂勤劳依旧，迁新居气象更新，再这个吉祥的日子里，＊＊＊乔迁新居，我们衷心的祝福他事业有成，财源广进，相信他在新的一年里。一定会有新的作为，插上金色的翅膀，奔向更加美好的未来。

乔迁新居主持词（二）

尊敬的各位来宾，先生们，女士们，大家早上好！

阳光明媚，歌声飞扬，欢歌笑语，天降吉祥。成熟伴随着喜悦，收获带来了吉祥！在这金色（喜庆）的日子里，在这珍贵的大好时光。我们迎来×××先生与×××女士喜迁新居。在这里，请允许我代表各位来宾恭祝他们乔迁之喜！万事吉祥！同时我代表东道主夫妇，对光临贺喜的来宾，表示衷心的感谢和热烈的欢迎！

来宾们，朋友们！娶妻生子，安居立业。是人生当中重大喜事，××先生××女士，在工作上拼搏进取，积极向上，在生活上兢兢业业，勤俭持家，男的是模范丈夫，女的是贤妻良母。（男的是搂钱耙子，女的是把家虎）小日子过得红红火火，令人羡慕和尊敬。他们能取得今天好成绩与自身努力和在座来宾的大力支持分不开的。祝贺你们！同时对来宾们历年来的支持和帮助表示感谢！谢谢你们！希望他们在今后生活中，能得到大家的关爱和帮助。先谢谢你们！

来宾们，朋友们！人得喜事精神爽，喜迁新居的二位，看到有这么多来宾捧场祝贺，喜在心里，笑在脸上，乐得嘴都闭不上了。千言万语，万语千言，汇成一句话，不知说啥好！所以夫妇俩决定唱着说，给大家唱一首《夫妻双双把家还》，大家掌声欢迎！夫妇二人唱的非常好，其实二人说的比唱的更好，就是不好意思说给大家听，还是由我说给大家听，大家欢迎不？事先我问××先生，喜迁新居你高兴到什么程度？他说就跟当年入洞房一样高兴！我说不是入洞房，是入新房，房子换新的了，“屋里的”想换不？他说：“想换，但是，有那贼心，没那贼胆。”开个玩笑。还是请东道主发表热情洋溢的讲话！大家掌声欢迎！

各位亲友，各位来宾，今天的×××酒店，大厅鼎沸，蓬荜生辉，来宾们张张笑脸，喜气洋洋，让我们高举金杯，开怀畅饮。共同祝愿×××美好的明天！前程似锦！同时祝各位来宾，工作顺利，万事如意，发财交好运！谢谢各位！

乔迁新居主持词（三）

宅起祥云托北斗，楼升瑞气映朝。

尊敬的女士们、先生们，大家晚上好！

今天是＊＊＊先生与他的爱人＊＊＊女士乔迁新居的大喜的日子，首先，我代表他们夫妇二人，对今天所有的光临本次宴会的来宾朋友们，表示最热烈的欢迎和衷心的感谢！

大家都知道，＊＊＊是我们＊＊＊厂的厂长，我们大家也都非常也熟悉他，玉和同志这个人啊，性格憨厚朴实、为人谦和热情，工作能力强，事业心胜，无论是单位的同事、朋友面前都口碑极强、人缘极好！而他的夫人邓萍女士，又是一位地地道道的能说会干的巧媳妇，不仅人长得漂亮，而且在生意场上可以说是叱咤风云，称得上是一位地地道道地名副其实的女强人！夫妇二人无论是生活上，还是工作上可以说是夫唱夫随、配合默契！二位经过十几年来的辛勤耕耘、合力打拼，小日子地得红红火火，日新月异！

今天他们夫妇二人在我市的＊＊小区的西区购得一幢面积100多平方米的漂亮的新宅子，在此，让我们以热烈的掌声恭贺他们夫妇喜得新居、乔迁之喜！同时祝福他们夫妇夫人的事业一日千里，生意兴旺发达，小日子红红火火、和谐温馨！

搬华宅勤劳依旧，迁新居气象更新！都说人逢喜事精神爽！此刻，玉和夫妇二人心情也是特别的激动，面对多年来一直关心、支持、帮助过自己的同事、朋友、战友，玉和有许多感激的话要对大家讲，下面让我们爆以热烈的掌声请他和朋友、同志说几句心话——

朋友们，今天这＊＊酒楼的宴会大厅圣友如云、高朋满座，热闹非凡！是你们的到来，让这里增光添彩，让这里蓬荜生辉！为了表达这份深情厚谊，玉和夫妇为大家准好丰盛的酒宴，在开席之前呢，我也借花献佛，祝愿所有来宾朋友们，家庭幸福，身体健康，万事如意，心情朝阳！请大家今晚吃好、喝好、开开心心！——开席！

【训练十二】 升学喜宴主持词

背景音乐（《迎宾曲》、《爱的协奏曲》）

开场曲《喜洋洋》——声音响亮

亲爱的各位来宾、各位朋友，潇洒的各位先生、漂亮的各位女士，以及今天在场即将迈进象牙塔内的天之骄子们：大家中午好！

八月是生机勃发的季节，八月是描绘希望、孕育锦绣的季节，八月的骄阳燃烧着绿色的希望，八月的大地抒写着成熟的喜悦，朋友们，今天我们是带着一样的心情，怀着相同的祝愿，在这里欢聚一堂，为的是分享一份金榜题名的喜悦，品尝一份收获成功的甘甜，保存一份难忘而温馨的回忆。

在此，我谨代表赵海涛先生、郭丽革女士对各位来宾、各位亲朋好友的光临表示最热烈的欢迎和最衷心地感谢！同时，我建议各位朋友，此刻也拿出你最热情的掌声祝贺赵越同学能够不孚众望，勇创佳绩，金榜题名！

宝剑锋从磨砺出，梅花香自苦寒来，十年寒窗苦，一朝扬墨香，在书山里寻径，在学海里遨游，数年的求索之路充满艰辛，同时也蕴育着追求与实现理想的欢乐！如今，数载的艰辛付出终于有了满意的回报，这确实是一件可喜可贺的人生大事。赵越同学能够取得今天的成绩，离不开他自身的努力，同时，也不能忘记父母所付出的辛勤与心血，这些都是无法用语言来形容的，同时更不能忘记在座亲朋好友们殷切的希望、良好的祝福以及无私的帮助，那么现在就请赵越同学到前台来，（《感恩的心》——背景音乐）向你的父母以及所有来宾深深的鞠上一躬，以示谢意！赵越今天你金榜题名，各位亲朋好友、以及你的同学都来为你祝贺，下面请你说说此刻的心声，数载寒窗终有报，春风得意马蹄疾。朋友们让我们把祝福再一次送给赵越同学，愿你在象牙塔内，增长学识，丰富阅历；愿你在求学路上，笑傲风雨，勇往直前，走出一方人生的新天地！

朋友们，今天我们的升学宴是八方宾朋同贺喜，四方亲友齐祝福，我们兴隆二中的校长廖永江先生也亲临了现场，下面就让我们用最热烈的掌声请出廖永江校长，您好，廖校长，兴隆二中是我们兴隆镇唯一的一所公办中学，在我们巴彦县北半片是窗口学校，师资力量雄厚，汇聚了众多优秀的教育精英，兴隆二中连续十一年中考成绩在巴彦县是北片之首，尤其是今年的中考有四位学子考出了优异的成绩，被哈三中录取，而我们赵越同学也是当年兴隆二中的学子，十年树木百年树人，今天兴隆二中的学子可以说是遍布全国各地，而您今天作为嘉宾又亲临了我们的现场，朋友们就让我们再一次拿出热情的掌声请廖校长致辞！再一次感谢您！

（《长大后我就成了你》——背景音乐）

朋友们，教师是太阳底下最崇高的职业，教师是人类灵魂的工程师，师者，传道授业解惑之人！没有老师的殷殷教导，就不会有学子鱼跃龙门的荣耀，育苗有志闲逸少，润物无声辛劳多，加减乘除，算不尽老师做出的奉献，诗词歌赋，颂不完对老师的崇敬，在这不寻常的时刻，我们赵越同学的班主任，也亲临了本次升学仪式，下面掌声有请赵越的班主任，欢迎您！谢谢您！在这里让我代表学子们对各位辛勤付出的老师道一声：老师，您辛苦了！

赵越同学在人生旅途上，已通过自己的努力迈开了他扎实的第一步。光辉灿烂的前景在招手，铺满鲜花的道路就在脚下，我们相信赵越同学在今后学习、工作、生活中，他一定能够成为一个自尊、自爱、自立、自强的男子汉；我们希望赵越同学承载着远大理想，翱翔在广阔的人生天地间，成为国家的栋梁之才。

带着甜美，带着微笑，带着真诚，带着祝福，今天，我们欢聚在这里，下面就让我们共同把酒杯斟的满满的，把感情注的浓浓的，把酒杯举的高高的，再次祝愿赵越同学学习进步，明天更美好；同时也祝愿所有的来宾朋友合家欢乐，幸福安康。现在我宣布赵越同学升学喜宴现在开始！

（《祝福你》——声音响亮）

第三节　庆典仪式主持综合训练

【训练一】　郑州欧普陶瓷有限公司投产剪彩仪式

各位领导、各位贵宾、同志们、朋友们：

在元旦佳节即将来临之际，在这充满喜庆祥和的日子里，今天，我们在这里隆重举行郑州欧普陶瓷有限公司投产剪彩仪式。首先，让我们以热烈的掌声祝愿郑州欧普陶瓷有限公司在我市大展宏图，事业兴旺。

参加今天剪彩仪式的各位领导和来宾有：

中共新郑市委

中共新郑市委

新郑市人大

新郑市政府

新郑市政协

出席今天剪彩仪式的郑州欧普陶瓷有限公司的老总是：总经理周满仓先生和副总经理杨得坡先生。

出席今天剪彩仪式的还有：中共新郑市委办、人大办公室、政府办、市政协办公室、计委、宣传部、招商局、优化局、经贸委、土地局、建设局、环保局、人劳局、公安局、国税局、地税局、工商局、技监局、供电公司的负责同志和新郑电视台等新闻单位的记者，新村镇的全体党政班子成员、机关干部、各部门负责人、各村支部书记。

让我们对各位来宾的光临表示热烈的欢迎和衷心的感谢。

下面，我宣布郑州欧普陶瓷有限公司剪彩仪式正式开始。

仪式进行第一项：鸣炮奏乐

请郑州欧普陶瓷有限公司的总经理周满仓先生致辞。

请新郑市招商局局长致辞。

下面，请新村镇党委书记同志致辞。

下面举行剪彩仪式。

让我们以热烈的掌声请各位贵宾和领导为项目剪彩。

【训练二】　市委书记离到任交接仪式主持词

同志们：

根据自治区党委的人事任免决定，今天我们在这里举行市委书记离任、到任工作交接仪式。首先，我向大家介绍出席交接仪式的自治区党委以及有关部门的领导：×××、×××。参加今天交接仪式的还有市委、人大、政府、政协四家班子领导和各县区、市直各部门、单位的负责同志。

下面，请自治区党委宣读任免决定并作指示。

接下来，让我们以热烈的掌声欢迎即将离任的××书记讲话。

下面，让我们再次以热烈的掌声欢迎新任市委书记××同志讲话。

同志们，这次自治区党委对我市市委主要领导进行调整，充分体现了自治区党委对我市各项工作的关怀和重视。××同志自2001年担任××市委书记以来，在他的团结和带领下，在历届市委主要领导扎实工作的基础上，我市党政班子凝聚力、战斗力、开拓创新和驾驭全局的能力得到不断增强。他努力实践“三个代表”重要思想，大力提倡多用身影、少用声音指挥的务实工作作风，在他的团结和带领下，我们与全市人民一道，先后夺取了抗洪、抗击非典和禽流感等各种突发性灾害的伟大胜利。他坚持以科学发展观为指导，以高度负责的敬业精神对待工作，在他的团结和带领下，我市的经济和社会发展续写了新的篇章。特别是去年，全市生产总值、规模以上工业增加值、规模以上工业利税净盈、固定资产投资和招商引资总额创五个历史新高，城市建设和管理“三年中变化”目标基本实现。他坚持走改革开放的道路，自我加压、负重奋飞，在他的团结和带领下，我市积极打造“南博会”、民歌艺术节和绿城品牌，城市知名度和招商引资活力有了全面的提高，经济发展的后劲显著增强，全市各族人民建设大××的热情空前高涨。借此机会，我代表全市机关单位干部和广大市民群众，对××书记在我市任职四年来所做出的大量卓有成效的工作和所付出的心血和劳动，表示崇高的敬意和衷心的感谢！同时，我们也热忱地期盼××同志能够继续关注我市的各项工作开展，继续为我市经济和社会发展提供更多的帮助和指导。

根据自治区党委人事调整安排，由××同志接任市委书记。我们将认真贯彻执行自治区党委的决定，一如既往地、像支持××同志一样支持××同志的工作。刚才大家已经听了自治区××副书记的介绍，××同志既担任过自治区政府领导，又有着丰富的地市一级领导经验，思想解放，思路清晰，严于律己，待人谦诚，政治立场坚定，组织纪律观念强，在干部群众中享有很高的威信。我们相信，在自治区党委、政府的正确领导下，在××同志的带领下，我市全面建设小康社会、在全区率先实现跨越式发展目标的步伐必将会沿着正确的方向前进，全市人民齐心协力建设国际性现代化城市的决心和信心决不会有丝毫动摇！

交接仪式就进行到这里，谢谢大家。

【训练三】　中国人寿保险股份有限公司 2005 年“百团争霸”颁奖大会暨 2006 年誓师动员大会

开场：

1. 纪律宣导

各地优秀的精英们为了使本次誓师大会顺利进行，恳请各位将通讯工具调整震动档或者关闭，同时在今天为了有一个良好的表现，请调整您的坐姿，并让我们两两相对真诚的握手送出 2006 年的祝贺与问候。

2. 欢迎领导

尊敬的领导，各位优秀的伙伴们大家早晨好！雄鹰翱翔蓝天，羚羊奔跑草原，我们在期盼中又迎来了中国人寿保险公司 2005 年百团争霸颁奖大会暨 2006

年迎新旺福誓师动员大会。全体起立，用嘹亮的歌喉迎接领导的到来。

3. 介绍与会领导

参加本次颁奖大会暨誓师动员大会的领导有……

4. 敬业时间

今天又是一次精英的聚会，又是一次激情与豪迈的相逢，国寿儿女气壮山河，塔城国寿雄姿英发，下面请做好展现国寿人风采的准备。有请……有请……有请……有请……有请……有请……有请……有请……把一遍遍热烈的掌声送给我们所有的精英们。

5. 宣布开始：

物换星移辞腊去，

风和日丽送春来。

人寿年丰歌盛世，

山欢水笑庆新春。

在新春来临之际，中国人寿保险股份有限公司塔城分公司迎来了精英的聚会。

现在，我隆重的宣布：中国人寿保险股份有限公司公司2005年“百团争霸”颁奖大会暨2006年誓师动员大会——

现在开始！

请全体起立，奏唱国歌。

6. 国寿赞歌

把爱心送给每一个人，我们肩负着寿险的重任，中国人寿这艘航母承载着65万的代理人，我们所有的人为自己所在的公司而无比骄傲，他们将代表所有国寿人。唱响赞歌，掌声有请……

7. 家属感言

掌声感谢，国寿的赞歌，正是我们心灵的告白，一份新年将至的礼物，让我们对亲人那份依恋由然而生。是啊，无论寿险这道路多么坎坷，他们一直陪伴在我们身边，无论心里充满多少委屈，他们时刻体贴入微。国寿人儿女能有今天的成就，是因为有他们——我们的至情的人，国寿人能有今天的辉煌，也是因为有了——我们亲密的爱人；今天，我们的亲人将在这里来谈谈他们的心理话，聊聊他们对我们的新年的期望。

我们每个人心潮澎湃，泪眼朦胧。一段真情实意的告白，强烈的心灵震撼，让国寿人为此感动，感慨，感激，感恩，亲爱的家人，有了你的理解，我们会有坚定信心。有了你的支持我们会永往直前。

8. 百团争霸业务颁奖

浪淘沙始见真金璀璨，跨越巅峰方显英雄本色。五六联动让我们历练成功，百团争霸让我们腾飞梦想，70 个日日夜夜让我们品味酸甜苦辣，1680 个小时让我们共同铸就塔城国寿的明天，亲爱的伙伴们让我们用付出的真情收获的欢腾，请出……为我们宣读百团争霸的获奖名单——

鲜花的美丽需要绿叶的呵护，大海的宽广需要河流的注入，团队的成长创新离不开伙伴对主管全情付出，主管对伙伴的倾心投入，正是因为主管与伙伴的情深意浓才有了百团争霸的卓越。下面让我们有请获奖人员……

9. 卓越 2006 动员令

英勇的将士们我们用热血铸了 2005 的辉煌，用汗水培育了 2005 的繁花满枝，当 2006 迈着坚定的步伐向我们走来的时候，让我们用灿烂的笑容用国寿人豪迈的热情，迎接 2006 的曙光，铸就 2006 的壮景。接下来让我们有请……为我们宣布：卓越 2006 动员令。

动员令让我们在冬日看到了春天蓄势待发的力量，看到国寿儿女们挑战高峰及开创进取的决心和斗志！全区的将士们！让我们用百倍的信心接过……的动员令，用我们的热血开创 2006 年的开门红！

10. 企划宣导

新年的到来，寓示着新的机遇，新的挑战，新的奋斗，同时也寓示着我们要去收获更大的成功！伴随着开门红的战鼓的敲响，我们要用一个火红的春天，点缀国寿 2006 的新年。接下来有请……宣布喜迎开门红，福禄送万家行动企划案！

岁月如歌，豪情满怀，让蓝天作证，让青山作证，全区的热血将士们，定要踏着飞雪，奏唱 2006 开门红行动的凯歌！

感谢公司领导在新春来临之际给我们送来的福禄大礼包，让我们心存感恩，致力拼搏。

11. 主管告白

巾帼不让须眉，中国人寿好儿女，不爱红装爱武装，全体主管就让我们拔刀弩剑，行动从这里开始，我的诺言我实现，我的行动我坚持掌声有请主管……

12. 签定军令状

我们用心品尝，品尝岁月给我们带来的磨练；我们昂首奋进，奋进中享受着鲜花的喝彩；我们无怨无悔，我们从不后退，在国寿健儿的心中只有“前进”二字。今天，怀抱着蓝天的纯净，孕育着沸腾的朝阳，我们又一次站在了 2006 的起跑线上，2006 将是我们策马扬鞭无以伦比的应征。今天我们将为 2006 挥毫泼墨，下面 * * 公司的各路英豪已蓄势待发，就请你们伴随着领导的注目，成功的掌声，上台签定必胜的军令状。

13. 宣布结束

白雪飘飘洒豪迈，绿意腾腾映雄心，今天我们呐喊，今天我们跳跃，今天你我共同约定，约定2006我们将无惧无畏，欢腾振奋我们将再一次向世人彰显国寿人心中的那团火，火焰升腾，亲爱的战友们，就让我们一起振臂高呼：让我们再一次相约必胜的2006。

中国人寿保险股份有限公司2005年“百团争霸”颁奖大会暨2006年誓师动员大会，圆满结束！

【训练四】 资助贫困大学生爱心捐款仪式

各位领导、来宾、朋友们：

大家上午好！

今天天高气爽、碧空万里，是一个非常美好的日子。大家怀着奉献爱心的美好心情，聚集在这里，将向以优异成绩考入北京大学的贫困学生陈浩、陈月兄妹进行爱心资助。

参加今天“陈浩、陈月兄妹爱心捐款仪式”的单位、个人及领导有：

海尔有限责任公司

元一希尔顿大酒店

合肥古井假日酒店

合肥晚报

未留姓名的热心人

……

下面我宣布：“资助陈浩、陈月兄妹同学爱心助学捐款”现在正式开始。

首先，请向陈浩、陈月兄妹献爱心助学活动发起单位的负责人——合肥晚报的总编辑讲话。

向陈浩、陈月兄妹进行献爱心损款（单位名称或个人姓名，捐款数额）：

海尔公司单位和员工捐款共计40，000元

元一希尔顿大酒店共计30，000元

合肥古井假日酒店共计20，000元

合肥晚报共计10，000元

未留姓名的热心人共10，000元

……

让我们用最热烈的掌声，向陈浩、陈月兄妹捐款献爱心的单位和个人表示最真诚的感谢！

请陈月同学向大家致谢。

请海尔公司总经理代表公司及来宾讲话。

各位朋友，一个月前我们发出了奉献爱心、救助患病贫困大学生、建设和谐社会的倡仪。一个月以来，很多朋友都加入到了我们的活动当中。今天的捐助仪式非常圆满，非常成功。在此，谨代表向陈浩、陈月兄妹捐款奉献爱心的发启单位，本次捐款仪式的举办单位，向所有奉献爱心的单位和个人表示真诚感谢，也代表陈浩、陈月兄妹和他的父母向今天与会的所有单位所有来宾表示感谢！

现在我宣布，今天的捐助仪式到此结束！

【训练五】　升旗仪式

尊敬的各位老师，亲爱的同学们，大家早上好！

迎着初升的朝阳，我们在这里举行这庄严的升旗仪式，整齐的队列展示我们良好的风貌，青春的面容彰显我们不变的誓言，心怀对伟大祖国的美好祝愿，奏响为共和国贡献青春的恢宏乐章。在这样一个激动人心的清晨，我们隆重举行升旗仪式在这静谧而清新的早晨，我们站在旗杆下，举行庄严的升旗仪式。我宣布滨海新区实验学校第＊＊周升旗仪式现在开始。

进行第一项，出国旗。

站在国旗下这个漂亮的女孩儿，是我校八年二班的周时同学。她品学兼优，乐于助人。是老师的好助手，同学的好榜样。下面将由她把这鲜艳的五星红旗升上蔚蓝的天空。

没有人不热爱自己的母亲，没有谁不热爱自己的母亲。国旗、国歌，代表着一个国家和民族神圣不可侵犯的尊严，每个人无论在任何地方，只要看到自己国家的国旗，都会在心里感到踏实、自豪与温暖只要听到自己国家的国歌，总免不了慷慨激昂、心潮澎湃。下面请听国旗下献词《祖国在我心中》。

国旗呀，国旗，你是中华人民共和国的荣光，为了你，多少先烈甘洒热血换新天；国旗呀，国旗，你是中华人民共和国的眼睛，透过你，我们展望未来，壮志满怀。请大家举起右手在国旗下庄严宣誓：忠于祖国，报效祖国。

当国旗升起的时候，华夏大地的56个民族团结如磐，欢欣鼓舞，我们都会涌起激情，为母亲自豪；我们都会倾吐满腔的心愿，为祖国骄傲。让希望和憧憬展翅飞翔，让我们携起手来疾步向前，用智慧的汗水，去浇铸共和国明天的灿烂和辉煌。最后，我宣布滨海新区实验学校第＊＊周升旗仪式到此结束。谢谢老师和同学们。

【训练六】　开工奠基仪式

各位领导、各位来宾、女士们、先生们：

“潮平两岸阔，风正一帆悬”。今天，江海大地洋溢着浓郁的节日气氛，黄海之滨涌动着高涨的创业春潮。在第十三届中国海门金花节盛大开幕之际，滨海工业新区捷报频传，海内外嘉宾纷至沓来，10 个项目同时奠基。我们相聚在世界 500 强——美国泰森公司与江苏京海公司青睐的这块创业宝地上，为她们揭开神秘的面纱，也由此掀开了海门沿海经济开发开放和发展的崭新一页！

今天，我荣幸地应邀主持十大项目集中开工奠基仪式。参加今天奠基仪式的领导和嘉宾有：……对百忙之中前来参加活动的领导和嘉宾表示热烈的欢迎和由衷的感谢！

1. 首先，让我们以热烈掌声欢迎中共海门市委副书记、海门市人民政府市长姜龙先生致辞。

2. 谢谢姜市长的鼓励和鞭策。沿海项目的落地和如期奠基，离不开全体滨海人的团结拼搏，群策群力。现在请滨海工业新区管委会主任、东灶港镇党委书记成伟先生致辞。

3. 谢谢成伟先生。海内外创业者群龙闹海，谱写出滨海新区跨越发展的恢宏乐章，尤其是美国泰森的加盟，奏响了恢宏乐章的最强音。现在请外商代表、美国泰森食品中国地区总经理、江苏泰森食品有限公司董事长兼总经理大米先生致辞。

4. 谢谢大米先生富有中国特色的发言。今天，滨海新区将有 10 大项目集中开工奠基，他们分别是：江苏泰森食品有限公司、南通合锹热处理有限公司、威立雅水务有限公司、海门景鹏塑料科技有限公司、海门滨海文化用品有限公司、江苏喜汉环保节源设备有限公司、江苏喜汉环保焊锡有限公司、江苏嘉汉金属科技有限公司、海门景祥房地产开发有限公司、南通宝房地产发展有限公司，现在有请出席奠基仪式的领导、嘉宾与投资方一起为金花节开工的 10 个项目奠基。鸣炮祝贺。

奠基仪式到此结束。

【训练七】 电视剧改编权转让签约仪式

10：30—10：35 主持人开场白

尊敬的各位领导、各位来宾，女士们、先生们：

大家早上好！

我是本次发布会的主持人××。首先，我很荣幸代表此次签约仪式的主办单位××，热烈欢迎大家的光临！

好的书籍总是带给我们精神上的启发与触动，相信在座看过《蒙牛内幕》这本书的人都对蒙牛的火箭速度记忆犹新。《蒙牛内幕》自 2005 年由北京大学出版社出版以来，迅即成为炙手可热的财经类畅销书，2005 年暑期连续两月雄踞北京图书大厦排行榜第一名，并荣获新浪财经 2005 年度财经图书总动员旗开得胜奖。现在，著名电视导演、两届飞天奖得主、《燕子李三》和《东方商人》的导演、“中国百佳电视艺术家”王新民先生，将以电视剧的方式重新演绎《蒙牛内幕》，让更多的人感觉蒙牛的火箭速度！而腾讯网作为国内年轻人追捧的大型综合性网站，将抓住时代的脉搏，发掘当代企业家的精神内核，依托《蒙牛内幕》的电视剧版来阐释“最可爱的人——当代企业家”的全新理念。下面，有请腾讯网副总裁××先生致辞，有请××。

10：35—10：40 主持人邀请王新平致辞

谢谢××的致辞。好的题材需要以不同形式来演绎内涵，这就像钻石的切割需要不同的角度才能展现最耀眼的光芒。著名电视导演王新民先生正是一个善于发现全新角度的人。下面有请著名导演王新民先生来为大家介绍一下他心中的《蒙牛内幕》，有请王先生。

10：40—10：45 主持人邀请孙先红致辞

谢谢王先生的发言。蒙牛集团孙先红副总裁曾经说：“战争年代军队价值最高，和平年代商队价值最高。战争年代军队最可爱，和平时期商人最可爱！我们能否培育一种文化？当代企业家是最可爱的人！”那么让我们来共同领略一下最可爱人的风采，有请孙先红先生。

10：45—10：50 主持人邀请张治国致辞

谢谢孙先生。蒙牛的火箭速度离不开一系列成功的营销策略，出奇制胜的步法与速度让蒙牛成为国内营销界的范例与传奇，而这些都离不开作为蒙牛集团总裁新闻助理的张治国先生的远见与谋略。他也是《蒙牛内幕》的作者之一，让我们来听听蒙牛人眼中的蒙牛内幕吧。有请张先生。

10：50—10：55 主持人宣布签约

谢谢张先生。蒙牛，是一个书写奇迹的企业，相信电视剧版的《蒙牛内幕》会让更多的人了解蒙牛，认识当代企业家的风范与精神。让我们共同期待电视剧版《蒙牛内幕》的诞生。下面有请《蒙牛内幕》的作者孙先红、张治国先生与著名导演王新民先生共同签署合作协议，共同开启《蒙牛内幕》的新纪元！

（两位作者与导演签字、交换文件）

谢谢三位，相信当我们在电视上看到《蒙牛内幕》的时候一定会对蒙牛产生更为深刻的理解。下面是媒体提问时间，各位新闻界的朋友，有问题要问的请举手示意。

10：55 媒体问答

由于时间有限，请媒体朋友们提最后一个问题。

现在我宣布，本次发布会圆满结束，我谨代表主办方，再次感谢各位领导和贵宾，以及新闻界朋友的光临，祝各位事业辉煌，身体健康，万事如意。谢谢！

【训练八】 西昌第六中学新团员入团宣誓仪式

敬爱的老师、亲爱的同学们：

大家好！

今天，我们在这里举行西昌第六中学新团员入团宣誓仪式。首先，让我们用掌声向新团员表示热烈的祝贺和诚挚的欢迎，祝贺你们从此成为一名光荣的中国共产主义青年团的团员。你们的加入使我们学校团组织壮大了力量，为我们团组织输入了新鲜的血液，注入了新的活力。

光辉的火炬，唤起了民族的觉醒，壮丽的事业，激励着我们继往开来。现在，我宣布：西昌六中新团员入团仪式现在开始。

今天，全校有×××名同学被光荣地批准加入中国共产主义青年团。参加今天入团宣誓仪式的是新团员代表，共计130人。

星星火炬伴随我们长大，共青团指引我们向新的目标进发。告别天真烂漫的少年，我们要做新世纪的先进青年。新团员应该向团组织表明自己的决心，牢记团的誓言，激发做一名共青团员的光荣感和责任感，增强为共产主义奋斗的信念。

接下来，我们提议，全体同学以最宏亮的声音，用我们的心声，面对嵩山，面对鲜艳的团旗，庄严宣誓，请学生团总支书记赖菁同学领誓。全体团员立正！

（稍后）请全体新团员举起右手宣誓。

我志愿加入中国共产主义青年团，坚决拥护中国共产党的领导，遵守团的章程，执行团的决议，履行团员义务，严守团的纪律，勤奋学习，积极工作，吃苦在先，享受在后，为共产主义而奋斗！

请放下。

接下来我们请×××讲话

入团，只是人生新的起点，当好先进青年，还要靠我们不断实践。最后，希望全体团员进一步加强团知识的学习，努力提高自身的思想觉悟，勤奋学习，尊敬师长，团结同学，遵守纪律，树立良好的思想品德，在学校各项活动中起好模范带头作用。今天，我们是祖国的花朵，明天，我们将是祖国的栋梁。老师的教诲，父母的企盼，组织的嘱托和社会的关爱将陪伴我们茁壮成长。让我们更加发奋的学习，以优异的成绩为自己赢得光辉灿烂的未来！为市区三初中的灿烂明天作出应有的贡献。

【训练九】 国道311扶鄢段改善工程开工典礼主持词

各位领导，各位来宾，同志们：阳光明媚，春风送暖。在县委、县政府的正确领导下，在市公路局和河南省光彩交通责任有限公司的大力支持下，在国道311扶鄢段沿线党委、政府和有关职能部门的有力配合下，国道311扶鄢段改善工程各项准备工作已全部就绪。今天，我们在这里隆重举行国道311扶鄗段改善工程开工典礼。参加今天开工典礼的有：县四大班子有关领导，沿线乡镇党委、政府的负责同志、村组干部、群众代表、县有关单位负责人和施工单位的同志。在这里，首先请允许我向大家介绍两位贵宾：这位是市公路局局长……同志，他是我县练寺镇人，长期以来就十分关心并倾其全力支持家乡建设。何局长对该工程高度关注，多次亲临现场指导，充分利用政策，整合各方面资源，在资金上给予了强有力的支持。这位是河南光彩交通责任有限公司董事长＊＊先生。＊＊先生是扶沟人民的老朋友，他关心扶沟公路交通事业，支持扶沟地方经济发展，多年来被扶沟人民广为称道。今天，他在百忙之中莅临扶沟，支持311国道扶鄗段改造。让我们以热烈的掌声对两位贵宾和各位领导的到来表示热烈的欢迎和衷心的感谢！现在，我宣布：国道311扶鄗段改善工程开工典礼现在开始！典礼进行第一项：鸣炮奏乐。典礼进行第二项：请县公路局局长＊＊＊同志介绍工程情况。典礼进行第三项：请施工单位代表发言。典礼进行第四项：请沿线乡镇代表、韭园镇党委书记＊＊＊同志发言。典礼进行第五项：请公检法部门代表、县公安局局长＊＊＊同志发言。典礼进行第六项：请河南光彩交通责任有限公司董事长＊＊先生讲话，大家欢迎。典礼进行第七项：请市公路局局长＊＊＊同志讲话，大家欢迎。典礼进行第八项：请县委副书记、县政法委书记、国道311扶鄗段改善工程指挥部政委＊＊＊同志讲话，大家欢迎。同志们，国道311扶鄗段改善工程的建设，事关我县交通状况的改善，事关扶沟对外开放形象的树立，事关光彩集团的长期运营效益。同时，它也是一项功在当代、利在千秋的民心工程。工程建成后，将有力促进我县西南灌区农田水利基本建设，改善沿线农业生产条件，为沿线农民抗灾夺丰收奠定坚实的基础，具有良好的社会效益、经济效益和生态效益。工程建设中，在确保工程按期完工的同时，必须严把工程质量关，依照设计标准，决不能出现任何质量问题。沿线乡镇广大干部群众要为工程创造良好的施工环境。公检法部门要为工程建设保好驾、护好航，从严、从重、从快打击处理干扰正常施工的一切违法乱纪行为。有关职能部门要积极协助，密切配合，群策群力，共同搞好国道311扶鄗段改善工程，为扎实开展我县“项目推进年”活动、实现扶沟经济的“二次创业”做出积极的贡献！

【训练十】　巢湖市小王庄旧城改造项目“徽商御花园”奠基仪式

尊敬的各位领导，各位嘉宾，先生们，女士们：

大家早上好。今天我们欢聚一堂，共同见证一个辉煌的时刻，巢湖市小王庄旧城改造项目“徽商御花园”奠基仪式马上就要开始了。

参加今天奠基仪式的嘉宾和领导有：巢湖市市委×书记；巢湖市政府郑市

长、吴市长；居巢区李区长、王区长；建委张主任；规划局刘局长、吴局长；土地局陈局长、殷局长；工商银行×行长；房产局×局长、徽商集团蔡董事长；徽商城建公司的项总经理、赵总经理；森隆公司的黄总经理、唐总经理。欢迎你们。

下面，我们首先请徽商集团蔡董事长致欢迎辞。

感谢蔡董事长。今天是"徽商御花园"奠基仪式的大喜日子，作为小王庄旧城改造的重点项目，市委市政府对咱们的徽商御花园项目也是非常的重视，今天我们的市领导也在百忙之中光临了我们的现场，下面我们请市委的××长讲话。

感谢××长，感谢您的重要指示，我们一定会按照市委市政府的要求把"徽商御花园"项目做成一个在省内一流的优尚住宅小区。下面我们徽商城建公司的项总经理致辞。

感谢项总。"徽商御花园"要打造成世界级的皇家园林社区，那么"徽商御花园"肯定有独特的地方，下面我们请森隆公司的黄总经理对"徽商御花园"的总体规划和"徽商御花园"的建筑风格等简单做下阐述，大家掌声欢迎。

感谢黄总。"徽商御花园"是小王庄旧城改造项目，旧城改造的项目一般在规划上由点难度，但是我们的"徽商御花园"却在规划上走在了业界前列。下面我们请"徽商御花园"规划设计单位的××先生致辞。

谢谢××先生。最值得纪念的时刻就要到来了，下面我们请巢湖市市委×书记；巢湖市政府郑市长、吴市长；居巢区李区长、王区长；建委张主任；规划局刘局长、吴局长；土地局陈局长、殷局长；工商银行×行长；房产局×局长、徽商集团蔡董事长；徽商城建公司的项总经理、赵总经理；森隆公司的黄总经理、唐总经理为"徽商御花园"奠基揭牌培土。

"徽商御花园"要建设成世界级的皇家园林社区，这是巢湖人民的喜事，也是徽商集团为巢湖市政建设做出的巨大贡献，我们相信有市政府的鼎立支持和徽商集团的精益求精，"徽商御花园"一定可以建设成为巢湖市的坐标性小区。

感谢大家参与，"徽商御花园"奠基仪式到此结束。

【训练十一】 校第二十二届田径运动会

开篇语

男：金秋九月，秋高气爽；彩旗飘扬，乐曲高奏。

女：在这个充满希望与收获的季节，我们又迎来了我校第二十二届田径运动会和第十二届达标运动会的胜利召开。

男：在刚刚结束的第二十九届北京奥运会上，中国体育代表团共获得了32枚金牌、17枚银牌、14枚铜牌，金牌总数名列世界第一。

女：中国体育健儿在赛场上创造了一个接一个的突破和奇迹，对于英雄的中国健儿来说，这是具有创造性和历史意义的一届奥运会，它给所有中国人带来一个最响亮的信号和最强大的自信，2008北京奥运会或者更远的未来，让我们共同期待更伟大的突破和超越。

男：过去的一年，也是我校发展史上重要的一年，我们已经顺利的实现了从铁路到地方的移交，移交后的金昌铁中，生源将进一步扩大，办学将更加规范，前景将更加广阔。

女：教学成绩取得了很大突破，我校初三毕业的35名同学中，有10名取得了600分以上的好成绩，其中，王文斌同学以704分的好成绩位居金昌市第一名，这有力的证明：我们完全有能力争创一流学校，培养出一流人才。

男：让我们用心记住奥运会的口号：更高、更快、更强。

女：团结拼搏、努力进取；发扬奥运精神，增强人民体质，在德智体各方面全面发展，成为祖国建设有用的人才。

齐：衷心祝愿全体运动员在本次比赛中赛出风格、赛出水平。

各运动队解说：

仪仗队（初三）

不堕凌云志，健儿当自强，伴随着雄壮的运动员进行曲，迎来了由初三年级组成的仪仗队。看，他们带着庄严的神情，为迎接明日的挑战而意志如钢，那矫健的步伐，显示出勇于战胜自我的力量，他们昂首阔步、奔向前方，只为不负肩上扛起的责任与希望。努力吧，为了心中那永恒的理想，加油啊，我们期待着明天，让胜利的豪情在眉间飞扬。

鼓乐队（初二）

现在向主席台走来的是由初二年级组成的鼓乐队，他们精神焕发，斗志昂扬，举手间展现出勃勃雄姿，眉宇间透露出必胜的豪气，他们坚信，艰苦的训练，更能磨砺雄鹰的翅膀，昨日的汗水一定会换来明天的桂冠。初二年级的斗士们，奋进吧，让我们为你们欢呼，拼搏吧，让成功实践昨天的誓言。

腰鼓队［初一（1）班］

现在向主席台走来的是刚刚升入初中的初一（1）班的同学们，35名新同学组成了这个朝气蓬勃的新的大家庭，他们将以满腔的热忱和希望，做到最好！新创建的班集体将趁着阳光的朝气，蓬勃发展！用火一样的青春，接受年轻的洗礼！

秧歌队［初一（2）班］

紧跟它们身后的是初一（2）班的同学们组成的秧歌队，这同样是一个新组建的班集体，它将是一个团结奋进的集体，一个充满青春活力的集体。在这里，几十名同学在为美好的明天撒播希望的种子，春华秋实，耕耘收获，我们有理由相信，不久的将来，胜利之门定会为他们而开，今日的田径赛场，他们牛刀小试，明日的人生赛场，他们将大显身手，加油吧，初一（2）班！

六年级体育代表队

大家看，现在走过来的六年级代表队。这个年级在老师的谆谆教导下，养成了刻苦学习的习惯，创设了比、学、赶、帮、超的学习氛围，师生团结协作、奋力拚搏，取得了较好的成绩。在国庆节到来之际，六年级的运动健儿将在运动场上一展风采，本着友谊第一、比赛第二的宗旨，尽最大努力，争创优异成绩。

五年级体育代表队

现在走向主席台的是五年级体育代表队。瞧，他们个个步伐矫健，英姿飒爽，这样一支雄赳赳气昂昂的队伍一定会在运动场上发挥顽强拼搏的精神，战胜对手，取得胜利。运动健儿们，努力吧，胜利的旗帜正向你们招手。

四年级体育代表队

现在向我们走来的是四年级的两个代表队，看，他们个个神采飞扬，人人英姿飒爽，他们的笑容、他们的自信，正是集体精神的写照——作风优良、纪律严整、团结无私、锲而不舍。相信在此次运动会上，他们一定会将其最美丽、最刚强的一面展示出来，四年级，让我们为你们喝彩！

三年级体育代表队

下面步入赛场的是三年级代表队。看，他们矫健的身姿，整齐的步伐；听，他们嘹亮的口号，奋斗的呐喊。这些运动健儿们将满载老师和家长的寄托和期待，发扬敢为人先、拼搏进取的精神，驰骋在绿茵场上。预祝他们取得优异的成绩。

二年级体育代表队

现在经过主席台的是二年级代表队。这是一个团结的集体，这是一个敢于奋斗的集体，这是一个充满自信和朝气的集体。今天，他们桃李芬芳，明天，他们将是祖国的栋梁。和着金秋的喜气，这个团结互助、勤奋活泼的集体将会如旭日般冉冉升起，如鲜花般慢慢绽放！

一年级代表队

新的主人，新的班级，我们为一个目标，而走到一起来。一年级是今年刚刚组建的班级。小朋友们也是今年第一次参加运动会，看，他们稚嫩的脸上洋溢着幸福与快乐，他们的笑脸和阳光一样灿烂。我们相信，在辛勤园丁的培育下，他们将会茁壮成长，取得优异的成绩。

结束语

老师们，同学们：在这金秋送爽、硕果累累的大好时节，为期三天的运动会拉开了繁忙的序幕，敲响了收获的锣鼓。广大体育健儿们将带着老师的嘱托，同伴们的期望，众志成城，满腔热血，洋溢着青春的健美和蓬勃的气息，接受这庄严神圣的检阅，让我们团结进取，努力拼搏，发扬奥运精神，增强体育素质，遵守纪律，服从裁判，取得竞赛成绩和精神文明双丰收。

预祝本次运动会圆满成功！

【训练十二】　冬季田径运动会开幕式

敬爱的领导老师，亲爱的同学们：

上午好！

追逐十月的和风，沐浴金秋的阳光！

今天，在滔滔湘水畔，在巍巍宝塔旁，我们的祁阳一中迎来了一年一度的冬季田径运动会。

今天的一中，风含情，水含笑，花儿更妖娆。

今天的一中，在上级领导的关心支持下，群情激昂，英姿勃发。内强素质，外树形象，正迈着坚实的步伐，向着更高，更快，更强的目标迈进。

今天的一中，藏龙卧虎，人才辈出，历年高考，傲视群雄，今年高考突破300大关，继续雄居永州第一。

发展体育运动，增强人民体质，是党的要求，也是人民的希望。健康的体魄，充沛的精力更是每一个人工作和学习的最重要的条件之一。在全面实施素质教育的今天，体育教学工作已经摆在学校教育工作不可忽视的重要位置。

本次运动会以文明、友谊、拼搏、向上为宗旨，共有53个代表队参加24个田径项目的角逐。他们将以拼搏奋进，勇攀高峰的精神和参与第一、健康第一、团结第一的比赛风尚，充分展示一中人拼搏进取的精神风貌。

迎着绚烂的万丈阳光，
怀着热切的成功欲望，
我们相聚在这青春的世界，
相会在这活力的海洋。
让眼泪流淌在心中，
让汗水挥洒在赛场。
让豪情燃烧，
让生命放光。
龙腾虎跃，看几多健儿摘金夺银，
风和日丽，喜三千吴钩射雕揽月。
我们，需要更多的刘翔、刑慧娜、王军霞，我们需要顽强拼搏、更高、更快、更强的奥运精神。

让我们共同祝愿运动会取得圆满成功。

接下来请用掌声欢迎各队出场。

国旗队：

首先进入我们视线的国旗护卫队！他们个个精神抖擞，意气风发！威仪又庄重，从他们炯炯有神的目光里我们看到了未来，看到了希望。

会徽队：

现在出现在我们眼前的是运动会会徽，它设计精美，内涵丰富，奔跑的气势、优雅的姿态体现了非常丰厚的体育文化。

彩旗队：

彩旗飘飘如一片彩色的海洋。让人欢欣鼓舞。衷心祝愿我们的运动会也像这飘扬的彩旗色彩纷呈，充满生机。

鲜花队：

送走彩旗队，我们迎来了鲜花队。他们穿着漂亮的校服，迈着整齐的步伐，挥舞着鲜花穿过我们的视线，多美的一道风景线！它让我们在泛黄的秋季里找到了春天的气息，芬芳而又沁人心脾的气息！

花环队：

“待到山花烂漫时，他在丛中笑”。现在我们迎来了五彩斑斓的彩色世界，五彩的生活，斑斓的前程需要让我们付出更多的汗水，更艰辛的努力。但我们坚信，明天会更好！

裁判员队：

接下来入场的是本次运动会的裁判员队伍。他们在这次比赛中决心秉承公正、公平的原则，严格评判，让我们展示真正的体育精神——友谊、团结、公平！

院系解说词：

在我们翘首以盼的期待中，遥感信息工程学院春季运动会正式开幕了。首先走向主席台的是院旗和宣传板方队。在过去的一年里，遥感信息工程学院全体师生精诚团结，努力工作，结合我院实际，大胆开拓，勇于创新，在教学、科研等方面均取得良好成绩。在 2001 年校运会及院运会中，我院健儿本着永争第一的精神，勇于拚搏，英勇无畏，充分展现出我院学生勇往直前、积极上进的精神面貌。我们期待着本次运动会上，运动健儿风采重现，再创佳绩！

裁判员解说词：

接着走过来的是本次运动会裁判员代表队。这是一支无私奉献的队伍，本次运动会将在他们的严谨、公正的执法中顺利进行。为使本次运动会成功开展，全体裁判将本着公平、公正、实事求是的态度和稳健、热情、大公无私的工作精神，统一尺度，秉公执法，全心全意为赛事护航。我们期待着本次运动会中，我院体育成绩纪录能够再次突破，我们期待着在裁判员公正的执法中，运动会所有赛事圆满告捷。

研究生解说词：

现在走过来的是迈着整齐步伐的研究生代表方队。

精神抖擞，意气风发，他们是我院高技术人才的代表；他们刻苦钻研，努力创新，随时准备着为祖国贡献自己的力量；他们不但有灵活的头脑，更有强健的体魄，矫健的身姿，昂扬的斗志。

在本次运动会中，他们决心赛出风格，赛出水平，展现我院研究生的风采。

99021 班解说词：

是雄鹰，就该博击长空，让啸声响彻云霄；

是蛟龙，就能畅游四海，惊涛骇浪任我逍遥。

勇敢者，就应奔跑在那运动场上，让年轻的心奋发激昂。

真正的健儿，在那力竭之际，在那坎坷之时，在那荆棘丛中，决不会停止迈动的双脚，挥一把汗水，洒一腔热血，昂首迈出坚毅的步伐。

我们奋斗，我们拼搏，即使在绿茵场上拼得头破血流。团结一致，奋力拼搏，自强不息，永争第一的精神在这里奔腾流淌。

99022 班解说词：

瞧！一群意气风发、精神抖擞的年青人正向我们走来。整齐的步伐踏着他们的坚定，灿烂的微笑写着他们的热情，嘹亮的口号体现着他们的实力。就是这样一个由 41 人组成的团体，他们团结友爱，勤奋好学。他们用拼搏的汗水挥洒赛场，用晶莹的泪水拥抱胜利的辉煌。这就是他们，这就是永远的、激情飞扬的 99022！

99023 解说词：

各位老师、同学们，现在朝主席台走来的，是由 99023 班健儿们组成的方阵。这是一只顽强拼搏的队伍，一个团结向上的集体。在去年的院首届运动会上，虽有几名运动健儿因故未参加，但在所有人的奋力拼搏下，依然取得了团体第八名的好成绩。今年，他们凝聚实力，决心向更好的成绩发起冲击、发动挑战。他们的口号依然是："团结进取、奋力拼搏、齐心协力、共铸辉煌。"请拭目以待吧！

99024 解说词：

99024 班由 25 个人组成的方队向主席台走来了。走过了大一的迷茫和大二的彷徨，现在 24 班同学的心中充满了笑看风云淡的壮志豪情。在本届运动会上，99024 班提出了"挑战自我，勇争第一"的双向目标。在 24 班同学的眼中，最重要的是我们来过，我们参与过，我们拼搏过。同学们，朋友们，不要吝啬你们的掌声，为 99024 班加油喝彩吧！

99025 解说词：

现在走来的是 99025 班，天空闪烁绿松石的光芒，年轻的春天充满希望；

我们带着崭新的力量随春天而至，鲜花将为我们开放；

我们来自东西南北，源于四面八方，有缘才能相聚，有心才会珍惜，我们的心朝着同一方向眺望。

我们心相连，手牵手。团结成就我们旧日的辉煌，今天年轻的心萌动新的希望。

我们青春飞扬，我们团结向上，我们相信有梦的地方就会有飞翔。

99031 班解说词：

放飞理想、放飞激情、勇往直前、永不言败，99031 班正踏着朝阳，激情豪迈地走过来；这，是一个奋发向上、充满朝气的班级，他们步伐矫健、精神抖擞，在向你我庄严的宣告：99031 班，本届运动会上最亮丽的风景线！

我们同欢乐、我们共追求，我们驰骋赛场、挥洒豪迈，让我们的热血无悔地沸腾吧！加油吧！运动健儿们！胜利，将与我们 99031 班同在！

99032 班解说词：

迎面走来的是 99032 班，朝气与活力在每一个人身上洋溢，友爱与鼓励在每一个人心中传递，稳中求进，挑战自我是他们的起点。不懈努力，不倦追求是他们的历程，突破自我，争创第一是他们的目标，奋斗造就辉煌！昨日的汗水必能成就今朝的辉煌，加油，99032 班，你将成为成功的代名词！

99033 班解说词：

“造化钟神秀，大地青未了。会当凌绝顶，一览众山小”。看！99033 班这个团结向上，激扬个性的集体迈着整齐划一的步伐，昂首阔步地向我们走过来了，这是一个充满爱心和魅力的集体，同心协力——他们彼此的默契，顽强拼搏——是他们永恒的信念，永争第一——是他们不变的追求。在这次遥感信息工程学院第二届春季运动会中，99033 班全体同学集体宣誓：将在比赛中奋勇争先，赛出成绩，赛出风格，赛出个性。让所以人为他们大声呐喊“99033——加油！”

99034 解说词：

昨天，我们踩着时钟的鼓点，踏过了属于青春的三年。

今天，在这曾经让我们激动无比的赛场前，

我们迈着同样矫健的步伐。

我们的脸上已经没有了年少的轻狂，

却依然不减“勇夺第一”的豪情；

微皱的眉头也许多了些抹不去的烦恼，

可我们却从沉稳的心跳声中听出了几分难得的成熟！

三年后的今天，我们，99034 班的健儿们，要在这曾经让我们哭过笑过的赛场上，诉说一件最让我们欣喜的事情——“我们依然年轻!!”

99035 解说词：

现在走来的是 99035 班的健儿们，他们意气风发，他们勇于坚持，他们将在这次运动会上展现他们矫健的身姿，他们将在这次运动场上写出他们青春的名字。他们如大风压林，他们有豪气干云，他们有一颗非我莫属的年轻的心，他们是一杆永争第一的青春的旗！

00021 解说词：

现在入场的是 00021 班，这是一个团结的集体。在过去的一年半的时间里我们共同经历了风风雨雨，风雨过后我们更加热爱这个集体。同行是一首歌，我们用自信、顽强谱写青春的旋律。我们这里有短跑冠军，长跑健将。我们这里高手云集，人才荟萃。团结是我们斗志的源泉，是不断激励我们向更高更快更强努力的精神支柱。我们 00021 班一定会争创佳绩，勇夺第一。

00022 班解说词：

迎着太阳的光辉，迈着整齐的步伐，现在想主席台走来的是 00022 班。看，运动健儿一个个精神饱满、英姿勃发；听，整齐的步伐向大家展示着他们是一个有纪律的班集体。原男子 110 栏纪录保持者胡吁晗就是来自于这个班级，另外，院首届卡拉 OK 大赛的一等奖获得者刘梦雨、陈振也在该班。00022 班就是这样一个有活力的班集体，它一定会大步的走向光明的明天！

00023 班解说词：

现在走过来的是 00023 班的方阵，41 个兄弟姐妹组成的一支朝气蓬勃、英姿勃发的队伍。他们昂首挺胸，迈着整齐有力的步伐，俨然一个不可分割的整体。就是这样一个团结拼搏的集体在去年首届院运动会上力挫群雄，夺得团体总分第三的不俗成绩。今天，他们又意气风发，信心十足地站在这里，为了班级荣誉而战，我们坚信，他们一定会不负众望，再续辉煌。让我们拭目以待！

00024 班演说词：

看，多么整齐的步伐！听，多么嘹亮的口号！一个团结友爱奋发向上的集体 00024 方队正向我们走过来。40 张朝气蓬勃坚定自信的笑脸辉映的是 40 颗火热跳动的心！去年他们在院首届运动会的团体和个人项目中均取得了骄人的成绩。在各种文体活动中表现优秀，更被评为武汉大学先进文明班集体。每个 00024 人都有一个信念，那就是“让 00024 为我而骄傲，让遥感院为 00024 自豪”。今天，他们将本着“友谊第一，比赛第二”的精神全面出击，奋力拼搏，以优异的成绩向共青团建团 80 周年献礼。

00031 解说词：

恰同学少年，风华正茂；逞飒爽英姿，一代天骄。

看，现在迈着整齐的步伐，正昂首阔步向主席台走来的，是我们2000级信息工程00031班的同学们。

这是一个热情如火，团结向上的集体。他们不但学习优秀，

工作积极，参加各类文体活动也从不甘落后。今天，

他们本着友谊第一，比赛第二的宗旨，个个精神抖擞，

想在百米赛场上与各路英雄一争高下。

现在，他们的阵型开始变化了。

(停顿)

位于队列前部的由九人组成的大写字母“V”，

不但代表31班光辉的过去，

同时也显示着他们今天必胜的信念。

好汉不提当年勇，数风流人物，还看今朝。

00031班，祝你们好运！

00032班解说词：

瞧，00032班的代表队整齐的走过来了，他们精神抖擞，步履从容。他们没有赛前的豪言壮语，却知道平时在运动场上轰轰烈烈；他们并不是时时以别人的步伐前进，却能在比赛中不断努力的超越自我、奋力前行。他们要把自己当作体育健儿的代表，要用自己的拼搏进去诠释时代的体育精神。他们说：“也许昨天是属于你的，但今天的主角一定少不了我！”听，他们嘹亮的口号，不就是他们向胜利发出的最强有力的呐喊吗？让我们一起衷心的祝愿，祝愿00032班取得优异的比赛成绩吧！

00033班解说词：

听见那激昂嘹亮的口号声了吗？看见那整齐稳健的步伐了吗？感觉到那永不言败的气势了吗？不用怀疑，这就是00033班！坚定的目光代表我们执着的追求，沸腾的热血证明我们必胜的决心，We are the best! we are the wonder!

00034班解说词：

看！00034班代表队正向我们走来。整齐的服装，矫健的步伐，响亮的口号，展示了他们积极向上、团结奋发的风采。一年来，在全体班委的共同努力下，在所有同学的大力支持下，00034班获得了院级“优秀团支部”荣誉称号。本着自强、弘毅、求是、拓新的精神，00034班如知识海洋中的一叶扁舟，坚守着一个共同的信念——向前！

2001级测绘（1）班解说词：

现在向我们走来的是遥感院2001级测绘（1）班运动员代表队。

这是一个年轻团结的集体，这是一个优秀的团队，这是一个朝气蓬勃、蒸

蒸日上、亲密友爱的大家庭。他们来自祖国各地，三十三颗热情进取的心灵汇聚在一起，成就了测绘（1）班一个又一个优异的战绩：院篮球赛第三名，年级篮球赛第一名，拔河比赛第一名，无不凝聚了他们年轻执著的豪情！在大学这方热土上，他们将不断的起飞，胜利，挑战新的难题！

今天，在这场体育盛会上，他们将继续激扬吃苦耐劳，勇于进取的精神与热力，为集体生活的画卷增添新的亮彩！

海阔凭鱼跃，天高任鸟飞。祝愿2001级测绘（1）班的全体运动健儿在本届运动会上取得更优异的成绩！

2001级测绘（2）班解说词：

跑道上健步走来的是遥感院测绘（2）班的同学。看！他们英姿多飒爽，头峥嵘，言语激昂，傲骨挺立，气势震平冈！纵使强手多如云，谁怕。自强弘毅为我信！哪怕前程多坎坷，遥感，求实拓新创明天！

2001级地理信息系统（1）班解说词：

2001级地理信息系统（1）班由来自13个省的28名同学组成。他们来自祖国四面八方，经过半年多的学习生活，他们紧紧团结在一起。他们意气风发、积极进取，热爱学习也热衷于运动，这次运动会大家都充满了信心，他们的口号是："赛出水平，赛出风格，团结拼搏，勇创佳绩。"

2001级地理信息系统（2）班解说词：

地信（2）班迈着自信的脚步走过来了，
我们（2）班——
信念深深的扎入地下，
理想高高的伸向蓝天。
无论激越，
还是宁静，
我们祈求，
只要不是平淡！
如果远方呼唤我们，
我们就义不容辞的走向远方；
如果大山召唤我们，
我们就义无返顾的走向大山——
双脚磨破——干脆再让夕阳涂抹小路；
双手划烂——索性就让荆棘变成杜鹃。
没有比脚更长的路，
没有比人更高的山！
无论路途多么艰险，

我们（2）班——不畏山高路远！

（2）班必胜!!!

2001级地理信息系统（3）班解说词：

现在正向大家走来的是地理（3）班的全体同学，在这个大家庭中，有着28颗火热的心，他们意气风发，激情豪放，带着新武大学子的自强弘毅精神，团结一致向大家证明自己的实力，他们蓬勃向上，热情奔放，带着自己的理想迈出稳重的步伐，昂首挺胸向那个坚定的目标前进。

我们和别人比，也和自己比，和过去的自己比，打败昨天的自己，战胜今天对手。

2001级地理信息系统（4）班解说词：

现在向我们走来的是地理（4）班的运动健儿，地理（4）班是个团结的班级体，全班虽然人数不足30人，但是我们相信他们个个都是精英，他们每个人都有一颗火热的心，瞧他们个个精神抖擞，跃跃欲试，相信他们会在运动会上取得骄人的成绩，展示当代大学生的风采！（4）班：the best！

2001级地理信息系统（5）班解说词：

看，地信（5）班来了！他们喊着响亮的口号，踏着坚定有力的步伐向我们走来了！看他们英姿飒爽，意气风发，动作整齐划一。友谊第一，比赛第二是（5）班永恒的主题，奋勇拼搏，勇攀高峰是（5）班不变的信念。“数风流人物，还看今朝。”在本次运动会中，（5）班共派出16名健儿参加比赛，他们是课堂上埋头苦读的莘莘学子，更是田径场上拼搏奋进的热血健儿。（5）班好样的！好样的（5）班！同学们，让我们在运动场上一睹（5）班的风采吧！

第四节　会议主持综合训练

【训练一】　数学教研组研讨交流会

各位领导、各位老师，大家好！首先感谢×××老师，在我们数学教研组的验收活动中，今天代表我们数学教研组上了一节展示课，她是我校的教学骨干，兢兢业业。对她执教的这节课，我们大家肯定会有不少的启发。为了更好的总结这次活动并指导今后的课堂教学，我们本着“共同进步、共同提高”的原则，在此举行听、评课活动。我希望各位老师都能畅所欲言，毫不保留的把自己听课的认识、看法、见解、收获等开诚布公的说出来。

程序：

一、先请执教人×××老师说说自己的授课思路和讲课后的感悟、反思。

二、评课：×××老师对自己的课说出了自己的认识，下面老师各抒己见，谈谈自己的评价。

三、今天借这个难得的机会，我们请在座的领导，为我们指点迷津，给予现场指导。大家欢迎！

四、总结发言。

谢谢领导对我们教研工作的指导，其实这些问题一直是我校教师们的困惑。今天感谢领导们给了我们很好的引领，让我们获得启示，会后我们将进一步反思，努力去推进新课程改革朝着纵深发展。也感谢在座的各位教师对我们这次教研工作的大力支持。

最后我集思广义针对以后的课堂教学提几点建议。

1. 精心研读教材，挖掘教材，切实找准每节内容的重点、难点。上课前要思考一下：我这节课的理想目标是什么？我想让学生经历什么？获得什么？采用什么样的手段怎样才能达成我的教学目标？怎样设计教学比较合理？学生出现某种情况可怎样回应？怎样才能有效的抓住重点、突破难点？对这一切教师都要做到心中有数。

2. 要处理好内容与形式的关系。一堂好课应该是内容与形式的完美结合。充实的内容能使学生获得更多的知识，并能提高能力、发展智力，而好的形式能激发学生的学习兴趣，使课堂教学收到事半功倍的效果。可是，当内容和形式不能统一时，我们宁可只要内容，不要花架子。

3. 要精心设计每个问题，引导学生多读书。我们的提问要有目的性，力求每道题都有存在的价值。要让学生在读书中感悟文本。

4. 努力提高自身素质。在闲暇时间里，我们要多读有关的教育教学书籍杂志，多掌握一些新的教学理念和先进的教学方法。特别是谢宇老师，你是我校的后备力量，是我们的生力军，一定要加强自身的基本功练习，内提素质，外塑形象，争取在较短的时间内把自己推出去。

如何上好每一节课？怎样才能使课上的有自己的特色，而且还要有成效，学生又乐意接受？这是需要长期研究的课题。“简简单单教数学，完完全全为学生，扎扎实实求发展”这一平实而高效的小学数学课堂教学的基本要求一定能达成。为了学生，为了把自己的课上的更加完美，我们一起努力吧。

最后，再一次感谢各位领导及我校数学组的全体老师！谢谢大家！

【训练二】　聚会

女：尊敬的各位领导、各位嘉宾，

男：尊敬的离退休老同志们、朋友们，

合：大家好！

男：今天是我们津市三中一年一度的盛大聚会！我们欢聚一堂，共同品味一年来付出的辛勤和汗水，共同分享一年中取得的成功和喜悦！

女：今天，全体领导老师们欢聚一堂，叙说过去，放飞希望，共同祝愿事业兴旺、家庭幸福、生活美满！

男：三中的发展，离不开老师们的辛勤劳动，离不开各位同仁的大力支持。在此，我首先要向一年来支持三中发展的离退休老同志们表示最真诚的问候和崇高的敬意！是你们用长期积累起来的丰富知识和宝贵经验，通过各种方式献计献策，为学校教育发展做出了积极的贡献。

女：同时也要感谢一年来辛勤工作无私奉献的老师们，是你们的劳动才有了学生的进步和学校的辉煌，是你们用情和爱改变了学生不良的习惯，让他们坚定了学习信念。

男：回顾过去的一年，我们团结一心，群策群力，津市三中圆满的完成了各项工作任务，这是我们的责任，也是我们的骄傲。三中的今天的成绩也是在以黄校长为代表的一班人的正确领导下取得的。

下面大家用热烈的掌声欢迎校长黄道军同志率校长室一班人致新年贺辞——

女：谢谢×校长。有人说：教师是忠实的摆渡人，日出日落，摇出满耳的童话，摇出色彩的梦幻，把学生载向知识的彼岸。在这次迎春团拜会上，学生想用自己最真诚的话语向老师表达内心深处的感激之情。下面请学生代表×××同学讲话。

男：工会是教职工温暖的家，一年来，学校工会组织发挥了它独有的作用，为全体教职员工搭起了一座连心桥，为学校发展出谋划策，为教职员工排忧解难，增强了学校的凝聚力，开创了可喜的工作新局面。下面有请工会负责人范鹏飞同志率工会一班人致祝酒词……

女：应该说，即将过去的一年是不平凡的一年，我们有过成功，也有过失败。

男：是啊，回首过去的一年，我们有收获，也有失落；但不管怎样，我们努力过，奋斗过，我们无怨无悔。

女：各位老师，朋友们，过去的一年，三中人用辛勤和汗水装扮了2008的铅华，今天，我们又欢聚一堂，准备共同培育2009的奇葩。

男：今天，这里的空气蕴涵着美酒的醇香，催人沉醉；今天，这里的环境昭示着圣殿的神奇，令人奋发。

女：今天，我们略备佳肴、美酒，感谢您一年的付出。今天，让我们共享这良辰、美景、赏心、悦事。

男：我想，今天的相聚，定会因大家的到来焕发光彩；明天的奋斗，也会

因您的参与更加有力。让我们举起手中的酒杯，愿我们学校兴旺发达，祝愿大家

合：心想事成，牛年大吉，万事如意！（祝酒歌）

【训练三】　家长会

尊敬的各位家长，感谢大家在百忙中来参加我们××小学这次的家长会。可以说，今天各位的到来，是对孩子学习关心、支持，也是各位对学校工作支持配合的最好表现。请允许我代表学校、代表孩子向在座的各位说声“谢谢!”

由于多方面的原因，学校领导慎重考虑，决定先在一、六年级段召开家长会。通过召开家长会，进一步加强刚入学和快毕业的孩子间老师与家长之间的联系，利用今天的时间呢，我们相互交流一下学生在校及在家的情况，以便老师能够及时调整工作，提高教育教学质量，同时也促使各位家长以后能够积极参与到孩子的教育管理中来。总之，“一切为了我们的学生、你们的子女”，为了他们今天的学习、为了他们明天的进步，这是我们双方教育的一个根本出发点和共同点。我希望，基于这个目标，我们这次家长会一定能够达到预期的效果，取得圆满的成功！

我说一下今天的家长会的安排，总共两大项内容：

第一大项由学校的领导、学生代表、教师代表作相关讲话、发言。

第二大项请诸位家长进入教室和孩子的班主任、任课教师作深入交流。

［第一大项］

1. 下面，我们就进入第一项，首先请王峰主任介绍一下学校的发展状况及所取得的成绩。大家欢迎。

××小学无论是从办学理念还是从目前的发展的角度来看基点只有一个，那就是让孩子们能以健康的身心顺利迈入成才之路这个目标，刚才王主任对过去一年成绩进行了总结，我们不难看出，我们××小学是个出人才的地方，有了不起的学生，更有了不起的老师。

2. 但孩子的教育不仅仅是学校的教育，教师的教育。社会和家庭方面的教育同样是必不可少的。下面我们请学校德育处王校长就家庭、学校两方教育配合的重要性做一讲话。

（在这里我想给家长提些建议：在教育孩子问题上要多用些心，舍得在孩子身上花精力，不要用“我没文化”来给自己找借口。举个例子：河北有个偏僻的山村里一位农村妇女把她的五个孩子都培养成大学生、博士生。而北京有一对教授夫妇却被自己的儿子杀害了，他的孩子后来说：“其实我的父母很可怜的，他们到死也不知道我到底想要什么。”这些事实说明教育孩子是否成功，跟自己的文化程度并不成正比！南京周宏把自己的聋女儿培养成为博士生，到处

讲学，写书。这也说明对孩子要有耐心，老师对孩子有耐心，家长们更要有耐心才行。)

3. 说实话，孩子上学了，我们做家长的有时在一起交谈孩子的话题时，要是听到别人的孩子比自己孩子强，心理都会彻心的难受。谁都不希望自己的孩子比别人差！可是，话又说回来，我们作为家长的，不能仅仅关注于孩子学校的教育、关注于孩子的考试分数，在互相比孩子的同时，我们家长之间也要互相比一比谁最关注于孩子的生活、学习、关注于他们的身心健康。下面请学生代表许莹同学发言。

4. 瞧，孩子也是有心有情之人，也懂得仁义与感恩。父母在他身上花费的点滴心血，他都会目睹并且转化为心中对你的万般敬重，虽然平时不说，但在行动中他们会默默地去上进，想以自己的努力带给您荣耀，让您从心底为他骄傲、自豪，让您因为他们在别的家长面前站得更直。下面请教师代表刘海红老师发言。

5. 孩子都是父母的心头肉，我们总想把最好的给他，只要是为孩子都舍得花钱，但我们做老师的更希望家长们能舍得付出更多的精力和耐心。最后请潘校长作总结讲话。

听了潘校长语重心长、至情至意的一番话，我相信多数家长会认同家庭教育的重要性。今天是潘校长调入××小学以来召开的第一次家长会，可能很多家长对他都不太熟悉，别看他虽然年轻，却是一个在各方面要求都非常严格、进取心非常强的人。作为一校之长，他学校管理的严，教师业务抓的紧，也尤其注重学生的全面发展，重视家庭与学校间的沟通、配合。所以在这里我代表××小学的全体教师向您郑重承诺：我们将继续用我们的爱心和责任心，悉心的呵护您的孩子，陪伴他一点一滴地成长。当然我们学校也殷切地盼望着能得到各位家长的大力支持，让孩子在家、校这两个环境里快乐、健康的成长。我相信，通过我们的共同努力，孩子们的素质一定会不断提高，未来必定是美好的，而你们的心血一定不会白费，望子成龙、望女成凤不再是奢想。同时我们学校的教育事业也一定会不断地发展，必定会培养出更多更优秀的人才！

[第二大项]

家长们，孩子的教室、座位，应该是你最想去的地方了。现在就请家长们移步至孩子的教室中，和老师们展开互动，做深入的沟通。

再次感谢众位家长准时参加学校的家长会。祝您的孩子在新学期里学习进步、健康成长；也祝各位家长身体健康、合家欢乐。

【训练四】 三阳收藏品交流有限公司举办的客户答谢会

A：来宾朋友们大家好！据我们本次活动开始的时间还有五分钟，因为我们稍后会有一些活动和讲座。所以请大家暂时把手机调成静音或震动。不要在场内大声喧哗或随意走动。带孩子的朋友，请您照顾好您的孩子，不要再场内嬉戏，以免造成不必要的伤害。感谢大家的配合。

A：尊敬的各位领导，各位来宾，

B：各位老朋友新朋友们，

AB：大家上午好。

B：感谢大家在百忙之中抽出时间来到由三阳收藏品交流有限公司举办的客户答谢会的现场。

A：三阳文化交流有限公司是一个集交流、展览、鉴定、拍卖、销售、保管为一体的综合型展览交易中心，公司占地面积达两千多平方米。

B：目前展出包括玉器、瓷器、书画、家具、杂项在内的几千件藏品，旨在为海内外收藏爱好者提供一个专业化、高品质的文化交流交易平台。

A：另外对公司的所有业务项目，进行全程担保的五岳担保公司，是阜阳第一家以汽车担保贷款为主要业务的大型担保公司。公司年营业额现已突破亿元。

B：阜阳地区著名企业家、集团董事长范亚军先生，以其良好的信誉和先进的理念，曾先后投资、开发过，新世纪美食街、五岳大厦等大型项目。在他的带领下，三阳人秉承着“诚信第一、为客户创造价值”的服务理念，不断超越自我，不断推诚出新，“敬业、专业、真诚、高效”的服务于广大收藏爱好者。

A：为了答谢一年来各位对公司的支持和信赖，今天我们特地在此举行客户答谢会。下面请大家用热烈的掌声欢迎集团总经理陈晓松先生为大家致词。

B：好的，非常感谢陈总的致词。是啊，一年来无论是公司的发展还是我们员工的每一次进步，都离不开大家的支持和关心。就是因为客户的需求，让我们在业务上更精益求精；因为领导的要求，让我们对自己更严格；因为员工之间的互相配合，让我们更加默契，从而创造价值。那么，在这里一首《感恩的心》送给大家。代表三阳全体员工向大家表示最真挚的感谢。

A：我想在座的各位已经从这首《感恩的心》中感受到了我们所有员工的深深谢意，俗话说，“乱世黄金，盛世古董”。随着咱们物质生活水平的日益提高，咱们对精神生活的追求也在不断进步。那么接下来，咱们就开始“艺术品投资”的讲座，请在座的各位仔细听用心记，因为之后我们会有提问，回答正确的朋友将会获得公司提供的精美小礼品。有请专业讲师李志强先生。

B：好的，感谢李老师的精彩演说。真的是让我们受益匪浅。不知道刚刚老师的讲座大家了解了多少。那么下面就进行我们的提问环节。如果您能回答我们的问题，请您积极举手，由我搭档挑选最先举手的朋友来回答，您回答正确的话，将会获得一份礼品。

第一个问题，三阳文化交流有限公司是哪一年成立的？

第二个问题，那咱们公司的董事长是谁？

第三个问题，艺术品投资的年增长率是多少？

第四个问题，在刚刚的艺术品投资讲座里我们提到的民生银行在2007年推出了艺术品投资计划，那么有哪位朋友知道民生银行的艺术品投资在2009年7月收盘的时候最终收益是多少？

第五个问题，咱们公司推出的艺术品投资理财产品，年最低收益是多少？

A：我们的提问环节就告一段落了，但是有的朋友心里还会有些疑问，那么接下来，咱们就用事实说话，有请艺术品投资的受益人阜阳市人民医院神经外科副主任医师陈彬先生为大家现身说法。

B：感谢陈彬先生的精彩演说，哎，姜楠啊，既然咱们这是一个客户答谢会，就得表示咱们的谢意，拿出咱们的诚意，对不对。

A：对啊，那就不卖关子了，下面呢，我就向大家介绍我们公司为了答谢客户，为大家带来的优惠方案。首先，我的同事会为大家介绍我们公司精心挑选的六件藏品。如果在座的各位有喜欢的话，那就要抓紧时间抓住机会了。因为接下来，我们将会有针对这六件藏品的优惠方案。第一，如果您在今天预定其中一件藏品的话，并且当天完款，您不仅可以获得我们公司提供的豆浆机一台，而且可以把每年的收益增加百分之二，也就是一年最低收益保证在百分之十二。第二，如果您在今天预定其中一件藏品，并在三天之内完款，也可以获得我们送出的豆浆机，并且把每年的收益增加百分之一，也就是每年收益保证最低百分之十一。

B：那么接下来，就要有请我们公司专业的投资顾问为大家介绍六件藏品，掌声欢迎。

B：不知道大家听了那么多具有诱惑力的优惠方案，看了那么多任您挑选的精美藏品，是不是动心了呢？如果您有意向的话，可以和您身边的工作人员联系。

A：好的，就介绍那么多，因为好多朋友的肚子可能已经开始抗议了，在这里我们代表三阳公司的所有员工送给大家一幅对联。

B：上联是：吃，吃尽天下美食，不要浪费。

A：下联是：喝，喝尽天下美酒，不要贪杯。

AB：横批是：吃好喝好。

B：下面，我们宣布宴会——

AB：正式开始！

B：在这里呢，还要告诉大家一个好消息，在30号，也就是下个星期六，我们公司将会在天韵商务酒店举行无底价竞买会，所有精美的竞买会藏品，已经全部在我们公司展出。在此我们也诚挚的邀请您去参观，您现在就可以移步到我们公司先睹为快。

【训练五】 金苹果会议主持人串词要素

（注：此份为串词大纲，请主持人依照此大纲要素，以自己的语言表达及发挥）有◆号标记部分为串词要点，请主持人根据要点自由发挥。）

1. 开场

各位经销商朋友们，你们好！欢迎参加2009金苹果月饼经销商大会，我是这次会议的主持人×××，非常高兴能和大家相聚在具有“天下第一山”之称的安徽黄山！2008是跌宕起伏的一年，金苹果和各位经销商携手并肩，共同进退，终于一起渡过了这个难关，而2009将会是充满希望、鼓舞人心的一年，金苹果将一如既往，与经销商们站在一起，结为同盟，共同开拓更广阔、更壮丽、更美好的市场前景！

2. 庆典仪式（串词要素）

◆ 邀请金苹果张春乐总经理上台发言。

◆ 张总发言完毕后，主持人上台与张总互动，谈论金苹果十周年话题，并引出十周年庆典仪式。

◆ 调动全场气氛，与张总互动，煽动金苹果团队上台将张总托起，摘下金苹果，指引张总将其放于仪式台上。

（注）仪式步骤：1）金苹果团队齐心协力将张总高高托起，摘下悬挂在舞台前方高处的金苹果。

2）张总将金苹果置于舞台中央的仪式台上。

3）仪式台灯亮，环场辉煌音乐响起，冷烟花四射。

3. 销售总监邓喜平发言——08营销回顾

回首2008，金苹果又迈上了一个新的高度，成绩的取得是所有员工、所有经销商团结一致、共同努力的硕果。下面，有请金苹果食品有限公司销售总监邓喜平先生上台发言，大家掌声欢迎！

4. 企划总监刘戚发言——08VIP发展及动态

◆ 主持人邀请金苹果企划总监刘戚先生上台，与刘总监调侃几句，将下面的时间交给刘总监。（刘总监在下来的颁发证书环节中与主持人共同主持，具体将于明天约刘总和主持人对串词）

5. 金苹果经销商发言及新VIP会员颁发证书

◆ 2009年，金苹果VIP俱乐部继续发展壮大，又有四位新成员加入了VIP俱乐部。

6. 办公室瑜伽

◆ 今天，金苹果公司为在座的各位特地精心准备了一份礼物。平时各位在公司里都是管理层人员，每天工作非常忙碌，没什么时间锻炼，金苹果今天教大家一种不用花时间就可以锻炼的方法，掌声有请瑜伽老师上台！

7. 刘戚现场讲演+张春乐总经理视频

轻松的瑜伽过后，下面刘总将带我们进入会议最重要的环节，再次掌声有请刘总上台。

8. 打气环节——唱军歌、结盟仪式

掌声感谢刘总！2009 确实是值得期盼的一年，让我们携手并肩，共同进退，再创月饼市场的辉煌神话！掌声有请军旅歌手上台，他带来了一首《团结就是力量》，以歌声为大家打气！

9. 结束

谢谢大家！会议到此圆满结束！盟结天下，共赢09！相信在大家的齐心协力下，金苹果的未来将越来越辉煌，越来越耀眼！

【训练六】 晚宴

（晚宴开始前先由×××两位班长分别简短讲话宣布晚宴开始，然后掌声欢迎上场主持人，随即开始放音乐《喜洋洋》，主持人在音乐声中登场）

一、序幕（主持人煽情）

（女）尊敬的老师，亲爱的同学们，晚上好！

（男）一路辛苦了！

（女）32 年前我们告别了母校——×××子弟中学，

（男）我们带着豪情带着壮志，

（女）带着祝愿带着梦想，

（男）带着憧憬带着向往，

（女）投身到了祖国建设的各个岗位上。

（男）我们走了整整 32 年，

（女）经过了数不清的荣辱历练和风雨沧桑，

（男）32 年后的今天我们装着眷恋揣着渴望，

（女）怀着一颗依旧年轻的心，

（男）相聚在美丽的旌城，

（女）32 年花季少年的我们已是两鬓成霜。

（男）在这 32 年里，

（女）中国经历了 32 年的改革开放，

（男）我们庆幸、我们自豪，

（女）我们是中国改革开放的见证者、参与者、受益者。
（男）我们的日子也随着改革开放的步伐发生了巨大的变化。
（女）今天，让我们暂时抛开尘世的喧嚣，
（男）放下手中忙不完的工作和数不清的烦恼，
（女）听听那熟悉的声音，
（男）看看这久违的面庞，
（女）说说曾经没敢说出的心里话，
（男）诉诉集结了32年的同窗情长，
（女）相信今天我们感受到的不仅仅是激动和欢畅，
（男）我们会采集多方知识和信息的种子，
（女）相信不久的将来我们会看到，
（男）硕果累累，鲜花芬芳。
二、致祝酒辞
（放节奏缓慢的轻音乐，由×××同学选定）
（女）32年的坎坎坷坷，
（男）32年的流水年华，
（女）32年来我们经历了太多的雨雪风霜，
（男）今天我们有太多的话想对老师说要对同学讲。
（女）下面有请昔日的同学这次联谊会的副会长×××同学致祝酒辞。
（×××同学致辞）
（男）谢谢×××同学精彩的祝酒辞和深情地祝福。
（女）为了今天的聚会×××同学不辞辛劳专程从南京赶来，
（男）让我代表全体同学说一声：×××同学你辛苦了。
三、抒怀
（配乐朗诵《32年了你变了没有》）
（女）32年的岁月变迁，
（男）32年的风雨沧桑，
（女）32年来也许岁月改变了我们的容颜，
（男）却永远改变不了我们对老师同学的牵挂与思念《32年了你变了没有》。
（女）请欣赏配乐朗诵《32年了你变了没有》，作者×××，朗诵×××。
（男）多么亲切感人的《32年了你变了没有》。
（女）那就让我们在这两天短暂相聚的日子里好好看看我们的老师仔细瞧瞧我们的同学究竟变了没有。

四、谢师

(音乐：宋祖英的《长大后我就成了你》音量略低)

(女) 师恩重如山，师情永难忘，

(男) 没有老师32年前的辛勤培养，

(女) 就没有我们今天的模样。

(男) 在今天这个欢庆的日子里，

(女) 我们荣幸地请来了×××校长和×××五位老师，

(男) 让我们以热烈的掌声欢迎老师的到来。

(女) 老师们的到来给我们的同学聚会增添了更加热烈的氛围。

(男) 我代表全体同学向精心培育我们的老师说一声：
老师，您辛苦了，您的恩情我们永世不忘！

(女) 祝你们心情愉快、家庭幸福，

(男) 万事如意、身体健康、扎西德勒。

(女) 下面有请×××老师给我上课。

(男) 全体同学起立，齐声说：老师好！

(×××老师讲话)

(男) 相隔32年了，

(女) 今天同学们又走进了这期盼已久的课堂，

(男) 我们终于又听到了这熟悉的声音，

(女) 这谆谆的教诲，

(男) 谢谢×××老师精彩的演讲。

(女) 我们将铭记老师的谆谆教诲，

(男) 不管脚下的路有多么艰辛漫长，

(女) 我们都会在各自不同的工作岗位上努力拼搏，

(男) 去争取更大的成绩，更多的辉煌。

五、祝福（主持人煽情高潮）

(音乐由×××同学负责定选)

(女) 今天来到聚会现场的有××位老师，×××位同学，

(男) 有些老师和同学因事因病没能到场，

(女) 虽然我们做了很大的努力，

(男) 但是有些老师和同学始终无法联系上，

(女) 据说掌声持续三秒钟可以传递祝福，

(男) 掌声持续五秒钟可以消灾疗伤，

(女) 掌声持续八秒钟能化解矛盾，

(男) 掌声持续十秒钟能使友情地久天长，

（合）那么就让我们热烈而长久的掌声响起。

（持久的掌声）

（女）希望我们的祝福能跨越时空，

（男）送到每个同学和老师身旁，

（合）祝愿今天到场和没到场的老师和同学财源广进、生活幸福、万事如意、身体健康。

六、酒宴

（男）同学们，今晚没有客套和应酬，

（女）今晚的话题没有禁忌，

（男）今晚，只有美酒与欢笑，

（女）让我们敞开情感的闸门。

（男）尽情享受老同学相聚的温馨，

（女）让我们共同举杯，祝愿我们的事业更红火，

（男）祝愿我们的友谊地久天长，

（女）祝愿×××中学初×××同学聚会圆满成功，干杯！

（男）请老师和同学们慢斟慢饮，饮得开怀，聊得开心，谢谢大家。

编 后 语

经过四年的教学实践、研究和总结，在安徽广播影视职业技术学院王诗文院长大力支持和鼓励下，在安徽广播影视职业技术学院播音主持系党总支书记蔡正兰同志的指导和帮助下，《活动与会议主持》这本高职高专教材终于完稿了，由于参考的材料比较少，活动与会议主持研究还处在一个比较初级的研究阶段，同时由于个人的能力有限，有很多观点和内容难免有不妥之处，还请大家批评指正。

最后我还要感谢四年来辅助我完成这本教材的安徽广播影视职业技术学院李想老师，许可、李赛男、答嵬、关雨春、汪凯、陈涛、孙俊树等优秀毕业生和同学的帮助，谢谢你们！

由于难以查清等原因，在本书中有部分入选稿件未能注明作者和出处。在此我也对这些作者和出版单位表示深深的感谢和歉意！

作 者

2010 年 8 月